W0266515

So kannst du mit dem Buch arbeiten:

1 Blaue Aufgaben
behandeln alle wichtigen Inhalte eines Kapitels. Du solltest sie auf jeden Fall bearbeiten.

1 Grüne Aufgaben
sind etwas einfacher. Wenn du diese Aufgaben machst, fällt dir die Lösung der blauen Aufgaben leichter. Sie helfen dir zum Beispiel, einen Text erst einmal zu verstehen. Diese Aufgaben kannst du manchmal auch überspringen.

1 Rote Aufgaben
sind etwas schwieriger und manchmal ganz schön knifflig. Du kannst sie zusätzlich bearbeiten, um noch mehr zu einem Thema zu erfahren.

1 Wahlaufgaben
bieten zwei unterschiedliche Aufgaben zum selben Thema an. Hier kannst du selbst zwischen den grünen a und den roten b Aufgaben auswählen.

Die Glühbirne verweist auf einen **Tipp** unten auf der Seite.

Tipp
Ein **Tipp** gibt dir Hilfestellung, wenn du bei einer Aufgabe nicht weiterkommst. Versuche zunächst aber immer, eine Aufgabe selbstständig zu lösen.

Lernbox
In den **Lernboxen** findest du Regeln, grundlegendes Wissen und zentrale Methoden. Hier kannst du alles Wichtige zum Thema nachlesen und nachschlagen.

In diesem Kapitel ...
Kästen mit der Überschrift **„In diesem Kapitel ...“** stehen oft am Anfang eines Kapitels. Hier erfährst du, worum es in dem Kapitel geht und was du darin lernen kannst.

Texte mit diesem Symbol findest du im Internet als **Hörtexte**. Gib dazu folgende Internetadresse am Computer ein: *www.westermann.de/122568-hoerproben*

Dieses Symbol regt dich dazu an, ein **Portfolio** zu deinen Lernfortschritten anzulegen oder einen selbst geschriebenen Text in dein Portfolio aufzunehmen.

Auf Seiten mit diesem Symbol geht es um **Medienbildung**. Hier lernst du, digitale Medien kompetent zu nutzen und über deinen Umgang mit Medien nachzudenken.

Mit eigenen Worten 10 M

Mittelschule Bayern

Erarbeitet von:
Dorothée Hechenberger, *Unterschleißheim*
Susann Jungkunz, *Fürth*
Johannes Kimberger, *Fürth*
Gerhard Langer, *Hallstadt*
Irena Lauxen, *Mühldorf*
Katharina Meyer, *München*
Jasmin Schatz, *Fürth*
Harald Schwiewagner, *Fürth*
Bettina Steffens, *Fürth*

westermann

Mit eigenen Worten 10 M

wurde erarbeitet von:
Dorothée Hechenberger, *Unterschleißheim*
Susann Jungkunz, *Fürth*
Johannes Kimberger, *Fürth*
Gerhard Langer, *Hallstadt*
Irena Lauxen, *Mühldorf*
Katharina Meyer, *München*
Jasmin Schatz, *Fürth*
Harald Schwiewagner, *Fürth*
Bettina Steffens, *Fürth*

Im Lehrer- und Materialband werden verschiedene Arbeitsblätter als Kopiervorlagen angeboten. Darauf verweist der Vermerk **COPY**.

Die enthaltenen Links verweisen auf digitale Inhalte, die der Verlag bei verlagsseitigen Angeboten in eigener Verantwortung zur Verfügung stellt. Links auf Angebote Dritter wurden nach den gleichen Qualitätskriterien wie die verlagsseitigen Angebote ausgewählt und bei Erstellung des Lernmittels sorgfältig geprüft. Für spätere Änderungen der verknüpften Inhalte kann keine Verantwortung übernommen werden.

westermann GRUPPE

© 2022 Westermann Bildungsmedien Verlag GmbH, Georg-Westermann-Allee 66, 38104 Braunschweig
www.westermann.de

Das Werk und seine Teile sind urheberrechtlich geschützt. Jede Nutzung in anderen als den gesetzlich zugelassenen bzw. vertraglich zugestandenen Fällen bedarf der vorherigen schriftlichen Einwilligung des Verlages.

Druck A^2 / Jahr 2022
Alle Drucke der Serie A sind inhaltlich unverändert.

Redaktion: Wiebke Cramer, Cindy Konrad, Julia Siegert
Illustrationen: Hans-Jürgen Feldhaus, Stephanie Mithoff, Evelyn Neuss, Yaroslav Schwarzstein, Gerhard Straeter, Tobias Thies
Umschlaggestaltung und Layout: Janssen Kahlert Design & Kommunikation GmbH, Hannover
Druck und Bindung: Westermann Druck GmbH, Georg-Westermann-Allee 66, 38104 Braunschweig

ISBN 978-3-14-**122568**-6

Inhaltsverzeichnis

Schwerpunkt: Schreiben

Sprache untersuchen

Rechtschreiben

Methoden

Über die eigene Zukunft nachdenken

1 a) Wovon träumt der Jugendliche? Sprecht gemeinsam darüber.
b) Wovon träumst du selbst? Notiere mindestens drei Sätze.
c) Sprecht zu zweit über eure Träume.

2 Besprecht in der Klasse, welche Entscheidungen ihr in diesem Schuljahr treffen müsst.

3 a) Was hast du im Leben vor? Übertrage die folgende Tabelle und ergänze sie.

In ... Jahr(en)	Vorhaben
1	*Mittlerer Schulabschluss*
2	*XXX*
5	*XXX*
XXX	*XXX*

b) Tauscht euch zu zweit über eure Vorhaben aus.

4 a) Schreibe eine Übersicht, in der immer ein Monat einem Ereignis gegenübergestellt wird. Beispiel:

Zukunft
September – Schulanfang
Oktober – Trainingsauftakt
November – XXX
XXX – XXX

b) Präsentiert eure Übersichten in der Klasse.

5 Stelle dir dein zehntes Schulabschlussjubiläum vor.
a) Nimm eine Sprachnachricht auf, in der du deine ehemaligen Mitschülerinnen und Mitschüler an eure Schulzeit erinnerst. Gehe dabei so vor:
- *Sprich mindestens eine Minute.*
- *Baue ein lustiges Schulerlebnis ein, an das sich alle kurz erinnern sollen.*
- *Baue eine schöne Erinnerung aus deiner Schulzeit ein, an welche du gerne zurückdenkst.*

b) Präsentiert eure Sprachnachrichten in der Klasse.

Tipp

zu 3 a)
- Was könnte man sich auf einem Klassentreffen in 2, 5, 10 oder 25 Jahren erzählen?
- Du kannst die Abstände ändern, wenn sie nicht zu dir passen: *in 3 Jahren, in 12 Jahren.*
- Du darfst auch ein konkretes Jahr nennen: *in 30 Jahren – 205X.*

zu 4 a)
Anstelle der Monate kannst du auch Jahreszahlen einem Ereignis gegenüberstellen.

1.2 (1) sicher zwischen situativ erzählendem oder berichtendem Darstellungsstil entscheiden; die passenden mündlichen Sprachmittel und einen angemessenen Wortschatz einsetzen; die adressatenrelevante Sprachebene wählen [...] · 3.2 (1) individuelle Planungsübersichten zu komplexen inhaltlichen Zusammenhängen und aktuellen Ereignissen erstellen [...]

6 a) Betrachte die Zeichnung oben. Woher kennst du ein solches Schema? Sprecht zu zweit darüber.

b) Notiere mindestens drei Sätze nach dem „Wenn-dann-und“-Schema. Beispiel: *„**Wenn** ich ein Lottogewinner wäre, **dann** würde ich mir eine Eigentumswohnung kaufen **und** jeden Tag essen gehen.“*

c) Tauscht euch über eure Sätze aus.

7 Welche Dinge in deinem Leben hältst du für planbar und welche nicht?

a) Übertrage die folgende Tabelle und notiere in jeder Spalte mindestens fünf planbare bzw. unplanbare Ereignisse.

Mein Lebensplan

planbare Ereignisse	unplanbare Ereignisse
XXX	*XXX*

b) Tauscht euch zu zweit über eure Ergebnisse aus. Überlegt auch, ob die Tabelle anders aussehen würde, wenn ein Erwachsener sie ausgefüllt hätte.

8 a) Lies das folgende Gedicht still für dich.

Als hätten wir eine Ewigkeit Zeit
Anne Steinwart

Als hätten wir eine Ewigkeit Zeit
so verplanen wir unsere Tage.
Zeit ist Geld ist eine Wahrheit.
Zeit ist Leben eine andere.
Wenn wir uns keine Zeit nehmen
zum Betrachten und Kennenlernen
zum Verweilen und Nachdenken
verlernen wir zu leben.
Wir verschieben alles auf morgen
auf nächstes Jahr, auf später
als hätten wir eine Ewigkeit Zeit.

(verändert)

b) Betrachte das Bild oben. Notiere, welche Verse am besten zum Bild passen.

c) In welchen Situationen nimmst du dir Zeit? Notiere mindestens drei Situationen.

d) Tauscht euch zu zweit darüber aus.

9 a) Zeit ist nicht nur Geld und Leben. Erstelle ein Cluster (→ S. 295) dazu, woraus Zeit für dich noch besteht.

b) Vergleicht eure Cluster zu zweit.

10 a) Sprecht in der Klasse darüber, welche Termine ihr nie verschieben würdet.

b) Begründet mithilfe des Gedichts, warum man manchmal doch Termine verschiebt.

1.3 (1) sich konstruktiv an Gesprächen beteiligen und diese unter Beachtung sowohl verbaler und nonverbaler Gesprächstechniken als auch der Wechselbeziehungen von eigenem und fremdem Gesprächsverhalten führen · 3.2 (1) individuelle Planungsübersichten zu komplexen inhaltlichen Zusammenhängen und aktuellen Ereignissen erstellen und die Ergebnisse reflektieren

Über die Bedeutung von Glück nachdenken

1 a) Betrachte die Überschrift des folgenden Textes sowie die Abbildung rechts. Besprecht zu zweit, worum es im Text gehen könnte.
b) Lies den Text.

Von der ewigen Illusion, dass Geld glücklich macht
Von Arno Stoffels

Der Reichtum von Abd-ar-Rahman III, Emir und späterer Kalif von Córdoba, war unermesslich. Er lebte in Palästen, konnte sich alles leisten [...].
Die Frage, ob er deshalb glücklich gewesen ist, hat der Herrscher noch zu Lebzeiten selber beantwortet: „Ich habe nun über fünfzig Jahre lang in Sieg und Frieden regiert, geliebt von meinen Untertanen, gefürchtet von meinen Feinden und respektiert von meinen Verbündeten. [...] In dieser Situation habe ich ganz genau die Tage gezählt, an denen mir reines und wahres Glück beschieden war: Es waren insgesamt vierzehn.“ [...]
Das klingt sehr ernüchternd. Aber auch die Superreichen der heutigen Zeit, die sich vor allem an Besitz und Status orientieren, sehen ihr Glück nicht in materiellem Reichtum begründet. [...]
Dass dieser Zusammenhang trotzdem beinahe automatisch unterstellt wird, liegt an einem Fehler, den wir immer wieder begehen, indem wir Glück und Zufriedenheit für ein und dieselbe Sache halten. [...] Ist das Glücksversprechen erst einmal erfüllt, verschwindet auch das gute Gefühl.
Menschen, die im Lotto eine Millionensumme gewinnen, befinden sich entsprechend zunächst in Hochstimmung. Doch schon ein halbes Jahr später sind sie in der Regel genauso glücklich oder unglücklich wie vor dem Gewinn, wie Studien gezeigt haben. [...]
Wirklich glücklich kann Geld [...] nur in Ausnahmefällen machen. Wenn jemand beispielsweise unter dem Existenzminimum gelebt hat und sich plötzlich ein festes Dach über dem Kopf, ärztliche Versorgung oder die Ausbildung für die Kinder leisten kann. [...]

2 Fasse den Inhalt des Textes in wenigen Sätzen zusammen.

3 Für folgende Begriffe kommen im Text Fremdwörter vor. Suche diese heraus und notiere sie inklusive Zeilenangabe.
- *Traum, Vorstellung*
- *Verhältnis, Umstand, Gegebenheit*
- *geldlich*
- *Dasein, Bestehen*
- *zurechtfinden*

4 a) Tauscht euch zu zweit darüber aus, was der Autor mit seinem Text aussagen möchte.
b) Haltet ihr die Aussage für zutreffend? Findet für eure Meinung jeweils mindestens eine Begründung und sprecht darüber in der Klasse.

1.3 (1) sich konstruktiv an Gesprächen beteiligen und diese unter Beachtung sowohl verbaler und nonverbaler Gesprächstechniken als auch der Wechselbeziehungen von eigenem und fremdem Gesprächsverhalten führen · 4.1 (1) die Herkunft und Bedeutung ausgewählter Begriffe aus Fachsprachen aufzeigen [...]

5 a) Erstelle ein Cluster, in dem du stichpunktartig festhältst, was außer Geld zum eigenen Glück führen kann.

Glück

b) Vergleicht eure Cluster zu zweit und ergänzt euch gegenseitig.

6 Entscheide bei den Aussagen A–G, ob sie wahr (w) oder falsch (f) sind. Schreibe richtige Aussagen ab, stelle falsche Aussagen richtig. Notiere die entsprechenden Zeilen (Z.) aus dem Text, die deine Antwort belegen.

		w	f	Z.
A	In dem Text geht es darum, ob viel Geld glücklich macht.	X	X	X
B	Abd-ar-Rahman III war erst nicht besonders reich.	X	X	X
C	Er reflektiert nach über 45 Jahren des Herrschens sein Befinden.	X	X	X
D	Superreiche sehen Glück nicht in finanziellem Reichtum.	X	X	X
E	Menschen halten Glück und Zufriedenheit für Synonyme.	X	X	X
F	Studien zeigen, dass Lottogewinner ein halbes Jahr nach ihrem Gewinn glücklicher sind.	X	X	X
G	Geld macht Menschen nicht in der Regel glücklich, sondern eher in der Ausnahme.	X	X	X

Tipp

zu 9 a)

Anfänge einiger Redewendungen:
- *Mehr Glück als …*
- *Glück im …*
- *Glück verdoppelt sich, wenn …*

7 *„In dieser Situation habe ich die Tage gezählt, an denen mir reines und wahres Glück beschieden war: Es waren insgesamt vierzehn."*

a) Tauscht euch in der Klasse darüber aus, warum Abd-ar-Rahmann III auf diese niedrige Zahl gekommen sein könnte.

b) Überlegt zu zweit, wie viele Tage „reinen Glücks" euch schon beschieden waren, und sprecht darüber, was euch persönlich glücklich macht.

8 a) Betrachte die Abbildung oben und beantworte schriftlich die folgenden Fragen:
- *Inwiefern lässt sich das eigene Glück beeinflussen?*
- *Wie kann man aktiv dazu beitragen, dass sein Leben glücklich verläuft?*

b) Besprecht eure Überlegungen zu zweit.

9 a) Erstellt zu zweit eine Liste mit mindestens zehn Redewendungen zum Thema „Glück".

b) Erkläre, welche Redewendung am besten zu deiner Lebenssituation passt, und begründe warum.

c) Sprecht in der Klasse darüber, warum eine Redewendung manchmal passend, in einigen Situationen aber auch völlig unpassend sein kann.

1.3 (1) sich konstruktiv an Gesprächen beteiligen und diese unter Beachtung sowohl verbaler und nonverbaler Gesprächstechniken als auch der Wechselbeziehungen von eigenem und fremdem Gesprächsverhalten führen · 4.1 (3) gezielt sprachliche Mittel aus dem Sprachwissen auswählen, um sich treffend und differenziert mündlich und schriftlich auszudrücken

Mit anderen leben und lernen

1 a) Betrachte die Abbildung oben und denke darüber nach, welche Aufgabe die Schülerinnen und Schüler wohl gestellt bekommen haben.
b) Einigt euch in der Klasse auf eine Aufgabenstellung und führt die Aufgabe selbst durch.
c) Sprecht darüber, ob und wie es euch gelungen ist, die Aufgabe zu lösen.

2 Sammelt zu zweit mindestens drei schulische Situationen, in denen es sinnvoll ist, Aufgabenstellungen gemeinsam zu bewältigen.

Tipp

zu 1b)
Ihr könnt z. B. die folgende Aufgabe durchführen:

Kooperatives Hochzählen
- Stellt euch mit dem Rücken zueinander im Kreis auf.
- Zählt laut hoch, indem je eine Schülerin oder ein Schüler aus dem Kreis eine Zahl nennt.
- Ihr dürft euch dabei nicht absprechen und nicht ansehen. Außerdem dürft ihr nicht gleichzeitig sprechen.
- Ihr müsst so lange zählen, bis die Zahl der Schülerinnen und Schüler im Kreis erreicht ist.
- Sobald zwei Schülerinnen oder Schüler gleichzeitig sprechen, geht es von vorne los.

3 a) Notiere drei Klassenspiele, die du kennst.
b) Tauscht euch zu zweit darüber aus.
c) Einigt euch in der Klasse auf eines der Spiele oder probiert die folgenden beiden Spiele aus.

4 Besprecht, was euch die Spiele für euer Miteinander in der Klasse beibringen können.

Tut gerne, was ich will! **1**
- Bildet einen Kreis.
- Eine Schülerin/Ein Schüler fordert die Klasse auf, etwas zu tun, z. B.:
  „Ihr küsst jetzt alle eure rechte Hand."
  „Ihr hebt jetzt alle das linke Bein."
  „Ihr schaut jetzt alle so böse, wie ihr könnt."
- Der Rest der Klasse antwortet im Chor: *„Hurra, hurra"* und tut das Geforderte.
- Danach ist der/die nächste Schüler/-in dran.
- Das Spiel endet, sobald jemand sagt: *„Ihr arbeitet jetzt alle weiter."* Dies darf aber erst nach der fünften Aufforderung geschehen.

Jubelnde Jasmin **2**
- Bildet einen Kreis.
- Jede Schülerin/Jeder Schüler stellt sich reihum vor. Dabei wird immer ein Adjektiv mit dem Namen verknüpft, das den gleichen Anfangsbuchstaben hat, z. B.: *„Ich bin …*
  … der rasende Rudi."
  … die meisterhafte Merve."
  … der allerbeste Aki."
- Jede Vorstellung wird mit einer Geste verknüpft, die das Adjektiv unterstreicht, z. B. Hände hochreißen, einen Knicks machen …
- Jede Schülerin/Jeder Schüler wiederholt zunächst die vorherigen Vorstellungen, bevor sie/er sich selbst vorstellt. Die Gesten werden jeweils von der gesamten Klasse wiederholt.

1.1 (3) verbale und nonverbale Äußerungen interpretieren (z. B. Stimmführung, Körpersprache) und sie so in den situativen Kontext setzen · 1.4 (1) eigene Erlebnisse, Haltungen und Situationen szenisch darstellen, dabei verschiedene Ausdrucksformen und sprechgestaltende Mittel bewusst einsetzen

Mit anderen Ideen austauschen im World-Café

1 a) Betrachte die Abbildung oben.
b) Sprecht zu zweit über die Art der Besprechung.

2 a) Sprecht in Kleingruppen darüber, welche Hauptthemen von euch besprochen werden könnten und welche Unterthemen es dazu geben könnte.
b) Sammelt die Ergebnisse in der Klasse.
c) Einigt euch in der Klasse auf ein Thema, zu dem ihr gemeinsam arbeiten möchtet.

3 a) Lest die *Lernbox* und erklärt euch gegenseitig zu zweit, wie ein „World-Café" funktioniert.
b) Besprecht Vor- oder Nachteile im Gegensatz zu einer klassischen Gruppenarbeit.

Tipp

zu 2 a)
Mögliches Hauptthema: z. B. Nachhaltigkeit in der Schule
Unterthemen:
- Müllentstehung vermeiden, z. B. beim Pausenverkauf
- Wasserverschwendung stoppen
- Schulgarten bewirtschaften
- klimaneutral zur Schule kommen

4 a) Nehmt das Hauptthema aus Aufgabe 2 und erstellt Unterthemen/Fragen für verschiedene Gruppentische.
b) Führt gemeinsam ein World-Café durch.

Lernbox

Eine Gruppenarbeit mit der Methode „World-Café" durchführen

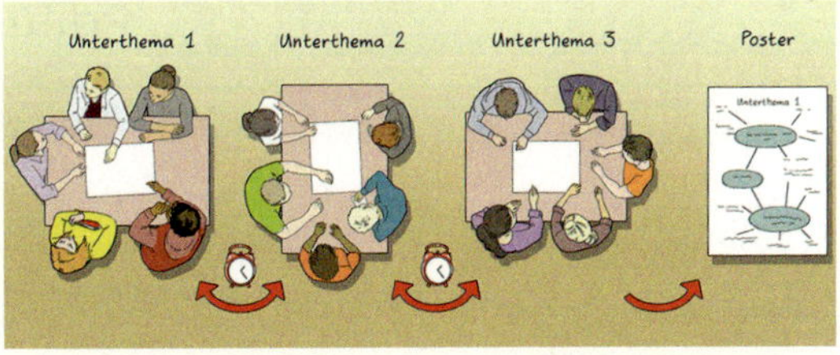

1 Vorbereitung
Bildet für jedes der Unterthemen eine Gruppe. Bereitet Gruppentische vor, auf denen sich mittig jeweils ein DIN-A3-Blatt befindet.

2 Durchführung:
- Jede Gruppe sammelt Fragen zu ihrem Thema und einigt sich jeweils auf drei Fragen, die sie auf dem A3-Blatt notiert.
- Pro Gruppe verbleibt jeweils ein/-e „Gastgeber/-in" am Tisch, während die restlichen Gruppenmitglieder an den jeweils nächsten Tisch wechseln.
- Der/Die „Gastgeber/-in" begrüßt die neuen Gäste und liest die drei Fragen vor. Die Gäste notieren, zeichnen und kritzeln ihre Ideen dazu auf das Blatt. Danach wird in der Gruppe diskutiert. Der/Die „Gastgeber/-in" fasst das Wichtigste zusammen, bevor die Gäste weiterziehen.
- Der/Die „Gastgeber/-in" stellt sich den neuen Gästen vor, die die Ideen wiederum ergänzen.

3 Präsentation:
Nach mehreren Durchläufen werden die Gruppenergebnisse vorgestellt.

1.3 (1) sich konstruktiv an Gesprächen beteiligen und diese unter Beachtung sowohl verbaler und nonverbaler Gesprächstechniken als auch der Wechselbeziehungen von eigenem und fremdem Gesprächsverhalten führen · 1.3 (4) selbständig und versiert Gespräche planen, leiten und moderieren und diese reflektieren

Sich über den M-Abschluss informieren

Die Prüfungen für den mittleren Schulabschluss an der Mittelschule (M-Abschluss) rücken näher, was ganz schön überwältigend sein kann. Ein guter Überblick über deine „To-dos" und Termine ist daher besonders wichtig!

1 Betrachtet die Abbildung oben und besprecht zu zweit, welche Gedanken euch durch den Kopf gehen, wenn ihr an die Abschlussprüfungen denkt.

2 a) Sammelt stichpunktartig, was ihr bereits über den M-Abschluss wisst.
b) Formuliert gemeinsam Fragen, die noch nicht beantwortet worden sind.

3 a) Informiere dich im Internet über die noch offengebliebenen Fragen aus Aufgabe 2.
b) Besprecht zu zweit eure Ergebnisse.
c) Gestaltet eine Informationswand zur Übersicht für euer Klassenzimmer. Ergänzt diese, sobald neue Informationen oder Termine hinzukommen.

4 Erstelle für dich ein Übersichtsblatt mit allen wichtigen Informationen über den M-Abschluss am Computer.

5 Welche Aufgaben kommen im Fach Deutsch in der Abschlussprüfung für den mittleren Schulabschluss an der Mittelschule auf dich zu?
a) Sammle stichpunktartig Ideen.
b) Vergleicht eure Ideen mit dem Fahrplan auf Seite 17.

6 a) In welchen Bereichen, die in der Abschlussprüfung vorkommen, fühlst du dich schon sicher und in welchen noch nicht? Lege mithilfe des Fahrplans auf Seite 17 eine Tabelle an oder nutze COPY 1.
b) Sprich darüber mit deiner Lehrkraft.

Tipp

zu 3 a)

Diese Fragen sollten geklärt sein:

1 Welche schriftlichen, mündlichen und praktischen Prüfungen muss ich ablegen?
2 Wann finden die Prüfungen statt?
3 Welche Hilfsmittel sind erlaubt?

zu 6 a)

Denke an das letzte Schuljahr:

– Welche Themen fielen dir leicht?
– Wo besteht noch Übungsbedarf?

1.3 (5) Verantwortung für den eigenen Lernprozess übernehmen und ihn im Hinblick auf die Abschlussprüfung kritisch reflektieren und bewerten · 2.3 (1) komplexe pragmatische Texte [...] zur interessengeleiteten Ausweitung von Kenntnissen nutzen (z. B. zu lebensrelevanten, berufsorientierenden Themen) · 3.2 (1) individuelle Planungsübersichten [...] erstellen [...]

Fahrplan – fit für den M-Abschluss

1.3 (5) Verantwortung für den eigenen Lernprozess übernehmen und ihn im Hinblick auf die Abschlussprüfung kritisch reflektieren und bewerten · 2.3 (1) komplexe pragmatische Texte [...] zur interessengeleiteten Ausweitung von Kenntnissen nutzen (z. B. zu lebensrelevanten, berufsorientierenden Themen) · 3.2 (1) individuelle Planungsübersichten [...] erstellen [...]

Einen Lernplan erstellen

	März		April		Mai		Juni		Juli
1			Spiel				**Deu** Er.	**Eng** Vok.	
2					**Eng** Text Produc.	**Ma** Potenzen und Wurzeln			
3			**Eng** List. Comp.	**Ma** Geo			B-Day Mum		
4									
5							**Deu** Erörterung	Stoch.	
6	**Deu** RS-Strat. und Regeln	**Ma** lineare GL			Spiel				
7									**Deu Referat**
8			Spiel		**Projektprüfung**				
9									
10			**Deu** In.-angabe	**Eng** Text Produc.					
11	Spiel				**Deu** Stilmittel				
12					**Deu** Reimschema		**Prüfungsaufgaben** Ma Deu Eng		
13	**Eng** Zeiten	**Ma** quadr. GL							
14									
15			Party Marc!!!!		**Eng** Vok.	**Ma** zentr. Streckung			
16									
...			**Deu**	**Ma**					

1 a) Betrachtet die Abbildung oben und tauscht euch zu zweit darüber aus.

b) Besprecht, ob ihr selbst schon einmal einen Lernplan – zum Beispiel für den Quali – erstellt habt. Wenn ja: Inwiefern hat er euch geholfen?

Schritt 1: Warum sollte ich einen Lernplan erstellen?

2 a) Notiere stichpunktartig die Vor- und Nachteile eines Lernplans.

b) Tauscht euch zu zweit über eure Notizen aus.

c) Diskutiert darüber in der Klasse.

Schritt 2: Was muss ich können?

3 a) Verschaffe dir einen Überblick darüber, was du in den einzelnen Fächern für den M-Abschluss können musst.

b) Lege am Computer eine Tabelle mit deinen Prüfungsfächern an.

c) Trage die Lerninhalte sowie Hilfsangebote in die Spalten ein. Markiere Bereiche, in denen du dich bereits fit fühlst, farbig.

d) Speichere die Tabelle, z. B. auf einem USB-Stick, sicher ab.

Prüfungsfach	Das muss ich können!	Hier bekomme ich Hilfe!
Mathematik	– *Potenzen* – *Geometrie* – ...	– *Tutorials* – *Lehrkraft* – ...
Deutsch	– *RS-Strat.* – *Zeitformen* – ...	– ...

Schritt 3: Wie erstelle ich einen Lernplan?

4 a) Besprecht zu zweit, was euer Lernplan beinhalten sollte.

b) Trage deine feststehenden Termine in deinen Lernplan (→ COPY 2) oder in eine geeignete App ein.

1.3 (5) Verantwortung für den eigenen Lernprozess übernehmen und ihn im Hinblick auf die Abschlussprüfung kritisch reflektieren und bewerten · 3.2 (1) individuelle Planungsübersichten zu komplexen inhaltlichen Zusammenhängen und aktuellen Ereignissen erstellen und die Ergebnisse reflektieren

5 a) Notiere mit Bleistift in deinem Lernplan, wann du mit dem Lernen fertig sein möchtest.
b) Sprecht in der Klasse darüber und begründet eure Entscheidung.

Schritt 4: Wie erstelle ich einen Wochenplan?
Um festzustellen, wie viel Zeit du pro Woche zum Lernen hast, macht es Sinn, einen konkreteren Wochenplan zu erstellen.

6 a) Betrachtet den Wochenplan von Hanna unten und sprecht zu zweit darüber.
b) Tauscht euch in der Klasse darüber aus, wie ein Wochenplan gestaltet sein sollte.

7 a) Erstelle auf einem Blatt Papier oder in einer App deinen eigenen Wochenplan mit den festen Terminen der Woche. Denke dabei auch an Pausen und Freizeitaktivitäten.
b) Markiere die Zeiträume, in denen du etwas lernen oder wiederholen kannst.

8 a) Ergänze regelmäßig während der Woche deinen Wochenplan aus Aufgabe 7 und hänge ihn gut sichtbar, z. B. zu Hause über deinem Schreibtisch, auf.
b) Mache dir im Laufe der Woche Notizen in deinem Wochenplan, um zu überprüfen, wie realistisch deine vorherige Planung war.
c) Reflektiert im Anschluss zu zweit eure Wochenpläne und gebt einander Tipps zur Verbesserung.

Schritt 5: Inhalte in den Lernplan eintragen

9 Nun kannst du besser einschätzen, wie viel Zeit du zum Lernen hast.
a) Verteile den restlichen Lernstoff auf die verbleibenden Wochen in deinem Lernplan aus Aufgabe 4.
b) Aktualisiere regelmäßig deinen Lernplan.

Schritt 6: Positiv denken und nicht abschrecken lassen!

Wochenplan — Wochenende

	Montag	Dienstag	Mittwoch	Donnerstag	Freitag	Sa	So
8^{00}	Mathe	Deutsch	NuT	Deutsch	GPG		
8^{45}	Mathe	GPG	Mathe	Englisch	GPG		
9^{30}	Pause	Pause	Pause	Pause	Pause	Was ich unter der Woche nicht geschafft habe!	
9^{50}	Englisch	ES	Englisch	WiB	Deutsch		für Proben lernen
10^{35}	Englisch	ES	Deutsch	WiB	Deutsch		
11^{20}	Pause	Pause	Pause	Pause	Pause		
11^{45}	NuT	ES	Reli	Mathe	Englisch		
12^{30}	NuT	ES	Reli	Mathe	—		
13^{10}	MITTAGSPAUSE						
14^{00}	Sport	Hausaufgaben	WiB	Hausaufgaben	Nachhilfe Mathe		Vorbereitung für Montag
14^{45}	Sport	Nachbereitung	Hausaufgaben	Nachbereitung	Mathe nachbereiten		
	Pause	18^{00} Badminton	Nachbereitung	18^{00} Zeitungen austragen	18^{00} Badminton		
	1.) schriftliche Hausaufgabe 2.) Nachbereitung 3.) Vorbereitung		Pause	Vorbereitung			
			Vorbereitung				

JEDEN TAG 2x5min Vokabeln!

Über Kommunikation nachdenken

1 a) Betrachtet das Bild zu zweit. Sprecht darüber, inwiefern zwischen den Personen Kommunikation stattfindet.
b) Überlegt gemeinsam, welche Botschaften vom Vater an die Tochter gesendet werden und umgekehrt.

2 a) Lies dir die Grundsätze des Sprachwissenschaftlers Paul Watzlawick durch.

Der Sprachwissenschaftler Paul Watzlawick (1921–2007) hat fünf Grundsätze über menschliche Kommunikation verfasst.
Zwei der Grundsätze (= Axiome) lauten:

b) Notiert zu zweit Vermutungen darüber, was Paul Watzlawick damit aussagen möchte.

c) Recherchiere die Grundsätze im Internet und überprüfe deine Vermutungen.

3 a) Ergänzt in Partnerarbeit die Tabelle mit den Informationen, die sich Vater und Tochter gegenseitig übermitteln.

	Inhaltsebene	**Beziehungsebene**
Vater	• *XXX*	• *XXX*
Tochter	• *XXX*	• *XXX*

b) Diskutiert eure Ergebnisse in der Klasse.
c) Findet weitere Beispiele für den Grundsatz *„Man kann nicht nicht kommunizieren“*.

4 a) Überlege, welche nonverbalen Kommunikationsmittel es gibt.
b) Führt zu zweit ein nonverbales Gespräch.
c) Findet in der Klasse eine Erklärung und Beispiele dafür, dass sich verbale und nonverbale Kommunikation in Gesprächen stets vermischen.

Tipp

zu 4 a) Menschen kommunizieren nicht nur über das gesprochene Wort (**verbal**), sondern auch über ihre Körpersprache, Mimik, Gestik etc. (**nonverbal**).

*verändert

1.1 (3) verbale und nonverbale Äußerungen interpretieren (z. B. Stimmführung, Körpersprache) und sie so in den situativen Kontext setzen

5 a) Sammelt in der Klasse Vermutungen, wozu Menschen Kommunikation brauchen.
b) Überlegt gemeinsam, welche Faktoren Kommunikation erschweren oder stören können.

6 a) Findet euch in Kleingruppen zusammen und seht euch die drei Situationen an.
b) Beschreibt euch gegenseitig, was ihr auf den Bildern seht.

7 a) Sucht eine der Situationen aus und spielt sie in eurer Kleingruppe in unterschiedlichen Versionen nach. Verändert dabei folgende Aspekte:
- *Mimik*
- *Gestik*
- *Betonung*
- *Körperhaltung*

b) Besprecht, was sich dadurch an der Situation verändert.

8 a) Entscheidet euch gemeinsam für eine eurer Versionen und spielt sie der Klasse vor.
b) Diskutiert in der Klasse, wodurch sich eure Version von dem Bild oben unterscheidet.
c) Untersucht mithilfe der Tabelle von S. 20 eure nachgespielten Situationen hinsichtlich ihrer Aussagen auf der Inhalts- und der Beziehungsebene.

9 a) In einer Textnachricht am Handy oder in einem Chat kann man die nonverbale Kommunikation nicht wahrnehmen. Sammelt Möglichkeiten, um trotzdem auszudrücken, wie etwas gemeint ist.
b) Sprecht über Probleme und Schwierigkeiten, die dabei auftreten können (z. B. Missverständnisse).
c) Sammelt Ideen, wie ihr diese Schwierigkeiten vermeiden könnt.

10 a) Recherchiere im Internet über das Kommunikationsmodell mit den vier Seiten einer Nachricht des berühmten Kommunikationsforschers Friedemann Schulz von Thun. Mache dir Notizen.
b) Stellt euch eure Notizen in der Klasse gegenseitig vor.
c) Analysiert eine der Situationen anhand des Modells von Schulz von Thun.

1.1 (3) verbale und nonverbale Äußerungen interpretieren [...] · 1.4 (1) [...] Situationen szenisch darstellen, dabei verschiedene Ausdrucksformen und sprechgestaltende Mittel bewusst einsetzen · 1.4 (2) szenische Darstellungen reflektieren und die Wirkung der einzelnen Aspekte hinsichtlich stimmlicher Variation, Ausdruck in Mimik, Gestik und Körperhaltung beschreiben

Spielerisch erzählen

Erzählspiel 1 – Duos auf Jobsuche

Die Spieler/-innen finden sich in Zweierteams zusammen. Anschließend suchen sie sich ein bekanntes Duo aus, in das sie sich hineinversetzen. Sie gehen nun als Duo „auf Jobsuche". Ohne sich abzusprechen, erzählen sie ihre Geschichte, was sie als Duo ausmacht und was ihre speziellen Fähigkeiten sind. Erraten die anderen, welche Duos sich hier vorstellen? Beispiele für bekannte Duos: *Tom und Jerry, Adam und Eva, Asterix und Obelix, Bibi und Tina, Salz und Pfeffer*.

Erzählspiel 2 – ABC-Story

Bei der ABC-Geschichte erfindet ihr gemeinsam eine Erzählung. Eine Person in der Klasse beginnt: Sie sagt einen Satz, der mit dem Buchstaben „A" beginnt. Die nächste Person führt die Geschichte mit einem Satz fort, der mit „B" beginnt. Erzählt die Geschichte in alphabetischer Reihenfolge weiter, bis ihr bei „Z" ankommt.

Erzählspiel 3 – Erwischt!

Denke dir eine unvorteilhafte Situation aus, in der du entweder von einer Lehrkraft, einem Familienmitglied oder einer Freundin / einem Freund erwischt wirst. Da muss schnell eine Ausrede her!
Erzähle deine Ausrede nun vor der Klasse so, als würdest du sie der jeweiligen Person, die dich erwischt hat, erzählen. Die Klasse muss erraten, wer dich bei was erwischt hat.

1 a) Entscheidet euch in der Klasse für mindestens zwei der Erzählspiele und klärt gemeinsam kurz die Regeln.
b) Führt die Spiele in der Klasse durch.

2 a) Sammelt nach jedem Spiel in der Klasse in einer Tabelle, was gut und was weniger gut funktioniert hat.
b) Notiert zu zweit Ideen, wie ihr die Punkte verbessern könnt, die weniger gut waren.
c) Vergleicht eure Ergebnisse in der Klasse und setzt eure Ideen in der nächsten Spielrunde um.

3 a) Tauscht euch, nachdem ihr alle Spiele gespielt habt, in der Klasse darüber aus, wie sich eure Erzählungen voneinander unterschieden haben.
b) Stelle weitere Erzählspiele vor, die du kennst, und berichte von deinen Erfahrungen.

Tipp

zu 3 b)
Recherchiert auch im Internet nach Erzählspielen oder denkt euch selbst welche aus.

1.2 (1) sicher zwischen situativ erzählendem oder berichtendem Darstellungsstil entscheiden; die passenden mündlichen Sprachmittel und einen angemessenen Wortschatz einsetzen; die adressatenrelevante Sprachebene wählen [...]

Erzählideen aufgreifen und nutzen

1 a) Bildet Paare oder Kleingruppen und wählt eine Erzählidee aus den Kästen aus.
b) Gestaltet zu zweit oder in der Kleingruppe mündlich eine Geschichte auf Grundlage eurer ausgewählten Erzählidee.
c) Erzählt eure Geschichte vor der Klasse und besprecht, wie ihr auf die Idee gekommen seid.

Erzählidee 1 – Momentaufnahme

Was ist hier geschehen? Was passiert nun? Erzähle eine Geschichte, die dir zu dem Bild einfällt. Überlege dir einen passenden Titel.

Erzählidee 2 – Das wäre der Wahnsinn!

Was wäre das Beste, was dir passieren könnte? Überlege dir eine Geschichte dazu, als hättest du es wirklich erlebt.

Erzählidee 3 – Perspektivwechsel

Denke an eine bekannte Geschichte, die du schon kennst, zum Beispiel einen Film oder ein Märchen. Nimm nun eine Figur, die eher als Nebenfigur vorkommt, und erzähle die Geschichte aus ihrer Sicht.

Erzählidee 4 – Song

Lies den Anfang des folgenden Lieds und erzähle dazu eine passende Geschichte aus deiner Sicht.

Haus am See
Peter Fox

Hier bin ich gebor'n und laufe durch die Straßen,
Kenn' die Gesichter, jedes Haus und jeden Laden.
Ich muss mal weg, kenn' jede Taube hier beim Namen.
Daumen raus, ich warte auf 'ne schicke Frau mit schnellem Wagen.
Die Sonne blendet, alles fliegt vorbei.
Und die Welt hinter mir wird langsam klein.

1.2 (1) sicher zwischen situativ erzählendem oder berichtendem Darstellungsstil entscheiden; die passenden mündlichen Sprachmittel und einen angemessenen Wortschatz einsetzen; die adressatenrelevante Sprachebene wählen [...]

Situations- und adressatengerecht erzählen

1 a) Sieh dir die Situationen auf den Bildern oben an.
b) Ordne zu, welche der folgenden Sätze zu welchem Bild passen könnte. Begründe deine Meinung.

- *Können Sie das bitte wiederholen?*
- *Was du erzählst, ist völliger Quatsch!*
- *So kommen wir einfach nicht weiter!*
- *Wie soll ich das machen?*
- *Im Moment nervt mich die ganze Situation!*
- *Wenn ich euch das erzähle, dann werdet ihr sicher wütend.*
- *Erzählen Sie mir erst einmal, wie Sie das machen würden.*

2 a) Überlege dir weitere Sätze wie in 1 b).
b) Tauscht die Sätze in der Klasse aus und vermutet wieder, zu welchem Bild sie passen könnten.
c) Gebt euch gegenseitig Rückmeldung dazu.

3 a) Überlege dir weitere Situationen wie oben auf den Bildern.
b) Erklärt euch zu zweit, inwiefern sich die Gesprächsinhalte und die Art und Weise, etwas zu erzählen, in den Situationen unterscheiden.

4 a) Tauscht euch zu zweit darüber aus, welches Gesprächsverhalten ihr euch in den jeweiligen Situationen wünschen würdet.
b) Formuliert zu zweit Regeln für angemessenes Gesprächsverhalten in verschiedenen Situationen.
c) Besprecht eure Regeln gemeinsam in der Klasse.

5 a) Lies die *Lernbox* auf Seite 219.
b) Ergänze deine Regeln aus Aufgabe 4 b) mithilfe der *Lernbox* auf Seite 219.
b) Besprecht eure Ergänzungen gemeinsam in der Klasse.

1.2 (1) sicher zwischen situativ erzählendem oder berichtendem Darstellungsstil entscheiden; die passenden mündlichen Sprachmittel und einen angemessenen Wortschatz einsetzen; die adressatenrelevante Sprachebene wählen die adressatenrelevante Sprachebene wählen und argumentierend bzw. appellativ [...] präsentieren

B Du hast Angst vor einer bevorstehenden Prüfung.

D Du hast vergessen, etwas Wichtiges zu erledigen.

A Dir geht es nicht gut, weil dein Freund / deine Freundin böse auf dich ist.

F Du bekommst einen Anruf, verstehst aber nicht genau, was der/die Anrufer/-in möchte.

C Du hast Ärger mit einem Arbeitskollegen / einer Arbeitskollegin.

E Du erzählst von deinem letzten Urlaub.

6 a) Lies die Situationen A–F.
b) Sprecht zu zweit darüber, wie ihr euch in den einzelnen Situationen fühlen würdet.

7 a) Entscheide dich für eine der Situationen A–F.
b) Geht zu zweit zusammen. Spielt euch gegenseitig vor, wie ihr einer ausgedachten Person (z. B. Chefin, Schulfreund, Mutter) von der Situation erzählt.
c) Erratet anschließend, wem euer Partner oder eure Partnerin die Situation erzählt hat.
d) Gebt euch gegenseitig Feedback:
– *Woran war erkennbar, mit wem ihr sprecht?*
– *Was könntet ihr in Zukunft an eurer Sprechweise mit einem Gegenüber noch verbessern?*

Tipp

zu 7 d)
Nutzt eure Regeln aus Aufgabe 4 b) von Seite 24 als Hilfe.

8 a) Stellt euch zu zweit gegenüber und überlegt euch zwei Rollen, die miteinander sprechen (zum Beispiel Bruder und Schwester, Auszubildende und Vorgesetzte ...).
b) Überlegt euch ein Gespräch, in dem sich diese beiden Personen nicht adressatengerecht unterhalten.
c) Trefft euch mit einem anderen Paar und spielt eure Unterhaltung vor.
d) Sprecht zu viert darüber, woran erkennbar war, dass die Unterhaltung nicht adressatengerecht war.
e) Seht euch nun das Gespräch des anderen Paares an und wiederholt Aufgabe d).

9 Hast du schon einmal erlebt, dass in einem Gespräch nicht adressatengerecht erzählt wurde? Berichte von deinem Erlebnis.

10 Warum ist es wichtig, bei Gesprächen darauf zu achten, mit wem man wie spricht? Welche Probleme können sich ansonsten ergeben? Sprecht darüber in der Klasse.

1.2 (1) sicher zwischen situativ erzählendem oder berichtendem Darstellungsstil entscheiden; die passenden mündlichen Sprachmittel und einen angemessenen Wortschatz einsetzen; die adressatenrelevante Sprachebene wählen die adressatenrelevante Sprachebene wählen und argumentierend bzw. appellativ [...] präsentieren

Genau zuhören

1 a) Betrachtet gemeinsam die Fotos. Tauscht euch darüber aus, welche der Situationen ihr selbst kennt und worin sie sich unterscheiden.
b) Sammelt weitere Situationen im Alltag, in denen Zuhören eine wichtige Rolle spielt.

2 Führt in der Klasse mindestens zwei der folgenden Aufgaben durch.

Alle setzen sich hin und schließen die Augen. Eine Stoppuhr ist auf zwei Minuten eingestellt. Lauscht aufmerksam eurer Umgebung. Schreibt alles auf, was ihr gehört habt. Vergleicht, welche Geräusche ihr wahrgenommen habt.

Stellt euch in einem großen Kreis auf. Eine/-r überlegt sich ein längeres Wort, das reihum weitergeflüstert wird. Die letzte Person im Kreis sagt das Wort laut. Wie unterscheidet es sich vom Anfangswort? Spielt das Gleiche noch mal, aber diesmal mit einem vollständigen Satz von sieben bis acht Wörtern. Vergleicht, ob es mit einem Satz schwerer fiel.

Geht zu zweit einen Weg ab. Eine/-r von euch hat die Augen verbunden. Die/Der andere führt. Die Person mit den verbundenen Augen schreibt im Anschluss auf, was sie wahrgenommen hat. Tauscht anschließend die Rollen.
- Was konntest du bei diesem Spaziergang alles wahrnehmen?
- Welche Geräusche sind zu hören?
- Wie wirken sie, wenn man die Quelle der Geräusche nicht sehen kann?

Stellt euch im Kreis auf. Eine Person steht mit verbundenen Augen in der Mitte. Ein Schlüsselbund wird möglichst geräuschlos herumgereicht. Die Person in der Mitte erlauscht, wo sich der Schlüsselbund befindet. Ist es ihr gelungen, werden die Rollen mit der Person getauscht, die den Schlüsselbund gerade in der Hand hatte.

3 Reflektiert in der Klasse, welche Gemeinsamkeiten und Unterschiede euch beim Zuhören in den verschiedenen Aufgaben aufgefallen sind.

1.1 (1) Gesprächsbeiträge anderer sinnerfassend und vernetzend verfolgen, um daraus Informationen aufzunehmen und kritisch zu bewerten

4 Tauscht euch zu zweit darüber aus, in welchen Situationen euch das Zuhören leichtfällt und in welchen ihr dabei Schwierigkeiten habt.

5 a) 🔊 Höre dir die Aufnahmen „Geräusch 1“ und „Geräusch 2“ an.
b) Notiere stichpunktartig, was du hörst und was du dir beim Hören vorstellst.
c) 💡 Suche dir eine der Aufnahmen aus und schreibe dazu eine kurze Geschichte (→ S. 304, *Lernbox* „Erzählen“).

Tipp

💡 **zu 5 c)**

Geräusch 1:
Die Bahn fuhr mit düsterem Grollen ein. Tomi sah in das gleißende Licht der Scheinwerfer. Plötzlich …

Lernbox

Genau zuhören

1 Setz dich **bequem** hin oder stelle dich in eine angenehme Position. Lege alles, außer einem Stift, aus der Hand.
2 Mache dir kurz bewusst, **warum du zuhören** möchtest. Folgst du z. B. einer Geschichte oder geht es darum, bestimmte Informationen zu erhalten?
3 **Konzentriere** dich nur auf das, was du anhören möchtest. Blende alle anderen Geräusche aus.
4 **Notiere,** während du zuhörst, kurze Stichpunkte zu den wichtigsten Inhalten.
5 Schreibe auch **Fragen** auf. Achte darauf, sehr knapp zu formulieren, damit du dem Gehörten weiter folgen kannst.
6 Höre das Ganze wenn möglich **noch einmal** an. Ergänze währenddessen deine Notizen.

6 a) Bildet Vierergruppen.
b) Lest einander eure Geschichten vor.
c) Lasst die Zuhörenden erraten, zu welcher der beiden Aufnahmen die jeweilige Geschichte verfasst wurde.
d) Gebt euch gegenseitig Feedback zu euren Geschichten (→ S. 56).
e) Überarbeitet eure Geschichten mithilfe des Feedbacks.

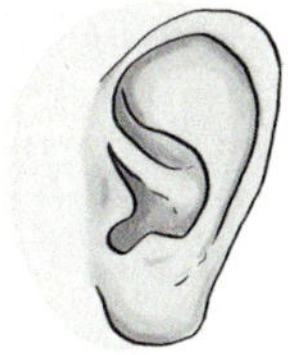

7 a) Überlege und notiere stichpunktartig, worauf es beim Zuhören ankommt.
b) Vergleicht zu zweit eure Ergebnisse mit der *Lernbox* und ergänzt sie gegebenenfalls.

8 a) Erstellt in Gruppen eine digitale Präsentation mit Tipps zum Zuhören (→ S. 48). Integriert auch eine Audiodatei mit einer Aufgabe für die Klasse dazu (→ S. 293).
b) Stellt eure Präsentation der Klasse vor und gebt euch gegenseitig Feedback.

9 a) Geht in Kleingruppen zusammen. Nehmt fünf Geräusche zu Hause oder in der Schule mit einem Aufnahmegerät auf.
b) Spielt die Geräusche in der Klasse vor. Ratet, woher sie stammen.

In diesem Kapitel …

kannst du auf dein Vorwissen aufbauen, wiederholen und üben, wie du …
- aufmerksam zuhörst,
- Fragen zu Hörtexten beantwortest,
- gezielt Informationen in Form von Notizen aus Hörtexten entnimmst,
- die Gestaltung eines Hörtextes untersuchst,
- einen Podcast planst, gestaltest und erstellst.

1.1 (2) Inhalt und Gehalt längerer Ausführungen selbständig sichern (z. B. durch Notizen) […] · 1.1 (4) bei Hörmedien (z. B. literarisches Hörspiel, Podcast zu Sachthemen) Inhalts- und Strukturelemente sowie stilistische und symbolische Ausdrucksmittel untersuchen und werten

Hörtexten Informationen entnehmen

1 a) Höre dir in der Mediathek eines seriösen Fernsehsenders die Nachrichten des Vortags an und fülle die Tabelle aus.
b) Höre dir die Nachrichten ein zweites Mal an und ergänze dabei die Tabelle.

Thema/ Ereignis	*Zeit*	*Ort*	*wichtige Infos*
XXX	*XXX*	*XXX*	*XXX*
XXX	*XXX*	*XXX*	*XXX*

c) Lest euch zu zweit eure Notizen im Wechsel vor. Ergänzt eure Tabelle gegebenenfalls.
d) Sprecht in der Klasse über die Reihenfolge der Beiträge. Was fällt euch bei der Anordnung der Beiträge auf?

2 a) Notiere, was dir bei Aufgabe 1a) leicht- und was dir schwergefallen ist.
b) Vergleicht zu zweit.
c) Lies die *Lernbox* und formuliere daraus einen knappen Spickzettel mit den für dich wichtigsten Tipps.
d) Sprecht in der Klasse über eure Spickzettel und begründet, welche Tipps ihr besonders hilfreich findet.

Tipp

zu 1d)

Die Beiträge einer Nachrichtensendung sind nach ihrer Wichtigkeit geordnet.

zu 3a)

Töne, Geräusche und Musik können z. B. für Spannung, Aufmerksamkeit oder Abwechslung sorgen.

3 a) Höre die Nachrichten noch einmal an und achte dieses Mal auf Geräusche, Musik und andere Töne. Beantworte dazu die folgenden Fragen:
- *Sind Geräusche zu hören? Wenn ja, welche?*
- *An welchen Stellen hört man Musik bzw. Geräusche?*
- *Welche Wirkung haben die Töne, Geräusche bzw. eingespielte Musik?*
- *Wird ein Interview geführt? Wie wird dieses angekündigt?*

b) Achte dieses Mal beim Zuhören auf die Stimme der Sprecher/-innen.
- *Wie spricht er/sie? Was fällt auf?*

Lernbox

Einem Hörtext Informationen entnehmen

1 Vor dem ersten Hören:
- Sieh dir Überschriften und Bilder an.
- Überlege, was du schon über das Thema weißt.
- Sieh dir die Aufgabentypen an. Was wird verlangt (Multiple Choice, ganze Sätze, Notizen ...)?
- Welche Informationen/Schlüsselbegriffe werden gesucht?

2 Globale Informationen entnehmen:
- Um welche Textsorte handelt es sich (Interview, Nachricht ...)?
- Mache dir beim ersten Hören nur allgemeine Notizen zum Thema/Inhalt. Notiere noch keine Details.

3 Detaillierte Informationen entnehmen:
- Versuche, möglichst viele W-Fragen zu beantworten (Wer? Was? Wann? Wo? ...).
- Achte nun auf Schlüsselbegriffe aus den Aufgaben.
- Überprüfe deine Antworten, während du den Text ein weiteres Mal anhörst.

1.1 (2) Inhalt und Gehalt längerer Ausführungen selbständig sichern (z. B. durch Notizen) [...] · 1.1 (4) bei Hörmedien (z. B. literarisches Hörspiel, Podcast zu Sachthemen) Inhalts- und Strukturelemente sowie stilistische und symbolische Ausdrucksmittel untersuchen und werten

Einen literarischen Text hören und verstehen

1 a) Betrachte das Cover des Hörbuchs. Überlege, um welche historische Person es gehen könnte.
b) Sprecht zu zweit darüber, woran man erkennt, um welche Person es geht.
c) Notiere dein Wissen zu der Person in einer Mindmap (→ S. 295).
d) Lies den Titel. Denkt zu zweit darüber nach, um was es gehen könnte.

2 Höre dir den Ausschnitt aus dem Hörbuch „Er ist wieder da" von Timur Vermes an.

3 Fasse kurz zusammen, um was es in dem Ausschnitt geht. Vergleicht zu zweit eure Zusammenfassungen.

4 a) Beantworte die Fragen zum Hörbuch:
- *Was denkt Hitler zunächst, in welcher Zeit er sich befindet?*
- *Für wen wird Hitler von dem Kioskbesitzer gehalten?*
- *Warum lebte Hitler 1909 im Männerwohnheim?*
- *Wer war Eva, von der öfter gesprochen wird?*

b) Besprecht in der Gruppe die Fragen, die ihr nicht beantworten konntet.
c) Hört euch bei Bedarf den Ausschnitt ein weiteres Mal an, um offengebliebene Fragen zu beantworten.

5 Überlegt zu zweit, wie die Geschichte weitergehen könnte.

6 Folgende Rezensionen wurden über „Er ist wieder da" verfasst. Sucht euch eine Rezension aus und diskutiert in der Gruppe, warum ihr dieser zustimmt oder nicht.

„Diese Fokussierung auf Hitler – wahlweise als komische Figur oder aber als Inkarnation des Bösen – läuft Gefahr, die geschichtlichen Fakten verblassen zu lassen."
(Cornelia Fiedler, Süddeutsche Zeitung)

„Allzu oft lässt sich der Autor dazu hinreißen, seinen Hitler als humorigen Gesellen zu zeichnen und das wirkt letztlich verharmlosend."
(Cornelia Fiedler, Süddeutsche Zeitung)

„Darf man das? Das war die erste Frage, die ich mir gestellt habe." *(Literaturhandbuch)*

7 a) Schreibe selbst eine kurze Rezension zu dem Hörbuchausschnitt. Nimm dabei Bezug darauf, wie du es findest, Hitler als „lustige Figur" darzustellen.
b) Lest eure Rezensionen in der Klasse vor und gebt euch Feedback dazu.

8 a) Sammelt in Gruppen die Vorteile und Nachteile eines Hörbuchs im Vergleich zu einem Buch.
b) Sprecht gemeinsam in der Klasse über eure Überlegungen.

1.1 (4) bei Hörmedien [...] Inhalts- und Strukturelemente sowie stilistische und symbolische Ausdrucksmittel untersuchen und werten · 2.4 (3) zu unterschiedlichen medialen Darbietungsformen eines Themas oder einer literarischen Vorlage (z. B. Computerspiel, Film, Hörbuch, Graphic Novel und Buch) wertend Stellung nehmen

Einen Podcast hören und verstehen

1 a) Was weißt du über Podcasts? Erstelle ein Cluster (→ S. 295).
b) Tauscht euch in der Gruppe über euer Wissen aus. Ergänze dabei dein Cluster.
c) Nehmt zu zweit eine Sprachnachricht auf, in der ihr erklärt, was ein Podcast ist.
d) Vergleicht eure Erklärung mit der *Lernbox*.

2 Betrachtet zu zweit das Foto und sprecht darüber, was ihr darauf seht.

3 a) Notiere spontane Einfälle und Fragen zum Titel des Podcasts „Zuschauereffekt".
b) Tauscht euch zu zweit über eure Einfälle und Fragen aus.

4 a) Höre dir „Podcast: Zuschauereffekt – Teil 1" an.
b) Beantworte dazu die folgenden Fragen:
– *Wer spricht?*
– *In welcher Situation befand sich die sprechende Person?*
– *Wie empfand die Person die Situation?*
c) Sprecht in der Klasse über Situationen mit Gaffern/-innen. Habt ihr schon einmal solch eine Situation miterlebt?

5 a) Lies die Aussagen in der Tabelle oben rechts durch. Schlage schwierige Wörter im Wörterbuch nach.
b) Höre dir anschließend „Podcast: Zuschauereffekt – Teil 2" an.
c) Schreibe die folgende Tabelle ab und kreuze an, was richtig oder falsch ist.

Aussage	r	f
Schon in der Antike strömten die Römer in die Arena, um zuzuschauen, wie unglückselige Delinquenten von Raubtieren zerfleischt wurden.	XXX	XXX
Das Ohr ist eines unserer wichtigsten Sinnesorgane.	XXX	XXX
Wir können aus nächster Nähe beobachten und dieses Beobachten ist ein Überlebensvorteil.	XXX	XXX

d) Schreibe die falschen Aussagen richtig auf.
e) Vergleicht eure Ergebnisse zu zweit.

6 a Notiere in Stichpunkten die wichtigsten Informationen aus „Podcast: Zuschauereffekt – Teil 2". Sprecht zu zweit darüber.
b Fasse die Informationen aus „Podcast: Zuschauereffekt – Teil 2" in einem Text zusammen. Lest euch eure Texte dann gegenseitig vor.

Lernbox

Podcast

Ein Podcast ist ein abonnierbarer und in Serie erscheinender **Hörbeitrag**.
1 Es gibt keine vorgeschriebenen **Inhalte**. Sie können ganz unterschiedlich sein.
2 Es gibt professionelle **Podcaster/-innen**, doch dies ist nicht zwingend. Alle, die Interesse haben, können Podcasts aufnehmen und sie im Netz veröffentlichen.

1.1 (4) bei Hörmedien (z. B. literarisches Hörspiel, Podcast zu Sachthemen) Inhalts- und Strukturelemente sowie stilistische und symbolische Ausdrucksmittel untersuchen und werten

7 a) Höre dir „Podcast: Zuschauereffekt – Teil 3“ an und kläre unbekannte Begriffe.
b) Beantworte zunächst folgende Fragen in Stichpunkten.
– *Welche Erwartung hatte die Wissenschaftlerin?*
– *Wie verhielten sich die Ratten?*

8 a) Erstellt zu zweit eine Skizze, auf der ihr die Versuche grafisch darstellt und wichtige Informationen festhaltet.
b) Unterhaltet euch über die Ergebnisse der Versuchsreihe.
c) Sprecht in der Klasse darüber, was euch an dem Versuch und dem Ergebnis überrascht hat.

9 Lies die Fortsetzung des Podcasts.

Erzähler/-in: Doch ist ein solches Rattenexperiment so einfach auf Menschen und ihre Bereitschaft, helfend einzugreifen, übertragbar? Sie gehe grundsätzlich eher von Gemeinsamkeiten zwischen Menschen und Ratten als von Trennendem aus, betont die Neurobiologin. Andere zu beobachten und aus deren Verhalten Schlüsse für das eigene Handeln zu ziehen: Dies sei typisch für die Klasse der Säugetiere – nicht nur für Menschen.
Weswegen Peggy Mason auch schnell bei Beispielen aus den täglichen Nachrichten für den Bystander-Effekt ist – wie der Zuschauereffekt auf Englisch heißt.
Mason: Was wir in unserem Ratten-Experiment gesehen haben, erklärt auch gut die Vorfälle von Polizeigewalt, die die Black-Lives-Matter-Proteste ausgelöst haben: Da hast du diese Individuen an Polizisten, sie schauen zu, wie ein wehrloser Mensch von einem Kollegen getötet wird – und sie tun nichts. Im Nicht-Handeln werden sie zu Verbündeten, zu Komplizen. Mit dem Unterschied, dass sie nicht wie die Ratten ein Beruhigungsmittel vom Helfen abhält: Nein, anders als bei manchem Passanten können sie sich auch nicht damit herausreden, sie wüssten nicht, wie man hilft. Sie helfen nicht, weil sie darauf trainiert sind, ihrem Kollegen nicht in die Quere zu kommen.

10 a) Informiere dich über die Black-Lives-Matter-Bewegung. Fasse kurz zusammen, worum es bei den Protesten der Bewegung geht.
b) Erstelle ein Plakat oder eine kurze Präsentation und berichte der Klasse.

11 a) Schreibe den folgenden Text ab. Lass an den Stellen, an denen Wörter fehlen, Lücken frei.

Personen helfen am ehesten, wenn sie *XXX* sind; mit der Anzahl von Zuschauern nimmt die *XXX* ab. Schließlich sind auch weitere Faktoren für ein *XXX* im Notfall wichtig: das *XXX* der anderen oder die Beziehung, die die *XXX* zueinander haben.

b) Höre dir nun „Podcast: Zuschauereffekt – Teil 4“ an und ergänze die Lücken in dem Text.

12 a) Die Wissenschaftlerin zieht einen Vergleich des Verhaltens der Ratten zu dem Verhalten von Polizisten in den USA. Stelle ihre Meinung zu den Ursachen des Verhaltens der Polizei in deinen eigenen Worten dar und schildere sie deinem/-r Partner/-in.
b) Diskutiert zu zweit, ob ihr dem zustimmt oder anderer Meinung seid.

13 a) Höre dir „Podcast: Zuschauereffekt – Teil 4“ noch einmal an. Achte dabei darauf, was über fünf Stufen gesagt wird, die durchlaufen werden müssen, bevor Menschen anderen in Notsituationen helfen.
b) Bringe die fünf Stufen im Folgenden in die richtige Reihenfolge.

A Verantwortung übernehmen
B Die passende Art der Hilfeleistung erkennen
C Helfen
D Das Ereignis als Notfall beurteilen
E Das Ereignis bemerken

c) Höre dir den Abschnitt nochmals an und mache dir zu den einzelnen Stufen Stichpunkte.

14 a) Findet euch in Kleingruppen aus mindestens vier Personen zusammen.
b) Sammelt in eurer Kleingruppe, welche Notsituationen im Alltag auftreten könnten.
c) Entscheidet euch für eine der Situationen und überlegt, welche Hilfeleistung für diese Notsituation angemessen sein könnte.
d) Bereitet eure Überlegungen als szenisches Spiel vor und präsentiert es vor der Klasse.
e) Diskutiert in der Klasse, welche der präsentierten Hilfeleistungen ihr sinnvoll findet und welche weniger.

15 a) Gestaltet ein Plakat, auf dem ihr die fünf Stufen erklärt.
b) Stellt es anderen Klassen vor.

16 a) Höre dir „Podcast: Zuschauereffekt – Teil 5“ an.
b) Beantworte die nachfolgenden Fragen in Stichpunkten.

– *Wie viel Prozent der Menschen helfen in einer Notsituation?*
– *Über was klagen Einsatzkräfte in der heutigen Zeit?*
– *Wie versucht die Politik, dieses Problem zu lösen?*

c) Vergleicht eure Antworten zu zweit und korrigiert sie gegebenenfalls.

17 a) Lies die folgende Aussage des Wissenschaftlers Dieter Frey.

„[D]u musst nicht unbedingt einschreiten, wenn es zu gefährlich ist. Aber schau, ob du die Polizei informieren kannst. Ich überwinde die Angst dadurch, dass ich nichts allein mache, sondern immer mit anderen, immer mit anderen, immer mit anderen. [...] Und da kann ich durchaus einen aktiven Part spielen, indem ich zum Beispiel sage: ‚Hallo, Sie mit dem blauen Pullover, Sie mit dem Hut! Können Sie mir helfen?‘ Ja. Also das heißt, ich darf mich nicht auf den Zufall verlassen, dass mir jemand hilft, sondern im Extremfall muss ich jemanden an der Hand packen und sagen: ‚Hilf mir! Da müssen wir einschreiten.‘ Und je mehr Leute man da aktiviert, umso höher auch die Chance, das Opfer zu schützen.“

b) Notiere Fragen zum Text.
c) Tauscht eure Fragen zu zweit aus und beantwortet sie gemeinsam in Stichpunkten.
d) Besprecht eure Antworten in der Klasse.

18 a) Lies das folgende Zitat aus dem Werk „Leben des Galilei“ von Bertolt Brecht:
Andrea: Unglücklich das Land, das keine Helden hat! [...]
Galilei: Unglücklich das Land, das Helden nötig hat.
b) Sprecht in der Klasse darüber, welche Bedeutung Helden in diesem Zitat haben.

1.1 (4) bei Hörmedien (z. B. literarisches Hörspiel, Podcast zu Sachthemen) Inhalts- und Strukturelemente sowie stilistische und symbolische Ausdrucksmittel untersuchen und werten

Einen Podcast erstellen

1 a) Findet in Kleingruppen aus mindestens vier Personen ein spannendes Thema für einen Podcast. Führt dazu die Placemat-Methode (→ S. 46) durch. Erweitert euer Placemat. Geht dabei so vor:

A Nachdem alle ihr Thema in ein Feld geschrieben haben, dreht ihr das Blatt um 90°.
B Nun liegt vor allen ein neues Thema. Zu diesem schreiben alle ihre Gedanken in das Feld.
C Wiederholt das Drehen und Schreiben so lange, bis euer Thema wieder vor euch liegt.
D Tauscht euch über die unterschiedlichen Gedanken zu den Themen aus.
E Sucht nach möglichen Gemeinsamkeiten zwischen den Themen und schreibt diese in das mittlere Feld.

b) Stellt eure Themen der Klasse kurz vor. Lasst euch Rückmeldung dazu geben, welche Themen die Klasse spannend findet.
c) Einigt euch in der Gruppe auf ein Thema. Beachtet dabei, ob ihr zu eurem Thema genügend Informationen finden könnt.
d) Sammelt nun Informationen zu eurem Thema. Lest dazu Punkt 1 der *Lernbox*.

Tipp

zu 1 a)
Denkt beispielsweise an eure Hobbys, gesellschaftliche Themen, die euch beschäftigen, Interessen in euren Familien/Freundeskreisen oder Probleme, bei denen ihr anderen Menschen helfen könnt.

2 a) Lest Punkt 2 der *Lernbox*. Gliedert euren Podcast in sinnvolle Abschnitte und verteilt diese in der Gruppe.
b) Verfasse einen Text für deinen Abschnitt.
c) Führt eine Schreibkonferenz mit euren Abschnitten durch (→ S. 262–265).
d) Fügt eure Abschnitte zu einem Gesamttext zusammen.

3 Lest den Rest der *Lernbox* und produziert nun euren Podcast.

4 a) Präsentiert euren Podcast vor der Klasse.
b) Diskutiert in der Klasse, was euch an den Podcasts besonders gefallen hat und woran ihr noch arbeiten könnt.

Lernbox

Einen Podcast produzieren

1. Trage **interessante Informationen** zu deinem Thema zusammen (Mindmap, Tabelle, Cluster, Stichpunkte ...).
2. Plane den **Ablauf** des Podcasts. Achte auf Abwechslung und Spannung (z. B. Dialoge, Interviews ...).
3. Erstelle aus den Informationen einen zusammenhängenden **Text**. Achte auf leicht verständliche Sprache (unkomplizierte Sätze, Fremdwörter erklären ...).
4. Markiere Wörter, die du besonders **betonen** möchtest, und Stellen für **Pausen**.
5. Bereite die **technische Umsetzung** vor: Wie funktioniert die Aufnahmefunktion deines Smartphones/Tablets? Wie behebt man Störgeräusche (z. B. Rauschen ...)?
6. **Nimm** den Podcast **auf**:
   - Sprich langsam und deutlich.
   - Prüfe, ob die Aufnahme verständlich ist.
7. Bearbeite den Podcast (Geräusche, Schnitt ...).

1.4 (3) ein angemessenes Repertoire an sprachlichen, körpersprachlichen und stimmlichen Mitteln zur Adaption von Texten nutzen · 2.4 (7) digitale Medien selbstständig und zielorientiert zur Präsentation von komplexen Sachverhalten und anspruchsvollen literarischen Themen sowie zur ästhetischen Produktion nutzen

Kompetenzcheck

1 a) Vermute, was das Bild darstellt.
b) Beantworte folgende Fragen:
- *Welche Möglichkeiten, gebrauchte Kleidung zu kaufen, kennst du?*
- *Nutzt du diese und warum (nicht)?*

2 a) Überlege, um was es in einem Hörtext mit dem Titel „So nachhaltig ist Secondhand-Kleidung“ gehen könnte.
b) Notiere Informationen, die du schon zum Thema kennst, und Fragen, die du zum Thema hast.

3 a) Höre dir den Hörtext „So nachhaltig ist Secondhand-Kleidung“ an.
b) Lies die folgenden Zitate und prüfe, welche im Hörtext exakt so vorkommen. Schreibe die richtigen Zitate ab und die falschen Zitate korrigiert auf.
- *„Wer eine Jeans bei mir kauft, die schon getragen worden ist, spart 10.000 Liter Wasser."*
- *„Wer nach einem bestimmten Teil sucht, wird immer im Secondhand-Laden fündig."*
- *„Vorhandene Filter auf den jeweiligen Seiten erleichtern die Secondhand-Jagd nach dem Traumteil."*
- *„Wegwerfen und Neukaufen sind hier absolut in, Secondhand und Kleidertausch absolut out."*

4 Höre dir den Hörtext noch einmal an und beantworte die folgenden Fragen.
- *Welche Alternativen gibt es zu einem Secondhand-Laden, wenn man gebrauchte Kleidung nutzen möchte?*
- *Was bedeutet Upcycling?*
- *Worauf sollte bei der Nutzung eines Altkleidercontainers geachtet werden?*

5 Ordne im Heft den Behauptungen (1–5) die jeweils richtige Schlussfolgerung (A–E) zu.

1 Eine Secondhand-Jeans spart 10.000 Liter Wasser gegenüber einer neugekauften Jeans ein.

2 Zwanzig Prozent der Wasserverschmutzung resultieren aus dem Färben von Kleidung.

3 Im Secondhand-Laden findet man nicht den angesagten Pulli in allen Größen, sondern individuelle Teile, die auf ihre Kunden warten.

4 Der Besuch im Secondhand-Laden ist nichts für Personen, die es gerne strukturiert mögen.

5 Sogar Designer/-innen arbeiten bereits mit getragener Kleidung.

A Deshalb sollte man beim Secondhand-Shopping offen sein und Überraschungen lieben.

B Deshalb sollten diese Personen lieber online Secondhand-Kleidung kaufen, weil es dort Filter gibt, die die Suche vereinfachen.

C Deshalb wird die Umwelt beim Kauf von Secondhand-Kleidung weniger belastet als beim Kauf neuer Kleidungsstücke.

D Deshalb stellt das Färben von Kleidung eine große Belastung für die Umwelt dar.

E Deshalb liegt Upcycling voll im Trend.

1.1 (2) Inhalt und Gehalt längerer Ausführungen selbständig sichern (z. B. durch Notizen); dies zur Reproduktion des Gehörten nutzen und dabei sachlogische sprachliche Verknüpfungen herstellen

6 a) Recherchiere den Begriff „virtuelles Wasser“ und verfasse in eigenen Worten eine Definition dazu.
b) Ergänze deine Definition mit einem Beispiel aus dem Hörtext und beziehe dabei auch das Schaubild mit ein.

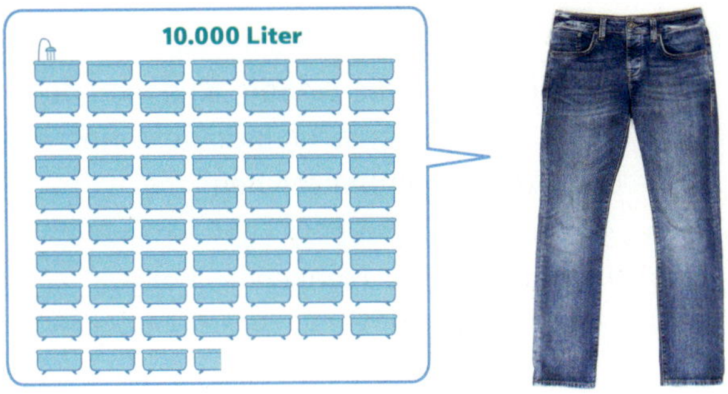

7 a) Höre den Hörtext noch einmal an. Mache dir in einer Tabelle Notizen, welche Vorteile und Nachteile von Secondhand-Kleidung genannt werden (→ S. 269).
b) Ergänze deine Tabelle um weitere Vorteile und Nachteile, die dir einfallen.

Tipp

zu 8 b)
Eine Glosse ist ein kurzer journalistischer Text, der satirisch ein Thema behandelt.

8 Wähle eine der beiden Aufgaben.
a Erstelle einen Flyer (→ S. 288), um deine Mitschüler/-innen dazu zu motivieren, Secondhand-Kleidung zu kaufen.
b Verfasse eine Glosse für eine Zeitung deiner Region, in der du den Massenkonsum neuer Kleidung kritisierst.

9 a) Überprüfe deine Ergebnisse zu den Aufgaben auf dieser Doppelseite mit der Checkliste (→ COPY A).
b) Vergleicht eure Ergebnisse zu zweit und gebt einander Feedback (→ COPY A).
b) Besprecht eure Ergebnisse gemeinsam in der Klasse.

Arbeitsrückschau

1. Du hast den Kompetenzcheck durchgeführt. Schau nun auf deine Arbeit zurück. Was fiel dir leicht, was nicht? Notiere es.
2. Was konntest du schon, was hast du neu dazugelernt?
3. Ist es dir gelungen, Tipps von deinen Mitschülerinnen und Mitschülern anzunehmen und ihnen Tipps zu geben?
4. Besprich mit deiner Lehrkraft, was du noch üben bzw. wiederholen kannst.

Checkliste – Überprüfe dein Hörtextverständnis!

Ich habe / Du hast …	selbst überprüft	von dem/der Partner/-in überprüft	von der Lehrkraft überprüft	übe weiter	erledigt am
… aufmerksam zugehört.	XXXXXXXXX	XXXXXXXXXX	XXXXXXXXX	XXXXXXXXXXXXXXXXXXXXXXXX	XXXXXXXXXX
… Aussagen aus dem Hörtext wiedererkannt oder korrigiert.	XXXXXXXXX	XXXXXXXXXX	XXXXXXXXX	XXXXXXXXXXXXXXXXXXXXXXXX	XXXXXXXXXX
… Fragen zum Hörtext richtig beantwortet.	XXXXXXXXX	XXXXXXXXXX	XXXXXXXXX	XXXXXXXXXXXXXXXXXXXXXXXX	XXXXXXXXXX
… Behauptungen und Schlussfolgerungen auf Grundlage des Hörtextes richtig zugeordnet.	XXXXXXXXX	XXXXXXXXXX	XXXXXXXXX	XXXXXXXXXXXXXXXXXXXXXXXX	XXXXXXXXXX
… dem Hörtext ein Beispiel entnommen.	XXXXXXXXX	XXXXXXXXXX	XXXXXXXXX	XXXXXXXXXXXXXXXXXXXXXXXX	XXXXXXXXXX
… dem Hörtext gezielt Informationen in Form von Notizen entnommen.	XXXXXXXXX	XXXXXXXXXX	XXXXXXXXX	XXXXXXXXXXXXXXXXXXXXXXXX	XXXXXXXXXX
Was ich dir noch sagen wollte:	XXXXXXXXX	XXXXXXXXXX	XXXXXXXXX	XXXXXXXXXXXXXXXXXXXXXXXX	XXXXXXXXXX

1.1 (2) Inhalt und Gehalt längerer Ausführungen selbständig sichern (z. B. durch Notizen); dies zur Reproduktion des Gehörten nutzen und dabei sachlogische sprachliche Verknüpfungen herstellen · 3.2 (4) […] stilsicher abwägende wie auch meinungsbildende Texte verfassen und hierzu auch journalistische Textformen nutzen (z. B. Leitartikel, Glosse)

Die eigene Stimme erproben

1 Erkläre mit eigenen Worten die Bedeutung der Aussage *„Mit Worten spielt man nicht"*.

2 a) Lies den folgenden Auszug aus dem Poetry-Slam-Text „Mit Worten spielt man nicht".

Mit Worten spielt man nicht (Auszug)
Von Torsten Wolff

Wenn man Komplimente macht, die man nicht meint
und eine Meinung hat, die weder bejaht noch verneint
wenn man sich immer wieder im Ungefähren verliert
und darum auch viel lieber mit hohlen Phrasen hantiert

Dann sag doch einfach mal „Ja" oder „Nein"
aber lass das Drumherumreden sein
weil ein „vielleicht" vielleicht nicht immer reicht
auch wenn das dann manchmal vom Mainstream abweicht
[...]

Drum mach dir doch einfach selbst mal nen Reim
und sag nicht was du denkst, sondern das was du meinst
Ist es dazu nötig, dass man in Reimen spricht?
– Nein, das ist es natürlich nicht [...]

b) Besprecht zu zweit, worum es in dem Poetry-Slam-Text geht.

3 a) Lies den Poetry-Slam-Text ein zweites Mal still für dich.
b) Tragt ihn euch anschließend zu zweit gegenseitig vor.

4 a) Sprecht zu zweit darüber, welche Möglichkeiten ihr habt, eure Stimme zu variieren.
b) Überprüft eure Überlegungen mithilfe der *Lernbox* auf Seite 37.

5 a) Schreibe den Poetry-Slam-Text ab und markiere darin die Stellen, an denen du deine Stimme variieren möchtest. Nutze dafür die folgenden Zeichen:
- kurze/lange Pause: / / //
- Stimme heben/senken: ↗ / ↘
- laut/leise: < / >
- schnell/langsam: → / ←

b) Übe den Vortrag des Poetry-Slam-Textes mithilfe deiner Markierungen ein.

6 a) Führt in der Klasse einen Poetry-Slam durch, indem ihr nacheinander den Auszug aus dem Poetry-Slam-Text „Mit Worten spielt man nicht" vortragt.
b) Gebt einander Feedback zum Einsatz eurer Stimme: Was kann noch verbessert werden?
c) Lasst die vorgetragenen Versionen des Poetry-Slam-Textes noch einmal Revue passieren:
- *Was hat euch besonders gefallen?*
- *An welchen Stellen hat ein bestimmter Einsatz der Stimme besonders Sinn gemacht?*
- ...

Tipp

zu 2 a)
Ein **Poetry-Slam** ist ein auf einer Bühne ausgetragener Dichterwettkampf, bei dem Menschen mit selbst verfassten Texten (Lyrik, Lautpoesie, Raps ...) gegeneinander antreten.

1.4 (2) szenische Darstellungen reflektieren und die Wirkung der einzelnen Aspekte hinsichtlich stimmlicher Variation, Ausdruck in Mimik, Gestik und Körperhaltung beschreiben · 1.4 (3) ein angemessenes Repertoire an sprachlichen, körpersprachlichen und stimmlichen Mitteln zur Adaption von Texten nutzen

Was ist denn passiert? So habe ich dich ja noch nie gesehen!	hohe Stimme	genervt
Ich muss noch mal zurück zum Supermarkt, ich habe einiges vergessen.	flüstern	entsetzt
Es gibt Tage, da läufts, es gibt Tage, da läufts nicht.	tiefe Stimme	wütend
Wir fahren am Wochenende mit der Familie weg.	nuscheln	gut gelaunt
So etwas hätte ich nicht erwartet; das ist ja wie im Film.	schreien	traurig

7 a) Lies die Sätze, Stimmvarianten und Gefühlslagen an der Pinnwand oben.
b) Sucht euch zu zweit immer abwechselnd einen Satz, eine Stimmenvariante und eine Gefühlslage aus.
c) Überlegt euch, in welcher Situation dieser Satz in der ausgesuchten Gefühlslage fallen könnte.
d) Präsentiert euch gegenseitig eure Überlegungen in einer szenischen Darstellung.

8 a) Überlege dir eigene Sätze und dazu passende Stimmvarianten und Gefühlslagen.
b) Tauscht zu zweit und setzt eure Ideen gegenseitig um.
c) Gebt euch gegenseitig Rückmeldung dazu, wie ihr mit der Stimme gearbeitet habt.
d) Wiederholt Aufgabe b) und berücksichtigt dabei das erhaltene Feedback.

Lernbox

Mit der Stimme arbeiten

Die Stimme ist ein wichtiges Instrument, um z. B. deiner Meinung oder einem bestimmten Gefühl **Ausdruck** zu verleihen. So kannst du den Ausdruck mit der Stimme variieren:

1. Einzelne Wörter **betonen**, um die Wichtigkeit hervorzuheben, z. B.: *„<u>Du</u> darfst nicht kommen!"*
2. **Laut** oder **leise** sprechen, um deine Gefühle auszudrücken, z. B.: *besonders laute Stimme = wütend/aufgeregt,* *leise Stimme = traurig/schüchtern.*
3. Eine **Sprechpause** einlegen, um Spannung zu erzeugen, z. B.: *„Ich bin || fassungslos!"*
4. Die **Aussprache** verändern, z. B.: *nuscheln, leiern, Dialekt sprechen.*

1.4 (1) eigene Erlebnisse, Haltungen und Situationen szenisch darstellen, dabei verschiedene Ausdrucksformen und sprechgestaltende Mittel bewusst einsetzen · 1.4 (2) szenische Darstellungen reflektieren und die Wirkung der einzelnen Aspekte hinsichtlich stimmlicher Variation, Ausdruck in Mimik, Gestik und Körperhaltung beschreiben

Gestik und Mimik erkunden

1

2

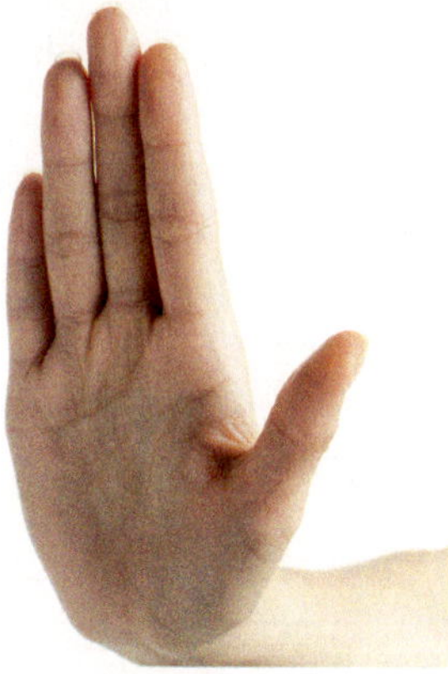

3

4

5

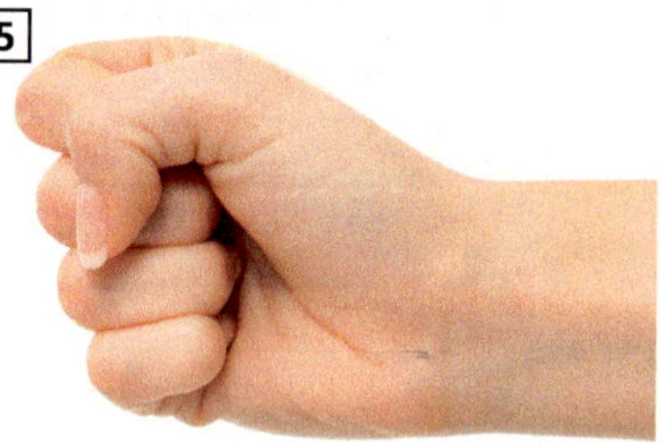

7

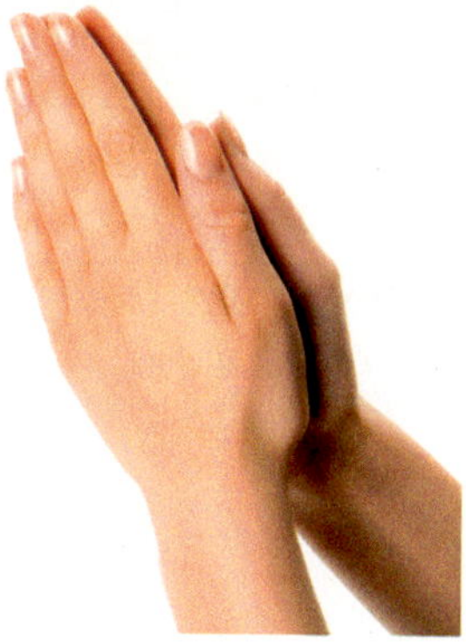

6

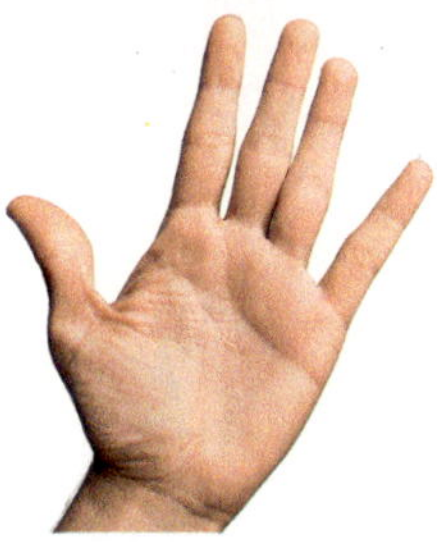

8

1 a) Betrachtet die Abbildungen 1–8 oben und ahmt zu zweit die unterschiedlichen Handgesten nach.
b) Notiert zu jeder Abbildung eine passende Situation, in der eine solche Handgeste genutzt werden könnte.
c) Notiert neben den Situationen aus Aufgabe b), welche Gefühle durch die Handgesten vermittelt werden.
d) Vergleicht eure Notizen in der Klasse: Gibt es Handgesten, die ihr in unterschiedlichen Situationen nutzen würdet bzw. anders interpretiert?
e) Sammelt gemeinsam weitere aussagekräftige Handgesten und Situationen, in denen ihr diese nutzt.

2 a) Erstellt eine Liste mit weiteren Gesten, die eure Gefühle in bestimmten Situationen ausdrücken können. Hinweise dazu findet ihr auch in der *Lernbox* auf Seite 39.

Geste	Situation	Gefühlslage
überkreuzte Beine	*z. B. während eines Referats*	*unsicher*
XXX	*XXX*	*XXX*

b) Stellt einige eurer Gesten in Kleingruppen pantomimisch dar.
c) Gibt es Gesten, denen man eindeutig eine Gefühlslage zuordnen kann? Diskutiert darüber in der Klasse.

1.4 (1) eigene Erlebnisse, Haltungen und Situationen szenisch darstellen, dabei verschiedene Ausdrucksformen und sprechgestaltende Mittel bewusst einsetzen · 1.4 (2) szenische Darstellungen reflektieren und die Wirkung der einzelnen Aspekte hinsichtlich stimmlicher Variation, Ausdruck in Mimik, Gestik und Körperhaltung beschreiben

Langeweile Wut

Trauer Frustration

Überraschung Ekel

Fassungslosigkeit

Verzweiflung Glück

A So fandest du deinen Chef/deine Chefin im Praktikum.

B So gut verstehst du dich mit deinen Geschwistern/Cousinen/Nachbarn/…

C So bist du, wenn dich jemand morgens weckt.

D So reagierst du, wenn dich jemand beleidigt.

E Wenn du dein Handy verlierst, reagierst du so.

F Deine beste Freundin/Dein bester Freund ist wütend auf dich.

3 a) Stellt euch zu zweit gegenüber. Sucht euch jeweils ein Wort aus dem Kasten oben aus und stellt dieses Gefühl durch eure Mimik und Gestik dar.
b) Erkennt dein Gegenüber, was gemeint ist? Gebt euch gegenseitig Rückmeldung, was ihr an eurer Mimik und Gestik noch verbessern könnt.
c) Überlegt euch weitere Gefühle und stellt sie euch gegenseitig dar.

4 a) Lest die Sätze A–F rechts oben.
b) Überlegt euch eine passende Mimik und Gestik, um das in den Sätzen gefragte Gefühl pantomimisch darzustellen.
c) Stellt die Gefühle pantomimisch dar und gebt euch gegenseitig Rückmeldung, was ihr noch verbessern könnt.
d) Präsentiert die Situation, die euch jeweils am besten gelungen ist, vor der Klasse. Erratet ihr, welcher Satz gemeint ist?

5 a) Stellt euch noch einmal zu zweit gegenüber und stellt die in den Sätzen A–F gefragten Gefühle pantomimisch dar. Lasst dieses Mal aber die Gesten weg.
b) Diskutiert, ob sich für dein Gegenüber etwas verändert, wenn nur noch die Mimik einer Person zu sehen ist.

Lernbox

Gestik und Mimik gezielt einsetzen

1 Gesichtsausdruck, z. B. *Augenbrauen, Mundwinkel, Stirnfalten*

2 Körperhaltung, z. B. *krummer oder gerader Rücken, Schultern nach vorne oder hinten*

3 Arme, z. B. *verschränken, anwinkeln, Hände zu Fäusten ballen, ausbreiten*

4 Beine, z. B. *Beine überkreuzen, breitbeinig stehen, ein Bein entlasten*

1.4 (1) eigene Erlebnisse, Haltungen und Situationen szenisch darstellen, dabei verschiedene Ausdrucksformen und sprechgestaltende Mittel bewusst einsetzen · 1.4 (2) szenische Darstellungen reflektieren und die Wirkung der einzelnen Aspekte hinsichtlich stimmlicher Variation, Ausdruck in Mimik, Gestik und Körperhaltung beschreiben

Nonverbal kommunizieren

Situation 1: Du hast eine schlechte Note in Englisch bekommen und musst es nun deinen Eltern beichten.

Situation 2: Du bist zu einem Vorstellungsgespräch eingeladen und willst dein Gegenüber durch sicheres Auftreten überzeugen.

Situation 3: Deine Freundin sagt, sie sei krank. Als du ihr die Lernsachen bringen willst, ist schon Besuch da. Sie hat dich angelogen, weil sie nicht wollte, dass du dabei bist.

1 a) Lies die Situationen 1–3 und betrachte die Bilder oben.
b) Ordne die Situationen jeweils einem passenden Bild zu. Begründe deine Zuordnung.
c) Entscheide dich für eine der Situationen und notiere stichpunktartig, wie genau die Situation ablaufen könnte.
d) Schreibe einen kurzen inneren Monolog zu der Situation (→ S. 157).
e) Markiere innerhalb des Monologs Stellen, an denen du eine bestimmte Mimik/Gestik einsetzen kannst.
f) Übe den Monolog mit der passenden Mimik und Gestik ein.

2 Erstellt gemeinsam in der Klasse einen Feedbackbogen wie im Beispiel unten auf dieser Seite. Notiert darin alle Punkte, die euch wichtig sind.

3 a) Geht zu zweit zusammen und spielt euch nacheinander eure Monologe aus Aufgabe 1 d) vor. Füllt für euren Partner oder eure Partnerin den Feedbackbogen aus und gebt einander Tipps zur Verbesserung.
b) Präsentiere deinen Monolog vor einer Kleingruppe und lass dir anhand des Feedbackbogens ein weiteres Mal Feedback geben.

	++	+	o	–	– –	Kommentar
Gesichtsausdruck *– Augenbrauen* *– XXXX*	*X* *X* *X*	*X* *X* *X*	*X* *X* *X*	*X* *X* *X*	*X* *X* *X*	*XXXX* *XXXX* *XXXX*
Körperhaltung	*X*	*X*	*X*	*X*	*X*	*XXXX*
– XXXX	*X*	*X*	*X*	*X*	*X*	*XXXX*

1.4 (1) eigene Erlebnisse, Haltungen und Situationen szenisch darstellen, dabei verschiedene Ausdrucksformen und sprechgestaltende Mittel bewusst einsetzen · 1.4 (2) szenische Darstellungen reflektieren und die Wirkung der einzelnen Aspekte hinsichtlich stimmlicher Variation, Ausdruck in Mimik, Gestik und Körperhaltung beschreiben

4 a) Bildet Vierergruppen. Alle von euch entscheiden sich jeweils für eine der Figuren 1–4 unten.

b) Lies die Rolle deiner Figur genau durch und erfinde einen Charakter, als der du auftreten möchtest. Denke dabei an Folgendes:
- *Name*
- *Alter*
- *Aussehen*
- *charakterliche Besonderheiten*
- *Ausdrucksweise …*

c) Überlege, wie du die Aufgaben der Figur umsetzen kannst. Berücksichtige dabei auch Mimik, Gestik und Körperhaltung.

d) Notiere anschließend, wie deine Rolle mit der Situation umgeht und es schafft, die Aufgaben zu lösen.

5 a) Spielt eure Szene in eurer Gruppe mindestens einmal durch.

b) Besprecht, was gut funktioniert hat oder woran ihr insgesamt oder die/der Einzelne noch arbeiten müsst/muss.

c) Probt eure Szene (mindestens) ein weiteres Mal.

6 Präsentiert eure Szene der Klasse und lasst euch ein Feedback geben.

1

Du stehst hinter der Anmeldung einer Arztpraxis. Während du mit einem Patienten / einer Patientin sprichst, kommt jemand herein und telefoniert laut mit dem Handy.
Aufgabe 1: Versuche, den/die Patienten/-in (zuerst stumm) darauf aufmerksam zu machen, dass er/sie das Gespräch beenden soll.
Aufgabe 2: Sorge für eine entspannte Stimmung in der Praxis.

3

Du hast einen Arzttermin und betrittst die Praxis. Gerade telefonierst du mit der Oma, die schwerhörig ist. Du willst das Gespräch nicht beenden, da es ihr nicht besonders gut geht. Anscheinend braucht sie deine Hilfe, denn sie wirkt etwas verwirrt.
Aufgabe 1: Versuche, deiner Oma zu helfen.
Aufgabe 2: Melde dich an der Anmeldung für deinen Termin an.

2

Du stehst an der Anmeldung einer Arztpraxis. Gerade möchtest du mit der Sprechstundenhilfe über einen neuen Termin sprechen, da kommt ein neuer Patient / eine neue Patientin herein. Er/Sie telefoniert so lautstark, dass du kein normales Gespräch mehr führen kannst.
Aufgabe 1: Versuche, einen Termin zu vereinbaren.
Aufgabe 2: Mache der telefonierenden Person bewusst, dass er/sie äußerst störend auf dich wirkt.

4

Du bist ein/e Patient/-in des Arztes / der Ärztin und sitzt im Wartezimmer. Bei den lauten Stimmen an der Anmeldung gehst du lieber mal nachsehen, was da los ist. Eine Person telefoniert lautstark, eine weitere Person versucht, einen Termin zu vereinbaren, und die Sprechstundenhilfe ist auch involviert.
Aufgabe 1: Versuche herauszufinden, warum die Personen diskutieren.
Aufgabe 2: Versuche, Ruhe in die Praxis zu bringen.

1.4 (1) eigene Erlebnisse, Haltungen und Situationen szenisch darstellen, dabei verschiedene Ausdrucksformen und sprechgestaltende Mittel bewusst einsetzen · 1.4 (2) szenische Darstellungen reflektieren und die Wirkung der einzelnen Aspekte hinsichtlich stimmlicher Variation, Ausdruck in Mimik, Gestik und Körperhaltung beschreiben

Ein Präsentationsthema vorbereiten

Stan Lee – mehr als ein Comiczeichner

Funsportarten

Hochwasserschutz – der Wald als Helfer?

Deutschland – ein Land voller Gegensätze

Mode im Wandel der Zeit

Hochleistungsmaschine Mensch

faszinierende Unterwasserwelt

1 Überlege, wie es dir geht, wenn du an das Thema „Präsentationen" denkst.

2 a) Notiere in einem Cluster, was zu einer gelungenen Präsentation gehört (→ S. 295).

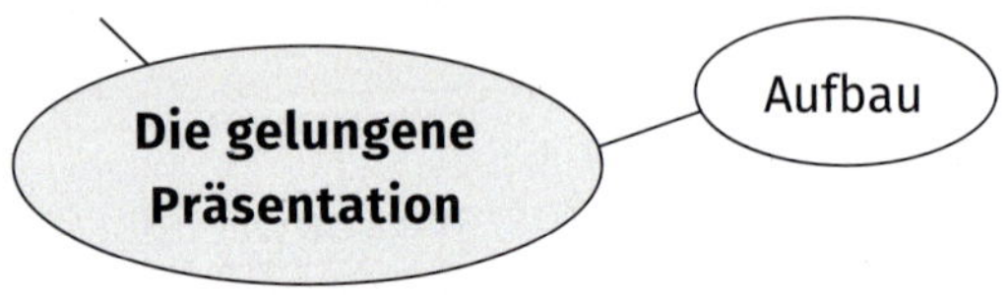

b) Vergleicht zu zweit eure Ergebnisse.

c) Gestaltet gemeinsam ein Plakat zum Thema *„Teile einer gelungenen Präsentation"*.

d) Vergleiche dein Cluster mit dem Plakat und ergänze das Cluster, falls Teile fehlen.

3 a) Erstelle eine Tabelle mit den Teilen einer Präsentation, bei denen du dich bereits sicher fühlst und mit denen, die du gerne lernen bzw. wiederholen möchtest. Die Überschriften von Seite 43 bis 49 helfen dir dabei.

b) Vergleicht eure Tabellen: Was könnt ihr schon gut und was wollt ihr noch üben?

Tipp

zu 2 a)

möglichliche Teilüberschriften: *Aufbau, Handout, Inhalt Sachreferat, Inhalt Buchreferat, Länge, Material, Medien …*

4 Tauscht euch zu zweit kurz zu den oberen Themen aus.

5 a Bildet Kleingruppen und wählt eines der oberen Themen aus.

b Wählt in eurer Kleingruppe gemeinsam ein eigenes Thema, das euch gerade wichtig ist.

6 a) Tauscht euch in eurer Gruppe über das vorgegebene oder euer selbst gewähltes Thema aus und notiert, was euch dazu einfällt.

b) Ordnet eure Ideen in einer Mindmap (→ S. 295).

c) Tauscht euch darüber aus, welche Ideen ihr vertiefen möchtet, und hebt diese in der Mindmap besonders hervor.

d) Recherchiert weitere Informationen zu den hervorgehobenen Themen und erweitert eure Mindmap.

In diesem Kapitel …

kannst du auf dein Vorwissen aufbauen, wiederholen und dazulernen, wie du …

- ein Sachthema erschließt und gliederst,
- Informationen aufbereitest und präsentierst,
- einen passenden Einstieg findest,
- den Hauptteil anschaulich darstellst,
- einen passenden Schluss findest.

3.2 (1) individuelle Planungsübersichten zu komplexen inhaltlichen Zusammenhängen und aktuellen Ereignissen erstellen und die Ergebnisse reflektieren

Ein Sachthema erschließen und gliedern

1 a) Betrachte die Bilder und vermute, was sie zeigen und wo sie entstanden sind.
b) Recherchiert zu zweit, warum beides an manchen Orten gleichzeitig vorkommt.

2 a) Lest zu zweit die *Lernbox* „Ein Präsentationsthema erschließen" und formuliert eine eingegrenzte Themenstellung, die zu den Bildern passt.
b) Erstellt zu zweit ein Cluster zu eurer Themenstellung (→ S. 295).

3 Findet einen Schwerpunkt für eure Themenstellung und ergänzt euer Cluster. Hinweise findet ihr in Punkt 3 der *Lernbox*.

Lernbox

Ein Präsentationsthema erschließen

Manche Themen sind **eingegrenzt** durch:

1 Eine **Frage**, die beantwortet werden muss: *Hochwasserschutz – der Wald als Helfer?*

2 Einen **Zusatz**, der das Thema eingrenzt: *Deutschland – ein Land der Gegensätze*.

3 Ist die Themenstellung **allgemein** gehalten, setzt du selbst einen **Schwerpunkt**. Zum Thema *Funsportarten* z. B. könntest du erst einen Überblick über alle Funsportarten geben und den Schwerpunkt deiner Präsentation auf das *Downhillfahren* setzen.

4 a) Klebt alle Cluster auf DIN-A3-Blätter, hängt sie auf und betrachtet sie.
b) Notiert neben die Cluster Fragen und Hinweise.

5 a) Wählt gemeinsam ein Cluster aus und begründet eure Wahl.
b) Überlegt euch nun zu zweit eine Gliederung. Lest dazu die *Lernbox* „Ein Thema gliedern".
c) Stellt eure Gliederung in der Klasse vor.

6 Formuliere eine Themenstellung zu deinem selbst gewählten Thema aus Aufgabe 5 von Seite 42 und erstelle eine Gliederung.

Lernbox

Ein Thema gliedern

1 Erstelle eine Mindmap oder ein Cluster.
2 Streiche, was nicht zum Thema passt.
3 Beachte eigene Interessen und die der Zuhörenden.
4 Formuliere die Gliederungspunkte, z. B.:

Funsportarten – mehr Sport oder mehr Spaß?
1 Adrenalin pur beim Biken, Boarden, Surfen
2 Trendsportarten
2.1 Kitesurfen
2.2 …
3 Extremsportarten …

3.2 (1) individuelle Planungsübersichten zu komplexen inhaltlichen Zusammenhängen und aktuellen Ereignissen erstellen und die Ergebnisse reflektieren

Für ein Präsentationsthema recherchieren

1 a) Betrachte den Gliederungsentwurf.

Island – Insel aus Feuer und Eis

1 Allgemeine Informationen zu Island (Lage, Größe, interessante Fakten ...)
2 Entstehung Islands (Hotspot, Gletscherbildung)
3 Insel aus Feuer
 3.1 Islands Vulkane
 3.2 Wie nutzen die Isländer den Vulkanismus?
4 Insel aus Eis
 4.1 Islands Gletscher
 4.2 Wie nutzen die Isländer das Eis?
5 Fazit

b) Sammelt zu zweit, was euch zu den Gliederungspunkten einfällt.

c) Überlegt zu zweit, welche Medien ihr für die Informationsuche nutzen könnt und welche Vor- und Nachteile sie bieten.

2 a) Bei der Recherche im Internet taucht der folgende Blogbeitrag auf. Lies ihn durch.

Island
Herausragend ist die einzigartige Kombination von Gletschern, Fjorden und Schwedenhäusern für die arktischen Entdecker, denn mit der Ausnahme der Inuit ist Island eine Kombination von allem, was die Arktis zu bieten hat. Aber daneben ist Island natürlich auch für seine Vulkane bekannt, die Insel kocht und brodelt. Aber wussten Sie auch, dass Island sich immer noch weiter „in Trennung befindet"? Jedes Jahr verbreitert sich der Graben zwischen der europäischen und amerikanischen Platte um ca. 2 cm mehr.

Die Hauptinsel ist die größte Vulkaninsel der Erde und befindet sich knapp südlich des nördlichen Polarkreises.
Schon der Name „Island" – also Eisland – lässt vor unserem inneren Auge ein deutliches, raues Bild entstehen: kalte, von ewigem Gletschereis bedeckte Berge. Eisiger, rauer Wind, der uns die Haare zerzaust. Es ist dünn besiedelt, zum Teil im kargen Hochland sogar unbewohnbar. Wir wissen einiges über Island – vieles aber nicht. Stimmt das, was wir wissen? Wie ist Island wirklich?
Was ist wahr – was Klischee?

b) Notiere die interessantesten Informationen mit eigenen Worten als Stichpunkte.

c) Notiere, in welchen Gliederungspunkt du die Informationen einbauen könntest.

d) Stellt eure Ergebnisse in der Klasse vor und begründet eure Entscheidungen.

3 a) Vergleiche den Gliederungsentwurf mit deinem eigenen aus Aufgabe 6 auf Seite 43 und überarbeite deine Gliederung wenn nötig.

b) Suche im Internet nach einem Sachtext zu deinem Thema und erschließe ihn wie in Aufgabe 2 b) und c).

4 Verteilt die Gliederungspunkte 2–4 in der Klasse und recherchiert dazu passende Informationen. Führt die StEx-Methode durch (→ S. 294).
Gruppenaufteilung:
Gruppe 1: Entstehung Islands (Hotspot, Gletscherbildung)
Gruppe 2: Insel aus Feuer
Gruppe 3: Insel aus Eis
Gruppe 4 (optional): witzige Fakten oder Geschichten über Island

2.4 (4) den Informations- und Unterhaltungsgehalt unterschiedlicher Medien unterscheiden [...] · 2.4 (7) digitale Medien selbstständig und zielorientiert zur Präsentation von komplexen Sachverhalten und anspruchsvollen literarischen Themen sowie zur ästhetischen Produktion nutzen

5 a) Wählt gemeinsam aus, welche Informationen aus Aufgabe 4 sich gut für eine Präsentation zum Thema Island eignen.

b) Bereitet die Informationen so auf, dass sie von allen in der Klasse für eine eigene Präsentation genutzt werden können. Geht dabei folgendermaßen vor und nehmt die *Lernbox* unten zu Hilfe:

> ***A) Texte aus Büchern und Zeitschriften:***
> *Kopiert oder scannt die Texte. Schreibt unter jeden Text die richtige Quellenangabe.*
>
> ***B) Internetquellen (Texte, Videos, Audios):***
> *Schreibt zu jeder Internetquelle auf einen Zettel den Titel der Quelle, eine knappe Beschreibung und die Quellenangabe.*
>
> ***C) Abbildungen/Fotos (auch Screenshots):***
> *Druckt oder scannt die Bilder. Schreibt unter jedes Bild die richtige Quellenangabe.*

Lernbox

Quellen angeben

1 Buchquellen
Autor/-in: Titel. Ort: Verlag Jahr der Veröffentlichung, Seitenzahl. Z. B.:
Maxi Muster: Muster sehen. München: Musterverlag 2022, S. 10 – 13.

2 Internetquellen
Autor/-in oder Urheber/-in: Titel. URL: <Link> (Abrufdatum). Z. B.:
Max Musti: Ein Tag in Island. URL: <https://www.name-der-website.de> (20.06.2022).

3 Bildquellen aus dem Internet
Titel, Link (Abrufdatum). Z. B.:
Eisberg, https://www.musterweb.de (20.06.2022).

4 Bildquellen aus Büchern/Zeitschriften
Titel, Urheber, Entstehungsjahr, Seitenzahl. Z. B.:
Eisberg, Maxi Muster, 2022, S. 8.

6 Entscheidet euch nun zu zweit für einen der Gliederungspunkte 2 bis 4.

7 a) Wählt aus, welche Informationen und Materialien aus Aufgabe 4 und 5 ihr für euren Gliederungspunkt und die dazugehörigen Unterpunkte nutzen möchtet.

b) Bringt eure ausgewählten Informationen in eine sinnvolle Reihenfolge, die zu eurem Gliederungspunkt passt, und teilt die Informationen zu zweit unter euch auf.

8 a) Schreibe in kurzen Stichworten die wichtigsten Inhalte deiner Informationen auf. Schreibe gut leserlich, damit du die Stichpunkte auch für deine Präsentation nutzen kannst.

b) Überlege dir, wie du deine Stichpunkte vortragen möchtest, wie du sie einleitest und wie du zum nächsten Gliederungspunkt überleitest.

9 a) Geht wieder zu zweit zusammen und tragt euch gegenseitig eure Stichpunkte vor.

b) Wiederholt die Übung der Präsentation und bezieht nun die Materialien ein.

c) Präsentiert euren Gliederungspunkt der Klasse und lasst euch Feedback geben.

Tipp

zu 8 a)
Formuliere kurze Stichworte (keine ganzen Sätze!), die dir dabei helfen, nichts zu vergessen und eine sinnvolle Reihenfolge einzuhalten. Mehrere durchnummerierte, kleinere Zettel oder Karteikarten eignen sich besser als ein großer Zettel.

zu 8 b)
Setze rhetorische Fragen und andere Stilmittel ein, mit denen du die Informationen interessant vortragen kannst (→ S. 302).

Den Einstieg einer Präsentation planen

1 a) Betrachte die drei Einstiege zum Thema „Island – Insel aus Feuer und Eis" und begründe, bei welcher Präsentation du gerne zuhören würdest.
b) Klärt gemeinsam, welche Funktion und Bedeutung der Einstieg hat.
c) Lest die *Lernbox* „Einstieg einer Präsentation" und vergleicht sie mit euren Ergebnissen aus Aufgabe 1b).

2 a) Führt die Placemat-Methode zur Frage „*Welche Einstiegsvarianten wären auch möglich?*" durch. Nutzt die *Lernbox* unten.
b) Diskutiert die Vor- und Nachteile der ausgewählten Einstiegsmöglichkeit.
c) Bestimmt jemanden, der die Gruppenergebnisse in der Klasse vorstellt.

Lernbox

Die Placemat-Methode

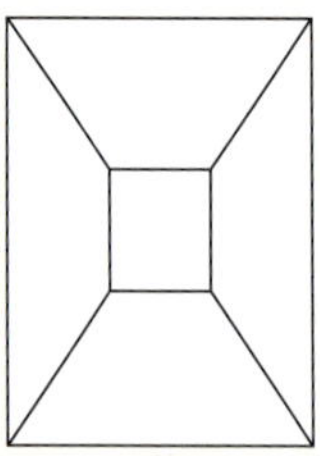

Teilt in **Vierergruppen** ein **DIN-A3-Blatt** mit diagonalen Linien in vier Teile.
Zeichnet ein Rechteck in die Mitte, dieses bleibt bis zum Schluss leer.
Schreibt in die vier Teile eure unterschiedlichen **Ideen** für eure Aufgabe.
Besprecht nun eure Ideen und entscheidet euch für eine davon. Diese schreibt ihr in das Rechteck in der Mitte.

3 a) Erinnere dich, zu welchem Thema du auf Seite 42 gearbeitet hast, und lies deine Notizen sowie die Mindmap dazu noch einmal genau durch.
b) Formuliere zu deinem Thema eine passende Themenstellung.
c) Erstelle dazu eine vollständige Gliederung.
d) Tauscht euch zu zweit über eure Gliederungen aus und markiert, welche Gliederungspunkte ihr am interessantesten findet.

4 a) Überlege dir einen passenden Einstieg, der deine Zuhörer/-innen begeistert. Beachte dabei auch die markierten Gliederungspunkte.
b) Stelle deinen Einstieg und deine Gliederung aus Aufgabe 3 der Klasse vor.
c) Gebt euch gegenseitig Feedback (→ S. 56).

Lernbox

Einstieg einer Präsentation

1 Der Einstieg einer Präsentation sollte
... zum Thema passen.
... Interesse und Neugier wecken.
... kurz und prägnant sein.
... zum Präsentationsthema hinführen.

2 Im Anschluss stellst du deine **Gliederung** vor, damit die Zuhörenden wissen, was sie erwartet.

1.2 (1) sicher zwischen situativ erzählendem oder berichtendem Darstellungsstil entscheiden; die passenden mündlichen Sprachmittel und einen angemessenen Wortschatz einsetzen; die adressatenrelevante Sprachebene wählen und argumentierend bzw. appellativ (z. B. Vorbereitung von Bewerbungsgesprächen) präsentieren

Den Hauptteil einer Präsentation gestalten

1 a) Besprecht zu zweit, welche Präsentationsmedien ihr bereits kennt und welche ihr selbst schon verwendet habt.

b) Diskutiert in der Klasse Vor- und Nachteile möglicher Medien zum Thema „Island – Insel aus Feuer und Eis“.

2 a) Sieh dir die Abbildung mit den wichtigsten Gestaltungselementen eines Plakats an.

b) Erklärt euch zu zweit abwechselnd, welche Funktion die einzelnen Gestaltungselemente jeweils haben.

c) Ergänzt eure Erklärungen mit den Informationen aus der *Lernbox*.

Tipp

zu 1 a) **Präsentationsmedien/-methoden, z. B.:** Computerpräsentation mit Smartboard oder Beamer, Fotos, Pinnwand, Tafel, Flipchart, Tafel/Whiteboard, Handout, Anschauungsmaterial zum Herumgeben, Modelle, Filme, Hörbeiträge.

zu 3 a) Gletscher in Island.

3 a) Du bist bei der Bildersuche auf folgendes Foto gestoßen. Beschreibt euch zu zweit, was ihr darauf seht.

b) Begründe, ob sich die Abbildung für deine Präsentation eignen könnte.

4 a) Suche Bilder, die du in die Präsentation einbauen möchtest:
- aus dem Internet,
- aus einer Zeitschrift,
- aus einem Buch in der Bibliothek.

b) Gib für jedes Bild die Quelle richtig an (→ siehe *Lernbox* S. 45).

c) Tauscht eure Ergebnisse untereinander aus. Überprüft die Quellen und gebt euch gegenseitig Feedback zur Bildauswahl.

Lernbox

Ein Plakat gestalten

1 **Plane** den **Aufbau** deines Plakats, bevor du loslegst (z. B. mit einer Bleistiftskizze).
2 Schreibe **groß** und **leserlich**.
3 Hebe **Überschriften** hervor.
4 Schreibe in **kurzen Stichpunkten**.
5 Wähle **stimmige Farben**.
6 Verwende **passende** und **gut erkennbare** Bilder, Diagramme, Tabellen und Symbole.
7 Notiere auf der Rückseite deine **Informations- und Bildquellen**.

1.2 (2) […] Strukturierungshilfen nutzen (z. B. Stichwortzettel, Präsentationsprogramme), […] und den Vortrag durch informationstragende und veranschaulichende Präsentationsmedien unterstützen · 2.4 (7) digitale Medien selbstständig und zielorientiert zur Präsentation von komplexen Sachverhalten und […] zur ästhetischen Produktion nutzen

ISLANDS GLETSCHER

Vatnajökull

Der größte Gletscher Islands
Bei Ihrem Urlaub in Island sollte ein Besuch beim Vatnajökull am Reiseplan stehen. Er ist nicht nur der größte Gletscher der Insel, sondern auch ganz Europas. Der Gletscher, der zu deutsch **„Wassergletscher"** heißt, hat eine Fläche von ca. 8.100 Quadratkilometer und entstand etwa vor 2.500 Jahren. Er bedeckt mit seiner Größe allein eine Fläche von acht Prozent. Noch! Denn wie jeder andere Gletscher kämpft auch dieser gegen die Folgen der globalen Erwärmung. Jedes Jahr verliert er einen Teil seines Panzers aus Eis.
https://www.musterwebsite.de

1 a) Sieh dir den Folienentwurf aus einer Computerpräsentation oben an.
b) Benenne alle Elemente der Präsentationsfolie, die du entdeckst.

2 a) Lies den Text auf der Folie genau durch.
b) Notiere die wichtigsten Informationen in kurzen Stichworten.

3 Wähle eine der folgenden Aufgaben aus. Besprecht eure Ergebnisse anschließend in der Klasse.
a Lies die *Lernbox*. Begründe in Stichpunkten, was du auf der Folie oben ändern würdest.
b Lies die *Lernbox*. Finde alle Fehler auf der Folie und gestalte einen eigenen verbesserten Entwurf am Computer.

4 a) Notiere, was sich alles dafür eignet, eine Computerpräsentation interessant und abwechslungsreich zu gestalten.
b) Sammelt alle Ideen der Klasse in einer Tabelle. Notiert auch Vor- und Nachteile.

Element	Vorteile	Nachteile
Fotos	*XXX*	*XXX*
Musik	*Atmosphäre*	*XXX*

5 Wähle eine der gesammelten Ideen aus, die sich für die Folie oben eignen würde, und suche nach passendem Material.

6 a Ergänze deine Stichpunkte aus Aufgabe 2b) an der passenden Stelle um das neue Material aus Aufgabe 5.
b Baue das Material an passender Stelle in deinen Folienentwurf aus Aufgabe 3b) ein.

7 Suche nach Material für dein selbst gewähltes Thema.

Tipp

zu 1b)
Elemente sind u.a.:
Präsentationstitel, Folienüberschrift, Quellenangaben, Informationen, Abbildungen, Schmuckelemente (Folienhintergrund), Video-/Musikelemente, Zwischenüberschriften.

Lernbox

Eine gelungene Computerpräsentation

1 Die Folien haben ein passendes und einheitliches **Design** mit hellem Hintergrund und dunkler, gut lesbarer Schrift (z.B. Calibri, Schriftgröße mind. 20 Pt.).
2 Die **Reihenfolge** ist sinnvoll aufgebaut: Deckblatt, Gliederung, Inhaltsfolien, Schluss, Quellenangaben.
3 Auf den Folien steht nur wenig Text.
4 Bilder, Musik, Videos etc. **veranschaulichen** die präsentierten Informationen.

2.4 (1) Darstellungsmittel und wesentliche Elemente der Sprache audiovisueller und digitaler Medien und ihre Wirkung kritisch aufzeigen · 2.4 (7) digitale Medien selbstständig und zielorientiert zur Präsentation von komplexen Sachverhalten und anspruchsvollen literarischen Themen sowie zur ästhetischen Produktion nutzen

Den Schluss einer Präsentation vorbereiten

1 a) Sieh dir die beiden Möglichkeiten, eine Präsentation zu beenden, genau an.
b) Beschreibt euch zu zweit euren ersten Eindruck.
c) Begründet in der Klasse, welchen Schluss ihr für gelungen haltet und welchen nicht.

2 Sprecht gemeinsam darüber, was alles zu einem gelungenen Schluss gehört. Lest dazu die *Lernbox* unten rechts.

3 Findet weitere Ideen für einen gelungenen Schluss mithilfe der 6-3-5-Methode. Nutzt dazu die *Lernbox* unten.

Lernbox

Ideen finden mit der 6–3–5–Methode

Idee 1	Idee 2	Idee 3
XXX	XXX	XXX
XXX	XXX	XXX
XXX	XXX	XXX
XXX	XXX	XXX
XXX	XXX	XXX
XXX	XXX	XXX

Bildet **Sechsergruppen**. Alle haben ein eigenes Blatt und einen eigenen Stift. Damit zeichnen alle eine **Tabelle** mit **3 Spalten** und **6 leeren Zeilen**.
Schreibe nun in die **erste Zeile 3 Ideen** zu möglichen **Abschlüssen**. **Nach 5 Minuten** gibst du das Blatt weiter und die **nächste Person erweitert** und **ergänzt** deine Ideen. Nach **5 weiteren Minuten** wird das Blatt wieder **weitergereicht**. **Besprecht** und **sortiert** nun **eure Ideen**.

4 a) Erstelle zu deinem gewählten Thema von Aufgabe 5 auf Seite 42 einen passenden Schluss.
b) Notiere nach deinem Schluss immer die verwendeten Quellen. Lies dafür in der *Lernbox* auf Seite 45 noch mal nach, wie du die Quellen korrekt angibst.

5 a) Stellt euch zu zweit eure Schlüsse und eure Quellenangaben vor und gebt euch gegenseitig Feedback (→ S. 56).
b) Überarbeite beides und präsentiere es der Klasse.

6 a) Notiere Fragen, die dir das Publikum im Anschluss an deine Präsentation stellen könnte.
b) Bereite Antworten auf diese Fragen vor.

Lernbox

Ein gelungener Präsentationsabschluss

1 Passt zum **Thema** der Präsentation.
2 Greift im besten Fall den **Einstieg** wieder auf.
3 Ist **kurz und einprägsam**.
4 Beinhaltet die **eigene Meinung** zum Thema.
5 Regt zu **Fragen** oder einem Gespräch an.
6 Kommt nicht unerwartet und plötzlich, sondern **rundet** die Präsentation sinnvoll ab.
7 Nach dem Schluss zeigt man die **Quellen**. Achte dabei auf die korrekte Zitierweise.

1.2 (2) frei präsentieren; bei komplexeren Präsentationen Strukturierungshilfen nutzen (z. B. Stichwortzettel, Präsentationsprogramme) [...] den Situations- und Adressatenbezug beachten und den Vortrag durch informationstragende und veranschaulichende Präsentationsmedien unterstützen

Kompetenzcheck

1 a) Erstelle eine Präsentation zu einem Sachthema aus einem anderen Unterrichtsfach oder verwende dein Thema von Seite 42.
b) Bereite deine Präsentation Schritt für Schritt vor.
c) Überprüfe mithilfe der Checkliste deine Präsentationsvorbereitung (→ COPY B).

2 a) Übe deine Präsentation vor deiner Familie oder einem Freund / einer Freundin. Tipps dazu findest du auf Seite 56.
b) Halte die Präsentation über dein Thema vor der Klasse.
c) Lass dir von deinen Mitschülern/-innen Feedback geben (→ S. 56).
d) Überarbeite deine Präsentation mithilfe des Feedbacks.

Arbeitsrückschau

1. Du hast den Kompetenzcheck durchgeführt. Schau nun auf deine Arbeit zurück. Was fiel dir leicht, was nicht? Notiere es.
2. Was konntest du schon, was hast du neu dazugelernt?
3. Ist es dir gelungen, Tipps von deinen Mitschülern und Mitschülerinnen anzunehmen und ihnen Tipps zu geben?
4. Besprich mit deiner Lehrkraft, was du noch üben bzw. wiederholen kannst.

Checkliste – Überprüfe deine Präsentation eines Sachthemas!

Ich habe / Du hast ...	selbst überprüft	von dem/der Partner/-in überprüft	von der Lehrkraft überprüft	übe weiter	erledigt am
... das Sachthema erschlossen.	xxxxxxxxx	xxxxxxxxxx	xxxxxxxxx	xxxxxxxxxxxxxxxxxxxxxxxxx	xxxxxxxxxx
... eine Gliederung erstellt und vorgestellt.	xxxxxxxxx	xxxxxxxxxx	xxxxxxxxx	xxxxxxxxxxxxxxxxxxxxxxxxx	xxxxxxxxxx
... Informationen gesucht und aufbereitet.	xxxxxxxxx	xxxxxxxxxx	xxxxxxxxx	xxxxxxxxxxxxxxxxxxxxxxxxx	xxxxxxxxxx
... eine passende Präsentationsart gewählt und ansprechend aufbereitet.	xxxxxxxxx	xxxxxxxxxx	xxxxxxxxx	xxxxxxxxxxxxxxxxxxxxxxxxx	xxxxxxxxxx
... Anschauungsmaterial gefunden.	xxxxxxxxx	xxxxxxxxxx	xxxxxxxxx	xxxxxxxxxxxxxxxxxxxxxxxxx	xxxxxxxxxx
... einen interessanten Einstieg gewählt.	xxxxxxxxx	xxxxxxxxxx	xxxxxxxxx	xxxxxxxxxxxxxxxxxxxxxxxxx	xxxxxxxxxx
... einen abrundenden Schluss ausgesucht.	xxxxxxxxx	xxxxxxxxxx	xxxxxxxxx	xxxxxxxxxxxxxxxxxxxxxxxxx	xxxxxxxxxx
... die Quellen angegeben.	xxxxxxxxx	xxxxxxxxxx	xxxxxxxxx	xxxxxxxxxxxxxxxxxxxxxxxxx	xxxxxxxxxx
... Karteikarten geschrieben.	xxxxxxxxx	xxxxxxxxxx	xxxxxxxxx	xxxxxxxxxxxxxxxxxxxxxxxxx	xxxxxxxxxx
... den Vortrag mehrmals geübt und Mimik und Gestik beachtet.	xxxxxxxxx	xxxxxxxxxx	xxxxxxxxx	xxxxxxxxxxxxxxxxxxxxxxxxx	xxxxxxxxxx
... Feedback eingearbeitet.	xxxxxxxxx	xxxxxxxxxx	xxxxxxxxx	xxxxxxxxxxxxxxxxxxxxxxxxx	xxxxxxxxxx
Was ich dir noch sagen wollte:	xxxxxxxxx	xxxxxxxxxx	xxxxxxxxx	xxxxxxxxxxxxxxxxxxxxxxxxx	xxxxxxxxxx

1.2 (2) frei präsentieren [...], den Situations- und Adressatenbezug beachten und den Vortrag durch informationstragende und veranschaulichende Präsentationsmedien unterstützen · 1.2 (3) Feedbackmethoden gezielt nutzen und konkrete Alternativen anbieten, um selbständig eigenes und fremdes Vortragsverhalten zu beurteilen und zu bewerten

Eine Buchpräsentation vorbereiten

1 a) Sieh dir das Buchcover oben an und verschaffe dir einen ersten Eindruck.
b) Notiere Ideen, worum es in dem Buch gehen könnte.
c) Tauscht euch zu zweit darüber aus.
d) Lest gemeinsam den Text der Coverrückseite unten und vergleicht eure Einfälle.

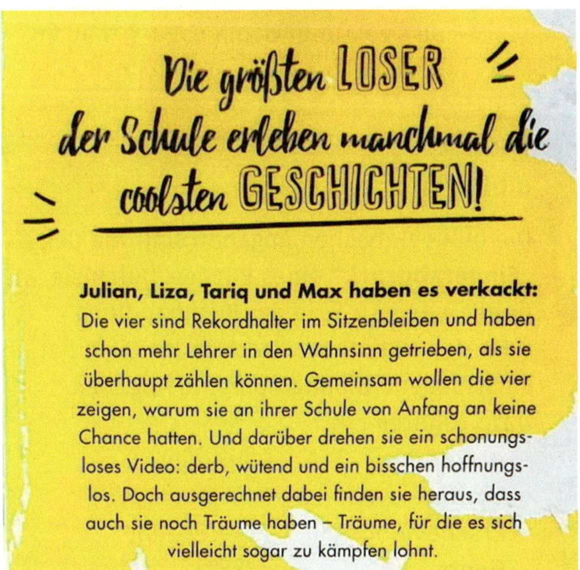

Julian, Liza, Tariq und Max haben es verkackt: Die vier sind Rekordhalter im Sitzenbleiben und haben schon mehr Lehrer in den Wahnsinn getrieben, als sie überhaupt zählen können. Gemeinsam wollen die vier zeigen, warum sie an ihrer Schule von Anfang an keine Chance hatten. Und darüber drehen sie ein schonungsloses Video: derb, wütend und ein bisschen hoffnungslos. Doch ausgerechnet dabei finden sie heraus, dass auch sie noch Träume haben – Träume, für die es sich vielleicht sogar zu kämpfen lohnt.

2 Mit einer Buchpräsentation möchtest du deiner Klasse „Voll verkackt ist halb gewonnen" vorstellen. Überlegt gemeinsam, was zu einer gelungenen Buchpräsentation gehört.

3 a) Lies die folgende Gliederung für eine Buchpräsentation durch.

1. *Bibliografische Angaben*
2. *Angaben zur Autorin / zum Autor*
3. *Inhaltszusammenfassung*
4. *Vorstellung der Hauptfiguren*
5. *Charakteristik einer Hauptfigur*
6. *Vortrag einer Textstelle*
7. *Eigene Meinung und Buchempfehlung mit Begründung*

b) Begründet zu zweit, ob ihr die Reihenfolge der Gliederungspunkte sinnvoll und interessant findet.
c) Tauscht euch in der Klasse über eure Meinungen aus und ordnet die Gliederungspunkte wenn nötig neu an.
d) Schreibe nun die Gliederungspunkte groß und ordentlich auf, sodass du später noch Notizen hinzufügen kannst.

4 Legt fest, wie lang eure Präsentation ungefähr dauern soll. Davon ist abhängig, wie umfangreich ihr die Gliederungspunkte bearbeiten müsst.

In diesem Kapitel ...

kannst du auf dein Vorwissen aufbauen, wiederholen und dazulernen, wie du ...
- ein Buch erschließt und präsentierst,
- eine Charakteristik schreibst,
- eine Textstelle spannend vorträgst,
- Feedback gibst.

2.3 (3) […] Leseerwartungen und -wirkungen reflektieren, um die Intention eines Textes zu erkennen · 3.2 (1) individuelle Planungsübersichten zu komplexen inhaltlichen Zusammenhängen und aktuellen Ereignissen erstellen und die Ergebnisse reflektieren

Bibliografische Angaben und Autoren-informationen vorstellen

1 a) Überlegt zu zweit, welche Rolle bibliografische Angaben und Autoreninformationen beim Lesen eines Buches spielen könnten.
b) Lies die *Lernbox*en unten.

2 Teilt euch gleichmäßig auf die Aufgaben auf.
a Recherchiere die bibliografischen Angaben zum Buch „Voll verkackt ist halb gewonnen".
b Recherchiere zu Tom Limes' Leben und verfasse vier Interviewfragen, die du dem Autor stellen könntest. Beziehe dabei neben Fragen zu seinem Leben und Werdegang auch das Buch mit ein.

3 Stellt euch eure Ergebnisse mithilfe der Methode „Kugellager" vor (→ S. 60). Geht folgendermaßen vor:
A) Innerer Kreis: Alle, die 2 a) gewählt haben.
B) Äußerer Kreis: Alle, die 2 b) gewählt haben.
C) Seht einander an und stellt euch eure Ergebnisse vor. Rotiert nach einigen Minuten.

Lernbox

Autoreninformationen

In einem Abschnitt der Präsentation stellst du den Autor/die Autorin kurz und prägnant vor. Folgendes kannst du beschreiben:
1 **Allgemeine Daten:** Geburtsdatum, Familienstand, Beruf, die wichtigsten Stationen in seinem/ihrem Leben, Genre der Bücher, Foto.
2 **Bezug zum Buch:** Warum hat er/sie es geschrieben? Welchen Bezug hat er/sie zum Thema?
3 Weitere **Werke**.
4 **Preise und Auszeichnungen**.

4 a) Sammle Ideen, wie du die Angaben über das Buch und den Autor / die Autorin möglichst spannend in deine Präsentation mit einfließen lassen kannst.
b) Tauscht euch zu zweit darüber aus.
c) Bildet Kleingruppen und ergänzt eure Ideen mit den Vorschlägen im Tippkasten.

5 Entscheide dich für eine Idee und arbeite diesen Gliederungspunkt für deine Präsentation zu „Voll verkackt ist halb gewonnen" aus.

6 Recherchiere Informationen zum Autor oder zur Autorin deines Lieblingsbuchs. Überlege, ob sie dein Verständnis vom Buch verändern.

Tipp

zu 4 c)

Suche z. B. nach Video-Interviews im Internet und spiele sie während deiner Präsentation ab. Suche in den sozialen Netzwerken nach Posts der Autorin / des Autors und baue sie als Screenshots ein.

Lernbox

Bibliografische Angaben

Die bibliografischen Angaben sind wie der **„Fingerabdruck"** eines Buches. Durch sie findet man es z. B. in der Buchhandlung oder der Bibliothek wieder. Jedes Buch hat verschiedene bibliographische Angaben. Dazu gehören z. B.:
- *Autor/-in*
- *Verlag*
- *Erscheinungsjahr*
- *Genre*
- *Auflage*
- *Preis*
- *Seitenzahl*
- *ISBN …*

2.1 (2) selbständig recherchiertes Hintergrundwissen zur Interpretation anspruchsvoller Texte nutzen (z. B. biografischer und/ oder soziokultureller Hintergrund) · 2.3 (3) [...] Zusammenhänge zwischen [...] soziokulturellem Hintergrund der Autorin bzw. des Autors herstellen, aber auch Leseerwartungen und -wirkungen reflektieren, um die Intention eines Textes zu erkennen

Den Inhalt eines Buches erschließen

1 a) Verdeutliche dir vor dem Lesen deine Aufgaben, indem du die Gliederungspunkte von Aufgabe 3 d) auf S. 51 nochmal liest.
b) Notiert euch zu zweit Leitfragen zu den Gliederungspunkten, z. B. zu dem Aspekt „*Vorstellung der Hauptfiguren*“:
Wer sind die Hauptfiguren?
Was machen sie? Warum?
c) Stellt die Leitfragen in der Klasse vor.

2 a) Lies das Buch „Voll verkackt ist halb gewonnen“ und kennzeichne wichtige Stellen (z. B. mit Klebchen).
b) Notiere Stichpunkte zu deinen Leitfragen, z. B. in einem Lesetagebuch. Schreibe zu jeder Notiz die dazugehörige Seitenzahl.

3 a) Tauscht euch zu zweit über das Buch aus. Besprecht, wie es euch gefällt, was besonders interessant ist usw.
b) Vergleicht eure Notizen aus Aufgabe 2 b).
c) Tauscht euch in der Klasse darüber aus.

4 a) Lies die Notizen rechts oben für eine Inhaltszusammenfassung.

- *Liza hat Tourette seit sie 10 war und will endlich ihren Schulabschluss schaffen.*
- *Julian ist schlecht in Mathe, wohnt allein und trifft Liza bei einer Maßnahme.*
- *Ein Schulprojekt zum Thema „Träume“ bringt Liza, Julian, Max und Tariq dazu, zusammenzuarbeiten.*
- *Sie müssen einen Film über ihre Träume drehen und einer Medienschule vorstellen.*
- *Liza mag Julian, doch der kifft ihr zu viel.*

b) Überprüfe, welche Informationen wichtig sind und welche nicht.
c) Schreibe die wichtigsten Stichpunkte ab und ergänze sie durch deine eigenen.
d) Verfasse mithilfe deiner Stichpunkte eine Inhaltszusammenfassung. Beachte dabei die *Lernbox*.

5 Diskutiert, ob man in einer Inhaltszusammenfassung den Schluss eines Buches verraten sollte.

6 Gebt euch mithilfe der Checkliste auf S. 171 Feedback zu euren Inhaltszusammenfassungen, um sie anschließend zu überarbeiten.

Lernbox

Eine Inhaltszusammenfassung schreiben

Eine Inhaltszusammenfassung schafft einen Überblick über die wichtigsten Handlungsschritte.
1 Konzentriere dich auf das **Wesentliche**, lass Unwichtiges weg: *Wer sind die Hauptfiguren? Welche Handlungsschritte sind für das große Ganze relevant? Welche Zusammenhänge gibt es?*
2 Schreibe **sachlich**, **knapp** und möglichst mit deinen **eigenen Worten** in kurzen und verständlichen Sätzen. Verwende **keine Zitate oder wörtliche Rede**.
3 Gib die Handlung in der korrekten **zeitlichen Reihenfolge** wieder.
4 Schreibe im **Präsens**.
5 Beachte beim Aufbau einer Inhaltsangabe:

Einleitung: Notiere einen Einleitungssatz mit Titel, Autor/-in, Textsorte, Jahr und Thema.
Hauptteil: Fasse mithilfe der wichtigsten W-Fragen die Handlung zusammen.
Schluss: Du kannst einen Ausblick auf die weitere Handlung geben, auf die Wirkung des Textes oder mögliche Absichten des Autors/der Autorin als Abrundung eingehen.

2.2 (3) ein auf der Basis von Leseempfehlungen ausgewähltes literarisches Werk rezensieren (z. B. klassische Literatur, Jugendliteratur) · 3.2 (3) wesentliche Formen der Informationsverdichtung und -darstellung nutzen, auch für medial gestützte Präsentationen und zur Prüfungsvorbereitung (z. B. Abstract, Inhaltszusammenfassung)

Die Hauptfiguren eines Buches vorstellen

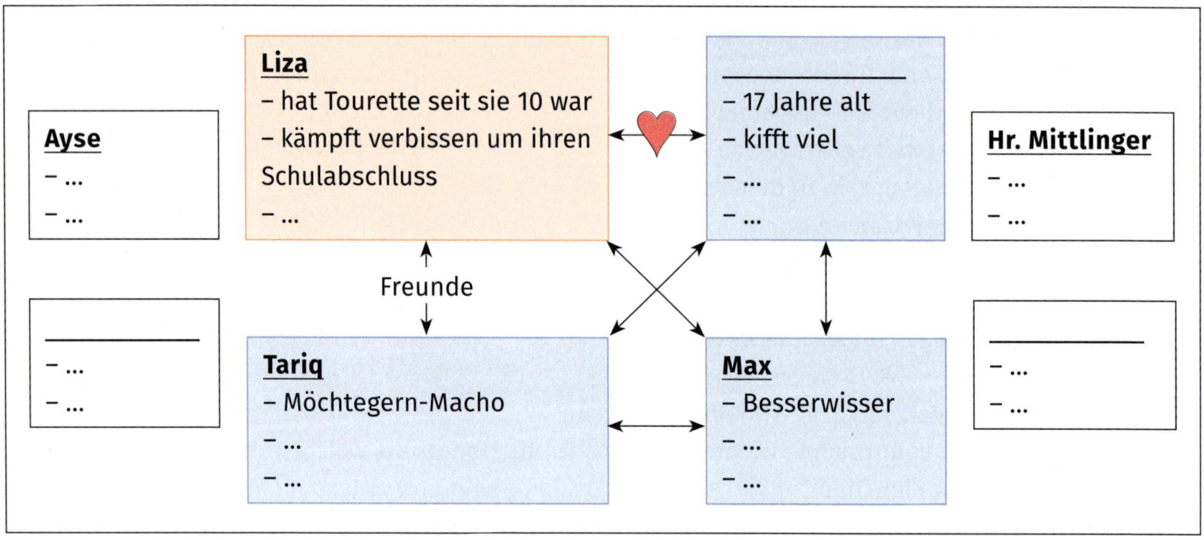

1 a) Eine Schülerin hat begonnen, ein Beziehungsdiagramm (→ S. 124) zu erstellen. Sieh es dir oben an.
b) Ergänze weitere Eigenschaften und Figuren. Verwende dafür COPY 3.
c) Vergleicht zu zweit eure Diagramme und ergänzt fehlende Informationen.
d) Sprecht auch über die Gestaltung.

2 a) Lies die *Lernbox*.
b) Verteilt die Hauptfiguren in der Klasse.
c) Bereite für deine Figur Notizen vor, um eine Charakteristik zu schreiben.
d) Tausche dich mit anderen, die dieselbe Figur haben, über die Notizen aus und verfasst gemeinsam eine Charakteristik.
e) Stellt eure Charakteristik der Klasse vor.

Lernbox

Eine Charakteristik schreiben

Eine Charakteristik ist eine Beschreibung einer literarischen Figur. So kann man sie besser verstehen und kennenlernen. Dafür musst du vorab den Text genau gelesen und wichtige Textstellen markiert oder notiert haben (mit Seitenzahl!), damit du deine Angaben auch begründen kannst. Zum Beispiel:
Sie ist mutig, weil sie … (vgl. S. XXX).

1 **Mache Angaben zur Figur:** Name, Alter, Geschlecht, Aussehen, Beruf, Gefühle, Ziele, Lebensumstände, Wohn- und Familienverhältnisse, Ängste, Schwächen, Stärken, Werte …

2 **Beschreibe ihre Eigenschaften:** mutig, großzügig, sportlich, intelligent, ängstlich, witzig …

3 **Beleuchte ihr Verhalten:** Hobbys, typische Verhaltensweisen, Sprache, Verhalten zu anderen Figuren, Beziehungen …

4 **Gib an, ob sie sich entwickelt oder wandelt:** Wodurch und wie verändert sie sich?

5 **Notiere ihre Rolle im Werk und bewerte sie:**
Hauptfigur (Protagonist/-in), Nebenfigur …
Wie findest du ihr Verhalten?
Würdest du dich mit ihr verstehen?

3.2 (2) kreative und produktive Schreibformen nutzen, um Gefühle auszudrücken, zur Klärung des eigenen Standpunkts sowie zur schriftlichen Auseinandersetzung mit Themen

Eine Textstelle spannend vortragen

1 Du hast folgende Textstelle zum Vortragen gewählt. Lies sie dir durch.

Voll verkackt ist halb gewonnen

Drei Augenpaare richteten sich fragend auf mich. Luzifer zeigte deutlich, wie unentspannt ich die Situation fand.

„Liza?", hakte Tariq nach. „Das Thema, das für dieses Projektdings, wie hieß das noch gleich?"

Na super. Tariq hatte das Thema also vergessen, Julian hatte die Verkündung verpennt und ich war voll mit meinem mittelschweren Panikschub beschäftigt gewesen. Nur Max … Der kapierte natürlich direkt, was Sache war.

„Du *weißt* es nicht, richtig?" Aus irgendeinem Grunde schien das seine Laune deutlich zu heben. „Sieh an, sieh an, es gibt etwas, was unsere Musterschülerin nicht weiß."

„Was ist so lustig daran?", fragte Tariq. „Wenn du es weißt, spuck's aus. Ich will nämlich einen korrekten Praktikumsplatz bekommen."

„Du?", hakte Julian erstaunt nach. „Wofür?"

„Egal", lautete die ungewohnt knappe Antwort.

„Also …" Tariq stürzte sich wieder auf Max. „Was ist denn nun unser Projektthema? Na? Na?" In einem früheren Leben musste Tariq mal ein verspielter, tollpatschiger Labrador gewesen sein.

Immerhin – Max war jetzt so entnervt, dass er neben mir auf die Bank sank. „Okay … Unser Thema lautet: *Träume.*" […]

Es folgte ein kurzer, hämischer Blick in meine Richtung. *Blöder Kerl.* „Ganz schön zynisch, oder?", endete Max schließlich.

Nun schauten wir ihn allesamt irritiert an.

„Checkt ihr das nicht? Das ist, als würde man Obdachlose zum Thema Luxusautos befragen. […] *Wir sollen etwas über Träume machen,* sagte ich. Keiner von uns hat mehr Träume."

2 a) Lege einen Zeitstrahl für die Geschehnisse in „Voll verkackt ist halb gewonnen" an.

b) Ergänze, was vorab passiert ist. Notiere nur die Informationen, die in direkter Verbindung zu dem Ereignis stehen.

c) Erklärt euch gegenseitig mithilfe des Zeitstrahls, wie es zu dem Treffen kommt.

3 a) Übe, die Textstelle laut vorzutragen. Kennzeichne in COPY 4, wie du die Textstelle vortragen willst (→ S. 36, Aufgabe 5).

b) Tragt euch den Text gegenseitig vor.

4 a) Bereite deine Lieblingsstelle vor.

b) Bildet Kleingruppen.

c) Gib den Zuhörenden einen kurzen Überblick, was vorab passiert ist, und trage deine Lieblingsstelle der Gruppe vor.

d) Begründe die Auswahl deiner Stelle und besprecht ihre Eignung für eine Buchpräsentation.

Tipp

zu 2 b) – veränderte Reihenfolge
- Liza wehrt sich
- Projektgruppe: Liza, Julian, Max und Tariq
- Jungs starten Intitiative zum ersten Projekttreffen
- Liza will das Projekt allein machen

1.4 (3) ein angemessenes Repertoire an sprachlichen, körpersprachlichen und stimmlichen Mitteln zur Adaption von Texten nutzen · 2.1 (1) erworbene Lese- und Texterschließungstechniken eigenständig […] anwenden

Eine Buchpräsentation halten

1 Wiederholt mithilfe eurer Ergebnisse von den Seiten 42 und 46–49, was wichtig für eine gelungene Buchpräsentation ist.

2
a) Betrachte das Cluster oben.
b) Ergänzt zu zweit den Punkt „Vorbereitung“ im Cluster (→ COPY 5).
c) Tauscht euch in der Klasse darüber aus, inwiefern die Art und Weise, wie ein Vortrag gehalten wird, wichtig ist. Berücksichtigt dabei auch das Cluster.

3
a) Wähle eine Textstelle aus „Voll verkackt ist halb gewonnen“ aus, die dir gefällt.
b) Kopiere sie und kennzeichne, wie du sie vortragen möchtest (→ S. 36, Aufgabe 5).
c) Übe deinen Vortrag vor einem Spiegel. Halte Blickkontakt, beachte Mimik und Gestik sowie Stimmlage und Haltung.
d) Präsentiere deinen Vortrag in einer Kleingruppe und lass dir Feedback geben. Lies dazu die *Lernbox*.

4
a) Baue das Feedback in deinen Vortrag ein und übe ihn mehrmals.
b) Trage ihn erneut vor.
c) Lass dir erneut Feedback geben.

Lernbox

Feedback geben

1 Feedback sollte immer **positiv** formuliert sein.
2 Gib der Referentin / dem Referenten daher zunächst konkrete Rückmeldung, was bereits gelungen ist.
3 Formuliere das, woran sie/er noch arbeiten muss, als **hilfreiche Tipps**: Was könnte sie/er das nächste Mal besser machen? Und wie?
4 „4K“ zum Geben von Feedback:
kurz – konkret – konstruktiv – kurzfristig (zeitnah)
5 „4Z“ zum Annehmen von Feedback:
zuhören – zuhören – zuhören – zuhören

1.2 (3) Feedbackmethoden gezielt nutzen und konkrete Alternativen anbieten, um selbständig eigenes und fremdes Vortragsverhalten zu beurteilen und zu bewerten · 1.4 (3) ein angemessenes Repertoire an sprachlichen, körpersprachlichen und stimmlichen Mitteln zur Adaption von Texten nutzen

Kompetenzcheck

1 a) Erstelle eine Präsentation zu einem Buch.
b) Überprüfe mithilfe der Checkliste deine Präsentationsvorbereitung (→ COPY C).
c) Überlege dir einen passenden Einstieg und Schluss (→ Seite 46 und 49).
d) Halte deine Präsentation vor deinen Eltern oder einem Freund / einer Freundin zur Probe und überarbeite deine Präsentation anhand ihres Feedbacks.

2 a) Stelle dein Buch der Klasse vor.
b) Lass dir von deinen Mitschülern/-innen mit der Checkliste Feedback geben.

3 Markiere in der Tabelle von Aufgabe 3 a) auf Seite 42, worin du dich nun sicher fühlst und was du nochmal wiederholen möchtest.

Arbeitsrückschau

1. Du hast den Kompetenzcheck durchgeführt. Schau nun auf deine Arbeit zurück. Was fiel dir leicht, was nicht? Notiere es.
2. Was konntest du schon, was hast du neu dazugelernt?
3. Ist es dir gelungen, Tipps von deinen Mitschülern und Mitschülerinnen anzunehmen und ihnen Tipps zu geben?
4. Besprich mit deiner Lehrkraft, was du noch üben bzw. wiederholen kannst.

Checkliste – Überprüfe deine Buchpräsentation!

Ich habe / Du hast ...	selbst überprüft	von dem/der Partner/-in überprüft	von der Lehrkraft überprüft	übe weiter	erledigt am
... die bibliografischen Angaben und den Autor/ die Autorin vorgestellt.	xxxxxxxx	xxxxxxxxx	xxxxxxxx	xxxxxxxxxxxxxxxxxxxxxxx	xxxxxxxxx
... die Hauptfiguren erfasst.	xxxxxxxx	xxxxxxxxx	xxxxxxxx	xxxxxxxxxxxxxxxxxxxxxxx	xxxxxxxxx
... zu einer Hauptfigur eine Charakteristik verfasst und mit Textstellen belegt.	xxxxxxxx	xxxxxxxxx	xxxxxxxx	xxxxxxxxxxxxxxxxxxxxxxx	xxxxxxxxx
... eine prägnante Inhaltszusammenfassung geschrieben.	xxxxxxxx	xxxxxxxxx	xxxxxxxx	xxxxxxxxxxxxxxxxxxxxxxx	xxxxxxxxx
... eine interessante Textstelle ausgesucht und spannend vorgetragen.	xxxxxxxx	xxxxxxxxx	xxxxxxxx	xxxxxxxxxxxxxxxxxxxxxxx	xxxxxxxxx
... eine passende Präsentationsart gewählt und ansprechend aufbereitet.	xxxxxxxx	xxxxxxxxx	xxxxxxxx	xxxxxxxxxxxxxxxxxxxxxxx	xxxxxxxxx
... Anschauungsmaterial gefunden.	xxxxxxxx	xxxxxxxxx	xxxxxxxx	xxxxxxxxxxxxxxxxxxxxxxx	xxxxxxxxx
... einen interessanten Einstieg gewählt.	xxxxxxxx	xxxxxxxxx	xxxxxxxx	xxxxxxxxxxxxxxxxxxxxxxx	xxxxxxxxx
... einen abrundenden Schluss ausgesucht.	xxxxxxxx	xxxxxxxxx	xxxxxxxx	xxxxxxxxxxxxxxxxxxxxxxx	xxxxxxxxx
... die Quellen angegeben.	xxxxxxxx	xxxxxxxxx	xxxxxxxx	xxxxxxxxxxxxxxxxxxxxxxx	xxxxxxxxx
... Karteikarten geschrieben.	xxxxxxxx	xxxxxxxxx	xxxxxxxx	xxxxxxxxxxxxxxxxxxxxxxx	xxxxxxxxx
... den Vortrag mehrmals geübt und Mimik und Gestik beachtet.	xxxxxxxx	xxxxxxxxx	xxxxxxxx	xxxxxxxxxxxxxxxxxxxxxxx	xxxxxxxxx
... Feedback eingearbeitet.	xxxxxxxx	xxxxxxxxx	xxxxxxxx	xxxxxxxxxxxxxxxxxxxxxxx	xxxxxxxxx
Was ich dir noch sagen wollte:	xxxxxxxx	xxxxxxxxx	xxxxxxxx	xxxxxxxxxxxxxxxxxxxxxxx	xxxxxxxxx

1.2 (2) frei präsentieren; bei komplexeren Präsentationen Strukturierungshilfen nutzen (z. B. Stichwortzettel, Präsentationsprogramme), die Sprechweise zielgerichtet mit Blick auf die Wirkungsabsicht einsetzen, den Situations- und Adressatenbezug beachten und den Vortrag durch informationstragende und veranschaulichende Präsentationsmedien unterstützen

Möglichkeiten zum Meinungsaustausch

1 a) Sieh dir die drei Gesprächssituationen auf den Bildern an.
b) Besprecht zu zweit, welche Gemeinsamkeiten und Unterschiede euch auffallen.

2 a) Ordne jedem Bild einen passenden Begriff zu: *Debatte, Unterhaltung, Diskussion*.
b) Vergleicht zu zweit eure Ergebnisse und begründet eure jeweilige Zuordnung.
c) Recherchiere im Internet alle drei Begriffe und mache dir Notizen zu folgenden Fragen:
- *Wie unterscheiden sich diese Formen des Meinungsaustausches?*
- *Welche Ziele verfolgen sie?*
- *Gibt es Gesprächsregeln?*
- *Welche Fragestellungen liegen zugrunde?*

d) Lies die *Lernbox* und vergleiche sie mit deinen Rechercheergebnissen.
e) Besprecht eure Ergebnisse in der Klasse.

3 a) Vermutet in der Klasse, was Joseph Joubert mit dem folgenden Zitat gemeint haben könnte: „*Nicht Sieg sollte der Sinn der Diskussion sein, sondern Gewinn.*"
b) Überlege, was das Zitat für dein eigenes Diskussionsverhalten bedeuten kann.

Lernbox

Möglichkeiten zum Meinungsaustausch

1 Eine **Unterhaltung** oder ein Gespräch, kann zwischen zwei und mehreren Personen geführt werden. Es folgt **keinen festen Regeln** und besitzt **keine feste Themenstellung**.
2 Die **Diskussion** ist ein Gespräch über ein Thema. Sie kann mit und ohne Moderation stattfinden. Die Teilnehmer/-innen tauschen ihre Überlegungen und Argumente zu einem Thema aus. Der Diskussion können **W-Fragen oder Entscheidungsfragen** zugrunde liegen.
3 Die **Debatte** ist ein Wechselgespräch, das **festen, formalen Regeln** folgt (Eröffnungsrunde, Freie Aussprache, Schlussrunde). Einer Debatte liegt **immer eine Entscheidungsfrage** zugrunde, welche aufgrund der vorgebrachten Argumente beantwortet werden soll.

1.3 (2) eigenes sowie fremdes Gesprächsverhalten kriterienorientiert und kritisch reflektieren und konstruktiv Rückmeldung geben · 1.3 (3) diskutieren und debattieren, dabei sachlich auf die Gegenposition eingehen, die entsprechende Sprachebene wählen und die Inhalts- und Beziehungsebene berücksichtigen

Eine Diskussion führen

1 Lest die Sprechblasen oben und besprecht zu zweit, ob ihr den Dialog für gelungen haltet.

2 a) Notiert zu zweit Möglichkeiten, wie die grüne Figur anders reagieren könnte.
b) Schreibt den Dialog zu einer sinnvollen Diskussion um.

3 a) Spielt eure veränderte Diskussion eurer Klasse vor.
b) Gebt euch gegenseitig Feedback. Achtet besonders darauf, wodurch eure veränderten Diskussionen gelingen.

4 Lest die *Lernbox* und besprecht gemeinsam, wie ein Argument aufgebaut sein sollte.

5 a) Überlegt euch in Gruppen ein Thema, das ihr diskutieren möchtet, oder sucht euch eines aus dem Kasten auf Seite 60 aus.
b) Sammelt in einem Cluster (→ S. 295) Argumente, die ihr zu eurem Thema austauschen könnt.
c) Vergleicht den Aufbau eurer Argumente mit der *Lernbox* und überarbeitet sie, wenn nötig. Schreibe alle Argumente leserlich auf.

6 a) In einer Diskussion kannst du **widersprechen**, **zustimmen**, **nachfragen** und **ergänzen**. Schreibe die vier Punkte in eine Tabelle.
b) Sammelt in eurer Gruppe passende Sätze oder Satzanfänge zu den vier Punkten, z. B.: *widersprechen: „Was du sagst, ist nicht ganz richtig …"*.

Lernbox

Aufbau eines Arguments

Behauptung	**Begründung**	**Beispiel**
Triff eine Aussage.	Sage, warum du so denkst.	Finde ein konkretes Beispiel, das deine Aussage bestätigt.
↓	↓	↓
Hunden kann man viel beibringen, …	*… weil sie kluge Tiere sind.*	*Zum Beispiel gibt es Hunde, die blinden Menschen im Alltag helfen.*

→ Bei einem mündlichen Meinungsaustausch lässt man das *Beispiel* manchmal weg. *Behauptung* und *Begründung* müssen aber immer vorkommen.

1.3 (2) eigenes sowie fremdes Gesprächsverhalten kriterienorientiert und kritisch reflektieren und konstruktiv Rückmeldung geben · 1.3 (3) diskutieren und debattieren, dabei sachlich auf die Gegenposition eingehen, die entsprechende Sprachebene wählen und die Inhalts- und Beziehungsebene berücksichtigen

7 Lies die drei Methodenerklärungen für verschiedene Diskussionsarten durch.

Pingpong-Diskussion
1 Teilt die Klasse in zwei Gruppen: Pro und Kontra.
2 Jede Gruppe tauscht sich aus und sammelt Argumente. Alle Schüler/-innen sollten ein oder mehrere Argumente vortragen können.
3 Ein Gruppenmitglied beginnt und trägt sein/ihr Argument vor.
4 Anschließend ruft er/sie jemanden aus der anderen Gruppe auf, der/die sich meldet.
5 Tauscht so eure Argumente wie bei einem Pingpong-Spiel abwechselnd aus.

Fishbowl-Methode
1 Bildet zwei Sitzkreise. Außen sitzen die Beobachter/-innen, innen die Teilnehmer/-innen. Im inneren Kreis bleibt ein Stuhl frei.
2 Verteilt die Rollen: Wer diskutiert? Wer moderiert im Innenkreis? Wer sitzt im Außenkreis und beobachtet die Teilnehmer/-innen im Innenkreis (wie Fische in einem Glas)?
3 Die Moderation eröffnet und leitet die Diskussion. Sie stellt zunächst das Thema vor, begrüßt dann die Teilnehmer/-innen und ruft sie während der Diskussion auf.
4 Die Teilnehmer/-innen tauschen ihre Argumente aus. Die Moderation fragt nach und fasst zusammen.
5 Alle Beobachter/-innen können ebenfalls diskutieren, indem sie sich kurz auf den leeren Stuhl im Innenkreis setzen. Nach ihrem Beitrag wechseln sie anschließend wieder in den Außenkreis zurück.

Kugellager
1 Bildet mit Stühlen einen Innen- und einen Außenkreis. Achtet auf eine gerade Anzahl an Teilnehmenden.
2 Auf ein Signal der Lehrkraft tauscht ihr eure Meinungen und Argumente mit dem Gegenüber über das Thema aus.
3 Beim nächsten Signal rutscht der Innenkreis einen Platz im Uhrzeigersinn weiter, der Außenkreis einen Platz in die andere Richtung.

8 Wählt in eurer Kleingruppe eine der Methoden aus, die ihr für eine eigene Diskussion anwenden möchtet.

9 a) Entscheidet euch für ein Thema aus dem Kasten oder nutzt euer Thema aus Aufgabe 5 von Seite 59.

Mögliche Themen:

W-Fragen:
Wohin soll die nächste Klassenfahrt gehen?
Wie sieht der Personentransport der Zukunft aus?
Warum spielt Nachhaltigkeit auch in der Schule eine Rolle?

Entscheidungsfragen:
Sollen Energydrinks in der Schule verboten werden?
Sollen Smartphones im Unterricht benutzt werden dürfen?
Sollen Lehrkräfte öffentlich von ihren Schülern/-innen benotet werden?

b) Bereitet Argumente für eure Diskussion vor. Ihr könnt auch eure Cluster von Aufgabe 5 b) auf Seite 59 benutzen.
c) Führt die Diskussion in eurer Gruppe durch. Achtet darauf, an die Argumente eurer Vorredner/-innen anzuknüpfen.

1.3 (3) diskutieren und debattieren, dabei sachlich auf die Gegenposition eingehen, die entsprechende Sprachebene wählen und die Inhalts- und Beziehungsebene berücksichtigen · 1.3 (4) selbständig und versiert Gespräche planen, leiten und moderieren und diese reflektieren

Eine Diskussion leiten

1 a) Sieh dir das Bild oben an und vermute, wer der/die Moderator/-in ist.
b) Notiere zu jeder der abgebildeten Figuren einen möglichen Gedanken in dein Heft.
c) Tauscht euch in der Klasse darüber aus, wie ihr euch als Moderator/-in in der abgebildeten Situation fühlen würdet.

2 Geht in Kleingruppen zusammen und spielt die Situation nach. Nehmt die *Lernbox* zu Hilfe und geht folgendermaßen vor:
A Jede/-r von euch übernimmt einmal die Moderationsrolle. Findet in dieser Rolle jeweils eine eigene Möglichkeit, die Diskussion zu eröffnen.
B Entscheidet am Ende, welche Möglichkeit am besten funktioniert hat.
C Spielt diese Möglichkeit der Klasse vor.

3 a Sprecht zu zweit darüber, inwiefern die Punkte der *Lernbox* für eine Diskussion wichtig sind.
b Sammelt zu zweit Möglichkeiten, wie ihr euch auf die einzelnen Punkte der *Lernbox* vorbereiten könnt.

Tipp

zu 3 b)
Besprecht alle Punkte einzeln und nacheinander.

4 a) Schreibe zu den Punkten 3–5 der *Lernbox* Sätze auf, die du als Formulierungshilfen nutzen kannst.
Beispiel:
3 Diskussionsart und Regeln erklären:
– *„Ich möchte heute mit euch eine Fishbowl-Diskussion führen. Die Beobachter/-innen sitzen im äußeren Kreis, die Teilnehmer/-innen im …"*
– …
b) Vergleicht zu zweit eure Formulierungshilfen und ergänzt sie.

5 Suche eines der Themen von Seite 60 aus und bereite alle Punkte der *Lernbox* zu diesem Thema vor.

Lernbox

Eine Diskussion eröffnen

1 Bereite im Vorfeld mögliche **Fragen** für die Diskussion vor.
2 Präsentiere dich **freundlich** und zeige Begeisterung für eurer Diskussionsthema.
3 Erkläre kurz die Diskussionsart und die entsprechenden **Regeln**.
4 Erläutere knapp die **Themenstellung**.
5 Stelle eine **W-Frage**, die alle Teilnehmenden zu einem Gespräch anregt.

Gestik, Mimik und Stimme gezielt einsetzen

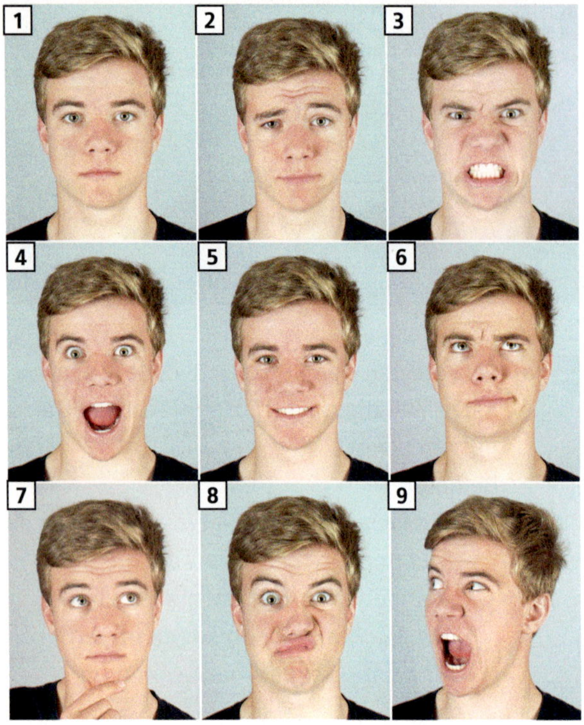

1 a) Betrachte die Bilder 1–9 oben.
b) Begründet in der Klasse, welche Mimik ihr in einer Diskussion für angemessen haltet und welche nicht.

2 a) Überlegt zu zweit, wie sich Mimik sinnvoll einsetzen lässt, um in einer Diskussion überzeugend zu wirken.
b) Erstellt in der Klasse ein Cluster wie im Folgenden abgebildet und notiert eure Ideen zum Punkt „Mimik".

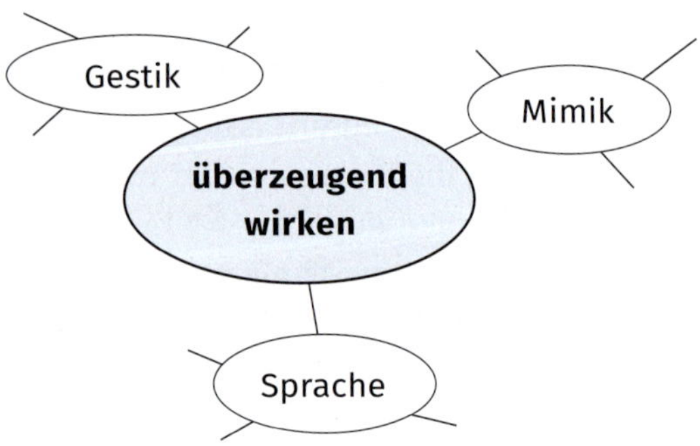

3 Wählt eine der folgenden Aufgaben aus und besprecht eure Ergebnisse anschließend in der Klasse.
a Diskutiert in Kleingruppen die Frage: *Wirkt heftiges Gestikulieren überzeugend oder einschüchternd?*
b Diskutiert in Kleingruppen die Aussage: *Leises Sprechen wirkt unsicher.*

4 Ergänzt die Punkte „Gestik" und „Stimme" eures Clusters um eure Ergebnisse aus Aufgabe 3 a) bzw. 3 b).

5 a) Wählt in Kleingruppen ein Thema von Seite 60 für eine Diskussion aus.
b) Bereitet passende Argumente zum gewählten Thema vor.

6 Führt eine Fishbowl-Diskussion mit euren vorbereiteten Argumenten durch. Entscheidet euch für die Rolle der Beobachtenden oder Teilnehmenden.
a Nimm im äußeren Kreis Platz und notiere aufmerksam deine Beobachtungen dazu, wie Mimik, Gestik und Stimme eingesetzt werden.
b Setz dich in den inneren Kreis und tausche deine Argumente mit deinen Mitdiskutierenden aus. Achte genau darauf, wie du Mimik, Gestik und deine Stimme einsetzt, um die anderen zu überzeugen.

7 Gebt euch in der Klasse Feedback zum Einsatz von Mimik, Gestik und Stimme.

8 Tauscht die Rollen und führt die Fishbowl-Diskussion erneut durch. Setzt dabei das Feedback aus der letzten Runde um.

1.1 (3) verbale und nonverbale Äußerungen interpretieren (z. B. Stimmführung, Körpersprache) und sie so in den situativen Kontext setzen · 1.3 (2) eigenes sowie fremdes Gesprächsverhalten kriterienorientiert und kritisch reflektieren und konstruktiv Rückmeldung geben

Eine Debatte führen

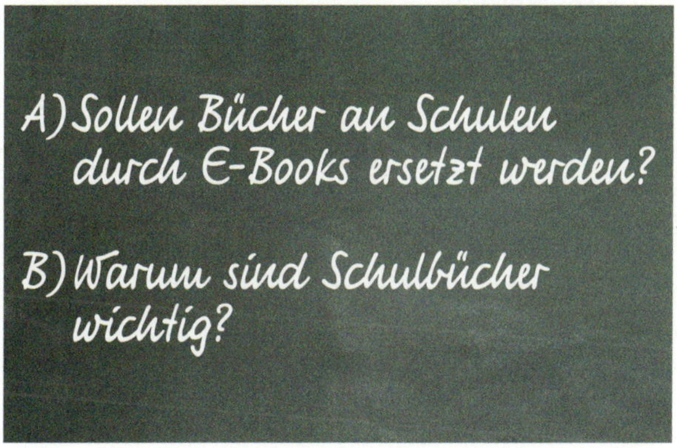

1 a) Lies die Fragestellungen für eine mögliche Debatte auf der Tafel oben durch.
b) Besprecht zu zweit, wie sich die beiden Fragestellungen unterscheiden.
c) Überlegt, welche Fragestellung sich für eine Debatte mit Pro- und Kontra-Argumenten eignet. Überprüft eure Vermutung mithilfe von Punkt 1 in der *Lernbox*.

2 a) Lest die Punkte 2–4 in der *Lernbox* und erklärt euch zu zweit gegenseitig den dreiteiligen Aufbau einer Debatte.
b) Bildet Zweiergruppen und positioniert euch zu Pro oder Kontra der Themenstellung in Punkt 1 der *Lernbox*.
c) Formuliere deine persönliche Eröffnungsrede zu der Themenstellung und schreibe sie auf.
d) Tragt euch zu zweit eure Eröffnungsreden vor und verdeutlicht eure Positionen.

Tipp

zu 2 c)
Aufbau der Eröffnungsrede:

Einleitung: *Jede/-r weiß …*
Frage: *Wir stellen uns heute die Frage …*
Grund: *Dafür spricht / Dagegen spricht …*
Position: *Deshalb soll …*

3 a) Überlege weitere Themenstellungen, die sich für eine Debatte eignen.
b) Formuliere jeweils eine Eröffnungsrede Pro und Kontra zu einem Thema deiner Wahl.
c) Tragt eure Eröffnungsreden in der Klasse vor.

Lernbox

Ziel und Ablauf einer Debatte

1 Jeder Debatte liegt eine **Entscheidungsfrage** (Soll-Frage) zugrunde, die mit Ja oder Nein beantwortet werden kann.
Sollen öffentliche Verkehrsmittel für Schülerinnen und Schüler kostenfrei sein?

2 Eine Debatte soll zur **Entscheidungsfindung** beitragen und die Redner/-innen wollen die Zuhörenden für ihre Position gewinnen und überzeugen.

3 Die **Debatte** ist ein Wechselgespräch, das **festen, formalen Regeln** folgt. Die Redezeit von allen Teilnehmenden ist begrenzt. Pro- und Kontra-Redner/-innen wechseln sich dabei ab. Die Debatte besteht immer aus drei Teilen:

A Die **Eröffnungsrunde** greift die Fragestellung des Themas auf, spiegelt die Position der Redner/-innen wider und gibt eine Antwort auf die Frage.
Pro Person: maximal zwei Minuten.

B In der **Freien Aussprache** werden die jeweiligen Positionen fortgeführt und durch Argumente bekräftigt. Dabei nehmen die Redner/-innen Bezug auf die Redebeiträge der Gegenseite.
Gesamtdauer: maximal zwölf Minuten.

C In der **Schlussrunde** wird die eigene Meinung zusammengefasst und eine Entscheidungsempfehlung abgegeben.
Pro Person: eine Minute.

1.3 (3) diskutieren und debattieren, dabei sachlich auf die Gegenposition eingehen, die entsprechende Sprachebene wählen und die Inhalts- und Beziehungsebene berücksichtigen

4 a) Steht auf und werft euch in der Klasse gegenseitig einen Ball zu.
b) Tauscht euch in der Klasse aus: Was muss passieren, damit der Ball möglichst lange im Spiel bleibt?
c) Übertrage das Ballspiel auf die Debatte: Inwiefern kann man Ballwechsel und Wortwechsel vergleichen?

5 a) Bei einer Debatte ist es wichtig, den Vorrednern/-innen zuzuhören. Überlege warum.
b) Bearbeitet zu zweit die folgenden Aufgaben:
- Partner/-in 1 spricht über ein Thema (z. B. *Sollen Bücher an Schulen durch E-Books ersetzt werden?*) und bezieht eine Minute Stellung.
- Partner/-in 2 gibt anschließend das Gehörte möglichst genau wieder.

6 a) Bildet Dreiergruppen.
b) Partner/-in 1 bezieht kurz Stellung zu einem Thema (z. B. *Sollen Bücher an Schulen durch E-Books ersetzt werden?*).
c) Partner/-in 2 knüpft direkt daran an (z. B. *Du vertrittst die Meinung, dass …*) und bezieht selbst Stellung (z. B. *Meiner Meinung nach …*).
d) Partner/-in 3 gibt im Anschluss Rückmeldung, ob die Anknüpfung gelungen ist.

7 a) Sammle zur Vorbereitung auf das Thema „*Sollen Bücher an Schulen durch E-Books ersetzt werden?*" Argumente für beide Seiten und halte sie in einer Tabelle nach folgendem Muster fest.

Sollen Bücher an Schulen durch E-Books ersetzt werden?	
Pro	**Kontra**
Der Rucksack wird leichter, weil ein E-Book weniger wiegt. Zum Beispiel gibt es E-Books, die hunderte Bücher speichern können und dabei nur wenige Gramm wiegen.	*Eventuell können sich nicht alle einen E-Book leisten …*
XXX	*XXX*

b) Tauscht eure Argumente gegenseitig aus und ergänzt eure Sammlung.
c) Nummeriere die Argumente von stark bis schwach durch. Beginne mit 1 bei deinem stärksten Argument.

8 Geht zu zweit zusammen und übernehmt eine Position. Tragt eure Argumente abwechselnd vor und versucht, euer Gegenüber zu überzeugen. Greift dabei die Argumente der Gegenseite auf und achtet auf Anknüpfungspunkte.

9 Formuliere eine Schlussrede zur Streitfrage und trage sie vor.

Tipp

zu 9)

Eine Schlussrede fasst die Argumente der Freien Aussprache zusammen, **ohne neue Argumente** zu formulieren, und verdeutlicht abschließend die eigene Position.

Aufbau der Schlussrede:

Themenstellung: *Wir haben uns heute gefragt, ob …*
Gründe: *Dafür/Dagegen spricht …*
Hauptgrund: *Entscheidend ist …*
Position: *Deshalb plädiere ich …*

1.3 (2) eigenes sowie fremdes Gesprächsverhalten kriterienorientiert und kritisch reflektieren und konstruktiv Rückmeldung geben · 1.3 (3) diskutieren und debattieren, dabei sachlich auf die Gegenposition eingehen, die entsprechende Sprachebene wählen und die Inhalts- und Beziehungsebene berücksichtigen

Eine Debatte reflektieren

1 a) Bildet Kleingruppen für eine Debatte.
b) Legt in der Gruppe eine strittige Entscheidungsfrage für eure Debatte fest.
c) Verteilt die Rollen für Pro-Redner/-innen und Kontra-Redner/-innen.
d) Bereite deine Debattenbeiträge so vor, wie du es auf den Seiten vorher geübt hast:
- Eröffnungsrede
- Freie Aussprache
- Schlussrede

e) Plane auch, wie du auf mögliche Argumente der Gegenseite reagieren kannst.

2 Tragt eure Debatte vor der Klasse den anderen Gruppen vor. Orientiert euch an der *Lernbox* „Ziel und Ablauf einer Debatte“ auf Seite 63.

3 Die Zuschauenden beobachten jeweils einen Redner oder eine Rednerin und machen sich Notizen zu deren bzw. dessen Debattenbeiträgen. Nutzt dafür einen Reflexionsbogen (→ COPY 6).

4 Gebt einander im Anschluss Rückmeldung und Tipps zur Verbesserung.

Entscheidungsfrage: XXX XXX XXX XXX XXX XXX XXX XXX XXX XXX		gut gelungen	weiter üben	Kommentar
Wer beobachtet? XXX XXX XXX XXX XXX XXX XXX XXX XXX XXX XXX				
Wer wird beobachtet? XXX XXX XXX XXX XXX XXX XXX XXX XXX XXX				
Der Schüler ... / Die Schülerin ... XXX XXX XXX XXX XXX XXX XXX XXX				
Sachkenntnis	... hat sich gut vorbereitet.	XXXX	XXXX	XXXX
	... kennt alle wichtigen Fakten und ist mit dem Thema vertraut.	XXXX	XXXX	XXXX
	... kennt die Argumente der Gegenseite.	XXXX	XXXX	XXXX
	... kann konkrete Beispiele beisteuern.	XXXX	XXXX	XXXX
Ausdrucksvermögen	... spricht deutlich und verständlich.	XXXX	XXXX	XXXX
	... spricht in einem angemessenen Tempo.	XXXX	XXXX	XXXX
	... spricht abwechslungsreich (Lautstärke, Betonung, Stimme).	XXXX	XXXX	XXXX
	... unterstützt die Argumentation durch Mimik, Gestik und Körperhaltung.	XXXX	XXXX	XXXX
Gesprächsfähigkeit	... hält die Gesprächsregeln und formalen Vorgaben ein.	XXXX	XXXX	XXXX
	... bleibt beim Thema.	XXXX	XXXX	XXXX
	... nimmt inhaltlich und sprachlich Bezug auf die Redebeiträge der Vorredner/-innen.	XXXX	XXXX	XXXX
	... bringt neue Gesichtspunkte in die Debatte ein.	XXXX	XXXX	XXXX
Überzeugungskraft	... begründet Argumente sachlich.	XXXX	XXXX	XXXX
	... argumentiert logisch nachvollziehbar.	XXXX	XXXX	XXXX
	... nimmt die Zuhörenden mit und wirkt überzeugend.	XXXX	XXXX	XXXX
	... vertritt die Position glaubwürdig.	XXXX	XXXX	XXXX

1.3 (2) eigenes sowie fremdes Gesprächsverhalten kriterienorientiert und kritisch reflektieren und konstruktiv Rückmeldung geben · 1.3 (3) diskutieren und debattieren, dabei sachlich auf die Gegenposition eingehen, die entsprechende Sprachebene wählen und die Inhalts- und Beziehungsebene berücksichtigen

Ein Bewerbungsgespräch führen

A. *Warum haben Sie sich für unsere Firma entschieden?*

B. *Was wissen Sie bereits über unser Unternehmen?*

C. *Welche persönlichen Eigenschaften können Sie in unser Unternehmen einbringen?*

D. *Wie kommen Sie mit Teamarbeit zurecht?*

E. *Warum sollten wir Sie einstellen?*

F. *Welche Ziele haben Sie noch im Leben?*

G. *Was tun Sie, wenn Sie jemand kritisiert?*

H. *Was sind Ihre Schwächen?*

I. *Wo sehen Sie sich in zehn Jahren?*

J. *Was können Sie über sich selbst erzählen?*

1 a) Tauscht euch in der Klasse darüber aus, was ihr bereits über den Ablauf von Bewerbungsgesprächen wisst.
b) Hattest du selbst schon einmal ein Vorstellungsgespräch? Berichte der Klasse davon.

2 a) Lies die Fragen A.–J. in den Sprechblasen oben, die in einem Bewerbungsgespräch gestellt werden können.
b) Notiere zu jeder Frage die Antwort, die du selbst geben würdest.
c) Lest eure Antworten der Klasse vor. Wer von euch hätte bei einem Bewerbungsgespräch gut abgeschnitten? Begründet eure Meinung.

3 a) Notiere weitere Fragen, die im Bewerbungsgespräch zu deiner Person gestellt werden könnten. Recherchiere dazu auch im Internet.
b) Stellt euch zu zweit gegenseitig eure Fragen und beantwortet sie spontan. Wichtig: Bleibt ehrlich!
c) Gebt einander Feedback zu euren Antworten.

4 In den Sprechblasen A.–J. oben handelt es sich ausschließlich um Fragen zu der eigenen Person.
a) Notiere für deinen angestrebten Beruf, welche fachlichen Fragen gestellt werden könnten.
Beispiel: *Haben Sie bereits Erfahrungen mit Tabellen-Kalkulationssoftware?*
b) Setzt euch in Kleingruppen mit ähnlichen Berufswünschen zusammen.
c) Lest euch gegenseitig eure Fragen vor und versucht, sie zu beantworten.
d) Sammelt weitere fachliche Fragen und beantwortet sie gemeinsam.

1.2 (1) [...] die passenden mündlichen Sprachmittel und einen angemessenen Wortschatz einsetzen; die adressatenrelevante Sprachebene wählen und argumentierend bzw. appellativ [...] präsentieren · 1.2 (3) Feedbackmethoden gezielt nutzen und konkrete Alternativen anbieten, um selbständig eigenes und fremdes Vortragsverhalten zu beurteilen und zu bewerten

5 a) Lies die Tipps für ein Bewerbungsgespräch in der *Lernbox*.
b) Deckt sie ab und erklärt euch gegenseitig zu zweit mit eigenen Worten, was ihr beachten solltet.
c) Formuliert gemeinsam weitere Tipps, die ihr jemandem vor einem Bewerbungsgespräch geben würdet.

6 a) Überlegt euch zu zweit eine Situation, in der während eines Bewerbungsgesprächs etwas falsch läuft.
b) Spielt die Situation eurer Klasse vor und lasst sie vermuten, welcher Tipp dem Bewerber / der Bewerberin helfen könnte.

7 a) Lies die folgenden Fragen, die sich Jonas notiert hat, um sie in einem Bewerbungsgespräch stellen zu können.

- *Wie viel Geld kriegt man?*
- *Wie lange muss ich immer arbeiten?*
- *Gibt es besondere Regeln in der Firma, auf die ich achten muss?*
- *Wann kann ich endlich anfangen?*
- *Wie viele Kollegen habe ich?*
- *Bekomme ich auch genügend Urlaub?*
- *Kann ich nach der Lehre in Ihrem Unternehmen weiterarbeiten?*
- *Wie oft habe ich Pause?*
- *Was ist, wenn ich frei brauche?*

b) Besprecht zu zweit, welche Fragen unangemessen sind, und formuliert sie zu angemessenen Fragen um.
c) Ergänzt die Liste um weitere Fragen, die ihr zum Unternehmen und zu euren Aufgaben im Bewerbungsgespräch stellen könntet.

8 Sprecht in Kleingruppen über Tipp 1:
„Prüfe, ob dein Internetauftritt in den sozialen Medien angemessen ist!"
Sammelt gemeinsam Ideen für unangemessene Inhalte und begründet eure Meinung.

Lernbox

Tipps für dein Bewerbungsgespräch

1 **Prüfe, ob dein Internetauftritt in den sozialen Medien angemessen ist.** So solltest du z. B. freizügige Urlaubs- und Partyfotos besser in privaten Alben sammeln, wo sie nur deine Freunde sehen.
2 **Sei offen für Neues und zeige deine Bereitschaft zu arbeiten.** Aufgeschlossenheit, Engagement und Initiative sind wichtige Eigenschaften, mit denen man als Bewerber/-in punkten kann.
3 **Höre zu und unterbrich dein Gegenüber nicht.** Zeige damit, dass du sicher Gespräche führen kannst und deine Gesprächspartner/-innen respektierst.
4 **Trete selbstsicher auf.** Eine aufrechte Haltung und ein freundliches Lächeln wirken selbstbewusst und aufgeschlossen.
5 **Lies dir vor dem Bewerbungsgespräch noch einmal durch, was du in deine Bewerbung geschrieben hast.** Dadurch versicherst du dich, dass du nichts vergisst, und bist auf viele Fragen vorbereitet.

1.2 (1) [...] die passenden mündlichen Sprachmittel und einen angemessenen Wortschatz einsetzen; die adressatenrelevante Sprachebene wählen und argumentierend bzw. appellativ (z. B. Vorbereitung von Bewerbungsgesprächen) präsentieren · 2.4 (6) die aktuellen digitalen Medien und sozialen Netzwerke kritisch und verantwortungsbewusst [...] nutzen

Einen guten Eindruck hinterlassen

1

2

3

4

5

6

1 Diskutiert in der Klasse, inwieweit ihr der folgenden Aussage zustimmt: *„Es ist egal, was ich bei einem Bewerbungsgespräch anziehe, es geht doch um meine Fähigkeiten"*.

2 a) Betrachtet die Bilder 1–6 und besprecht zu zweit, welches Outfit in einem Bewerbungsgespräch einen guten Eindruck hinterlassen könnte.
b) Tauscht euch in der Klasse darüber aus und begründet eure Meinung.
c) Diskutiert gemeinsam darüber, ob die Wahl der Kleidung davon abhängt, für welchen Ausbildungsberuf man sich bewirbt.

3 a) Macht zu Hause Fotos von verschiedenen Kleidungsstücken.
b) Geht die Fotos von den Kleidungsstücken gemeinsam durch und entscheidet für jedes, ob es für ein Bewerbungsgespräch passend ist oder nicht.

4 Unterhaltet euch in der Klasse über Accessoires, Frisur und Make-up: Was ist passend, was sollte vermieden werden?

5 a) Vereinbart in der Klasse einen Tag, an dem alle in dem Outfit kommen, das sie zum Bewerbungsgespräch tragen würden.
b) Stellt euch an diesem Tag vor die Klasse, nennt euren Berufswunsch und begründet eure Kleiderwahl. Gebt euch dann gegenseitig Feedback in Hinblick darauf, ob die Kleidung zum Berufswunsch passen könnte.

1.3 (2) eigenes sowie fremdes Gesprächsverhalten kriterienorientiert und kritisch reflektieren und konstruktiv Rückmeldung geben

Sicherheit für das Bewerbungsgespräch gewinnen

1 a) Entscheide dich für einen Betrieb, in dem du dir vorstellen könntest, zu arbeiten oder eine Ausbildung zu beginnen.
b) Recherchiere auf der Internetseite, wie der Name deines Ansprechpartners / deiner Ansprechpartnerin lautet, und finde eine Telefonnummer, über die du Kontakt aufnehmen kannst.
c) Schreibe einen Dialog, wie das Telefonat mit dem Betrieb ablaufen könnte.
d) Setzt eure Dialoge zu zweit in einem Rollenspiel um und vereinbart ein fiktives Vorstellungsgespräch.

2 a) Informiere dich über das Unternehmen (z. B. im Internet).
b) Erstelle einen kurzen Steckbrief mit allen wichtigen Informationen über das Unternehmen.
c) Notiere Fragen, die du deinem Gegenüber im Bewerbungsgespräch stellen könntest.

3 a) Notiere Fragen, die dir dein Gegenüber im Bewerbungsgespräch stellen könnte.
b) Ergänze zu jeder Frage eine Antwort, die du jeweils geben würdest.

4 a) Schreibe mithilfe der Aufgaben 2 und 3 ein kleines Drehbuch zu einem Bewerbungsgespräch. Lies dazu auch die *Lernbox*.
b) Übt zu zweit eure Bewerbungsgespräche. Nutzt dazu eure Drehbücher.
c) Gebt euch gegenseitig Tipps, was ihr an euren Bewerbungsgesprächen verbessern könnt.
d) Spielt eure Bewerbungsgespräche der Klasse – möglichst frei – vor.

5 Sprecht in der Klasse über die beobachteten Bewerbungsgespräche. Geht dabei auch auf die folgenden Punkte ein:
- *Gibt es Personen, die das Bewerbungsgespräch besonders gut gemeistert haben? Wenn ja, was hat euch daran gefallen?*
- *Was macht für euch ein gutes Bewerbungsgespräch aus?*
- *Gab es Fragen, die immer wieder vorgekommen sind?*
- *Was ist euch schwergefallen?*

Lernbox

Ein Bewerbungsgespräch vorbereiten

1 Informiere dich über das Unternehmen: So kannst du zeigen, dass du dich für den Betrieb interessierst.
2 Überlege dir Antworten zu möglichen Fragen: So kannst du viele Fragen (zum Beispiel nach der Begründung deiner Berufswahl) sicher beantworten, ohne lange nachdenken zu müssen.
3 Achte auf eine angemessene Sprache und passende Kleidung: Ein guter erster Eindruck ist wichtig und kann sogar entscheidend sein.
4 Stelle sinnvolle Fragen zum Betrieb und zu deiner Ausbildung: So zeigst du deinem Gegenüber, dass du wirklich Interesse an dem Beruf hast.
5 Beantworte Fragen ehrlich: Es ist meist leicht zu erkennen, wenn jemand nicht die Wahrheit sagt. Und selbst wenn es nicht gleich herauskommt, führt es später zu Misstrauen und schlimmstenfalls zur Kündigung.

1.2 (1) [...] die passenden mündlichen Sprachmittel und einen angemessenen Wortschatz einsetzen; die adressatenrelevante Sprachebene wählen und argumentierend bzw. appellativ [...] präsentieren · 1.2 (3) Feedbackmethoden gezielt nutzen und konkrete Alternativen anbieten, um selbständig eigenes und fremdes Vortragsverhalten zu beurteilen und zu bewerten

Über Mediennutzung sprechen

1 Lies den folgenden Text.

Eileens Tag

Eileen wacht morgens auf und schaltet ihren Handywecker aus. „Oh Mann, ich hab keinen Bock auf Schule!“, denkt sie und steht auf. Auf dem Weg zum Frühstückstisch bekommt sie von Nino eine Nachricht: „Druck noch die Sachen für die Schule aus!“, schreibt er. Schnell erledigt Eileen das.
Während des Frühstücks sieht sie eine Folge ihrer Lieblingsserie auf dem Tablet an. Danach geht es auch schon in die Schule. In der ersten Stunde hat Eileen Unterricht im Computerraum – sie soll einen Geschäftsbrief verfassen. Über den Beamer zeigt ihr Lehrer, Herr Kruse, wie das geht. Zur Sicherheit lassen die meisten Schüler ihr offenes Buch neben dem PC liegen, denn da steht alles noch mal genau drin.
Im Anschluss läuft die Klasse in einen anderen Raum. Dabei kommen sie am Bildschirm vorbei, der die Vertretungsstunden des heutigen Tages anzeigt.
Nachmittags, als Eileen heimkommt, ist sie genervt: Die ganze Familie ist zu Hause. Ihre Mutter sieht fern, ihr Vater hört beim Kochen Radio und ihr kleiner Bruder spielt an der Konsole. Sie geht schnell in ihr Zimmer und liest auf ihrem E-Book-Reader ein paar Seiten. Kurz unterbricht sie ihre Lektüre für eine Anweisung an ihren digitalen Assistenten: „Axel, mach Popmusik an!“

2 a) Notiere Eileens Tagesablauf in Stichpunkten.
b) Markiere in deinen Notizen alle Medien, die Eileen oder ihr Umfeld verwenden.

3 a) Notiere die gefundenen Medien aus Aufgabe 2 in einer Tabelle. Schreibe dazu, wer das Medium jeweils nutzt und aus welchem Grund.

Medium	Nutzer/-in	Grund der Nutzung
Handy	*Eileen*	*Wecker, Kommunikation mit Nino*
Drucker	*XXX*	*XXX*
XXX	*XXX*	*XXX*

b) Besprecht zu zweit, wofür ihr die Nutzung des jeweiligen Mediums als (nicht) sinnvoll erachtet. Begründet eure Meinung.
c) Tauscht eure Meinungen in der Klasse aus und diskutiert darüber.

4 a) Erstellt zu zweit eine Tabelle mit allen Medien, die euch in eurem Alltag begegnen. Notiert, wie in der Tabelle oben, wer sie jeweils nutzt und aus welchem Grund.
b) Vergleicht eure Ergebnisse in der Klasse.

5 a) Finde Momente in deinem Tagesablauf, in denen du auf neue Medien verzichten könntest oder vielleicht verzichten solltest. Lege eine Liste an.
b) Sammele Argumente, die für die Nutzung traditioneller Medien sprechen könnten.

Tipp

zu 5 a)
1 Neue Medien sind digitale Informationsträger, z. B. *Handy, Tablet*.
2 Traditionelle Medien sind analoge (= nicht digitale) Informationsträger, z. B. *Zeitungen* oder *Bücher*.

2.4 (4) den Informations- und Unterhaltungsgehalt unterschiedlicher Medien unterscheiden und den ästhetischen Genuss sowie den Freizeitwert von Medieninhalten reflektieren

Über die Nutzung von Smartphones sprechen

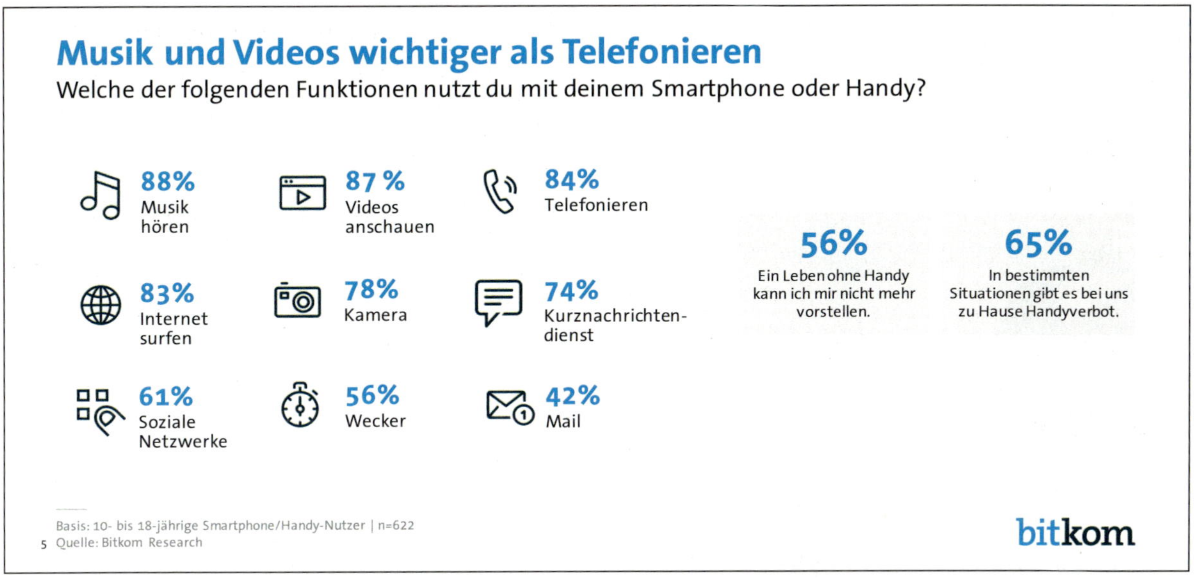

1 Betrachte das Schaubild oben und beantworte dazu folgende Fragen:
- *Von wem wurde das Schaubild veröffentlicht?*
- *Welches Thema behandelt das Schaubild?*
- *Welche Fragen wurde den befragten Personen gestellt?*
- *Wie alt sind die Personen, die befragt worden sind?*
- *Welches ist die meistgenutzte, welches die am wenigsten genutzte Funktion von Smartphones?*

2 a) Tauscht euch zu zweit darüber aus, welche der oben genannten Funktionen eines Smartphones ihr ebenfalls nutzt.
b) Besprecht zu zweit, ob es noch weitere Funktionen gibt, die nicht im Schaubild aufgelistet sind.
c) Besprecht gemeinsam in der Klasse, welche weiteren Funktionen es auf einem Smartphone gibt, die nicht aufgelistet sind.

3 a) Erstelle eine Rangliste aller Funktionen, die du auf dem Smartphone verwendest von *„nutze ich am häufigsten"* zu *„nutze ich am wenigsten"*.
b) Vergleicht eure Ranglisten in der Klasse.
c) Führt eine Umfrage wie oben durch und erstellt euer eigenes Schaubild (→ S. 87).

4 Ein Smartphone vereint viele Funktionen, für die man früher jeweils ein eigenes Gerät benötigt hat. Besprecht gemeinsam in der Klasse, wie viele „Geräte" ihr auf einem Smartphone findet.

5 Führt in der Klasse eine Positionslinie (→ S. 181) zu den rechten beiden Angaben im Schaubild durch. Begründet eure Position.

Tipp

zu 1)
Wenn du dir bei dem Thema „Ein Schaubild auswerten" nicht ganz sicher bist, sieh dir das Kapitel auf den Seiten 274–275 an.

2.4 (4) den Informations- und Unterhaltungsgehalt unterschiedlicher Medien unterscheiden und den ästhetischen Genuss sowie den Freizeitwert von Medieninhalten reflektieren · 2.4 (5) den eigenen Medienkonsum mithilfe der Auswertung von themenbezogen recherchierten Texten aus unterschiedlichen Medien [...] kritisch reflektieren

Mediennutzung kritisch reflektieren

1 a) Lies die folgenden Aussagen:

Es stresst mich, wenn jemand meine Nachricht liest, aber nicht gleich antwortet!

Wenn ich in den Urlaub fahre, schalte ich mein Handy aus. Man muss nicht immer und überall erreichbar sein.

Mir ist es wichtig, dass meine Freundin ihr Handy immer dabeihat. Erstens kann sie mich im Notfall anrufen und zweitens weiß ich dann immer, wo sie ist.

b) Diskutiert in der Klasse, ob ihr die Aussage des/der jeweiligen Sprechers/-in nachvollziehen könnt. Begründet eure Meinung.

2 a) Überlege dir eigene Aussagen.
b) Sammelt eure Aussagen zu zweit und diskutiert eine Auswahl davon in der Klasse.

3 a) Betrachte die Karikatur oben und beschreibe, was du siehst.
b) Überlege dir eine passende Überschrift für die Karikatur.
c) Formuliere, was diese Karikatur kritisieren möchte.

4 a) Führt in der Klasse eine Umfrage durch, wann ihr euer erstes Smartphone bekommen habt.
b) Besprecht zu zweit, in welchem Alter Kinder eurer Meinung nach ihr erstes Smartphone bekommen sollten.
c) Notiert Argumente, die für und gegen die frühe Nutzung eines Handys sprechen.

5 Bearbeitet in der Klasse die folgende Aufgabe:

Reise in die Vergangenheit

1 Alle notieren auf einem Zettel eine Situation, in der er/sie auf keinen Fall auf neue Medien verzichten könnte.
2 Danach werden die Zettel gemischt und alle erhalten jeweils einen Zettel mit der Situation eines Mitschülers / einer Mitschülerin.
3 Lest die Situation und überlegt euch, wie sie gelöst wurde, bevor es neue Medien gab.
4 Erläutert eure Idee anschließend der Klasse.

2.4 (5) den eigenen Medienkonsum mithilfe der Auswertung von themenbezogen recherchierten Texten aus unterschiedlichen Medien (z. B. empirische Untersuchungen, Beiträge aus Fachzeitschriften) kritisch reflektieren

6 a) Lies den Text.

b) Erkläre die folgenden Begriffe mit eigenen Worten. Recherchiere bei Bedarf ihre Bedeutung.
- *Reizüberflutung*
- *Neurobiologie*
- *Konzentrationsvermögen*

c) Fasse in eigenen Worten zusammen, worum es in dem Text geht (→ S. 167).

7 Erläutere mithilfe des Textes Gründe, warum Smartphones für die kindliche Entwicklung ein Problem sein können. Beziehe dabei auch das Bild unten mit ein.

8 a) Ergänze deine Argumente aus Aufgabe 4c) mithilfe des Textes.

b) Diskutiert in der Klasse, in welchem Alter Kinder eurer Meinung nach ihr erstes Smartphone erhalten sollten.

9 a) Gestaltet in Kleingruppen einen Leitfaden zur Nutzung von Smartphones. Nutzt dafür eure Vorarbeiten aus den Aufgaben 4–8 und berücksichtigt folgende Fragen:
- *Wie alt sollten Kinder sein, bevor sie Smartphones nutzen/besitzen?*
- *Wie lange sollten Kinder in welchem Alter Smartphones benutzen?*
- *Wofür sollten Smartphones benutzt werden?*

b) Präsentiert euren Leitfaden der Klasse.

Sind Smartphones für Kinder schädlich?

„Kinder, die vor dem Smartphone oder Tablet hängen, werden immer jünger", sagt [...] Thomas Fischbach. Das habe „katastrophale Folgen für die kindliche Entwicklung", sagte er der „Neuen Osnabrücker Zeitung". Fischbach macht die ständige „Reizüberflutung" für immer häufigere Konzentrationsschwächen verantwortlich, die sich auch auf die Leistungen in der Schule negativ auswirken. [...] „Je länger man die Smartphone-Nutzung der Kinder hinausschiebt, umso besser", sagt er.

Nutzen Kinder immer früher ein Handy?

„Tatsächlich nimmt das Alter, in dem Kinder ein Handy nutzen, immer weiter ab", sagt Martin Korte, Neurobiologe an der TU Braunschweig. Einer Studie zufolge hat bereits jedes zweite Kind im Alter von sechs bis sieben Jahren ein Smartphone genutzt. [...] Einer anderen Studie zufolge sitzen 14-Jährige täglich im Schnitt sieben Stunden vor einem Bildschirm, davon zweieinhalb Stunden vor dem Handy. [...]

Schaden Smartphones der Konzentration?

„Mit einer Handy-App Vokabeln zu lernen, hat keinen negativen Einfluss auf das Konzentrationsvermögen", sagt Korte. Die Frage sei, wie das Handy genutzt wird. „Das Konzentrationsvermögen nimmt dann ab, wenn Kinder auf dem Handy mehrere Dinge gleichzeitig tun", sagt Korte. Etwa dann, wenn sie immer auf jede eingehende Nachricht in einem Chat sofort reagieren. Dadurch wird das Gehirn trainiert, nicht nur auf das zu achten, was gerade ansteht, sondern immer auch auf das, was kommen könnte. „Das Gehirn befindet sich sozusagen in einem dauernden Alarmzustand", sagt Korte.

(verändert)

2.4 (5) den eigenen Medienkonsum mithilfe der Auswertung von themenbezogen recherchierten Texten aus unterschiedlichen Medien (z. B. empirische Untersuchungen, Beiträge aus Fachzeitschriften) kritisch reflektieren

Soziale Medien hinterfragen

1 Betrachte die Abbildung oben und überlege weitere Vorteile von sozialen Medien.

2 Lies die Überschrift und Zwischenüberschrift des folgenden Textes. Sprecht zu zweit darüber, worum es in dem Text gehen könnte.

3 Lies den Text.

Soziale Medien sind nichts Schlechtes

An sich sind soziale Medien nichts Schlechtes, darin sind sich Experten einig – im Gegenteil. „Soziale Medien bedeuten auch eine Chance", betont etwa Rainer Thomasius, Leiter des Deutschen Zentrums für Suchtfragen des Kindes- und Jugendalters am Universitätsklinikum Hamburg-Eppendorf. In der Pubertät gehe es zum Beispiel darum, sich von der Familie zu emanzipieren und Rollen auszuprobieren. Dabei können soziale Medien helfen. Doch es gibt Kehrseiten. „Das Hauptproblem an sozialen Medien ist, dass sie so viele Dinge zur Verfügung stellen, die uns ansprechen", sagt Tobias Dienlin, Medienpsychologe an der Universität Hohenheim. Man sieht in schönen Bildern und gefällig geschriebenen Kurztexten, was das soziale Umfeld treibt. Man veröffentlicht Beiträge – und bekommt Bestätigung. „Likes sind Komplimente und wir Menschen freuen uns über Komplimente", sagt Dienlin. Zudem sollen Signalfarben, Benachrichtigungstöne und andere Gestaltungselemente dafür sorgen, dass wir so lange wie möglich auf der Seite bleiben. Der mögliche Effekt: Man möchte immer weiterlesen und kann nicht aufhören.

Ständiger Druck und falsche Bewältigungsstrategien

Besonders anfällig für eine Nutzung mit negativen Folgen sind Menschen mit einem geringen Selbstwertgefühl. Wer sich im realen Leben auch noch schwertut, Freunde zu finden, bekommt in sozialen Medien das gute Gefühl, gesehen und gemocht zu werden – auch wenn der ständige Druck, vermeintlich immer neue Inhalte von sich ins Netz stellen zu müssen, zugleich sehr unglücklich machen kann.

Problematisch ist auch, wenn bei Langeweile, Ärger oder Trauer automatisch soziale Netzwerke zur Ablenkung geöffnet werden.

Um Probleme zu bewältigen, sollte man andere Strategien parat haben als den Blick auf den Smartphonebildschirm.

(verändert)

4 Erkläre die folgenden Begriffe mit eigenen Worten. Recherchiere bei Bedarf.
- *emanzipieren*
- *soziales Umfeld*
- *Effekt*
- *Selbstwertgefühl*
- *real*
- *Strategie*

2.4 (5) den eigenen Medienkonsum mithilfe der Auswertung von themenbezogen recherchierten Texten aus unterschiedlichen Medien [...] kritisch reflektieren · 2.4 (6) die aktuellen digitalen Medien und sozialen Netzwerke kritisch und verantwortungsbewusst, unter Beachtung wesentlicher rechtlicher und sozialer Grundlagen, beurteilen [...]

5 a) Erkläre mit eigenen Worten den Begriff *soziale Medien*. Hinweise dazu findest du auch in der *Lernbox*.
b) Notiere Beispiele zu den in der *Lernbox* genannten Kategorien sozialer Medien.
c) Erkläre, wie sich die einzelnen Kategorien voneinander unterscheiden.
d) Sammelt in der Klasse weitere Kategorien.

6 a) Arbeite die im Text genannten Vor- und Nachteile sozialer Medien heraus und ordne sie in einer Tabelle.
b) Vergleicht eure Tabellen zu zweit.

7 Erkläre mit eigenen Worten, warum Menschen mit geringem Selbstwertgefühl besonders anfällig für eine Nutzung von sozialen Medien mit negativen Folgen sind.

8 a) Erstelle eine Liste aller sozialen Medien, die du selbst nutzt. Notiere dazu, wie viel Zeit du mit diesen täglich/wöchentlich verbringst.
b) Vergleicht euer Nutzungsverhalten in der Klasse. Wer nutzt welche sozialen Medien am meisten?
c) Diskutiert in der Klasse, wie viel Zeit man täglich mit sozialen Medien verbringen sollte, und einigt euch auf eine Zeitspanne.
d) Recherchiert im Internet Seiten, die eine Empfehlung zur täglichen Nutzung sozialer Medien aussprechen. Vergleicht die Empfehlung mit eurer Zeitspanne.

9 Lest noch einmal den zweiten Teil des Textes auf Seite 74. Sammelt Vorschläge für Strategien, die einem dabei helfen können, Probleme zu bewältigen.

10 Um Kinder und Jugendliche zu schützen, haben die meisten sozialen Netzwerke in ihren Allgemeinen Geschäftsbedingungen (kurz: AGBs) Altersbeschränkungen. Recherchiert für die in Aufgabe 8 a) angefertigte Liste die jeweilige Altersbeschränkung im Internet.

11 a) Betrachte das Bild unten links.
b) Besprecht in Kleingruppen, wofür die Symbole in den roten und blauen Kreisen stehen.
c) Diskutiert folgende Aussage unter Berücksichtigung des Bildes und eurer eigenen Erfahrungen.
Die Kommunikation in sozialen Medien unterscheidet sich stark von mündlicher Kommunikation.
d) Besprecht eure Ergebnisse in der Klasse.

Lernbox

Soziale Medien

1 Der Begriff **„soziale Medien"** oder **„Social Media"** umfasst Technologien und Möglichkeiten im Internet, durch die Nutzer/-innen sich **vernetzen** und miteinander **kommunizieren** können.

2 Vor allem werden die sozialen Medien genutzt, um ...
- sich **auszutauschen** (z. B. *Meinungen, Erlebnisse …*),
- Inhalte zu **erstellen** und zu **verbreiten** (z. B. *Bilder, Videos oder Textbeiträge*).

3 **Kategorien** sozialer Medien können z. B. *Foren, Sharing-Plattformen, soziale Netzwerke, Videoportale, Blogs* oder *Auskunftsportale* sein.

2.4 (5) den eigenen Medienkonsum mithilfe der Auswertung von themenbezogen recherchierten Texten aus unterschiedlichen Medien […] kritisch reflektieren · 2.4 (6) die […] sozialen Netzwerke kritisch und verantwortungsbewusst, unter Beachtung […] sozialer Grundlagen, beurteilen, und deren spezifische Sprache bewusst und adressatenbezogen nutzen

Rechtliche Hintergründe untersuchen

1 a) Vermutet zu zweit, ob die Jugendliche recht damit hat, dass sie ihren eigenen Namen unter das Bild schreiben darf.
b) Lies den Gesetzestext zum *Urheberrecht* in der rechten Spalte.
c) Sucht den Punkt heraus, der euch bei Aufgabe 1 a) weiterhelfen kann.
d) War eure Vermutung richtig? Besprecht die rechtliche Lage in der Gruppe.

2 Kläre die Bedeutung der folgenden Begriffe und erklärt sie euch anschließend zu zweit:
– *Sprachwerke*
– *bildende Künste*
– *Lichtbildwerke*

3 a) Überlegt euch zu zweit zu den genannten Unterpunkten 1–7 des Gesetzestextes jeweils ein Beispiel.
b) Besprecht und vergleicht eure Beispiele in der Klasse.

Urheberrecht
§ 1 Allgemeines
Die Urheber von Werken der Literatur, Wissenschaft und Kunst genießen für ihre Werke Schutz nach Maßgabe dieses Gesetzes.
§ 2 Geschützte Werke
(1) Zu den geschützten Werken der Literatur, Wissenschaft und Kunst gehören insbesondere:
1. Sprachwerke, wie Schriftwerke, Reden und Computerprogramme;
2. Werke der Musik;
3. pantomimische Werke einschließlich der Werke der Tanzkunst;
4. Werke der bildenden Künste einschließlich der Werke der Baukunst und der angewandten Kunst und Entwürfe solcher Werke;
5. Lichtbildwerke einschließlich der Werke, die ähnlich wie Lichtbildwerke geschaffen werden;
6. Filmwerke einschließlich der Werke, die ähnlich wie Filmwerke geschaffen werden;
7. Darstellungen wissenschaftlicher oder technischer Art, wie Zeichnungen, Pläne, Karten, Skizzen, Tabellen und plastische Darstellungen.

2.4 (6) die aktuellen digitalen Medien und sozialen Netzwerke kritisch und verantwortungsbewusst, unter Beachtung wesentlicher rechtlicher und sozialer Grundlagen, beurteilen, und deren spezifische Sprache bewusst und adressatenbezogen nutzen

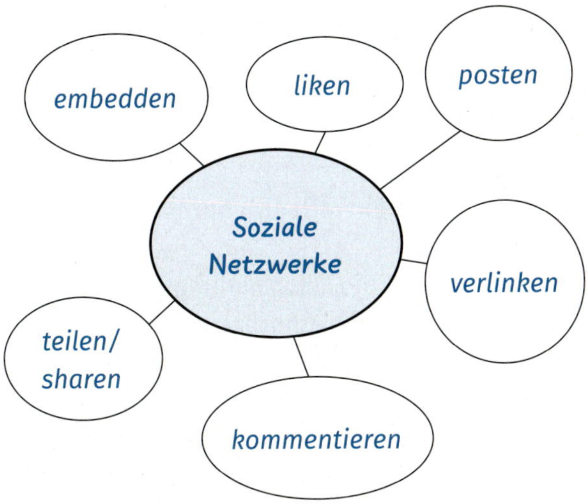

4 a) Schreibe die Sätze A–F ab. Ergänze die Lücken mit den passenden Begriffen aus dem Schaubild oben.

b) Besprecht eure Lösungen zunächst zu zweit.

c) Besprecht eure Lösungen gemeinsam in der Klasse.

A *Durch das* **XXX** *eines Beitrags kann man zeigen, dass man das Gepostete gut findet.*

B *Wenn man einen Post* **XXX**, *formuliert man z. B. mit eigenen Worten, was man davon hält.*

C **XXX** *bedeutet, dass eine Person einen eigenen Beitrag veröffentlicht.*

D *Indem man einen Beitrag* **XXX**, *kann man ihn weiterverbreiten.*

E **XXX** *bedeutet zum Beispiel, ein Video einzubetten, so dass die User/-innen die Seite nicht extra öffnen müssen.*

F *Durch das* **XXX** *kann man Inhalte einer anderen Seite in knapper Form in einem eigenen Post erwähnen.*

Tipp

zu 4 a)
Achte auf die richtige Groß- und Kleinschreibung der Begriffe.

5 Lies den folgenden Text.

Musik, Videos und Bilder hochladen

Technisch ist es meist ein Leichtes, die Lieblingsmusik aus seinem Musikarchiv, einen Film-Trailer oder die neuesten Skandalfotos von Promis zu posten und seinen Freunden und Bekannten im Netz zu zeigen.
Doch Vorsicht: Solche Inhalte sind fast immer urheberrechtlich geschützt.
Zwar ist es grundsätzlich erlaubt, die Musik oder das Video privat zu nutzen, zu sammeln oder auch im engen Familien- oder Freundeskreis zu tauschen. Das gilt jedenfalls, wenn man keinen Kopierschutz umgehen muss [...] und die Quelle nicht klar erkennbar illegal ist.
Keinesfalls erlaubt ist es jedoch, die Musik online zu stellen [...]. Bei der Nutzung in Sozialen Netzwerken wird der enge, private Kreis, in dem so etwas noch erlaubt wäre, auch hier schnell überschritten sein. Das gilt ohnehin, wenn die geposteten Werke öffentlich und jedem zugänglich sind.

6 a) Notiere stichpunktartig die wichtigsten Punkte, die im Text genannt werden.

b) Erkläre mit eigenen Worten, unter welchen Umständen du fremde Musik/Videos oder Bilder im Internet veröffentlichen bzw. nicht veröffentlichen darfst.

c) Besprecht eure Überlegungen gemeinsam in der Klasse.

7 Besprecht folgende Fragen gemeinsam in der Klasse:

- Welche der rechtlichen Hintergründe waren euch bereits bekannt oder noch unbekannt?

- Welche Bedeutung haben die rechtlichen Hintergründe für euer eigenes Verhalten in sozialen Medien?

2.4 (6) die aktuellen digitalen Medien und sozialen Netzwerke kritisch und verantwortungsbewusst, unter Beachtung wesentlicher rechtlicher und sozialer Grundlagen, beurteilen, und deren spezifische Sprache bewusst und adressatenbezogen nutzen

Internetposts kritisch prüfen

1 a) Betrachtet die Abbildungen oben und sprecht zu zweit darüber, ob es in Ordnung ist, wenn Eltern die Fotos ihrer Kinder im Internet veröffentlichen.

b) Tauscht euch in der Klasse über eure Meinungen aus.

2 Berichtet der Klasse, ob ihr schon mal auf Bilder von Kindern in sozialen Medien gestoßen seid (z. B. von Influencern/-innen).

3 a) Lies den folgenden Text.

Kinder haben ein Mitspracherecht

Prinzipiell liegt die Entscheidungsgewalt über die Verbreitung und Zurschaustellung von Fotos bei den abgebildeten Personen. Allerdings gestaltet sich das Recht am eigenen Bild für Kinder in diesen Punkt etwas schwierig, denn häufig fehlt gerade den Jüngeren die Weitsicht, um einschätzen zu können, welche Auswirkungen Bildnisse haben können.
Aus diesem Grund entscheiden bis zu einem Alter von sieben Jahren ausschließlich die Eltern bzw. Erziehungsberechtigten darüber, ob bei einer Aufnahme eine Veröffentlichung erfolgen darf. Dies schließt insbesondere die Verbreitung in sozialen Medien oder über Nachrichtendienste [...] mit ein.
Befinden sich die abgebildeten Personen im Alter zwischen acht und siebzehn Jahren, teilen sich beim Recht am eigenen Bild Kinder und Eltern die Entscheidungsgewalt. Es müssen somit beide Parteien mit der Veröffentlichung einverstanden sein.

b) Notiere, ob Kinder ein Mitspracherecht an der Veröffentlichung ihrer Fotos haben.

4 Besprecht zunächst zu zweit und anschließend in der Kleingruppe, welche Folgen es haben kann, wenn Fotos von Kindern im Internet veröffentlicht werden.

5 a) Welche Alternativen gibt es, wenn Eltern unbedingt Fotos ihrer Kinder ins Netz stellen wollen? Recherchiere dazu im Internet.

b) Sammelt und vergleicht eure Vorschläge.

2.4 (6) die aktuellen digitalen Medien und sozialen Netzwerke kritisch und verantwortungsbewusst, unter Beachtung wesentlicher rechtlicher und sozialer Grundlagen, beurteilen, und deren spezifische Sprache bewusst und adressatenbezogen nutzen

6 a) Lies den Text „Straftaten im Internet“.

Straftaten im Internet

Mögliche Straftaten, die [...] – wie im realen Leben auch – begangen werden können, sind Beleidigung nach § 185 StGB, üble Nachrede nach §186 StGB und Verleumdung nach §187 StGB. Es ist also genauso falsch, andere Personen in der digitalen Welt zu beleidigen oder in irgendeiner Weise „fertigzumachen“, wie im richtigen Leben auch.

b) Recherchiere die Bedeutung der Begriffe, die du nicht verstehst.
c) Besprecht zu zweit, worum es geht.

7 a) Lies den Auszug aus dem Strafgesetzbuch (StGB) in der rechten Spalte.
b) Besprecht in der Klasse, was die Begriffe *Beleidigung, üble Nachrede* und *Verleumdung* nach dem Gesetz bedeuten.
c) Formuliert zu zweit mögliche Internetposts, von denen einige oder alle jeweils einen der Straftatbestände erfüllen.
d) Tauscht eure Posts in der Klasse aus und ordnet sie dem jeweiligen Straftatbestand zu. Begründet eure Zuordnung.

8 Tauscht euch in der Klasse darüber aus, ob euch bewusst war, dass es sich bei den genannten Punkten um Straftaten handelt.

9 Entscheidet euch in der Klasse für eine der folgenden Aufgaben:
a Besprecht, wie man auf Beleidigungen, üble Nachrede und Verleumdung im Internet reagieren kann.
b Nehmt Stellung dazu, ob ihr das jeweilige Strafmaß für Beleidigungen, üble Nachrede und Verleumdung im Internet für gerechtfertigt haltet (→ S. 184).

Strafgesetzbuch (StGB)

§ 185 Beleidigung
Die Beleidigung wird mit Freiheitsstrafe bis zu einem Jahr oder mit Geldstrafe und, wenn die Beleidigung öffentlich, in einer Versammlung, durch Verbreiten eines Inhalts (§ 11 Absatz 3) oder mittels einer Tätlichkeit begangen wird, mit Freiheitsstrafe bis zu zwei Jahren oder mit Geldstrafe bestraft.

§ 186 Üble Nachrede
Wer in Beziehung auf einen anderen eine Tatsache behauptet oder verbreitet, welche denselben verächtlich zu machen oder in der öffentlichen Meinung herabzuwürdigen geeignet ist, wird, wenn nicht diese Tatsache erweislich wahr ist, mit Freiheitsstrafe bis zu einem Jahr oder mit Geldstrafe und, wenn die Tat öffentlich, in einer Versammlung oder durch Verbreiten eines Inhalts (§ 11 Absatz 3) begangen ist, mit Freiheitsstrafe bis zu zwei Jahren oder mit Geldstrafe bestraft.

§ 187 Verleumdung
Wer wider besseres Wissen in Beziehung auf einen anderen eine unwahre Tatsache behauptet oder verbreitet, welche denselben verächtlich zu machen oder in der öffentlichen Meinung herabzuwürdigen oder dessen Kredit zu gefährden geeignet ist, wird mit Freiheitsstrafe bis zu zwei Jahren oder mit Geldstrafe und, wenn die Tat öffentlich, in einer Versammlung oder durch Verbreiten eines Inhalts (§ 11 Absatz 3) begangen ist, mit Freiheitsstrafe bis zu fünf Jahren oder mit Geldstrafe bestraft.

Fake News erkennen

1 a) Sprecht zu zweit darüber, was Fake News sind. Hinweise dazu findet ihr in der *Lernbox* auf der nächsten Seite.
b) Überlegt, wie ihr Fake News als solche enttarnen könnt.
c) Vergleicht eure Überlegungen mit dem Kasten unten.

2 a) Betrachte das Bild und lies den Text in den Sprechblasen.
b) Besprecht zu zweit, worum es in dem Dialog geht und für wie glaubwürdig ihr die Nachricht haltet.

3 a) Überprüfe die Informationen aus dem Bild auf ihren Wahrheitsgehalt, indem du nach Schlagworten dazu recherchiert.
b) Besprecht eure Ergebnisse zu zweit.
c) Besprecht eure Ergebnisse in der Klasse.

4 a) Überlege, welchen Zweck der/die Urheber/-in mit der Verbreitung der Nachricht aus dem Dialog verfolgt haben könnte.
b) Überlege allgemein, welchen Zweck die Urheber/-innen von Fake News mit deren Verbreitung verfolgen könnten.
c) Besprecht eure Überlegungen in der Klasse.

Fake News enttarnen

1. Quelle: Überprüfen, wer hinter einem Inhalt steckt!	**2. Fakten:** Stimmt das, was behauptet wird? Nicht alles ist wahr!	**3. Bilder:** Überprüfen, ob das verwendete Bild wirklich zum Text gehört oder bearbeitet ist.	**4. Aktualität:** Aus welcher Zeit stammen die Informationen?
Ein Blick auf die Autorin / den Autor oder ins Impressum einer Website sollte zeigen, wer hinter dem Inhalt steht […].	Wird das Thema auf anderen Seiten ähnlich aufgearbeitet oder erscheint es sogar exakt im gleichen Wortlaut? Kopierte Inhalte deuten auf unseriöses Copy-&-Paste-Verhalten hin. […]	Bei Falschmeldungen werden oft Bilder aus anderen Kontexten verwendet. Eine Rückwärts-Bildersuche kann helfen, dem Original auf die Spur zu kommen.	In Suchmaschinen hilft ein voreingestellter Filter, der den Zeitraum der Ergebnisse einschränkt, die neuesten Informationen zu einem Thema zu finden.

2.4 (6) die aktuellen digitalen Medien und sozialen Netzwerke kritisch und verantwortungsbewusst, unter Beachtung wesentlicher rechtlicher und sozialer Grundlagen, beurteilen […] · 4.1 (4) Kenntnisse über Sprache in den Medien zur Bewertung und zum bewussten Gebrauch verschiedener Medienangebote nutzen

A Hundesteuer wird in Großstädten ab nächster Woche vervierfacht!

B Koalas leben in Afrika. Sie sind sehr zutrauliche Tiere, die am liebsten in Rudeln umherziehen. Jedes Koalaweibchen legt einmal jährlich bis zu acht Eier. Die kleinen grauen Tiere stehen unter Artenschutz.

C Ein Okapi beim Klettern.

D Arbeitslose bekommen 1000 Euro Weihnachtsgeld!

5 a) Lest die Informationen A–D in den Kästen.
b) Diskutiert, ob die Informationen wahr sind. Recherchiert dazu, wenn nötig, im Internet.

6 Bei den Informationen A–D handelt es sich um Fake News.
a) Begründe, woran man erkennen kann, dass es sich um Fake News handelt.
b) Überlege, warum jemand diese Informationen veröffentlichen sollte.
c) Besprecht, warum jemand diesen Informationen Glauben schenken könnte.

7 Schreibt einen Dialog, in dem ihr mit einer Freundin oder einem Freund darüber sprecht, wie man erkennen kann, ob es sich um Fake News handelt.

8 Hast du selbst bereits Erfahrungen mit Fake News gemacht? Berichte davon!

Lernbox

Fake News

1 Fake News sind **falsche Informationen**, die vor allem in sozialen Netzwerken als Nachrichten verbreitet werden.

2 Fake News sind manchmal komplett **erfundene** Nachrichten, oft aber auch Meldungen, die **aus dem Kontext gerissen** oder **manipuliert** wurden.

3 Wer Fake News verbreitet, verfolgt damit meist einen **Zweck**, zum Beispiel:
- Klickzahlen erhöhen (um mehr Geld mit Werbung auf der Seite zu verdienen),
- Aufmerksamkeit für ein Thema erzeugen,
- Stimmung machen gegen jemanden/etwas.

4 Begegnest du besonders auffälligen Nachrichten, dann solltest du **prüfen**:
- Wer ist der/die **Urheber/-in**? Verfolgt er/sie womöglich einen bestimmten Zweck?
- Findest du die Information **auch an anderer Stelle**, auf seriösen und vertrauenswürdigen Seiten?

2.4 (6) die aktuellen digitalen Medien und sozialen Netzwerke kritisch und verantwortungsbewusst, unter Beachtung wesentlicher rechtlicher und sozialer Grundlagen, beurteilen [...] · 4.1 (4) Kenntnisse über Sprache in den Medien zur Bewertung und zum bewussten Gebrauch verschiedener Medienangebote nutzen

Challenge: Ein Tag ohne Handy – geht das?

Einige Zeit ohne Handy – ist das überhaupt möglich? Denn das bedeutet keine Nachrichten, kein Handywecker, keine Musik usw. Und warum sollte man so etwas überhaupt machen?
Die einfache Antwort darauf lautet: Weil es wirklich eine interessante Erfahrung sein wird, aus der man so manches mitnehmen kann. Dass man heutzutage nicht mehr völlig und dauerhaft auf das Handy verzichten kann, ist logisch. Aber alle sollte sich hin und wieder klarmachen, wie abhängig wir uns teilweise von dem kleinen Gerät im Alltag machen. Lasst uns also eine Challenge starten: Wer schafft es auch mal ohne Handy?

Vorbereitung

Schritt 1: Wann und wie lange?
Wie lange soll die Challenge dauern? (Etwa 24 Stunden sollten es aber schon mindestens sein.) Wann wollt ihr starten?

Schritt 2: Wer ist dabei?
Sind alle aus der Klasse dabei?
Gibt es noch eine Parallelklasse, die bei der Challenge mitmacht? Beteiligt sich eure Lehrkraft auch?

Schritt 3: Andere informieren und Daten sichern!
Das Handy hat unterschiedliche Funktionen und enthält wichtige Daten. Schreibt alles auf, was ihr in der handyfreien Zeit trotzdem wissen müsst.

Zum Beispiel:
- *Termine, die in eurem Kalender abgespeichert sind*
- *wichtige Telefonnummern (z. B. Eltern)*
- *Telefonnummern von Personen, die ihr wegen eines Treffens/Termins anrufen müsst*
- *Notizen, die ihr euch gemacht habt*
- *…*

Durchführung

Schritt 4: Handy ausschalten und abgeben!
Achtet darauf, dass das Handy wirklich aus ist.
Tipp: Klebt einen Aufkleber mit eurem Namen auf das Handy. So kann es bei der Rückgabe nicht zu Verwechslungen kommen.

Schritt 5: Notizzettel/-block und Stift einstecken!
Notiert in der Zeit, in der ihr das Handy nicht habt, auf einem Notizzettel/-block, welche Erfahrungen ihr macht. Beantwortet dabei z. B. die folgenden Fragen:
- *Wie oft greifst du versehentlich nach dem Handy?*
- *Wann und wie oft hast du das Gefühl, das Handy jetzt dringend zu brauchen?*
- *Welche Funktionen des Handys fehlen dir?*
- *…*

2.4 (4) den Informations- und Unterhaltungsgehalt unterschiedlicher Medien unterscheiden und den ästhetischen Genuss sowie den Freizeitwert von Medieninhalten reflektieren · 2.4 (5) den eigenen Medienkonsum mithilfe der Auswertung von themenbezogen recherchierten Texten aus unterschiedlichen Medien […] kritisch reflektieren

Abschluss

Schritt 6: Erfahrungen teilen
Berichtet der Klasse davon, wie es für euch war, ohne Handy auszukommen.
Berichtet von euren Erlebnissen, Gefühlen und Gedanken.
Besprecht, ob ihr auch noch länger hättet durchhalten können.

Schritt 7: Handycheck
Nun bekommen alle ihr Handy zurück.
Prüft folgende Fragen:
- *Wie viele Nachrichten hast du bekommen, wie viele Anrufe verpasst?*
- *Sind Nachrichten oder Anrufe dabei, die so wichtig sind, dass du sie unbedingt eher hättest bekommen müssen?*

Berichtet davon.

Schritt 8: Reflexion
Nehmt nun eure Notizen der handyfreien Zeit zur Hand. Füllt die Tabelle (→ COPY 7) aus.
Sprecht erst zu zweit darüber, wie es euch in den einzelnen Schritten bzw. Phasen ging, und vergleicht dann in der Klasse.

Schritt 9: Beantwortung der Frage
Jetzt könnt ihr die Frage beantworten: „Ein Tag ohne Handy – geht das?" Sprecht in der Klasse darüber, ob ihr diese Erfahrung auch anderen empfehlen würdet.

Stimmung	☺☺	☺	😐	☹	☹☹	**Kommentar**
Dauer der Challenge	XXX	XXX	XXX	XXX	XXX	XXXXXXXXXXXXXXXXXXXXXXXXXX
Beteiligung	XXX	XXX	XXX	XXX	XXX	XXXXXXXXXXXXXXXXXXXXXXXXXX
Sichern der Informationen	XXX	XXX	XXX	XXX	XXX	XXXXXXXXXXXXXXXXXXXXXXXXXX
Vorbereitung insgesamt	XXX	XXX	XXX	XXX	XXX	XXXXXXXXXXXXXXXXXXXXXXXXXX
Abgabe des Handys	XXX	XXX	XXX	XXX	XXX	XXXXXXXXXXXXXXXXXXXXXXXXXX
Durchführung insgesamt	XXX	XXX	XXX	XXX	XXX	XXXXXXXXXXXXXXXXXXXXXXXXXX
Erfahrungsaustausch	XXX	XXX	XXX	XXX	XXX	XXXXXXXXXXXXXXXXXXXXXXXXXX
Handycheck	XXX	XXX	XXX	XXX	XXX	XXXXXXXXXXXXXXXXXXXXXXXXXX
Abschluss insgesamt	XXX	XXX	XXX	XXX	XXX	XXXXXXXXXXXXXXXXXXXXXXXXXX

2.4 (4) den Informations- und Unterhaltungsgehalt unterschiedlicher Medien unterscheiden und den ästhetischen Genuss sowie den Freizeitwert von Medieninhalten reflektieren · 2.4 (5) den eigenen Medienkonsum mithilfe der Auswertung von themenbezogen recherchierten Texten aus unterschiedlichen Medien [...] kritisch reflektieren

Informationen aus Texten entnehmen

1 Betrachte die Abbildung oben. Tauscht euch in der Klasse darüber aus, ob ihr ähnliche Situationen kennt.

2 a) Gehe in Gedanken deinen Kleiderschrank durch. Sprecht zu zweit darüber, ob es darin Anziehsachen gibt, die ihr noch nie getragen habt.

b) Übertrage die folgende Tabelle. Notiere darin, wie viele Teile du von dem jeweiligen Kleidungsstück besitzt. Ergänze die Anzahl der Kleidungsstücke, die du regelmäßig anziehst.

Kleidungsstück	So viele besitze ich:	So viele ziehe ich regelmäßig an:
T-Shirts	*XXXX*	*XXXX*
Pullover	*XXXX*	*XXXX*
Hosen	*XXXX*	*XXXX*
Jogginghosen	*XXXX*	*XXXX*
Hoodies	*XXXX*	*XXXX*

c) Vergleicht und besprecht zu zweit eure Tabellen. Was fällt euch auf?

3 Vergleicht zu zweit eure Tabellen und besprecht folgende Fragen:
- *Besitzt du deiner Meinung nach viele oder wenige Kleidungsstücke?*
- *In welchem Verhältnis steht die Anzahl der Kleidungsstücke, die du besitzt, zu denen, die du regelmäßig anziehst?*

4 a) Lies den Text „Wo kommt unsere Kleidung her?“ auf der nächsten Seite.

b) Besprecht zu zweit, worum es darin geht.

5 Wähle eine der beiden Aufgaben aus (→ COPY 8):

a Fasse den Text „Wo kommt unsere Kleidung her?“ mithilfe der 5-Schritt-Lesemethode zusammen. Hinweise hierzu findest du auf Seite 272.

b Fasse den Text „Wo kommt unsere Kleidung her?“ selbstständig in eigenen Worten zusammen.

6 Besprecht eure Zusammenfassung des Textes gemeinsam in der Klasse.

7 a) Bildet Kleingruppen. Überlegt euch gemeinsam einen Plan, wie man „Fehlkäufe“ vermeiden kann.

b) Stellt euer Konzept der Klasse vor.

8 a) Schreibe einen Aufruf (→ S. 261) für die Homepage deiner Schule. Gehe dabei auf Folgendes ein:
- *die Gründe für die billigen Preise von Kleidung*
- *warum man diese Käufe vermeiden sollte*
- *wie man selbst an sich arbeiten kann, um diese zu vermeiden*

b) Präsentiert euren Aufruf der Klasse.

2.1 (1) erworbene Lese- und Texterschließungstechniken eigenständig in komplexen kontinuierlichen und diskontinuierlichen Texten anwenden und dabei z. B. Textmuster erfassen

Wo kommt unsere Kleidung her?

Klamottenläden gibt es bei uns wie Sand am Meer. Aber wie kann es eigentlich sein, dass die Sachen so günstig sind?

Kaufen ohne Nachdenken

Die Deutschen sind, was den Verbrauch von Klamotten angeht, weltweit ganz vorne mit dabei. In beliebten Läden landen Woche für Woche neue Kollektionen zu unschlagbaren Preisen. Dort gibt es eine Riesenauswahl – so günstig, dass die meisten Leute sie einfach kaufen, ohne darüber nachzudenken, ob sie die neue Klamotte wirklich brauchen. Und so landet ständig ein neues Teil im Schrank. Die meisten Menschen besitzen mehr Anziehsachen, als sie brauchen. Und weil bei dem vielen Kaufen der Kleiderschrank schnell mal aus allen Nähten platzt, wird regelmäßig aussortiert und weggeschmissen, was nicht mehr gefällt. Diese Kurzlebigkeit in unseren Schränken hat schlimme Folgen.

Schnelle Mode hat ihren Preis

Fast Fashion (englisch: schnelle Mode) nennt sich das Prinzip, bei dem Textilkonzerne andauernd neue Kollektionen in die Läden bringen, um die Käuferinnen und Käufer möglichst oft in die Geschäfte zu locken. Wirft man allerdings mal einen Blick auf das Zettelchen im Inneren der Klamotte, stehen da nicht selten Sätze wie „Made in Bangladesch", „Made in Kambodscha" oder „Made in India". Dort jedoch nähen Arbeiterinnen und Arbeiter Kleidung für viele westliche Textilkonzerne unter katastrophalen Bedingungen: zehn bis zwölf Stunden täglich sitzen sie an den Nähmaschinen und kriegen dafür sehr wenig Geld. Das durchschnittliche Monatsgehalt einer Näherin in Bangladesch liegt bei etwa 60 Euro. Das macht einen Stundenlohn von 20 Cent. In anderen Ländern sieht es etwas besser, aber dennoch ähnlich aus.

Schlechte Bedingungen in den Fabriken

Damit die Kleidung pünktlich fertig für den Versand ist, müssen viele Näherinnen und Näher bis Mitternacht in den Textilfabriken arbeiten. Die Gebäude sind jedoch nicht sicher: Sie sind brüchig oder haben nicht genügend Notausgänge. Im Jahr 2013 gab es in Bangladesch ein großes Fabrikunglück. Wegen ihres schlechten Zustands stürzte eine Fabrik ein und mehr als 1100 Menschen kamen ums Leben. Nach diesem Ereignis haben sich die Bedingungen in vielen Fabriken zwar verbessert, sind aber immer noch oft mangelhaft. Dazu kommt, dass viele Arbeiterinnen und Arbeiter kaum eine Möglichkeit haben, sich gegen diese Bedingungen zu wehren. Erst vor zwei Jahren wurden nach Demonstrationen in Bangladesch rund 2000 Arbeiterinnen und Arbeiter entlassen. Einige bekommen nun nirgends mehr einen Job. Dass die Arbeitsbedingungen so schlecht sind, ist für viele Näherinnen und Näher sehr schlimm. Oft brauchen sie Geld und haben keine andere Wahl, als sich diesen Gefahren auszusetzen.

Kinderarbeit in der Textilindustrie

In vielen Ländern müssen auch Kinder in den Textilfabriken arbeiten. Sie arbeiten dort, statt zur Schule zu gehen. Haben sie den Vertrag erst mal unterschrieben, sind sie gezwungen, dort mindestens drei Jahre zu arbeiten. Die Arbeitsbedingungen sind sehr schlecht. Sie haben kaum Pausen und es gibt sehr wenig zu essen.

Schlecht für die Umwelt

Viele Kleidungsstücke werden aus Stoffen wie Baumwolle hergestellt. Der Anbau von Baumwolle und anderen Naturfasern ist allerdings oft sehr umweltschädlich. Beim Anbau werden große Mengen Pestizide eingesetzt, die Seen und Flüsse verschmutzen. Außerdem wird extrem viel Wasser benötigt.

(verändert)

2.1 (1) erworbene Lese- und Texterschließungstechniken eigenständig in komplexen kontinuierlichen und diskontinuierlichen Texten anwenden und dabei z. B. Textmuster erfassen

Mit Schaubildern arbeiten

1 a) Betrachte das Schaubild oben und mache dir Notizen zu den folgenden Fragen:
- *Wie ist die optische Darstellung des Schaubilds (Farbe, Bilder, Symbole)?*
- *Woher stammen die Daten?*
- *Auf welche Art und Weise werden die Daten dargestellt?*
- *Warum wurde diese Form ausgewählt, um die Daten darzustellen?*
- *Was sind die zentralen Aussagen des Schaubilds?*

b) Vergleicht zu zweit eure Ergebnisse.

2 a) Werte das Schaubild aus (→ S. 274–275) und schreibe die Auswertung ausführlich auf.
b) Vergleicht zu zweit eure Auswertungen und besprecht, was ihr durch dieses Schaubild herausgefunden habt.

Tipp

zu 2 a)
Mögliche Satzanfänge:
- *In dem Schaubild „…" geht es um …*
- *Die Daten stammen aus …*
- *Die Werte sind in Form von … dargestellt.*

3 a) Lies den Text auf der nächsten Seite.
b) Besprecht, worum es in dem Text geht.

4 a) Notiere in ein bis zwei Sätzen, was das Schaubild links mit dem Text zu tun hat.
b) Vergleicht zu zweit eure Überlegungen.

5 a) Markiere im Text (→ COPY 9) alle wichtigen Informationen, die du in einem Schaubild darstellen kannst, oder schreibe sie heraus.
b) Besprecht zu zweit, welche Art von Schaubild für eure Informationen passend wäre. Hinweise dazu findet ihr in der *Lernbox* oder auf Seite 274.

6 a) Erstelle ein Schaubild zu einer deiner markierten Informationen aus Aufgabe 5.
b) Formuliere eine passende Überschrift zu deinem Schaubild.

7 a) Tauscht eure Schaubilder zu zweit aus und gebt euch gegenseitig Feedback zur Gestaltung der Schaubilder. Geht dabei auf folgende Fragen ein:
- *Ist das Schaubild klar, gut verständlich und informativ?*
- *Hilft dir das Schaubild dabei, den Text besser zu verstehen?*
- *Was kann man noch verbessern?*

b) Überarbeitet eure Schaubilder mithilfe des Feedbacks.

8 Berichte der Klasse, wie du die Arbeit an deinem Schaubild erlebt hast: Was ist dir dabei schwer- oder leichtgefallen?

9 Recherchiere, was das Plastiktütenverbot seit dem 01.01.2022 umfasst und wie es sich auf die Plastikmüllmenge auswirkt.

2.1 (1) erworbene Lese- und Texterschließungstechniken eigenständig in komplexen kontinuierlichen und diskontinuierlichen Texten anwenden und dabei z. B. Textmuster erfassen · 3.2 (3) wesentliche Formen der Informationsverdichtung und -darstellung nutzen, auch für medial gestützte Präsentationen und zur Prüfungsvorbereitung (z. B. Abstract, Inhaltszusammenfassung)

Deutsche produzieren 38 Kilogramm Plastikmüll pro Kopf

Berlin – Die Deutschen gehören zu den größten Plastikmüll-Verursachern in Europa. Wie aus dem am Donnerstag von der Heinrich-Böll-Stiftung und dem Bund für Umwelt und Naturschutz (BUND) veröffentlichten „Plastikatlas 2019“ hervorgeht, verursachte jeder Bundesbürger im Jahr 2016 durchschnittlich rund 38 Kilogramm Plastikmüll. Das war deutlich mehr, als der durchschnittliche EU-Bürger mit 24 Kilogramm zu verantworten hatte. Innerhalb der EU lag nur in Luxemburg mit 50,5 Kilogramm pro Kopf, Irland (46,2) und Estland (42,2) der Kunststoff-Verbrauch noch höher.

Aufruf zur Plastikwende

Gegen die weltweite Plastikmüllflut fordern die [...] Heinrich-Böll-Stiftung sowie der BUND ein entschiedenes Umsteuern auf mehreren Ebenen. Neben Gesetzen zum Endverbrauch müssten die Hersteller und die petrochemische Industrie stärker in die Pflicht genommen werden, sagte Barbara Unmüßig, Vorstand der Böll-Stiftung. Der BUND-Vorsitzende Hubert Weiger rief zu einer Plastikwende auf. Dazu gehöre ein Verbot von Schadstoffen in Kunststoffen, ein Verbot von Mikroplastik sowie eine massive Reduzierung von Plastikmüll. Beide wiesen zudem auf eine aktuelle Forsa-Umfrage im Rahmen des „Plastikatlas“ hin. Demnach sprechen sich 83 Prozent der Bundesbürger dafür aus, Abgaben auf Plastikprodukte zu erheben, die von den Herstellern getragen werden. 86 Prozent der Befragten befürworten zudem eine stärkere Beteiligung von Unternehmen an den Kosten für Reinigungsmaßnahmen in Folge der Umweltverschmutzung durch Plastik. 92 Prozent seien für ein Verbot von Plastikmüllexporten in Länder mit unzureichenden Umwelt- und Sozialstandards.

Weniger als zehn Prozent werden recycelt

Laut der Untersuchung von Böll-Stiftung und BUND wurden zwischen den Jahren 1950 und 2015 weltweit 8,3 Milliarden Tonnen Plastik produziert. Das entspricht mehr als einer Tonne pro Mensch, der heute auf der Erde lebt. Den größten Teil würden dabei Kunststoffe für Einwegprodukte und Verpackungen ausmachen. Nicht einmal zehn Prozent des jemals produzieren Kunststoffes seien recycelt worden. Deutschland sei dabei einer der größten Standorte für Kunststoffproduzenten und Kunststoffverarbeiter in Europa, heißt es im „Plastikatlas“ weiter. Verglichen mit seiner Größe trage Deutschland damit eine beträchtliche Verantwortung für die weltweite Plastikverschmutzung.

Lernbox

Ein Schaubild erstellen

1 Schaubilder stellen Informationen grafisch dar. Sie machen Zusammenhänge anschaulich. Oft beziehen sie sich auf statistische **Daten**, **Zahlen** oder **Prozentangaben** aus einem Text.

2 Es gibt verschiedene Möglichkeiten, Daten in einem Schaubild darzustellen (z. B. **Säulen-**, **Balken-**, **Kurven-** und **Tortendiagramm**).

3 Um eine **Entwicklung** abzubilden oder Daten im **Vergleich** zu zeigen, eignen sich besonders **Kurven-** oder **Säulendiagramme**.

2.1 (1) erworbene Lese- und Texterschließungstechniken eigenständig in komplexen kontinuierlichen und diskontinuierlichen Texten anwenden und dabei z. B. Textmuster erfassen · 3.2 (3) wesentliche Formen der Informationsverdichtung und -darstellung nutzen, auch für medial gestützte Präsentationen und zur Prüfungsvorbereitung (z. B. Abstract, Inhaltszusammenfassung)

Ein Thema in verschiedenen Textsorten untersuchen

1 Betrachtet die Abbildung oben und sprecht zu zweit darüber, was darauf zu sehen ist.

2 a) Notiere in Stichpunkten, was du bereits über Flüchtlingslager und die dortigen Zustände weißt.
b) Vergleicht zu zweit eure Notizen.

3 a) Recherchiere Informationen über das Flüchtlingslager „Moria" im Internet.
b) Tauscht euch in einer Kleingruppe über eure Ergebnisse aus.

4 a) Lies den folgenden Text.
b) Fasse in einem Einleitungssatz zusammen, worum es in dem Text geht (→ S. 167).

Griechenland
Feuer verwüstet Flüchtlingslager Moria

Mehrere Brände haben in der Nacht weite Teile des griechischen Flüchtlingslagers Moria zerstört. Wie es mit den Bewohnern weitergeht, ist unklar. Das Camp stand wegen mehrerer Corona-Fälle unter Quarantäne.

Es war nicht das erste Mal, dass es im Flüchtlingslager Moria auf der griechischen Insel Lesbos gebrannt hat – doch so heftig war es noch nie. In der Nacht stand das Camp fast vollständig in Flammen, es wurde massiv verwüstet. Helfer schätzten, dass rund ein Drittel des Lagers abgebrannt sei. Betroffen sei unter anderem das Zentrallager, schrieb der Geschäftsführer der Organisation Wadi, Thomas Osten Sacken [...].

Als auch Wohncontainer Feuer fingen, ordneten die Behörden die Evakuierung des Lagers an. Viele der Migranten hätten bereits von selbst versucht, sich in die umliegenden Hügel in Sicherheit zu bringen, so die Einsatzkräfte. Über mögliche Verletzte oder gar Tote gibt es bislang keine Informationen.

Ministerpräsident Kyriakos Mitsotakis berief eine Krisensitzung ein, sagte Regierungssprecher Stelios Petsas. [...] Am frühen Morgen hatten sich Bereitschaftspolizisten rund um das Lager und entlang einer fünf Kilometer langen Route zu Mytilini postiert. Die Stadt ist das wirtschaftliche und kulturelle Zentrum von Lesbos. Mit dem Vorgehen wollten die Einsatzkräfte offenbar verhindern, dass Migranten den Hafen von Mytilini erreichen. „Es ist eine sehr schwierige Situation, weil einige von jenen, die da draußen sind, positiv auf das Coronavirus getestet worden sind", so der Bürgermeister der Stadt im privaten Radiosender Skai. Im griechischen öffentlich-rechtlichen Fernsehsender ERT sagte Kytelis, man wisse nicht, wo die Menschen nun untergebracht werden sollten, Tausende seien obdachlos. Auch für die Einheimischen sei die Situation eine enorme Belastung. [...]

Laut ARD-Korrespondent Thomas Bormann berichten lokale Medien, dass es am Abend heftige Ausschreitungen im Lager gege-

2.3 (2) selbständig, sicher und kritisch den Informationsgehalt komplexer kontinuierlicher [...] Texte auch unter Einbeziehung ihrer Funktion [...] werten und begründete Schlussfolgerungen daraus ziehen · 2.3 (3) zwischen Information und Wertung unterscheiden, Zusammenhänge zwischen Textmerkmalen [...] herstellen, [...], um die Intention eines Textes zu erkennen

ben habe, aus Protest gegen die Lockdown-Maßnahmen. Moria steht seit vergangener Woche unter Quarantäne, weil inzwischen mindestens 35 Migranten positiv auf das Coronavirus getestet wurden.

Manche Migranten hätten das Lager verlassen wollen, um sich nicht mit dem Virus anzustecken, meldete die halbstaatliche griechische Nachrichtenagentur ANA-MPA. Einige Infizierte und ihre Kontaktpersonen, die isoliert werden sollten, hätten sich hingegen geweigert, das Lager zu verlassen und in Isolation gebracht zu werden.

Das Flüchtlingslager Moria ist seit Jahren überfüllt. Derzeit leben dort nach Angaben des griechischen Migrationsministeriums rund 12 600 Flüchtlinge und Migranten – bei einer Kapazität von gerade mal 2 800 Plätzen. Immer wieder gab es Proteste gegen die Zustände im Camp. Die Verantwortung für die jüngste Eskalation sieht die Hilfsorganisation medico international bei der EU. „Man kann Menschen nicht jahrelang im Dreck leben lassen, ihnen Rechte vorenthalten, sie schließlich ungeschützt einer Pandemie aussetzen und dann überrascht sein, wenn sie gegen ihre Lebensbedingungen aufbegehren“, so die Referentin für Flucht und Migration, Ramona Lenz. „Nach diesem verheerenden Brand darf Europa nicht länger die Augen verschließen und muss Moria und die anderen Lager auf den griechischen Inseln endlich evakuieren.“

5 Wähle aus einer der beiden Möglichkeiten.

a Fasse den Text mit der 5-Schritt-Lesemethode (→ S. 272) zusammen (→ COPY 10).

b Schreibe einen Zeitungsartikel über die Situation in Moria aus Sicht eines Reporters / einer Reporterin, der/die vor Ort ist. Hinweise findest du in der *Lernbox*.

6 Tauscht eure Texte zu zweit aus.

a) Gebt euch gegenseitig Rückmeldung, ob die Inhalte des Textes richtig wiedergegeben wurden und was noch verbessert werden kann.

b) Verbessert eure Texte entsprechend der Rückmeldung.

7 Vergleiche die Informationen des Textes mit deinen Notizen aus Aufgabe 3. Ergänze, wenn nötig.

8 Bei dem Text handelt es sich um einen Zeitungsartikel.

a) Notiere in Stichpunkten, was der Text deiner Meinung nach beabsichtigt. Berücksichtige dabei auch die *Lernbox*.

b) Begründe deine Meinung und gib Beispiele aus dem Text wieder.

c) Besprecht eure Ergebnisse in der Klasse.

Lernbox

Nachrichten in der Zeitung

1 Nachrichten sind die wichtigsten Beiträge in Zeitungen. Sie **informieren** über Neuigkeiten. Das Wichtigste steht gleich am Anfang des Textes. Schon die Überschrift weist darauf hin.

2 Eine Nachricht enthält Antworten auf alle wichtigen **W-Fragen**: *Wer? Wo? Wie? Was? Wann? Warum? Woher kommt die Information? Wer ist für den Artikel und das Bild verantwortlich?*

3 Nachrichten in der Zeitung haben verschiedene **Bestandteile**:

A Kern der Nachricht: Worum geht es?

B Quelle: Von wem stammt die Information?

C Einzelheiten: Was sind die wichtigsten Fakten zum Thema?

4 **Weiterführende Informationen** und Hintergründe: Was ist darüber hinaus wissenswert?

2.3 (2) selbständig, sicher und kritisch den Informationsgehalt komplexer kontinuierlicher [...] Texte auch unter Einbeziehung ihrer Funktion [...] werten und begründete Schlussfolgerungen daraus ziehen · 2.3 (3) zwischen Information und Wertung unterscheiden, Zusammenhänge zwischen Textmerkmalen [...] herstellen, [...], um die Intention eines Textes zu erkennen

Flüchtlingselend in Europa

Betroffenheit reicht nicht

Ein Kommentar von Maximilian Popp

Vier Monate nach dem Brand im Lager Moria hausen Geflüchtete auf Lesbos weiter unter katastrophalen Bedingungen. Die EU wird das Elend an ihren Rändern nicht auf Dauer ignorieren können, ohne selbst Schaden zu nehmen.

Nie wieder Moria. So lautete das Versprechen der EU nach dem Großbrand im Flüchtlingslager Moria auf der griechischen Insel Lesbos im September. Tausende Menschen wurden damals über Nacht obdachlos.

Die Betroffenheit war groß, quer durch alle politischen Lager. [...] „Die Bilder aus Moria lassen niemanden kalt", sagte Österreichs Kanzler [...]. Für einen Moment sah es so aus, als würde sich durch die Katastrophe von Moria etwas ändern, als würde die europäische Migrationspolitik liberaler werden, menschlicher.

Vier Monate später muss man feststellen: Nichts hat sich verbessert im Umgang Europas mit Geflüchteten, nicht auf Lesbos, und nirgends sonst. Die griechischen Behörden haben auf Lesbos ein neues Zeltlager hochgezogen, Kara Tepe. Es liegt auf einem ehemaligen Truppenübungsplatz. Was Asylsuchende und Helfer*innen von dort berichten, klingt dystopisch: Es gibt bis heute kein warmes Wasser. Die meisten Bewohnerinnen und Bewohner konnten sich seit Monaten nicht duschen. Krankheiten breiten sich aus. [...]

Doch anders als im Herbst interessiert sich in Europa heute kaum mehr jemand für das Schicksal der Geflüchteten auf Lesbos. Deutsche, Franzosen, Österreicher sind zu sehr mit sich selbst und mit Corona beschäftigt, als dass sie sich für die Menschenrechtsverletzungen an den europäischen Grenzen interessieren würden.

Der Ausnahmezustand wird in der EU-Migrationspolitik zum Normalzustand, nicht nur auf Lesbos, sondern auch an der kroatisch-bosnischen Grenze, wo Geflüchtete in Wäldern hausen, oder auf den Kanaren, wo gerade jede Woche Migrant*innen aus afrikanischen Ländern stranden.

Dabei wäre klar, was die EU-Staaten zu tun hätten. Sie müssten die rund 18000 Menschen aus den Elendslagern auf den griechischen Inseln evakuieren, wie Expert*innen das seit Langem fordern. Zwischen April und Anfang Dezember sind nur rund 1200 Schutzbedürftige aus Griechenland nach Deutschland gebracht worden, weniger als die Hälfte der Menschen, deren Aufnahme die Bundesregierung zugesagt hatte.

Mittelfristig müssten die Geflüchteten auf mehrere EU-Staaten verteilt werden, damit Länder an den EU-Außengrenzen wie Griechenland oder Italien entlastet werden. Bislang sind Aufnahmequoten an dem Widerspruch aus Ungarn, Polen oder Österreich gescheitert. Da sich daran auf absehbare Zeit nichts ändern wird, sollten sich Deutschland, Frankreich und andere Staaten zu einer Koalition der Willigen zusammenschließen, statt auf eine gesamteuropäische Lösung zu pochen, die ohnehin nicht kommen wird.

Außerdem braucht es mehr legale Wege für Migrant*innen in die EU, damit die Menschen nicht länger gezwungen sind, sich Schleppern anzuvertrauen und auf Boote zu steigen, um nach Europa zu gelangen. [...] Es fehlt nicht an Ideen für eine Reform des europäischen Asylsystems, sondern am politischen Willen. Auf Dauer wird die Europäische Union das Unrecht an ihren Rändern nicht ignorieren können, ohne die eigenen Werte zu verraten und ihre Glaubwürdigkeit zu verlieren.

2.3 (2) selbständig, sicher und kritisch den Informationsgehalt komplexer kontinuierlicher [...] auch unter Einbeziehung ihrer Funktion [...] werten und begründete Schlussfolgerungen daraus ziehen · 2.3 (3) zwischen Information und Wertung unterscheiden, Zusammenhänge zwischen Textmerkmalen [...] herstellen, [...], um die Intention eines Textes zu erkennen

9 a) Lies den Text „Betroffenheit reicht nicht".
b) Fasse in einem Einleitungssatz zusammen, worum es in dem Text geht (→ S. 167).

10 a) Schreibe wichtige Informationen des Textes heraus oder markiere sie in COPY 11. Gehe dabei auch auf folgende Fragen ein:
- *Worum handelt es sich bei Kara Tepe?*
- *Wie ist die aktuelle Lage in Kara Tepe?*
- *Was nennt der Autor als Grund für diese Lage?*

b) Vergleicht eure Notizen zu zweit.

11 Was ist die Absicht des Textes?
a) Begründe deine Meinung in Stichpunkten und gib Beispiele aus dem Text wieder.
b) Besprecht zu zweit eure Meinung und begründet sie.

12 Bei dem Text handelt es sich um einen Kommentar.
a) Wo begegnet ihr Kommentaren? Sprecht zu zweit darüber.
b) Notiere mithilfe des Textes stichpunktartig Merkmale eines Kommentars.
c) Vergleiche anschließend mit der *Lernbox*.
d) Lege eine Tabelle mit den Merkmalen an und finde Beispiele aus dem Text. Gib diese mit Zeilen an.
e) Besprecht eure Tabellen in der Klasse.

Merkmal	Beispiel aus dem Text	Zeilen-angabe
XXXX	*XXXX*	*XXXX*

13 a) Überlegt und recherchiert, welche Möglichkeiten es gibt, die Lage in Flüchtlingslagern zu verbessern.
b) Tauscht euch zu zweit darüber aus.
c) Sprecht in der Klasse über eure Ideen.

14 Bearbeite mithilfe deiner Vorarbeiten aus Aufgabe 13 eine der folgenden Aufgaben:
a Schreibe eine Mail an einen Freund oder eine Freundin, in der du ihn oder sie über deine Ideen informierst, um die Lage in Flüchtlingslagern zu verbessern.
b Schreibe einen Aufruf für die Homepage eurer Schule, in dem du auf die Lage in Flüchtlingslagern aufmerksam machst (→ S. 261).

Lernbox

Kommentar

1 Ein **Kommentar** informiert nicht in erster Linie, sondern gibt die **Meinung des Verfassers / der Verfasserin** wieder. In Zeitungen stehen deshalb stets der Name und meist auch ein Bild dabei.
2 Ein Kommentar **bezieht sich** oft auf eine **Nachricht** oder eine **Reportage**, die in der Zeitung auf derselben Seite steht.
3 Der **Autor** / Die **Autorin** des Kommentars
- schreibt, worum es geht (**Thema**),
- gibt die eigene **Meinung** dazu wieder,
- nennt Gründe für seine/ihre Meinung.

4 Oft werden im Text auch mögliche **Gegenargumente** genannt und **entkräftet**.

2.3 (2) selbständig, sicher und kritisch den Informationsgehalt komplexer kontinuierlicher [...] Texte auch unter Einbeziehung ihrer Funktion [...] werten und begründete Schlussfolgerungen daraus ziehen · 2.3 (3) zwischen Information und Wertung unterscheiden, Zusammenhänge zwischen Textmerkmalen [...] herstellen, [...], um die Intention eines Textes zu erkennen

Fit für den M-Abschluss

Auf dieser Doppelseite findest du einen Text und Aufgaben, wie sie in der Prüfung zum mittleren Schulabschluss an der Mittelschule vorkommen können. Bearbeite sie zunächst alleine und schätze dich selbst mit der Checkliste ein. Besprecht dann die Aufgaben und gebt euch gegenseitig Feedback.

Diese Faktoren haben unseren Urlaub verändert

Die Kinder der 90er werden sich noch daran erinnern: Der Familienurlaub wurde lange im Voraus geplant. Mama telefonierte regelmäßig mit dem Reisebüro, Papa wühlte sich in der Buchhandlung stundenlang durch die Reiseabteilung, um den passenden Reiseführer zu finden. Am Ende ging es dann an den Bodensee, den Schwarzwald oder über die Alpen nach Italien – und das eigentlich jedes Jahr. Mittlerweile sieht Verreisen anders aus. [...] „Urlauben“ geht heute schneller und auch günstiger.

Reiseplanung: Smartphone statt Prospekt

Stichwort Technik: Den Urlaub von der heimischen Couch und per Smartphone zu planen, ist 2019 nicht nur bequemer, sondern Standard. Denn die Rahmenbedingungen für das Reisen haben sich in den letzten 20 Jahren massiv geändert [...]. Digitale Vernetzung steckte Anfang der 2000er praktisch noch in den Kinderschuhen. Wer online gehen wollte, musste sich vor einen klotzartigen Rechner setzen und dem minutenlangen Einwählen des 56k-Modems lauschen. Da war der Gang ins Reisebüro die deutlich stressfreiere und schnellere Planungsvariante. Printwerbung, Prospektmaterial und Gastgeberverzeichnisse waren neben dem Reisebüro fast die einzige Option, sich über Reisemöglichkeiten zu informieren. Aber auch „die persönliche Weiterempfehlung, durch Familie, Freunde oder Bekannte“ spielte eine wichtige Rolle, wie Mang [Dr. Stefan Mang, Geschäftsführer des Centrums für marktorientierte Tourismusforschung] ergänzt. [...]

Reisebuchung: Online statt Reisebüro

Wer sich einmal entschieden hat, bucht meistens per Klick und nicht per Telefon. Der Anteil der online gebuchten Leistungen ist in den vergangenen fünf Jahren deutlich gewachsen [...]. Den Trend, auf Online-Buchungsportale [...] zurückzugreifen, beobachtet auch Mang. Zwar würden komplexe Reisen oder Luxusreisen immer noch über das Reisebüro gebucht, dennoch „bedeutet online heute nicht mehr zwingend, auf persönliche Beratung zu verzichten“.

Reisegadgets: Apps statt Reiseführer

[...] Apps ersetzen heute den altmodischen Stadtplan und ersparen sogar das Schlangestehen in der Touristen-Info. [...] Während beim gedruckten Reiseführer die Gefahr besteht, dass die Daten schon bei Reiseantritt veraltet sind, gibt es online ständig Updates, die Kommunikation und Koordination vor Ort erleichtern.

1 a) Lies den Text „Diese Faktoren haben unseren Urlaub verändert“.
b) Formuliere zwei zentrale Aussagen des Textes.
c) Fasse den Text mit eigenen Worten zusammen. Beginne mit einem Einleitungssatz.

2.3 (2) selbständig, sicher und kritisch den Informationsgehalt komplexer kontinuierlicher und diskontinuierlicher Texte auch unter Einbeziehung ihrer Funktion [...] werten und begründete Schlussfolgerungen daraus ziehen · 3.1 (3) Zitate formal und syntaktisch korrekt sowie sachlogisch in eigene Texte integrieren [...]

2 Erkläre in deinen eigenen Worten, was mit folgender Aussage gemeint ist:
„Digitale Vernetzung steckte Anfang der 2000er praktisch noch in den Kinderschuhen" (Z. 18 – 20).

3 a) Betrachte das Schaubild und bearbeite dazu folgende Aufgaben:
- *Formuliere das Thema des Schaubilds in deinen eigenen Worten.*
- *Schreibe die wichtigsten Informationen des Schaubilds stichpunktartig auf.*

b) Stelle einen Bezug zwischen dem Schaubild und dem Text her.

Langfristige Entwicklung der Buchungswege von Urlaubsreisen 5+ Tage

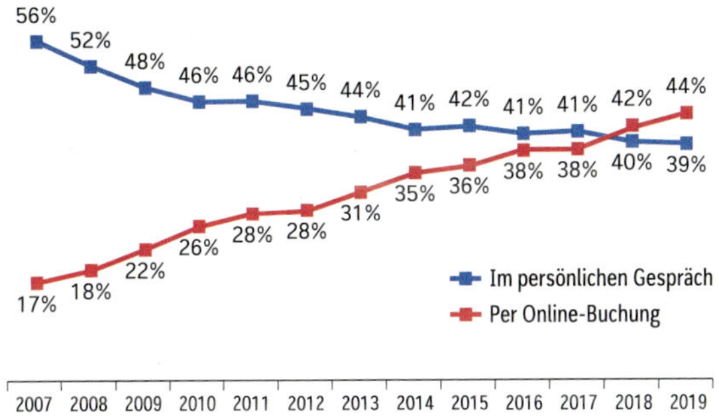

Basis: Urlaubsreisen 5+ Tage der deutschsprachigen Bevölkerung, 14+ Jahre, mit Vorabbuchung mind. eines Reisebestandteils;
bis 2009: nur deutsche Staatsbürger; Mehrfachnennungen möglich
Quelle: Reiseanalyse 2010 bis 2020, FUR

4 a) Sammle Argumente zu deiner Meinung über folgende Fragestellung in einer Mindmap:
Sind Reisebüros in Zukunft noch sinnvoll?

b) Belege deine Argumente, wenn möglich, mit Zitaten aus dem Text oder Angaben aus dem Schaubild.

5 Bearbeite eine der beiden Aufgaben schriftlich. Nutze dazu deine Mindmap aus Aufgabe 4.

a) Schreibe einen Blogbeitrag aus Sicht eines Onlinereiseanbieters, der für Onlinereisen anstatt Reisebüros argumentiert.

b) Schreibe einen Brief aus Sicht eines Reisebüroinhabers / einer Reisebüroinhaberin, warum man Reisebüros weiter unterstützen sollte.

6 a) Schätze dich mithilfe der Checkliste unten (→ COPY 12) zunächst selbst ein.

b) Tausche deine Aufgaben dann mit einem Mitschüler oder einer Mitschülerin. Kontrolliert euch gegenseitig und gebt einander Feedback: Was war schon gut? Was könnt ihr noch verbessern?

c) Sprecht in der Klasse darüber, was euch schon gut gelungen ist und bei welchen Aufgaben ihr noch Schwierigkeiten hattet.

Checkliste

Sachtexte und Schaubilder erschließen

Ich habe / Du hast ...	++	+	–	––	*Einschätzung des/der Partners/-in*
... den Inhalt des Textes im Wesentlichen zusammengefasst.	X	X	X	X	XXXXXXXXXXXX
... das Schaubild inhaltlich verständlich erklärt.	X	X	X	X	XXXXXXXXXXXX
... einen sinnvollen Bezug zwischen Text und Schaubild hergestellt.	X	X	X	X	XXXXXXXXXXXX
... meine/deine Meinung zum Thema logisch und mit guten Argumenten begründet.	X	X	X	X	XXXXXXXXXXXX

2.3 (2) selbständig, sicher und kritisch den Informationsgehalt komplexer kontinuierlicher und diskontinuierlicher Texte auch unter Einbeziehung ihrer Funktion [...] werten und begründete Schlussfolgerungen daraus ziehen · 3.1 (3) Zitate formal und syntaktisch korrekt sowie sachlogisch in eigene Texte integrieren [...]

Gedichte in ihrer Zeit verstehen

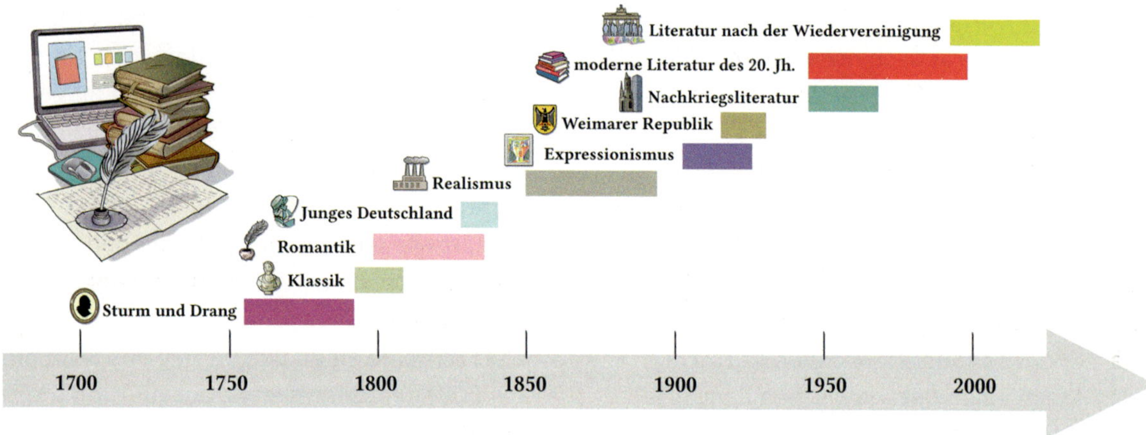

1 Betrachtet den Zeitstrahl und sprecht zu zweit über folgende Fragen:
- *Was versteht man unter einer literarischen Epoche?*
- *Welche Ereignisse kennst du, die du den literarischen Epochen auf dem Zeitstrahl zuordnen kannst?*

2 a) Tauscht euch in der Klasse darüber aus, welche Dichterinnen und Dichter ihr kennt.
b) Ordnet sie gemeinsam den literarischen Epochen zu.
c) Recherchiert im Internet nach folgenden Dichterinnen und Dichtern und ordnet sie ebenfalls der jeweiligen Epoche zu: *Ingeborg Bachmann, Bertolt Brecht, Joseph von Eichendorff, Johann Wolfgang von Goethe, Louise Glück, Heinrich Heine, Ernst Jandl.*

3 a) Überfliegt die Gedichtauszüge auf dieser und der nächsten Seite.
b) Sprecht zu zweit darüber, welcher Auszug euch am meisten anspricht und warum.
c) Sprecht gemeinsam darüber, warum Gedichte gelesen werden.

4 a) Suche dir eines der Gedichte auf dieser Doppelseite aus und bereite einen Kurzvortrag dazu vor. Recherchiere dafür folgende Aspekte:
- *In welcher Epoche ist das Gedicht entstanden?*
- *Welches Ereignis gab es zu der Zeit, in der das Gedicht entstanden ist?*
- *Gibt es Verbindungen vom Leben des Autors oder der Autorin zum Gedicht?*
- *Was ist das Thema des Gedichts?*

b) Trage das vollständige Gedicht der Klasse vor und halte anschließend deinen Kurzvortrag. Erkläre auch, wie dir persönlich das Gedicht gefällt und warum.

Lore-Ley (Auszug)
Heinrich Heine

Ich weiß nicht, was soll es bedeuten,
Dass ich so traurig bin;
Ein Märchen aus alten Zeiten,
Das kommt mir nicht aus dem Sinn.

5 An wen richtet sich wohl das Gedicht „Lore-Ley“? Begründe deine Einschätzung.

2.2 (1) lyrische, epische und dramatische Werke aus dem Zeitraum vom Sturm und Drang bis zum 21. Jahrhundert auf der Basis erworbener literarischer Kategorien fachgerecht interpretieren · 4.1 (2) die Mehrsprachigkeit [...] zur Entwicklung von Sprachbewusstsein und zum Sprachvergleich nutzen

An meine Landsleute (Auszug)
Bertolt Brecht

Ihr, die ihr überlebtet in gestorbenen Städten
Habt doch nun endlich mit euch selbst Erbarmen!
Zieht nun in neue Kriege nicht, ihr Armen
Als ob die alten nicht gelanget hätten:
Ich bitt euch, habet mit euch selbst Erbarmen!
Ihr Männer, greift zur Kelle, nicht zum Messer!
Ihr säßet unter Dächern schließlich jetzt
Hättet ihr auf das Messer nicht gesetzt
Und unter Dächern sitzt es sich doch besser.
Ich bitt euch, greift zur Kelle, nicht zum Messer!

6 Erläutere, wer mit den Landsleuten im Gedicht „An meine Landsleute“ gemeint sein könnte.

schtzngrmm (Auszug)
Ernst Jandl

schtzngrmm
schtzngrmm
t-t-t-t
t-t-t-t
grrrmmmmm
t-t-t-t
s---------c---------h

7 a) Übe den Vortrag der Verse aus dem Gedicht „schtzngrmm“ oben ein.
b) Trage die Verse der Klasse vor.
c) Überlegt gemeinsam, was Jandl mit dieser Form der Darstellung bezwecken wollte.

Mirror Image (Auszug)
Louise Glück

Tonight I saw myself in the dark window as
the image of my father, whose life
was spent like this,
thinking of death [...].

8 Sprecht in der Klasse darüber, wie die Wirkung des Gedichts „Mirror Image“ durch die englische Sprache beeinflusst wird.

Reklame (Auszug)
Ingeborg Bachmann

Wohin aber gehen wir
ohne sorge sei ohne sorge
wenn es dunkel und wenn es kalt wird
sei ohne sorge
aber
mit musik
was sollen wir tun
heiter und mit musik

9 a) Wie viele Sprecher/-innen erkennst du in dem Gedicht „Reklame“? Begründe deine Überlegungen.
b) Tragt das Gedicht zu zweit abwechselnd der Klasse so vor, dass man die unterschiedlichen Sprecher/-innen erkennt.

Das zerbrochene Ringlein (Auszug)
Joseph von Eichendorff

In einem kühlen Grunde
Da geht ein Mühlenrad,
Meine Liebste ist verschwunden,
Die dort gewohnet hat.
Sie hat mir Treu versprochen,
Gab mir ein'n Ring dabei,
Sie hat die Treu gebrochen,
Mein Ringlein sprang entzwei.

10 a) Erläutere in einem Satz, wofür das Ringlein im Gedicht „Das zerbrochene Ringlein“ steht.
b) Ergänze deine Erläuterungen, indem du erklärst, was Vers 8 meint.

2.2 (1) lyrische, epische und dramatische Werke aus dem Zeitraum vom Sturm und Drang bis zum 21. Jahrhundert auf der Basis erworbener literarischer Kategorien fachgerecht interpretieren · 4.1 (2) die Mehrsprachigkeit [...] zur Entwicklung von Sprachbewusstsein und zum Sprachvergleich nutzen

Gedichte in Mundart verstehen

1 a) Lies dir die Gedichte auf dieser Doppelseite in Ruhe durch.
b) Wähle ein Gedicht, das du gut verstehst, und trage es einem Partner / einer Partnerin vor.
c) Schreibe das Gedicht auf Hochdeutsch ab.
d) Trage deine Version des Gedichts deinem Partner / deiner Partnerin vor. Sprecht darüber, wie das Gedicht nun auf euch wirkt.

Mitbringsel
Norbert Göttler

Bring nix mit
ois a Hand voi Stundn, **A**
an Korb voller Ohrn, **B**
a lachads und a woanads Aug. **C**
A bissl a Liachtn vo draußn,
und den Glanz vom letztn Summa
auf deine Lippn.
Des glangt,
des is vui gnua.

2 a) Besprecht zu zweit, über welche Mitbringsel ihr euch von Gästen freut.
b) Vergleicht eure Überlegungen mit den Wünschen des lyrischen Ichs im Gedicht „Mitbringsel". Überlegt, warum das lyrische Ich andere Mitbringsel möchte.

3 a) Schreibe das Gedicht ab und lass bei den markierten Stellen (A, B, C) je eine Zeile frei.
b) Erweitere das Gedicht: Ergänze nach dem zweiten, dritten und vierten Vers jeweils eine Begründung auf Hochdeutsch oder, wenn du es schaffst, im Dialekt.
c) Präsentiert die Gedichte in der Klasse.
d) Sprecht darüber, ob ihr die Begründungen für zutreffend haltet.

Dahojm
Josef Fendl

Oj vier Wocha
fahr i dort hi,
wou i dahojm bi.

Wenn aa d Eltern nimma lebn
und s Haus laarsteht
und da Stoj,

– owa i mecht wieda hörn,
wej d Nachbarn redn,
– dass i s no ko,

wenn i meine Leit
wieda trif, amoj
– dreant in der Ewigkeit ...

4 a) Besprecht in der Klasse, zu welchen Wohnsituationen berufliche Flexibilität führen kann.
b) Begründet, warum das lyrische Ich im Gedicht „Dahojm" immer wieder nach Hause zurückkehrt.
c) Tauscht euch darüber aus, welche Bedeutung die Heimatsprache wohl für den Autor des Gedichts hat.
d) Tauscht euch darüber aus, welche Bedeutung Heimatsprache für euch hat.

5 a) Notiert Gründe, die euch dazu bringen würden, nach Hause zu fahren.
b) Tauscht euch zu zweit über eure Notizen aus.

2.2 (1) lyrische, epische und dramatische Werke aus dem Zeitraum vom Sturm und Drang bis zum 21. Jahrhundert auf der Basis erworbener literarischer Kategorien fachgerecht interpretieren · 4.1 (2) die Mehrsprachigkeit [...] zur Entwicklung von Sprachbewusstsein und zum Sprachvergleich nutzen

familienspaziergang
Harald Grill

da weg is schnürlgrad

mia gehngan daahi
mit am finstern gsicht

kaum dass i s spann
vo irgendwoher
packt mi dei kloane händ
am daama

du schaltst as liacht ei
in unserne gsichter

da weg macht a kurvn
mia san wieder wer

6 a) Sprecht zu zweit darüber, ob es in eurer Familie auch gemeinsame Traditionen wie im Gedicht „familienspaziergang“ gibt.
b) Die Stimmung des lyrischen Ichs verändert sich im Verlauf des Gedichts. Belege dies mit geeigneten Textstellen (→ S. 283).
c) Berichtet in der Klasse von eigenen Situationen, in denen Kinder für Freude bei einem Familienereignis gesorgt haben.

Tipp

zu 7 c)

– *Der … -Fluss steigt über das Ufer.*
– *Mein Schulabschluss ist in Gefahr.*
– *Es ist keine Lehrstelle in Sicht.*

Las amol heid was sei
Albert Mühldorfer

Las amol heid was sei
wenn was is
und s waa was
wia schnöill is nachad was
wenn amol wirklich was waa
und was is.

Ou, freinderl
na waa nämlich glei was!

7 a) Sprecht darüber, worum es in dem Gedicht „Las amol heid was sei“ geht.
b) Schreibe das Gedicht ab und lass nach jedem Vers eine Zeile frei.
c) Erweitere das Gedicht: Ergänze nach jedem Vers ein mögliches Ereignis auf Hochdeutsch oder, wenn du es schaffst, im Dialekt.
d) Präsentiere das Gedicht in der Klasse. Tragt jeweils die Gedichtverse und möglichen Ereignisse vor.

8 a) Wiederholungen machen den Reiz dieses Gedichts aus. Sprecht darüber, was sich wiederholt, und begründet, warum.
b) Diskutiert, ob es in dem Gedicht eine Lösung gäbe, wenn wirklich einmal etwas passieren würde.

Gedichte interpretieren

Wie ein Auto entsteht
Hannes Fuchs (2019)

Roboter fährt Arm aus Arm
öffnet Hand Hand
entfaltet Finger Finger
greifen Schrauben Schrauben
werden eingedreht
Gurtlasche fertig

Roboter zieht Arm ein
Band läuft
Schrauben rücken nach
Roboter fährt Arm aus Arm
öffnet Hand Hand
entfaltet Finger Finger
greifen Schrauben Schrauben
stocken Stromausfall, Alarm,
Lichter blinken, Sirenen schrillen, Hilfe!

Mechanikerin fährt Arm aus Arm
öffnet Hand Hand
entfaltet Finger Finger
wechseln Sicherung

Roboter fährt Arm aus ...

1 Lies das Gedicht „Wie ein Auto entsteht“ in Ruhe durch.

2 a) Tauscht euch zu zweit über den Inhalt des Gedichts aus.
b) Untersucht das Gedicht mithilfe der folgenden Fragen A bis N (→ COPY 13).

A. Wie wirkt das Gedicht auf mich?
B. Was fällt mir spontan auf?
C. Wer ist der Autor / die Autorin?
D. Wann wurde das Gedicht geschrieben?
E. Was ist das Thema des Gedichts?
F. Gibt es eine Handlung?
G. An welchem Ort spielt das Gedicht?
H. Gibt es Hinweise auf eine bestimmte Zeit?
I. Welche Bedeutung hat der Titel?
J. Wer spricht in dem Gedicht?
K. Wird jemand angesprochen?
L. Wie viele Strophen hat das Gedicht?
M. Reimen sich die Verse?
N. Gibt es sprachliche Mittel wie Vergleiche, Personifikationen oder Metaphern?

3 a) Formuliere in 1–2 Sätzen eine Vermutung, was das Gedicht aussagen will.
b) Zitiere Textstellen aus dem Gedicht, die deine Vermutung belegen (→ S. 282).
c) Sprecht darüber, inwiefern die Sprache den Inhalt des Gedichts widerspiegelt.

4 a) Zitiere passende Textstellen aus dem Gedicht, die ein Problem im Arbeitsablauf sowie dessen Lösung aufzeigen.
b) Tauscht euch in der Klasse über das Ende des Gedichts aus.

5 a) Sprecht zu zweit über die Vor- und Nachteile von der Arbeit in einer Fabrik.
b) Tauscht euch gemeinsam darüber aus.

Tipp

zu 3 a)
Überlege, wie sich die Arbeiter/-innen in der Fabrik fühlen. Eure Vermutungen können individuell unterschiedlich sein, müssen aber zum Gedicht passen.

2.2 (1) lyrische, epische und dramatische Werke aus dem Zeitraum vom Sturm und Drang bis zum 21. Jahrhundert auf der Basis erworbener literarischer Kategorien fachgerecht interpretieren · 3.2 (6) die Ergebnisse einer Textuntersuchung [...] strukturiert darstellen und die Wirkungsweise unterschiedlicher Textsorten durch geeignete Beispiele belegen

6 a) Schreibe die folgende Gedichtinterpretation sauber ab. Lass an den Stellen, an denen Wörter fehlen, Lücken frei. Du kannst auch COPY 14 verwenden.
b) Ergänze die Lücken durch eigene Wörter oder nutze die Wörter aus dem grünen Wörterkasten rechts. Hinweise dazu findest du in der *Lernbox*.
c) Vergleicht zu zweit eure Ergebnisse.

Gedichtinterpretation „Wie ein Auto entsteht“

In dem Gedicht XXX von XXX aus dem Jahr XXX, also der Zeit der XXX, geht es um die XXX der XXX. Das Gedicht sagt aus, dass heutzutage zahlreiche XXX durch XXX ausgeführt werden, wodurch die Arbeit monoton und entmenschlicht wird.
Bereits in der ersten Strophe wird dies sprachlich unterstützt, indem das XXX zwar genau beschrieben wird, die Sprache dabei aber XXX beziehungsweise unvollständig ist, sodass man sich die XXX genau vorstellen kann. Diese besondere XXX Sprache zieht sich durch das ganze Gedicht.
Die Gleichförmigkeit der XXX wird dadurch verstärkt, dass sich Teile des Gedichts XXX. Diese erneute Beschreibung deckt sich mit den sich wiederholenden XXX, wie sie immer wieder in einer XXX stattfinden. So könnte das Gedicht ewig weitergehen, ähnlich einem XXX in der Automobilindustrie.
Am Ende der dritten Strophe jedoch passiert ein XXX Ereignis. Der XXX fällt aus, die Roboter stehen still. Eine XXX sorgt dafür, dass sich die Räder wieder drehen. Interessant ist, dass die Handlungen der XXX ebenso XXX beschrieben werden wie die der Roboter. Folgerichtig geht es nach der XXX wieder von vorne los.
Mir gefällt das Gedicht XXX, weil XXX.

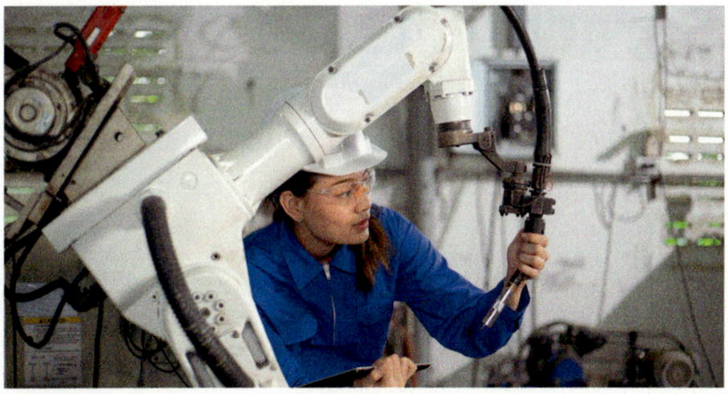

monotone – „Wie ein Auto entsteht“ – Postmoderne – Monotonie– Mensch – Fließbandarbeit (2x) – Arbeitsschritte – Roboter – Maschinenartige – abgehackt – wiederholen – Roboterbewegungen – Fabrik – Produktionsablauf – 2019 – unvorhergesehenes – Hannes Fuchs – Strom – Mechanikerin – gleichförmig – Fehlerbehebung – eigene Gedanken (2x) – Abfolge der Roboterbewegungen

7 Schreibe mithilfe der *Lernbox* eine Gedichtinterpretation zu einem Gedicht deiner Wahl.

Lernbox

Ein Gedicht interpretieren

1 Beginne in der **Einleitung** mit einem **Einleitungsssatz**, in dem du Textsorte, Titel, Autor/-in, Jahr und Thema nennst. Formuliere dann eine **Vermutung**, was das Gedicht aussagen will.
2 Fasse im **Hauptteil** den Inhalt und die dargestellten Gefühle und Gedanken Strophe für Strophe in eigenen Worten zusammen.
Das Thema …
Dabei bedeutet der Titel …
Die Zeit, in der das Gedicht entstand, …
Die monotone Sprache bewirkt, dass …
3 Beschreibe im **Schluss**, wie das Gedicht wirkt und wie du es findest: *Ich finde das Gedicht …, weil es …*
4 Schreibe im **Präsens**.

2.2 (1) lyrische, epische und dramatische Werke aus dem Zeitraum vom Sturm und Drang bis zum 21. Jahrhundert auf der Basis erworbener literarischer Kategorien fachgerecht interpretieren · 3.2 (6) die Ergebnisse einer Textuntersuchung […] strukturiert darstellen und die Wirkungsweise unterschiedlicher Textsorten durch geeignete Beispiele belegen

Sprachliche Besonderheiten untersuchen

1 Tauscht euch zu zweit darüber aus, was ihr bereits über Reimschemata in Gedichten wisst.

Lied des Harfenmädchens
Theodor Storm

Heute, nur heute → **Vers**
Bin ich so schön;
Morgen, ach morgen
Muss alles vergehn! } **Strophe**

Nur diese *Stunde*
Bist du noch *mein*;
Sterben, ach *sterben*
Soll ich *allein*. → **Reimschema**

2 a) Lies das Gedicht „Lied des Harfenmädchens" und beschreibe stichpunktartig, wie es aufgebaut ist.
b) Notiere das Reimschema des Gedichts. Hinweise dazu findest du in der *Lernbox* „Reimschemata von Gedichten".
c) Tauscht euch in der Klasse über eure Notizen aus.
d) Besprecht gemeinsam, welche Wirkung das Reimschema erzeugt.

3 Lies die *Lernbox* rechts und erkläre anhand des Gedichts „Nachtzauber", was man unter einem Enjambement versteht.

Lernbox

Reimschemata von Gedichten

Viele Gedichte haben ein klares Reimschema. Es gibt z. B. den **Paarreim** (*aabb*), den **Kreuzreim** (*abab*), den **umarmenden Reim** (*abba*) oder den **Haufenreim** (*aaa, bbb*).

Nachtzauber (Auszug)
Rose Ausländer

Der Mond errötet
Kühle durchweht die Nacht
Am Himmel
Zauberstrahlen aus Kristall
Ein Poem
besucht den Dichter

4 a) Suche weitere sprachliche Besonderheiten im Gedicht „Nachtzauber". Schreibe sie auf und notiere den entsprechenden Fachbegriff.
b) Vergleicht zu zweit eure Ergebnisse.
c) Tauscht euch zu zweit über die Wirkung der sprachlichen Besonderheiten aus.
d) Besprecht eure Ergebnisse in der Klasse.

Lernbox

Sprachliche Besonderheiten in Gedichten

1 **Alliteration** – Wörter beginnen mit dem gleichen Buchstaben: *bei Nacht und Nebel*.
2 **Anapher** – Wörter am Anfang der Verse werden wiederholt: *Liebste … / Liebste …*
3 **Enjambement** – Zeilensprung: Der Satz wird über das Versende hinaus fortgeführt.
4 **Hyperbel** – Übertreibung: *blitzschnell*.
5 **Metapher** – Ein Ausdruck ist nicht wörtlich gemeint, die Bedeutung wird übertragen: *Das Feuer der Liebe entfachen*.
6 **Personifikation** – Tiere oder Dinge handeln wie Menschen: *Die Sonne lacht*.
7 **Vergleich** – Dinge werden verglichen: *stark wie ein Löwe*.
8 **Wiederholung** – mehrmalige Wiederholung des gleichen Wortes oder der gleichen Wortfolge.

2.2 (1) lyrische, epische und dramatische Werke aus dem Zeitraum vom Sturm und Drang bis zum 21. Jahrhundert auf der Basis erworbener literarischer Kategorien fachgerecht interpretieren · 2.2 (4) ein umfangreiches Repertoire von Fachbegriffen zur Interpretation komplexer literarischer Texte nutzen (z. B. Euphemismus, Retardierung)

5 a) Lies die Überschrift des Gedichts und betrachte das Bild. Notiere Vermutungen, worum es gehen könnte.
b) Lies das Gedicht „Willkommen und Abschied“.
c) Besprecht zu zweit, worum es in dem Gedicht geht.

6 a) Formuliere eine Vermutung, was das Gedicht aussagen will.
b) Besprecht eure Vermutungen gemeinsam in der Klasse.

7 a) Schreibe das Gedicht ab oder verwende COPY 15. Markiere die farbigen Stellen.
b) Ordne den farbigen Stellen die folgenden sprachlichen Besonderheiten zu: *Anapher, Alliteration, Metapher, Personifikation, Wiederholung.*
c) Markiere weitere sprachliche Besonderheiten und benenne sie.
d) Begründe für mindestens drei sprachliche Besonderheiten, inwiefern sie deine Vermutung aus Aufgabe 6 untermauern.

8 a) Markiere die Reimwörter im Gedicht und notiere das Reimschema (→ siehe *Lernbox* auf Seite 100).
b) Besprecht zu zweit, welche Wirkung das Reimschema hervorruft.
c) Besprecht eure Ergebnisse in der Klasse.

Willkommen und Abschied
Johann Wolfgang von Goethe

Es schlug mein Herz, geschwind, zu Pferde!
Es war getan fast eh gedacht.
Der Abend wiegte schon die Erde,
Und an den Bergen hing die Nacht;
Schon stand im Nebelkleid die Eiche
Ein aufgetürmter Riese, da,
Wo Finsternis aus dem Gesträuche
Mit hundert schwarzen Augen sah.

Der Mond von einem Wolkenhügel
Sah kläglich aus dem Duft hervor,
Die Winde schwangen leise Flügel,
Umsausten schauerlich mein Ohr;
Die Nacht schuf tausend Ungeheuer,
Doch frisch und fröhlich war mein Mut:
In meinen Adern welches Feuer!
In meinem Herzen welche Glut!

Dich sah ich, und die milde Freude
Floss von dem süßen Blick auf mich;
Ganz war mein Herz an deiner Seite
Und jeder Atemzug für dich.
Ein rosenfarbnes Frühlingswetter
Umgab das liebliche Gesicht,
Und Zärtlichkeit für mich – ihr Götter!
Ich hofft es, ich verdient es nicht!

Doch ach, schon mit der Morgensonne
Verengt der Abschied mir das Herz:
In deinen Küssen welche Wonne!
In deinem Auge welcher Schmerz!
Ich ging, du standst und sahst zur Erden
Und sahst mir nach mit nassem Blick:
Und doch, welch Glück, geliebt zu werden!
Und lieben, Götter, welch ein Glück!

9 Verfasse eine Gedichtinterpretation zu „Willkommen und Abschied“ (→ siehe *Lernbox* S. 99).

2.2 (1) lyrische, epische und dramatische Werke aus dem Zeitraum vom Sturm und Drang bis zum 21. Jahrhundert auf der Basis erworbener literarischer Kategorien fachgerecht interpretieren · 2.2 (4) ein umfangreiches Repertoire von Fachbegriffen zur Interpretation komplexer literarischer Texte nutzen (z. B. Euphemismus, Retardierung)

Gedichte vergleichen

1 a) Überlege, inwiefern sich die Kindheit heutzutage im Vergleich zu früher (vor 20, 50, 100 oder 200 Jahren) verändert hat.
b) Tauscht euch zu zweit darüber aus.
c) Ergänzt eure Überlegungen damit, wie ihr eure Kindheit und Jugend verbracht habt bzw. verbringt.
d) Tauscht euch in der Klasse über eure Überlegungen aus.

2 a) Lies das Gedicht „Das Kind ruht aus vom Spielen".

Das Kind ruht aus vom Spielen **A**
Joseph von Eichendorff (1841)

Das Kind ruht aus vom Spielen,
Am Fenster rauscht die Nacht,
Die Engel Gottes im Kühlen
Getreulich halten Wacht.

Am Bettlein still sie stehen,
Der Morgen graut noch kaum,
Sie küssen's, eh sie gehen,
Das Kindlein lacht im Traum.

b) Beantworte dazu folgende Fragen:
– *Welche Stimmung vermittelt das Gedicht?*
– *Woran erkennst du die Stimmung?*
c) Formuliere eine Vermutung, was das Gedicht über „Kindheit" aussagen möchte.
d) Besprecht eure Ergebnisse in der Klasse.

3 a) Lies das Gedicht „Was ein Kind gesagt bekommt".

Was ein Kind gesagt bekommt **B**
Bertolt Brecht (1937)

Der liebe Gott sieht alles.
Man spart für den Fall des Falles.
Die werden nichts, die nichts taugen.
Schmökern ist schlecht für die Augen.
Kohlentragen stärkt die Glieder.
Die schöne Kinderzeit, die kommt nicht wieder.
Man lacht nicht über ein Gebrechen.
Du sollst Erwachsenen nicht widersprechen.
Man greift nicht zuerst in die Schüssel bei Tisch.
Sonntagsspaziergang macht frisch.
Zum Alter ist man ehrerbötig.
Süßigkeiten sind für den Körper nicht nötig.
Kartoffeln sind gesund.
Ein Kind hält den Mund.

b) Beantworte dazu folgende Fragen:
– *Welche (ähnlichen) Aussagen hast du selbst schon einmal gehört?*
– *Welche der Aussagen hältst du für unpassend? Begründe deine Meinung.*
– *Warum hören Kinder wohl immer wieder solche oder ähnliche Aussagen?*
c) Formuliere eine Vermutung, was das Gedicht über „Kindheit" aussagen möchte.
d) Besprecht eure Ergebnisse in der Klasse.

2.2 (1) lyrische, epische und dramatische Werke [...] auf der Basis erworbener literarischer Kategorien fachgerecht interpretieren · 2.2 (2) unterschiedliche Interpretationen [...] vergleichen und reflektieren und eigene Deutungshypothesen entwickeln · 3.2 (6) die Ergebnisse einer Textuntersuchung auch im Vergleich mehrerer Texte strukturiert darstellen [...]

4 a) Lies das Gedicht „Selbstgeständnis".

Selbstgeständnis **C**
Eduard Mörike (1837)

Ich bin meiner Mutter einzig Kind,
Und weil die anderen ausblieben sind,
Was weiß ich wie viel, die sechs oder sieben,
Ist eben alles an mir hängen blieben;
Ich hab müssen die Liebe, die Treue, die Güte
Für ein ganz halb Dutzend selbst aufessen,
Ich wills mein Lebtag nicht vergessen.
Es hätte mir aber noch wohl mögen frommen,
Hätt ich nur auch Schläg für Sechse bekommen.

b) Beantworte dazu folgende Fragen:
   - *Hatte das lyrische Ich eine schöne Kindheit? Begründe deine Vermutung.*
   - *War das Kind gerne ein Einzelkind? Begründe deine Einschätzung.*
   - *Warum hat Eduard Mörike wohl diese Überschrift für sein Gedicht gewählt?*

c) Formuliere eine Vermutung, was das Gedicht über „Kindheit" aussagen möchte.

d) Besprecht eure Ergebnisse in der Klasse.

5 a) Betrachte, wann die Gedichte A–C jeweils entstanden sind.

b) Tauscht euch gemeinsam darüber aus, wie das Verständnis von „Kindheit" zu der jeweiligen Entstehungszeit (→ Aufgabe 1) die Gedichte beeinflusst haben könnte.

6 a) Sprecht zu zweit über das gemeinsame Thema der Gedichte.

b) Vergleicht die Gedichte gemeinsam in Hinblick darauf, auf welche Weise sie das gemeinsame Thema umsetzen.

c) Begründe, welches Gedicht dich am meisten anspricht, und trage dieses Gedicht der Klasse vor.

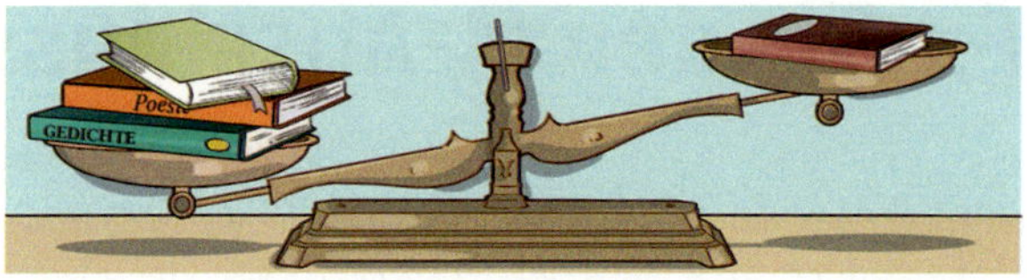

7 a) Wähle eines der Gedichte (A–C) aus und recherchiere ein weiteres Gedicht zum gleichen Thema.

b) Lege pro ausgewähltem Gedicht eine Tabelle an und fülle diese mit möglichst vielen Stichpunkten.

Gedicht 1			
Inhalt	Form	Sprache	Wirkung
XXX	*XXX*	*XXX*	*XXX*

c) Vergleicht und ergänzt eure Tabellen zu zweit.

8 a) Schreibe einen kurzen Gedichtvergleich zwischen zwei Gedichten deiner Wahl.

b) Präsentiert eure Gedichtvergleiche in der Klasse.

Tipp

zu 8 a)
Mögliche Formulierungen:
- *In den beiden Gedichten geht es um …*
- *Beide Werke nähern sich dem Thema auf unterschiedliche/gleiche Weise, nämlich …*
- *Die Gedichte stammen aus unterschiedlichen/ähnlichen Zeiten. Das sieht man daran, dass …*
- *Typisch für das Werk ist, …*
- *Das lyrische Ich in den beiden Gedichten …*
- *Die besondere Sprache im Gedicht „…" bewirkt …*
- *Reime finden sich bei diesen Gedichten …*
- *Mir gefällt das Gedicht …, weil …*

2.2 (1) lyrische, epische und dramatische Werke […] auf der Basis erworbener literarischer Kategorien fachgerecht interpretieren · 2.2 (2) unterschiedliche Interpretationen […] vergleichen und reflektieren und eigene Deutungshypothesen entwickeln · 3.2 (6) die Ergebnisse einer Textuntersuchung auch im Vergleich mehrerer Texte strukturiert darstellen […]

Fit für den M-Abschluss

Auf dieser Doppelseite findest du einen Text und Aufgaben, wie sie in der Prüfung zum mittleren Schulabschluss an der Mittelschule vorkommen können. Bearbeite sie zunächst alleine und tausche dich dann mit Mitschülerinnen und Mitschülern darüber aus. Gebt euch gegenseitig Feedback.

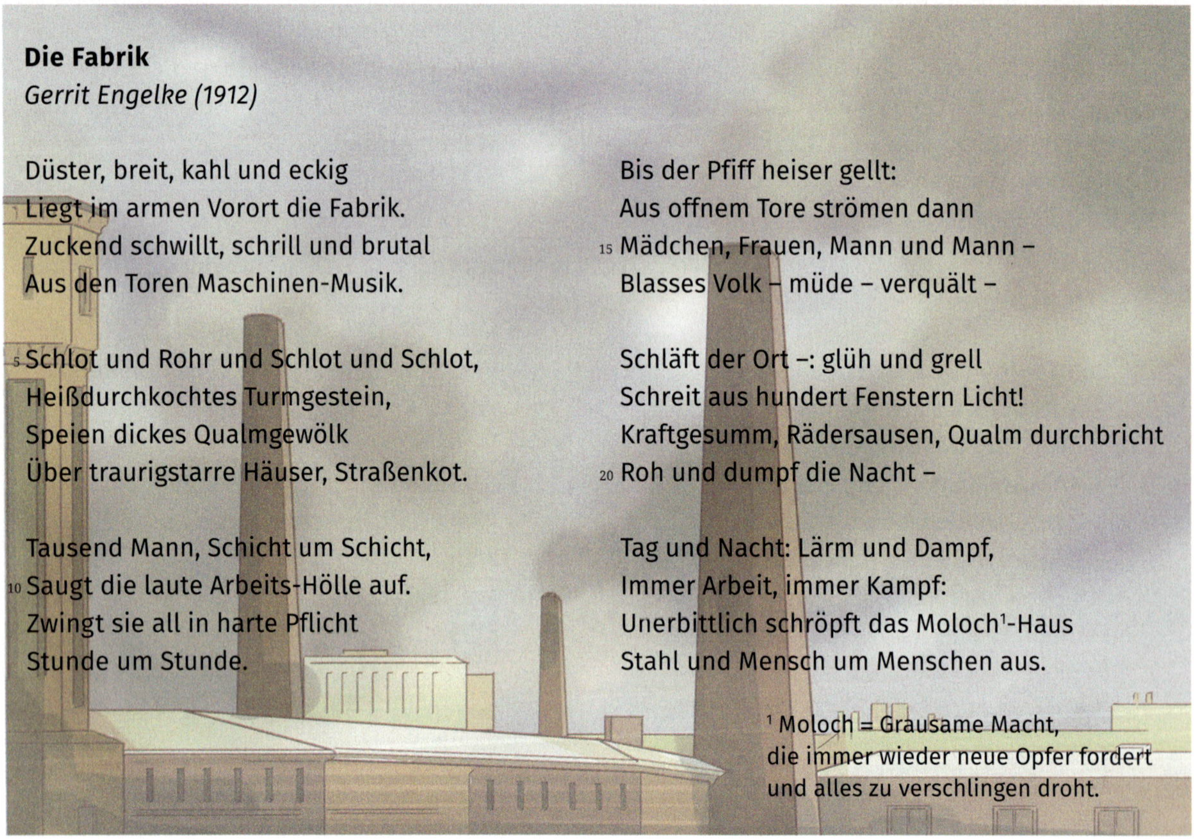

Die Fabrik
Gerrit Engelke (1912)

Düster, breit, kahl und eckig
Liegt im armen Vorort die Fabrik.
Zuckend schwillt, schrill und brutal
Aus den Toren Maschinen-Musik.

Schlot und Rohr und Schlot und Schlot,
Heißdurchkochtes Turmgestein,
Speien dickes Qualmgewölk
Über traurigstarre Häuser, Straßenkot.

Tausend Mann, Schicht um Schicht,
Saugt die laute Arbeits-Hölle auf.
Zwingt sie all in harte Pflicht
Stunde um Stunde.

Bis der Pfiff heiser gellt:
Aus offnem Tore strömen dann
Mädchen, Frauen, Mann und Mann –
Blasses Volk – müde – verquält –

Schläft der Ort –: glüh und grell
Schreit aus hundert Fenstern Licht!
Kraftgesumm, Rädersausen, Qualm durchbricht
Roh und dumpf die Nacht –

Tag und Nacht: Lärm und Dampf,
Immer Arbeit, immer Kampf:
Unerbittlich schröpft das Moloch[1]-Haus
Stahl und Mensch um Menschen aus.

[1] Moloch = Grausame Macht, die immer wieder neue Opfer fordert und alles zu verschlingen droht.

1 a) Lies das Gedicht „Die Fabrik“.
b) Ordne jeder der Strophen 1–6 eine der folgenden Überschriften zu:
A) Leben in der Fabrik
B) Abende in Fabriknähe
C) Schichtbeginn in der Fabrik
D) Schichtende in der Fabrik
E) Fabrikabgase
F) Beschreibung der Fabrik
c) Notiere Stichpunkte zu den einzelnen Überschriften.

2 a) Formuliere vier wesentliche Aussagen des Gedichts mit eigenen Worten.
b) Formuliere einen Einleitungssatz für eine Gedichtinterpretation zu dem Gedicht „Die Fabrik“.

Tipp

zu 1 a)
Kläre nach dem ersten Lesen des Gedichts die Bedeutung der dir unbekannten Wörter. Lies dann das Gedicht erneut.

2.2 (1) lyrische, epische und dramatische Werke aus dem Zeitraum vom Sturm und Drang bis zum 21. Jahrhundert auf der Basis erworbener literarischer Kategorien fachgerecht interpretieren

3 a) Notiere Textstellen aus dem Gedicht „Die Fabrik“, die zeigen, was das lyrische Ich von der Arbeit in der Fabrik hält.
b) Erläutere, woran man erkennen kann, dass das Gedicht aus der Jahrhundertwende, von 1912, stammt.

4 *„Arbeiten in einer Fabrik zur Zeit der Jahrhundertwende war für die Menschen sehr problematisch.“*
Belege diese Aussage mit zwei geeigneten Zitaten aus dem Gedicht.

5 Die Arbeiter und Arbeiterinnen wohnten in der Nähe der Fabrik. Erkläre in eigenen Worten, inwiefern diese in doppelter Hinsicht duch die Fabrik leiden mussten. Belege deine Erläuterung mit geeigneten Zitaten aus dem Gedicht.

6 Erkläre in mindestens drei Sätzen, weshalb es sich bei der folgenden Formulierung um einen Gegensatz handelt:
„Maschinen-Musik“ (Vers 4).

7 a) Die Fabrik wird durch zahlreiche Adjektive charakterisiert. Erstelle ein Cluster, in dem sich alle diese Adjektive wiederfinden.
b) Markiere positive Adjektive grün und negative rot.
c) Erläutere, inwiefern die Wahl der Adjektive zum Inhalt des Gedichts passt.

8 a) Die Strophen des Gedichts folgen einem besonderen Reimschema. Ordne die einzelnen Strophen (1–6) den folgenden Reimschemata zu:
aaba – abbc – aabb – abca – abba – abac.
b) Formuliere in Bezug auf den Inhalt eine Vermutung, warum der Autor für jede Strophe ein anderes Reimschema gewählt hat.

9 a) Notiere drei sprachliche Besonderheiten, die in dem Gedicht vorkommen, und benenne sie mit dem korrekten Fachbegriff.
b) Erläutere, inwiefern diese den Inhalt des Gedichts verstärken.

10 Verfasse eine Gedichtinterpretation zum Gedicht „Die Fabrik“. Verwende deinen Einleitungssatz aus Aufgabe 2 b).

11 a) Tausche deine Aufgaben mit einem Mitschüler oder einer Mitschülerin. Kontrolliert euch gegenseitig und gebt einander Feedback: Was war schon gut? Was könnt ihr noch verbessern?
b) Sprecht in der Klasse darüber, was euch schon gut gelungen ist und bei welchen Aufgaben ihr noch Schwierigkeiten hattet.
c) Übt in Absprache mit eurer Lehrkraft die Bereiche, in denen ihr noch Schwierigkeiten hattet.

2.2 (1) lyrische, epische und dramatische Werke [...] auf der Basis erworbener literarischer Kategorien fachgerecht interpretieren · 2.2 (4) ein umfangreiches Repertoire von Fachbegriffen zur Interpretation komplexer literarischer Texte nutzen [...] · 3.1 (3) Zitate formal und syntaktisch korrekt sowie sachlogisch in eigene Texte integrieren [...]

Eine Kurzgeschichte lesen und verstehen

1 a) Betrachte das Bild und lies die Überschrift. Überlege, worum es in der Kurzgeschichte gehen könnte.
b) Sprecht zu zweit über eure Überlegungen.
c) Lies die Kurzgeschichte (→ COPY 16) mit der 5-Schritt-Lesemethode (→ S. 272).

Wahnsinnstyp oder Während sie schläft
Katja Reider

Verdammt, jetzt ist mein Fuß eingeschlafen! Kein Wunder! Seit über einer Stunde sitze ich hier eingepfercht und bewegungslos wie ein hypnotisiertes Kaninchen auf meinem Fensterplatz in diesem sogenannten Großraumwagen. Rechts von mir ein verfetteter Anzugträger, der die Zeitung mit den großen Buchstaben liest, vor mir ein Tisch, den die Welt nicht braucht. Und gegenüber? ER!
Er ist mir schon von Weitem aufgefallen. Vorhin, als ich mich mit Sack und Pack durch den schmalen Gang des Waggons schob. Selbst auf gute acht Meter Entfernung hat mich sein Blick derartig verwirrt, dass ich prompt meine Platznummer vergaß. Diese blöde Nummer, die ich beim Einsteigen in Hannover wie ein Mantra vor mich hin gemurmelt hatte. Also, noch mal in die Tasche gegriffen und nach meiner Karte gewühlt. Wagen 6, Platznummer 95 ... Ach ja, klar ...
Während die Rollkoffer-Karawane in meinem Rücken mich gnadenlos vorwärtsschob, scannten meine Augen die Schildchen über den Sitzplätzen ab. Ah, da: Nummer 95, Fensterplatz mit Tisch. Diesen bescheuerten Platz hätte ich mir selber nie und nimmer reserviert! Den hatte ich natürlich Mama zu verdanken. („Ist doch praktisch, da kannst du schön dein Brot auspacken und dein Buch hinlegen.")
Vor allem, Mama, kann ich mir den Typ gegenüber angucken! Das heißt, ich könnte ihn angucken, wenn ich mich mal trauen würde, endlich von meinem Buch aufzuschauen. Seit über einer Stunde hocke ich hier und bin zur Salzsäule erstarrt.
Das heißt, einmal hab ich was gesagt. Gleich zu Anfang, da hab ich meine Platzkarte in die Runde gehalten und „Nummer 95 – ist das hier?" gepiepst, so als könnte ich nicht lesen. Oder als müsste ich meinen Anspruch auf den Platz gegenüber diesem Wahnsinnstypen quasi öffentlich nachweisen. Seitdem bin ich in der Versenkung meines Fensterplatzes verschwunden.
Ach ja, ich glaube, das Schlimmste habe ich noch gar nicht erwähnt. Das Schlimmste ist nämlich nicht, dass ich in Gegenwart von tollen Typen keinen zusammenhängenden Satz mehr rausbringe und mir Charme und Witz schlagartig ferner sind als das Matterhorn – nein, das Schlimmste ist, dass der Wahnsinnstyp nicht alleine ist! Neben ihm sitzt ein Mädchen, seine Freundin, klar. Ihr Kopf mit den langen blonden Haaren lehnt an seiner Schulter, ihr Atem geht ganz ruhig, nicht mal

2.1 (1) erworbene Lese- und Texterschließungstechniken eigenständig in komplexen kontinuierlichen und diskontinuierlichen Texten anwenden und dabei z. B. Textmuster erfassen

ihre Wimpern flattern. Sie schläft tief und fest. Schon die ganze Zeit. Und das bei dem Lärmpegel hier!
Bestimmt sind die beiden schon lange zusammen. Wenn man sich erst kurze Zeit kennt, pennt man doch nicht einfach neben so einem Wahnsinnstypen ein! Dazu ist seine körperliche Nähe doch viel zu aufregend, zu kribbelig! Da will man alles von ihm wissen und alles über sich selbst erzählen, jede kleine geheime Geschichte: Wie der eigene Vater beim Kirschkern-Weitspucken einmal fast erstickt ist, wie die beste Freundin vom Tennislehrer erpresst wurde, wie die kleine Schwester beinahe ertrunken ist. Besonders gern erzählt man natürlich Geschichten, in denen man selber eine positive Rolle spielt. (Dem Vater knallhart auf den Rücken gehauen, dass der Kirschkern nur so rausfluppte, dem miesen Lehrer vor tausend Leuten die Meinung gegeigt, die Baby-Schwester tapfer den Fluten entrissen.)
So ist das am Anfang, oder etwa nicht? Jedenfalls schläft frau in dieser Phase nicht neben so einem Wahnsinnstypen ein! Ich zumindest hätte viel zu viel Angst, dass mir der Sabber aus dem Mund läuft oder dass ich schnarche oder dass ich zumindest mit halb offenem Mund einen voll doofen Eindruck mache. All diese Ängste hat die Freundin von dem Wahnsinnstypen offensichtlich nicht. Braucht sie auch nicht. Sie sieht im Schlaf aus wie ein Engel. Leider. Nein, wirklich, ich kann beim besten Willen nichts Hässliches an ihr finden. Die beiden passen super zusammen, ein Paar wie aus dem Werbespot. Der Wahnsinnstyp sitzt ganz ruhig da und liest konzentriert in seinem Buch. Leider kann ich den Titel nicht entziffern. Egal, bestimmt irgendwas Trendiges, oder wenigstens „Harry Potter" im englischen Original. Hin und wieder streicht er scheinbar selbstvergessen seine dunklen Locken nach hinten, um danach nur noch verwuschelter auszusehen. Das weiß er natürlich. Logo. Solche Typen wissen, wie sie wirken. Leider. Ich seufze. Anscheinend zu laut. Er schaut plötzlich von seinem Buch auf, genau in meine Augen. Keine Zeit mehr wegzusehen. Himmel, was hat der Typ für Augen! Grün, mit kleinen braunen Sprengseln drin. Jetzt grinst er leicht. Oh, Grübchen hat er auch! Nicht auszuhalten! Echt, bei Grübchen werde ich schwach. Könnte ich jetzt nicht irgendwas sagen? Ich meine, irgendwas Spritziges, wahnsinnig Witziges, das ihm in null Komma nichts deutlich macht, was für eine Ausnahmeerscheinung ihm hier gegenübersitzt, was für eine unwiderstehliche Mischung aus Sex, Hirn und Coolness?
Pustekuchen! Mein Kopf ist hohl wie eine Kokosnuss. Der Moment ist vorbei. Der Wahnsinnstyp senkt den Kopf und blättert wieder in seinem Buch. Er bewegt sich dabei ganz vorsichtig, um das schlafende Mädchen an seiner Schulter nicht zu stören. Rücksichtsvoll ist er also auch noch. Unglaublich. Andere Typen würden sich ihren Walkman auf die Ohren knallen und die Braut mit Eminem beschallen. Ob's ihr nun passt oder nicht. Wohin die beiden wohl fahren? Bestimmt zu einer Mega-Party nach Köln oder Düsseldorf. Und nicht zu einer Tante nach Bonn-Bad Godesberg wie ich.
Das Leben ist ungerecht. Wo sind wir eigentlich? Der Anzugträger ist in Bochum ausgestiegen und der Schaffner – nee, Zugbegleiter heißen die ja inzwischen – hat gerade den nächsten Bahnhof angekündigt. Schon quietschen die Bremsen. Ich seh raus auf den Bahnsteig. Ah ja, das hier muss Wuppertal sein. Der zugbegleitende Schaffner pfeift.

2.1 (1) erworbene Lese- und Texterschließungstechniken eigenständig in komplexen kontinuierlichen und diskontinuierlichen Texten anwenden und dabei z. B. Textmuster erfassen

Die letzten Leute drängen zur Tür. „Au Scheiße!“ Wie von der Tarantel gestochen, schießt die Blonde von gegenüber urplötzlich von ihrem Sitz hoch, greift ihre Klamotten und stürmt grußlos den Gang runter. Der Wahnsinnstyp blickt kaum von seinem Buch auf.

WAS?! Jetzt kapier ich überhaupt nichts mehr! Wieso bleibt denn der Typ hier seelenruhig sitzen? Bin ich im falschen Film, oder was? Anscheinend mache ich ein derart dämliches Gesicht, dass der Wahnsinnstyp Mitleid mit mir bekommt. Jedenfalls sagt er plötzlich: „Ich kannte sie gar nicht.“ „Ha?“, krächze ich verständnislos.

Lieber Himmel, kann ich bitte, bitte bald einen normalen Satz sprechen? Seltsam, jetzt wirkt der Typ irgendwie verunsichert. So als frage er sich plötzlich, ob mich diese Info überhaupt interessiert. „Das Mädchen!“, fügt er erklärend hinzu. „Die Blonde, die hier ... äh ... geschlafen hat.“ Er zeigt auf seine linke Schulter, als gab es im Zug noch hundert andere schlafende Blondinen, die gemeint sein könnten. „Sie hat mir beim Einsteigen in Berlin nur kurz gesagt, dass sie letzte Nacht durchgemacht hat, und dann war sie auch schon eingepennt.“ „Ach so, klar.“ Ich grinse und nicke dazu wie ein Hund mit Wackelkopf. „Ist ja verrückt ...“ Okay, ganz ruhig bleiben! Das war schon fast ein ganzer Satz. Ich werde besser.

Der Wahnsinnstyp klappt sein Buch zu (er klappt sein Buch zu!!! Er will mit mir reden!!!) und lächelt. „Ich fahr nach Bonn, und du?“ „Ich auch. Ich fahr auch nach Bonn.“

Wuppertal – Bonn, genaue Fahrzeit mit dem ICE 640 Johannes Brahms: eine Stunde, zwei Minuten. 62 Minuten, um den Wahnsinnstypen zu erobern. 62 Minuten.

Das schaffe ich!

2 a) Beantworte die folgenden Fragen zur Kurzgeschichte schriftlich. Belege mit Zitaten (→ S. 282).

- *Wie findet die Ich-Erzählerin den Wahnsinnstypen?*
- *Welche Probleme hat die Ich-Erzählerin?*
- *Welches der Probleme ist am wichtigsten für die Kurzgeschichte?*
- *Was beabsichtigt die Ich-Erzählerin?*
- *Worin besteht der Wendepunkt in der Kurzgeschichte?*
- *Warum berechnet die Ich-Erzählerin zum Schluss die verbleibende Fahrtzeit?*

b) Besprecht eure Antworten zu zweit.

3 a) Verfasse eine Inhaltszusammenfassung zur Kurzgeschichte (→ S. 165).

b) Tauscht eure Texte zu zweit aus und gebt euch gegenseitig Feedback.

4 a) Begründe in ganzen Sätzen, welche der beiden Überschriften du geeigneter findest.

b) Finde eine eigene Überschrift.

c) Besprecht eure Überschriften zu zweit und begründet ihre Eignung.

5 Wähle eine der folgenden Aufgaben und präsentiere sie anschließend der Klasse:

a Schreibe ein Gespräch, in dem die Ich-Erzählerin einem Freund / einer Freundin von ihren Erlebnissen erzählt.

b Schreibe ein Gespräch, in dem der Wahnsinnstyp einem Freund / einer Freundin von seinen Erlebnissen erzählt.

6 a) Wie könnte die Kurzgeschichte weitergehen? Verfasse eine Fortsetzung.

b) Tragt eure Fortsetzung der Klasse vor.

c) Gebt euch Feedback zu den Fortsetzungen in Hinblick darauf, ob sie zum vorherigen Teil der Kurzgeschichte passen.

2.2 (1) lyrische, epische und dramatische Werke aus dem Zeitraum vom Sturm und Drang bis zum 21. Jahrhundert auf der Basis erworbener literarischer Kategorien fachgerecht interpretieren · 3.2 (2) kreative und produktive Schreibformen nutzen, um Gefühle auszudrücken [...] sowie zur schriftlichen Auseinandersetzung mit Themen

Merkmale einer Kurzgeschichte wiederholen

1 a) Geht in Kleingruppen zusammen.
b) Schreibt auf ein weißes Blatt das Wort „*Kurzgeschichte*".
c) Schreibt gemeinsam alle Merkmale einer Kurzgeschichte auf, die euch einfallen.
d) Vergleicht anschließend mit der *Lernbox*.

2 a) Übertrage folgende Tabelle zu den Merkmalen einer Kurzgeschichte.

Merkmal	Beispiel aus der Kurzgeschichte	Zeilen-angabe
unvermittelter Anfang	*XXX*	*XXX*
XXX	*XXX*	*XXX*

b) Fülle die Tabelle aus.
c) Vergleicht zu zweit eure Beispiele aus der Kurzgeschichte.
d) Besprecht eure Ergebnisse in der Klasse.

3 a) Schreibe eine eigene *Lernbox* zum Thema „Merkmale der Kurzgeschichte". Baue hier jedoch zusätzlich einige Falschinformationen ein.
b) Tauscht zu zweit eure eigenen Lernboxen aus und korrigiert diese, ohne dabei die korrekte Lernbox aus dem Schulbuch zu verwenden.
c) Besprecht eure Korrekturen.

4 Bearbeitet in einer Kleingruppe eine der beiden Aufgaben:
a Erstellt ein Plakat zu den Merkmalen einer Kurzgeschichte.
b Erstellt eine Lernlandschaft (→ S. 251) zu den Merkmalen einer Kurzgeschichte.

5 a) Sammelt in Kleingruppen Ideen für mögliche *besondere Ereignisse*, die im Mittelpunkt einer Kurzgeschichte stehen könnten.
b) Wähle eine eurer Ideen aus und verfasse dazu eine eigene Kurzgeschichte.
c) Führt Schreibkonferenzen (→ S. 262–265) zu euren Kurzgeschichten in der Kleingruppe durch.
Berücksichtigt dabei auch, ob die Merkmale einer Kurzgeschichte umgesetzt worden sind.
d) Überarbeitet eure Kurzgeschichte anhand des Feedbacks aus der Schreibkonferenz.

Lernbox

Merkmale einer Kurzgeschichte

1 **Umfang:** Eine Kurzgeschichte ist relativ kurz. Der Umfang ist gering, die Handlung beschränkt sich auf das Wesentliche.
2 **Anfang und Ende:** Statt mit einer Einleitung zu beginnen, „springt" eine Kurzgeschichte mitten ins Geschehen. Das Ende ist meist offen und manchmal überraschend.
3 **Erzählte Zeit:** Die erzählte Handlung dauert oft nur Minuten oder wenige Stunden.
4 **Themen und Figuren:** Es geht um Menschen und Themen aus dem Alltag.
5 **Orte und Figuren:** Handlungsorte und Figuren werden meist nicht genauer beschrieben oder vorgestellt.
6 **Ein besonderes Ereignis:** Im Mittelpunkt steht ein Ereignis, das das Leben der Hauptfigur verändert/verändern kann.
7 **Sprache:** In Kurzgeschichten gibt es meist viele Dialoge. Die Sätze sind kurz und einfach. Es gibt nur wenige Beschreibungen.

2.2 (1) lyrische, epische und dramatische Werke aus dem Zeitraum vom Sturm und Drang bis zum 21. Jahrhundert auf der Basis erworbener literarischer Kategorien fachgerecht interpretieren · 3.2 (2) kreative und produktive Schreibformen nutzen, um Gefühle auszudrücken […] sowie zur schriftlichen Auseinandersetzung mit Themen

Eine Kurzgeschichte in ihrer Zeit verstehen

1 a) Betrachte das Bild und lies die Überschrift. Überlege, worum es in der Kurzgeschichte gehen könnte.

b) Lies die Kurzgeschichte (→ COPY 17) mit der 5-Schritt-Lesemethode (→ S. 272).

Das Brot

Wolfgang Borchert (1946)

Plötzlich wachte sie auf. Es war halb drei. Sie überlegte, warum sie aufgewacht war. Ach so! In der Küche hatte jemand gegen einen Stuhl gestoßen. Sie horchte nach der Küche. Es war still. Es war zu still und als sie mit der Hand über das Bett neben sich fuhr, fand sie es leer. Das war es, was es so besonders still gemacht hatte: sein Atem fehlte. Sie stand auf und tappte durch die dunkle Wohnung zur Küche. In der Küche trafen sie sich. Die Uhr war halb drei. Sie sah etwas Weißes am Küchenschrank stehen. Sie machte Licht. Sie standen sich im Hemd gegenüber. Nachts. Um halb drei. In der Küche.

Auf dem Küchentisch stand der Brotteller. Sie sah, dass er sich Brot abgeschnitten hatte. Das Messer lag noch neben dem Teller. Und auf der Decke lagen Brotkrümel. Wenn sie abends zu Bett gingen, machte sie immer das Tischtuch sauber. Jeden Abend. Aber nun lagen Krümel auf dem Tuch. Und das Messer lag da. Sie fühlte, wie die Kälte der Fliesen langsam an ihr hochkroch. Und sie sah von dem Teller weg.

„Ich dachte, hier wär was", sagte er und sah in der Küche umher. „Ich habe auch was gehört", antwortete sie und dabei fand sie, dass er nachts im Hemd doch schon recht alt aussah. So alt wie er war. Dreiundsechzig. Tagsüber sah er manchmal jünger aus. Sie sieht doch schon alt aus, dachte er, im Hemd sieht sie doch ziemlich alt aus. Aber das liegt vielleicht an den Haaren. Bei den Frauen liegt das nachts immer an den Haaren. Die machen dann auf einmal so alt.

„Du hättest Schuhe anziehen sollen. So barfuß auf den kalten Fließen. Du erkältest dich noch."

Sie sah ihn nicht an, weil sie nicht ertragen konnte, dass er log. Dass er log, nachdem sie neununddreißig Jahre verheiratet waren.

„Ich dachte, hier wäre was", sagte er noch einmal und sah wieder so sinnlos von einer Ecke in die andere, „ich hörte hier was. Da dachte ich, hier wäre was."

„Ich hab auch was gehört. Aber es war wohl nichts." Sie stellte den Teller vom Tisch und schnippte die Krümel von der Decke.

„Nein, es war wohl nichts", echote er unsicher.

Sie kam ihm zu Hilfe: „Komm man. Das war wohl draußen. Komm man zu Bett. Du erkältest dich noch. Auf den kalten Fliesen."

Er sah zum Fenster hin. „Ja, das muss wohl draußen gewesen sein. Ich dachte, es wäre hier."

Sie hob die Hand zum Lichtschalter. Ich muss das Licht jetzt ausmachen, sonst muss ich nach dem Teller sehen, dachte sie. Ich darf doch nicht nach dem Teller sehen.

2.1 (1) erworbene Lese- und Texterschließungstechniken eigenständig in komplexen kontinuierlichen und diskontinuierlichen Texten anwenden und dabei z. B. Textmuster erfassen

„Komm man", sagte sie und machte das Licht aus, „das war wohl draußen. Die Dachrinne schlägt immer bei Wind gegen die Wand. Es war sicher die Dachrinne. Bei Wind klappert sie immer." Sie tappten sich beide über den dunklen Korridor zum Schlafzimmer. Ihre nackten Füße platschten auf den Fußboden. „Wind ist ja", meinte er. „Wind war schon die ganze Nacht." Als sie im Bett lagen, sagte sie: „Ja, Wind war schon die ganze Nacht. Es war wohl die Dachrinne."
„Ja, ich dachte, es wäre in der Küche. Es war wohl die Dachrinne." Er sagte das, als ob er schon halb im Schlaf wäre. Aber sie merkte, wie unecht seine Stimme klang, wenn er log. „Es ist kalt", sagte sie und gähnte leise, „ich krieche unter die Decke. Gute Nacht."
„Nacht", antwortete er noch: „ja, kalt ist es schon ganz schön."
Dann war es still. Nach vielen Minuten hörte sie, dass er leise und vorsichtig kaute. Sie atmete absichtlich tief und gleichmäßig, damit er nicht merken sollte, dass sie noch wach war. Aber sein Kauen war so regelmäßig, dass sie davon langsam einschlief.
Als er am nächsten Abend nach Hause kam, schob sie ihm vier Scheiben Brot hin. Sonst hatte er immer nur drei essen können.
„Du kannst ruhig vier essen", sagte sie und ging von der Lampe weg. „Ich kann dieses Brot nicht so recht vertragen. Iss du man eine mehr. Ich vertrag es nicht so gut."
Sie sah, wie er sich tief über den Teller beugte. Er sah nicht auf. In diesem Augenblick tat er ihr leid.
„Du kannst doch nicht nur zwei Scheiben essen", sagte er auf seinen Teller.
„Doch. Abends vertrag ich das Brot nicht gut. Iss man. Iss man."
Erst nach einer Weile setzte sie sich unter die Lampe an den Tisch.

2 a) Schreibe in zwei bis drei Sätzen auf, worum es in der Kurzgeschichte „Das Brot" geht. Notiere auch einen Einleitungssatz.
b) Vergleicht eure Ergebnisse zu zweit.
c) Besprecht den Inhalt der Kurzgeschichte in der Klasse.

3 a) Beantworte die folgenden Fragen zur Kurzgeschichte schriftlich. Belege mit Zitaten (→ S. 282).
- *Warum steht der Mann in der Nacht auf?*
- *Welchen Grund nennt der Mann seiner Frau?*
- *Wie findet die Frau den wahren Grund heraus?*
- *Wie reagiert die Frau auf die Lüge des Mannes?*
- *Warum reagiert sie auf diese Weise?*
- *Woran erkennt man das schlechte Gewissen des Mannes?*
- *Warum gibt die Frau dem Mann am nächsten Tag vier Brotscheiben?*

b) Besprecht eure Antworten in der Klasse.

4 a) Notiere, was du über das Jahr weißt, aus dem die Geschichte stammt. Recherchiere bei Bedarf im Internet.
b) Besprecht eure Ergebnisse gemeinsam in der Klasse.

5 Begründe in ganzen Sätzen, inwiefern dein Verständnis für die Kurzgeschichte und für das Verhalten der Figuren durch dein Wissen über den historischen Kontext beeinflusst wurde.

6 Verfasse einen Dialog zwischen der Frau oder dem Mann mit ihrem Enkelkind viele Jahre später, in dem die Frau oder der Mann von der damaligen Situation erzählt.

2.1 (2) selbständig recherchiertes Hintergrundwissen zur Interpretation anspruchsvoller Texte nutzen (z. B. biografischer und/oder soziokultureller Hintergrund) · 2.2 (1) lyrische, epische und dramatische Werke aus dem Zeitraum vom Sturm und Drang bis zum 21. Jahrhundert auf der Basis erworbener literarischer Kategorien fachgerecht interpretieren

Einen Liedtext verstehen

1 Lies den Titel des Lieds und notiere, was du von dem Lied erwartest.

2 a) Höre dir das Lied „Dunkles Kapitel“ an.
b) Notiere, wie das Lied auf dich gewirkt hat.
c) Tauscht euch zu zweit über die Wirkung des Lieds aus und ob es eure Erwartungen erfüllt hat.

3 a) Höre dir das Lied ein weiteres Mal an und lies dabei den Liedtext mit.
b) Fasse in drei bis fünf Sätzen zusammen, worum es in dem Lied geht.
c) Fasse die Thematik des Lieds in einem Schlagwort zusammen.
d) Tauscht euch in der Klasse darüber aus, ob ihr noch andere Lieder kennt, die eine ähnliche Thematik haben.

Dunkles Kapitel
Max Herre

Dunkles Kapitel unserer Geschichte
Gestern noch Bilder in Schwarz-Weiß
Jetzt übertragen sie es in Farbe
Und ich frag mich wie viel' Seiten sind noch frei? (yeah)
Dunkle Kapitel unserer Geschichte
Alles vergessen, wieder reihen sie sich ein
Deutschland, Deutschland ... und so weiter
Willkommen in der neuen alten Zeit

Der Winter bricht ein, der Himmel getaucht in finsteres Grau
Die Kälte kriecht nah am Gefrierpunkt
Über die Landschaften hinter dem Zaun
Hier stehen sie, die Wächter der Festung
Die ewig und gestrigen, schlagend verbundenen

Die Hand vorgehalten zum Gruß
Sprechen im Volksmund früher Jahrhunderte
Die Fremde, sie senkt ihren Blick
Versucht so, ihr Selbst zu verbergen
Entringt ihren Lippen ein Lächeln
Und zwingt ihre Füße nicht schneller zu werden
Die weißen Männer in schwarz
Da gehen sie, geloben die Toten zu ehren
Und sie heften sich rechts die weiße Rose ans Revers

Atmen ihre Wut in die Kälte
Genau hier, wo auch sie einmal stand
In der Hand eine blutrote Nelke
Und von Frieden und Widerstand sang
Damals hieß es: „Nie wieder“, sag wie lang ist es her?
Wehret den Anfängen
Wenn das nur die Anfänge wär'n

Dunkles Kapitel unserer Geschichte
Gestern noch Bilder in Schwarz-Weiß
Jetzt übertragen sie es in Farbe
Und ich frag mich wie viel' Seiten sind noch frei?
Dunkle Kapitel unserer Geschichte
Alles vergessen, wieder reihen sie sich ein
Deutschland, Deutschland... und so weiter

1.1 (4) bei Hörmedien [...] Inhalts- und Strukturelemente sowie stilistische und symbolische Ausdrucksmittel untersuchen und werten · 2.4 (2) selbständig Informations- und Wahrheitsgehalt unterschiedlicher medialer Darstellungsformen [...] beurteilen und deren Intention und Wirkung werten

Willkommen in der neuen alten Zeit

Der Krieg ist schon so lang vorbei
Die Nazis waren immer die ander'n
Irgendein Vater, von irgendein'm Vater, von irgendein'm Vater
Ne, die waren nie weg
Immer nur versteckt in unseren Strukturen
Und wir waren zu beschäftigt
Stolz zu sein auf die Erinnerungskultur
Ja, sie wissen was sie tun
Machen das Unsagbare sagbar
Alles ein Stück verrückt
Und dies will auf einmal das bewahren, was es da war?

Echt nicht sexy die Rolle
Wirklich das Letzte, das ich wollte
Aber heute besetzen diese Leute
Tatsächlich den Zweig der Revolte
Ganz einfach weil sie dagegen sind
Wenige, gegen die Macht und die Medien
Sieht aus wie Rebellion
Die Furcht verbitterter Männer um ihre Privilegien
Und sie predigen: Sie müssten sich anfangen zu wehren
Wehret den Anfängen
Wenn das nur die Anfänge wär'n

Sie sagen, es sei nicht derselbe Fluss
Doch er führt noch immer all ihren Schmutz
Und da stehen sie wieder und singen mit stolzer Brust
Das alte Lied vom „Wir haben nichts gewusst"

Dunkles Kapitel unserer Geschichte
Gestern noch Bilder in Schwarz-Weiß
Jetzt übertragen sie es in Farbe
Und ich frag mich wie viel' Seiten sind noch frei?
Dunkle Kapitel unserer Geschichte
Alles vergessen, wieder reihen sie sich ein
Deutschland, Deutschland... und so weiter
Willkommen in der neuen alten Zeit.

4 a) Besprecht zu zweit, welcher Musikrichtung ihr das Lied zuordnen würdet und warum.
b) Besprecht in Kleingruppen, wie diese Musikrichtung auf euch im Vergleich zu einem herkömmlichen Gedicht wirkt.
c) Diskutiert gemeinsam, ob ihr diese Musikrichtung oder ein herkömmliches Gedicht für diese Thematik für geeigneter haltet.

5 Wählt eine der beiden Aufgaben:
a Geht in eine Kleingruppe zusammen und schreibt einen ausgewählten Teil des Lieds in ein Gedicht um.
b Geht in eine Kleingruppe zusammen und verfasst einen Rap oder ein Gedicht über die Kurzgeschichte „Das Brot" von Wolfgang Borchert auf Seite 110–111.

6 a) Präsentiert eure Texte aus Aufgabe 5 der Klasse.
b) Sprecht gemeinsam darüber, inwiefern eine Veränderung der Textform die Wirkung des Textes beeinflusst.

1.1 (4) bei Hörmedien [...] Inhalts- und Strukturelemente sowie stilistische und symbolische Ausdrucksmittel untersuchen und werten · 2.4 (2) selbständig Informations- und Wahrheitsgehalt unterschiedlicher medialer Darstellungsformen [...] beurteilen und deren Intention und Wirkung werten

Einen Liedtext in seiner Zeit verstehen

1 a) Betrachte das Bild.
b) Besprecht zu zweit, was auf dem Bild zu sehen ist.
c) Besprecht eure Überlegungen in der Klasse.

2 a) Geht in einer Kleingruppe zusammen.
b) Nehmt ein weißes Blatt und schreibt alles auf, was ihr über die Zeit zwischen 1933 und 1945 wisst.
c) Vergleicht eure Notizen mit einer anderen Kleingruppe.
d) Präsentiert eure Ergebnisse vor der Klasse.

3 a) Notiere, was genau mit dem Liedtitel *„Dunkles Kapitel"* gemeint ist.
b) Besprecht eure Notizen zu zweit.
c) Überlegt euch gemeinsam alternative passende Liedtitel.
d) Präsentiert sie der Klasse.

4 Max Herre spricht davon, dass sich das *„Dunkle Kapitel unserer Geschichte"* wiederholt.
a) Erkläre die Aussage dieser Liedstelle in deinen eigenen Worten.
b) Setze die Aussage in Bezug zu dem Bild.
c) Besprecht eure Überlegungen in der Klasse.
d) Diskutiert gemeinsam darüber, ob ihr die Aussage für zutreffend haltet.

5 a) Erkläre, was mit folgender Aussage aus dem Refrain gemeint ist: *„Gestern noch Bilder in Schwarz-Weiß, jetzt übertragen sie es in Farbe"*.
b) Recherchiere nach Vorfällen, die in jüngster Zeit passiert sind und einen rechtsextremen Hintergrund hatten.
c) Stellt eure Ergebnisse der Klasse vor.

2.1 (2) selbständig recherchiertes Hintergrundwissen zur Interpretation anspruchsvoller Texte nutzen (z. B. biografischer und/ oder soziokultureller Hintergrund)

6 a) Recherchiere, worauf die Liedzeile *„Deutschland, Deutschland …"* anspielt.
b) Informiere dich auch darüber, welche Problematik damit verbunden ist.
c) Diskutiert diese Problematik.

7 *„Ne, die waren nie weg*
Immer nur versteckt in unseren Strukturen
Und wir waren zu beschäftigt
Stolz zu sein auf die Erinnerungskultur"
a) Erklärt euch zu zweit den Begriff „Erinnerungskultur".
b) Erklärt euch gegenseitig, was mit dieser Strophe des Lieds gemeint ist.

8 *„Die Furcht verbitterter Männer um ihre Privilegien"*
a) Schlage die Erklärung für das Wort „Privilegien" nach und notiere sie.
b) Erklärt euch gegenseitig, was mit dieser Zeile gemeint ist.

9 *„Sie sagen, es sei nicht derselbe Fluss*
Doch er führt noch immer all ihren
Schmutz"
a) Notiere, welche sprachlichen Mittel in diesen Zeilen vorkommen (→ S. 302).
b) Klärt zu zweit die Bedeutung der sprachlichen Mittel und damit die Aussage der Zeilen.
c) Besprecht gemeinsam, welche Wirkung die sprachlichen Mittel hervorrufen.

10 a) Übertrage die folgende Tabelle.

Beispiel und Zeile	Bezeichnung	Bedeutung	Wirkung
„Dunkles Kapitel", Z. 1	*Metapher*	*XXX*	*XXX*
XXX	*XXX*	*XXX*	*XXX*

b) Fülle die Tabelle aus, indem du alle sprachlichen Bilder aus dem Lied heraussuchst, in die erste Spalte einträgst und in der zweiten Spalte benennst. Hinweise dazu findest du auf Seite 279.
c) Fülle nun die weiteren Spalten aus, indem du die Bedeutung der sprachlichen Bilder erläuterst und ihre Wirkung beschreibst.
d) Besprecht eure Ergebnisse in der Klasse.

11 Wähle eine der folgenden Aufgaben aus und präsentiere dein Ergebnis der Klasse:
a Schreibe einen Brief an Max Herre und berichte ihm, zu welchen Denkanstößen dich sein Lied gebracht hat.
b Verfasse einen Aufruf für deine Schulhomepage, der auf die Themen „Rassismus und Fremdenfeindlichkeit" aufmerksam macht (→ S. 261).

12 a) Diskutiert gemeinsam, welche Möglichkeiten ein Einzelner hat, gegen Rassismus vorzugehen.
b) Informiere dich, welche Möglichkeiten deine Schule hat, gegen Rassismus vorzugehen.

Tipp

zu 12 b)
Recherchiere „Schule ohne Rassismus – Schule mit Courage".

2.1 (2) selbständig recherchiertes Hintergrundwissen zur Interpretation anspruchsvoller Texte nutzen (z. B. biografischer und/oder soziokultureller Hintergrund) · 2.2 (4) ein umfangreiches Repertoire von Fachbegriffen zur Interpretation komplexer literarischer Texte nutzen (z. B. Euphemismus, Retardierung)

Fit für den M-Abschluss

Auf dieser Doppelseite findest du einen Text und Aufgaben, wie sie in der Prüfung zum mittleren Schulabschluss an der Mittelschule vorkommen können. Bearbeite sie zunächst alleine und schätze dich selbst mit der Checkliste ein. Besprecht dann die Aufgaben und gebt euch gegenseitig Feedback.

Augenblicke
Walter Helmut Fritz

Kaum stand sie vor dem Spiegel im Badezimmer, um sich herzurichten, als ihre Mutter aus dem Zimmer nebenan zu ihr hereinkam, unter dem Vorwand, sie wolle sich nur die Hände waschen. Also doch! Wie immer, wie *fast* immer. Elsas Mund krampfte sich zusammen. Ihre Finger spannten sich. Ihre Augen wurden schmal. Ruhig bleiben! Sie hatte darauf gewartet, dass ihre Mutter auch dieses Mal hereinkommen würde, voller Behutsamkeit, mit jener scheinbaren Zurückhaltung, die durch ihre Aufdringlichkeit die Nerven freilegt. Sie hatte – behext, entsetzt, gepeinigt – darauf gewartet, weil sie sich davor fürchtete. „Komm, ich mach dir Platz", sagte sie zu ihrer Mutter und lächelte ihr zu. „Nein, bleib nur hier, ich bin gleich soweit", antwortete die Mutter und lächelte. „Aber es ist doch so eng", sagte Elsa und ging rasch hinaus, über den Flur, in ihr Zimmer. Sie behielt einige Augenblicke länger als nötig die Klinke in der Hand, wie um die Tür mit Gewalt zuzuhalten. Sie ging auf und ab, von der Tür zum Fenster, vom Fenster zur Tür. Vorsichtig öffnete ihre Mutter. „Ich bin schon fertig", sagte sie. Elsa tat, als ob ihr inzwischen etwas anderes eingefallen wäre, und machte sich an ihrem Tisch zu schaffen. „Du kannst weitermachen", sagte die Mutter. „Ja, gleich."

Die Mutter nahm die Verzweiflung ihrer Tochter nicht einmal als Ungeduld wahr. Wenig später allerdings verließ Elsa das Haus, ohne ihrer Mutter adieu zu sagen. Mit dem Tram fuhr sie in die Stadt, in die Gegend der Post. Dort sollte es eine Wohnungsvermittlung geben, hatte sie einmal gehört. Sie hätte zu Hause im Telefonbuch eine Adresse nachsehen können. Sie hatte nicht daran gedacht, als sie die Treppen hinuntergeeilt war. In einem Geschäft für Haushaltungsgegenstände fragte sie, ob es in der Nähe nicht eine Wohnungsvermittlung gebe. Man bedauerte. Sie fragte in der Apotheke, bekam eine ungenaue Auskunft. Vielleicht im nächsten Haus. Dort läutete sie. Schilder einer Abendzeitung, einer Reisegesellschaft, einer Kohlenfirma. Sie läutete umsonst. Es war später Nachmittag, Samstag, zweiundzwanzigster Dezember. Sie sah in eine Bar hinein. Sie sah den Menschen nach, die vorbeigingen. Sie trieb mit. Sie betrachtete Kinoreklamen. Sie ging Stunden umher. Sie würde erst spät zurückkehren. Ihre Mutter würde zu Bett gegangen sein. Sie würde ihr nicht mehr gute Nacht zu sagen brauchen. Sie würde sich, gleich nach Weihnachten, eine Wohnung nehmen. Sie war zwanzig Jahre alt und verdiente. Kein einziges Mal würde sie sich mehr beherrschen können, wenn ihre Mutter zu ihr ins Bad kommen würde, wenn sie sich schminkte. Kein einziges Mal. Ihre Mutter lebte seit dem Tod ihres Mannes allein. Oft empfand sie Langeweile. Sie wollte mit ihrer Tochter sprechen. Weil sich die

2.2 (1) lyrische, epische und dramatische Werke aus dem Zeitraum vom Sturm und Drang bis zum 21. Jahrhundert auf der Basis erworbener literarischer Kategorien fachgerecht interpretieren · 3.2 (2) kreative und produktive Schreibformen [...] zur Klärung des eigenen Standpunkts sowie zur schriftlichen Auseinandersetzung mit Themen [nutzen]

Gelegenheit selten ergab (Elsa schützte Arbeit vor), suchte sie sie auf dem Flur zu erreichen oder wenn sie im Bad zu tun hatte. Sie liebte Elsa. Sie verwöhnte sie. Aber sie, Elsa, würde kein einziges Mal mehr ruhig bleiben können, wenn sie wieder zu ihr ins Bad käme.

Elsa floh. Über der Straße künstliche, blau, rot, gelb erleuchtete Sterne. Sie spürte Zuneigung zu den vielen Leuten, zwischen denen sie ging.

Als sie kurz vor Mitternacht zurückkehrte, war es still in der Wohnung. Sie ging in ihr Zimmer, und es blieb still. Sie dachte daran, dass ihre Mutter alt und oft krank war. Sie kauerte sich in ihren Sessel, und sie hätte unartikuliert schreien mögen, in die Nacht mit ihrer entsetzlichen Gelassenheit.

(verändert)

1 Lies die Kurzgeschichte „Augenblicke".

2 Fasse die Kurzgeschichte in wenigen Sätzen zusammen. Formuliere auch einen Einleitungssatz.

3 Notiere, woran man erkennt, dass es Elsa stört, wenn ihre Mutter zu ihr ins Bad kommt. Belege deine Aussagen mit Zitaten aus dem Text.

4 a) Betrachte die Karikatur und formuliere ihre Kernaussage.
b) Stelle schriftlich einen Bezug zwischen dem Text und der Karikatur her.

5 Sammle Argumente zu folgender Fragestellung in einer Mindmap. Beziehe dabei auch die Kurzgeschichte mit ein.
Sollte man gleich nach dem Schulabschluss von zu Hause ausziehen?

6 Nimm mithilfe deiner Mindmap Stellung zu obiger Fragestellung.

7 a) Schätze dich mithilfe der Checkliste unten (→ COPY 18) zunächst selbst ein.
b) Tauscht eure Aufgaben dann zu zweit untereinander aus.
c) Kontrolliert euch gegenseitig und gebt euch Feedback. Was war schon gut? Was könnt ihr noch verbessern?

Checkliste

Ich habe / Du hast ...	++	+	–	––	*Einschätzung des/der Partners/-in*
... den Inhalt des Textes treffend zusammengefasst.	X	X	X	X	XXXXXXXXXXX
... die Karikatur inhaltlich verständlich erklärt.	X	X	X	X	XXXXXXXXXXX
... einen sinnvollen Bezug zwischen Text und Karikatur hergestellt.	X	X	X	X	XXXXXXXXXXX
... eine eigene Meinung zum Thema formuliert und logisch und mit guten Argumenten begründet.	X	X	X	X	XXXXXXXXXXX

Gegenwartsliteratur interpretieren

In diesem Kapitel befasst ihr euch mit Literatur am Beispiel von Juli Zehs „Über Menschen“. Dafür müsst ihr nicht den gesamten Roman lesen, ihr könnt auch mit den abgedruckten Textauszügen arbeiten. Außerdem werdet ihr selbstständig eure Arbeitsweise planen.

1 Betrachte das Buchcover und lies den Klappentext.

Über Menschen

Dora ist mit ihrer kleinen Hündin aufs Land gezogen. Sie musste dringend raus aus der Stadt, auch wenn sie nicht genau weiß, wovor sie auf der Flucht ist. Großstadt, Lockdown, stressiger Job, ein übereifriger Freund [*Klimaaktivist*], dazu Donald Trump, Brexit und Rechtspopulismus – wann ist die Welt eigentlich dermaßen durcheinander geraten? Dass Bracken, dieses kleine Dorf im brandenburgischen Nirgendwo, nicht die ländliche Idylle ist, von der manche Städter träumen, war Dora klar.
Alle haben sie vor der Provinz gewarnt. Jetzt sitzt sie trotzdem hier, in einem alten Haus auf einem verwilderten Grundstück, mit einem kahlrasierten Nachbarn hinter der Gartenmauer, der sämtlichen Vorurteilen zu entsprechen scheint. Doch dann passieren Dinge, die ihr Weltbild ins Wanken bringen. Sie trifft Menschen, die in kein Raster passen, und steht vor einer Herausforderung, die Antwort auf die große Frage verlangt, worauf es im Leben eigentlich ankommt.

2 a) Gib in eigenen Worten wieder, worum es in diesem Roman geht.
b) Notiere in Stichpunkten, welche Themen der heutigen Zeit laut dem Klappentext eine Rolle spielen.
c) Vergleicht zu zweit eure Stichpunkte.

3 a) Wie lautet deiner Meinung nach die Antwort auf *„die große Frage […], worauf es im Leben eigentlich ankommt“*? Halte deine Gedanken schriftlich fest.
b) Vergleicht gemeinsam eure Antworten.

4 a) Könntest du dir vorstellen, diesen Roman privat zu lesen? Begründe deine Meinung.
b) In der Schule wird manchmal die Aufgabe gestellt, ein Werk zu interpretieren. Überlege und notiere, was du dazu weißt.
c) Besprecht zu zweit eure Überlegungen.
d) Besprecht euer Vorwissen gemeinsam in der Klasse.

In diesem Kapitel …

kannst du auf dein Vorwissen aufbauen, wiederholen und dazulernen, wie du …
- ein literarisches Werk fachgerecht interpretierst,
- Figuren und ihre Beziehungen zueinander analysierst,
- erzählerische Mittel analysierst,
- den Einfluss des Autors / der Autorin auf ein Werk berücksichtigst,
- den Einfluss der Entstehungszeit und Epoche auf ein Werk berücksichtigst.

1.3 (1) sich konstruktiv an Gesprächen beteiligen und diese unter Beachtung […] der Wechselbeziehungen von eigenem und fremdem Gesprächsverhalten führen · 2.2 (1) lyrische, epische und dramatische Werke aus dem Zeitraum vom Sturm und Drang bis zum 21. Jahrhundert auf der Basis erworbener literarischer Kategorien fachgerecht interpretieren

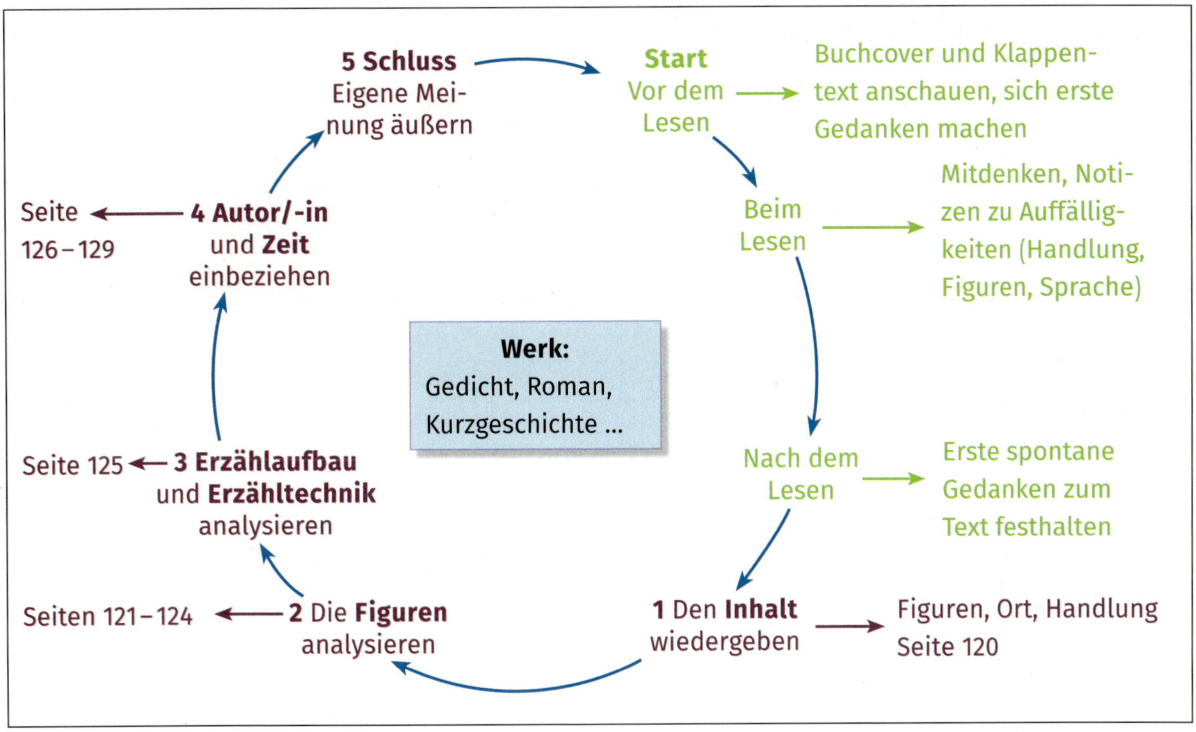

5 a) Betrachte die Grafik und lies die Erläuterungen in der *Lernbox*.
b) Besprecht zu zweit, was ihr davon schon kennt, und notiert noch offene Fragen.
c) Besprecht eure Fragen in der Klasse.

6 a) Erstelle – in Absprache mit der Klasse – eine Planungsübersicht, wie du die Schritte 1 bis 5 bearbeiten willst. Berücksichtige dabei folgende Fragen:
- *Einzel-/Partner- oder Gruppenarbeit?*
- *Arbeitsteilig oder bearbeiten alle alles?*
- *Bis wann muss was fertig sein?*
- *An welchen Stellen werden die Ergebnisse in der Klasse besprochen?*

b) Bearbeite die Schritte 1 bis 5 anhand deiner Planungsübersicht aus Aufgabe 6 a). Nutze dazu die in der Grafik angegebenen Seiten.
c) Dokumentiere parallel deine Fortschritte und Schwierigkeiten.

7 Interpretiere mithilfe deiner Ergebnisse aus Aufgabe 6 b) und der *Lernbox* den Textauszug auf S. 122–123 in einem Fließtext.

Lernbox

Literarische Texte fachgerecht interpretieren

Schritt 1: Den **Inhalt** wiedergeben. Beim Einleitungssatz an die TATT-Formel denken.
TATT-Formel: Titel, **A**utor/-in, **T**extsorte und das **T**hema.
Schritt 2: Die **(Haupt-)Figuren** analysieren und ihre Beziehungen zueinander betrachten.
Schritt 3: Erzählaufbau der Geschichte und **Erzähltechnik** beschreiben, auch die Sprache und ihre Wirkung im Text.
Schritt 4: Über das Werk hinaus **Autor/Autorin** und **Zeitgeschichte** einbeziehen, auch Rezensionen.
Schritt 5: Mit der eigenen Meinung abschließen.

1.3 (1) sich konstruktiv an Gesprächen beteiligen und diese unter Beachtung [...] der Wechselbeziehungen von eigenem und fremdem Gesprächsverhalten führen · 2.2 (1) lyrische, epische und dramatische Werke aus dem Zeitraum vom Sturm und Drang bis zum 21. Jahrhundert auf der Basis erworbener literarischer Kategorien fachgerecht interpretieren

Den Inhalt wiedergeben

1 a) Lies die Zusammenfassung von Juli Zehs Roman „Über Menschen".

Die 36-jährige Werbetexterin Dora Korfmacher zieht von Berlin in das kleine Dorf Bracken in Brandenburg. Sie entflieht damit ihrem Freund Robert, der als Klimaaktivist und glühender Greta-Anhänger nur noch genervt hat. Zuletzt wird er aber als Corona-Warner schier unerträglich. In Bracken trifft Dora auf gänzlich andere Lebensumstände. Das erworbene Haus ist unmöbliert und heruntergekommen, das große Grundstück verwildert. Einkaufsmöglichkeiten für die Lebensgrundbedürfnisse fehlen am Ort, ebenso ein kurz getakteter Busbetrieb. Aber da gibt es ja die Nachbarn. Anders als in Berlin bleiben sie nicht unsichtbar. Nach dörflichen Gepflogenheiten kommt man ins Gespräch und Dora erhält von ihnen unerwartete Hilfe. Der direkte Nachbar Gote spendiert ihr Bett und Stühle, seine Tochter Franzi ist schnell in Doras Hündin Jochen vernarrt. Der Nachbar von gegenüber hilft im Garten. Beim Einkaufen im Nachbarort kann sie mit einem Dorfbewohner, der sie vom Sehen kennt, nach Hause fahren. Sie erfährt, dass er einen Lebenspartner hat. Corona scheint hier keine große Rolle zu spielen. Und doch verbergen sich hinter diesen Menschen persönliche Schicksale und Haltungen, die man nicht verstehen, aber im Dorfleben aushalten muss. So ist Gote ein Neonazi, der dies durchaus deutlich macht. Das schwule Pärchen ist dagegen wohl eher links orientiert. Aber Dora findet sich in diese Gemeinschaft ein, die durch eine Erkrankung Gotes eine dramatische Bewährungsprobe erfährt. Letztlich stirbt Gote. Doras Vater, ein Arzt, hilft in dieser Phase sehr. Am Ende ist Dora in Bracken angekommen.

b) Gib in eigenen Worten wieder, worum es in dem Roman geht.

2 a) Lies die folgenden ersten Sätze verschiedener Rezensionen.

b) Besprecht, welche Gemeinsamkeiten und welche Unterschiede die Rezensionen aufweisen.

„In Bracken ist man unter Leuten", schreibt Juli Zeh in ihrem neuen Dorfroman, der nach dem enormen Erfolg des Vorgängers „Unterleuten" nun geradezu leuchtsignalhaft „Über Menschen" heißt. *(Jörg Magenau in der Süddeutschen Zeitung)*

Mit ihrem neuen Roman „Über Menschen" will Juli Zeh an den Erfolg von „Unterleuten" anknüpfen. Erneut geht es um einen Dorfalltag in Brandenburg, doch diesmal in Corona-Zeiten. *(Nadine Kreuzahler im rbb24)*

Der neue Roman der Schriftstellerin Juli Zeh „Über Menschen" ist das Buch der Stunde: über Corona und die Verstärkung der Einsamkeit, über verstörende Angst und Weltretterphantasien und über politische Verwerfungen – nicht zuletzt zwischen Stadt und Land. *(Jutta Duhm-Heitzmann im wdr)*

3 Verfasse einen Einleitungssatz für eine Inhaltszusammenfassung (→ *Lernbox* S. 165).

1.3 (1) sich konstruktiv an Gesprächen beteiligen und diese unter Beachtung [...] der Wechselbeziehungen von eigenem und fremdem Gesprächsverhalten führen · 2.2 (1) lyrische, epische und dramatische Werke aus dem Zeitraum vom Sturm und Drang bis zum 21. Jahrhundert auf der Basis erworbener literarischer Kategorien fachgerecht interpretieren

Literarische Figuren analysieren

1 Lies die folgenden Textauszüge. Die *kursiv geschriebenen* Teile erläutern den Zusammenhang der Geschichte.

Dora ist mit dem Bus zu einem Einkaufscenter gefahren. Dort trifft sie jemanden aus Bracken.

Auf dem Weg zur Kasse wird sie von einer Lastkarre gerammt, auf der sich Säcke voll Blumenerde zu einem wackligen Stapel türmen. [...] Während der Besitzer des Turms versucht, Doras Einkäufe aufzusammeln und gleichzeitig seine Ladung vom Umstürzen abzuhalten, entschuldigt er sich in einem fort. Er hat eine angenehm sonore Stimme, wie ein Synchronsprecher, der immer die Rolle des netten Kerls bekommt. Als sie gemeinsam die Schäden beseitigt und größeres Unglück vermieden haben, hat Dora Gelegenheit, den Mann anzusehen. Er ist mindestens fünfzig, nicht besonders groß, aber mit massigem Kreuz. Das ergraute Haar hat er zum Pferdeschwanz gebunden. Er trägt Cargo-Shorts und trotz des milden Wetters einen Norwegerpulli, anscheinend auf nackter Haut, wie der ausgeleierte Halsausschnitt vermuten lässt.

Dora möchte mit dem Bus nach Hause fahren und wartet an der Haltestelle, aber die Busse fahren nur selten. Da hält ein weißer Sprinter.

„Das können Sie vergessen", ruft er [der Fahrer] durch das heruntergelassene Beifahrerfenster. „Da kommt den ganzen Nachmittag nichts." Sie erkennt den grauen Pferdeschwanz und die sonore Stimme. [...] „Ich hab die ein Meter fünfzig", sagt der Pferdeschwanz-Mann und klopft lachend neben sich auf die durchgehende Sitzbank, wo man tatsächlich mit Corona-Abstand sitzen kann. [...] „Du willst doch nach Bracken, oder?" Dora nickt überrascht. „Wissen Sie, wer ich bin?" „Ich weiß, wo du wohnst." [...] Der Mann wartet nicht, bis Dora mit ihren Überlegungen fertig ist. Er steigt aus und geht um den Lieferwagen herum. „Tom." Statt ihr die Hand zu reichen, bietet er seinen Ellenbogen, und Dora stößt ihren dagegen. Der Mann verlädt die Einkaufsbeutel in den Fußraum des Beifahrersitzes. Er hebt die schweren Beutel so leicht an, als enthielten sie Schaumstoff. [...] Wenn Tom sich bückt und der ausgeleierte Norwegerpulli nach unten hängt, kann Dora die wollig ergraute Brustbehaarung bis hinunter zum Bauchnabel sehen. [...] Sein Bauch ist voluminös, aber nicht fett.

Tom bringt Dora bis zu ihrem Haus. Dabei unterhalten sie sich angeregt.

Dann fällt der nächste Groschen mit Getöse. Sie sitzt wie gebannt und spürt eine leichte Röte in die Wangen steigen. Tom und Steffen. Ihr Körperstudienobjekt ist mit einem Mann zusammen. [...] „Falls du was brauchst, komm einfach vorbei." Er zeigt die Straße hinunter auf das große weiße Haus und ist schon wieder eingestiegen und losgefahren, bevor Dora sich richtig bedankt hat.

2 a) Besprecht kurz den Inhalt des Auszugs.
b) Gestalte einen Steckbrief von Tom, indem du auf Grundlage der Beschreibungen und Toms Verhalten im Auszug ...
– *eine Skizze von ihm anfertigst und*
– *seine Charaktereigenschaften notierst.*
c) Belege die Notizen mit Zitaten (→ S. 282).

1.3 (1) sich konstruktiv an Gesprächen beteiligen und diese unter Beachtung [...] der Wechselbeziehungen von eigenem und fremdem Gesprächsverhalten führen · 2.2 (1) lyrische, epische und dramatische Werke aus dem Zeitraum vom Sturm und Drang bis zum 21. Jahrhundert auf der Basis erworbener literarischer Kategorien fachgerecht interpretieren

Figuren und ihre Beziehungen analysieren

In dem Roman „Über Menschen" steht die Beziehung zwischen der Protagonistin Dora und ihrem Nachbarn Gote im Mittelpunkt. Die Autorin Juli Zeh zeigt aber auch andere Beziehungsstrukturen auf.

1 Lies die folgenden Textauszüge. Die *kursiv geschriebenen* Teile erläutern den Zusammenhang der Geschichte.

Dora begegnet zum ersten Mal ihrem politisch rechten Nachbarn Gote (Gottfried Proksch), der sich dabei selbst als „Dorf-Nazi" vorstellt.

Sie muss an die Worte ihres Vaters denken, als sie ihm am Telefon von ihrem spontanen Umzug aufs Land erzählte: „In die Prignitz? Was willst du denn bei den ganzen Rechtsradikalen?" Dafür zu sorgen, dass Jojo [„Jojo" ist Doras Vater] nicht recht behält, gehört zu Doras wichtigsten Antrieben. Sie hat Kommunikationswissenschaft studiert, weil er nur Medizin und Jura für echte Ausbildungen hielt. Sie hat ihr Studium abgebrochen, weil er es wichtig fand, zu Ende zu studieren. Sie ist gern in der Werbung, während Jojo die ganze Branche als überflüssig bezeichnet.

Dora besucht bald darauf ihren Vater in Berlin. Dabei sind auch ihr Bruder Axel, der Hausmann geworden ist, und dessen Frau Christine, eine Fachanwältin für Steuerrecht. Dora beschreibt:

Seitdem gilt er als der Sohn, der alles richtig macht. In Jojos Augen zählt das Heiraten und Befruchten einer erfolgreichen Juristin offensichtlich genauso viel wie ein eigenes juristisches Staatsexamen, während sich Dora mit ihrem abgebrochenen Kommunikationswissenschaftsstudium, ihrem Job in der Werbung, der gescheiterten Beziehung zu einem Öko-Aktivisten und einer undurchschaubaren Dorfexistenz zusehends in einen Problemfall verwandelt.

Auf dem Weg nach Bracken erinnert sich Dora:

Als Dora ein Mädchen war, ist Jojo manchmal in ihr Zimmer gekommen, hat sich auf den Schreibtisch gesetzt und ein Gespräch mit ihr begonnen. Über ein Buch, die Schule oder die Frage, ob der Weltraum eine Grenze hat. Er redete mit ihr wie mit einer Erwachsenen. Dann wurde die Mutter [mittlerweile verstorben] krank, und Jojo klopfte nie wieder an Doras Tür.

2 a) Stelle in einer Tabelle gegenüber, was Dora von sich preisgibt und welche Gedanken sie zu ihrem Vater äußert.

Dora	Vater „Jojo"
– *sie hat aus Protest … studiert* – *XXX*	– *hält nur … für ein echtes Studium* – *XXX*

b) Vergleicht und ergänzt eure Tabellen.

3 Lies den weiteren Verlauf.

Einige Zeit später: Dora findet den mit dem Auto verunglückten Gote. Er wirkt betrunken, riecht aber nicht nach Alkohol. Sie bringt ihn heim und ruft ihren Vater, der ein bekannter Neurologe ist, an.

„Dann mal raus mit der Sprache", sagt er, was

1.3 (1) sich konstruktiv an Gesprächen beteiligen und diese unter Beachtung [...] der Wechselbeziehungen von eigenem und fremdem Gesprächsverhalten führen · 2.2 (1) lyrische, epische und dramatische Werke aus dem Zeitraum vom Sturm und Drang bis zum 21. Jahrhundert auf der Basis erworbener literarischer Kategorien fachgerecht interpretieren

hübsch altmodisch klingt, als wären sie Figuren in einer Sitcom aus den Achtzigern. Und Dora erzählt. Weil sie nicht weiß, wo sie anfangen soll, erzählt sie einfach alles. […] Jojo unterbricht sie nicht, er hört einfach zu. Brummt gelegentlich Zustimmung oder äußert kleine Laute des Erstaunens. Es tut so gut zu reden, dass Dora immer ausführlicher wird. […] Jojo zeigt keine Zeichen von Ungeduld. Dora versteht gar nicht mehr, was manchmal zwischen ihnen steht. Warum sie oft das Gefühl hat, dass er sich nicht für sie interessiert. […] „Das Eigentliche kommt noch, oder?"

Dora berichtet schließlich von Gotes Unfall. Jojo hört zu und fährt los, um Gote zu untersuchen. Das Ergebnis: ein unheilbarer Gehirntumor. Jojo gibt Dora Ratschläge und hilft ihr, der wegen Corona gekündigt wurde, mit Geld aus. Als Gote stirbt, besucht Jojo Dora.

Ganz selbstverständlich benutzt er das Bad, holt sich, ohne zu fragen, ein weiteres Bier, weil Bracken wohl nicht der richtige Ort zum Weintrinken ist, und hat sogar Jochens [Doras Hund] Wassernapf aufgefüllt. Er fühlt sich demonstrativ wohl in Doras neuem Zuhause.

In ausgiebigen Gesprächen steht Jojo Dora zur Seite. Bevor er nach Berlin zurückkehrt, sagt er:

„Ich bin nicht wegen Proksch [Gote] gekommen. Sondern deinetwegen." Mit beiden Händen greift Jojo nach den ihren. „Ich wollte dich unterstützen. Du hast hier Palliativarbeit geleistet. Das ist schwierig, selbst für Menschen, die es gelernt haben." […] Ein weiteres Mal drückt er ihre Hände, dieses Mal mit abschließender Kraft, die besagt: Wir haben geredet, wir hatten Gefühle, jetzt kehren wir zur Normalität zurück.

4 a) Ergänze die Tabelle von 2 a) anhand des Auszugs ab Zeile 41.
b) Vergleicht und ergänzt eure Tabellen.

5 a) Analysiere mithilfe der Tabelle und der *Lernbox* die Beziehung zwischen Dora und Jojo.
b) Tauscht eure Texte aus und gebt euch gegenseitig Feedback.
c) Überarbeite deinen Text mithilfe des Feedbacks.

6 a) Verfasse einen Tagebucheintrag, in dem du dein Verhältnis zu einem deiner Elternteile beschreibst.
b) Schreibe auf, wie es mit Dora und Jojo weitergehen könnte.

Lernbox

Figuren und ihre Beziehungen analysieren

Im Text wird manchmal etwas **direkt** über eine Figur ausgesagt (z. B. der Erzähler beschreibt sie, eine andere Figur sagt etwas über sie). Manchmal musst du aber **indirekt** aus Handlungen, Gedanken oder Gesprächen auf die Figur schließen.
Gehe so vor:

1 Finde im Text Aussagen über die Figur und beachte zunächst ihr **Äußeres**: das Aussehen, Kleidung oder Ähnliches.
2 Suche dann Textstellen, die etwas über ihren **Charakter** aussagen: ihre Einstellungen, ihr Verhalten oder die Motive für ihr Verhalten.
   a) Das können Situationen sein, in denen sie etwas tut.
   b) Das können aber auch Gespräche, Gedanken, Selbstgespräche, innere Monologe oder Tagebucheinträge sein.
3 **Bewerte** das Gefundene aus deiner Sicht.

1.3 (1) sich konstruktiv an Gesprächen beteiligen und diese unter Beachtung […] der Wechselbeziehungen von eigenem und fremdem Gesprächsverhalten führen · 2.2 (1) lyrische, epische und dramatische Werke aus dem Zeitraum vom Sturm und Drang bis zum 21. Jahrhundert auf der Basis erworbener literarischer Kategorien fachgerecht interpretieren

Beziehungsdiagramme verwenden

1 Betrachte das Beziehungsdiagramm zu „Über Menschen“ (→ COPY 19).

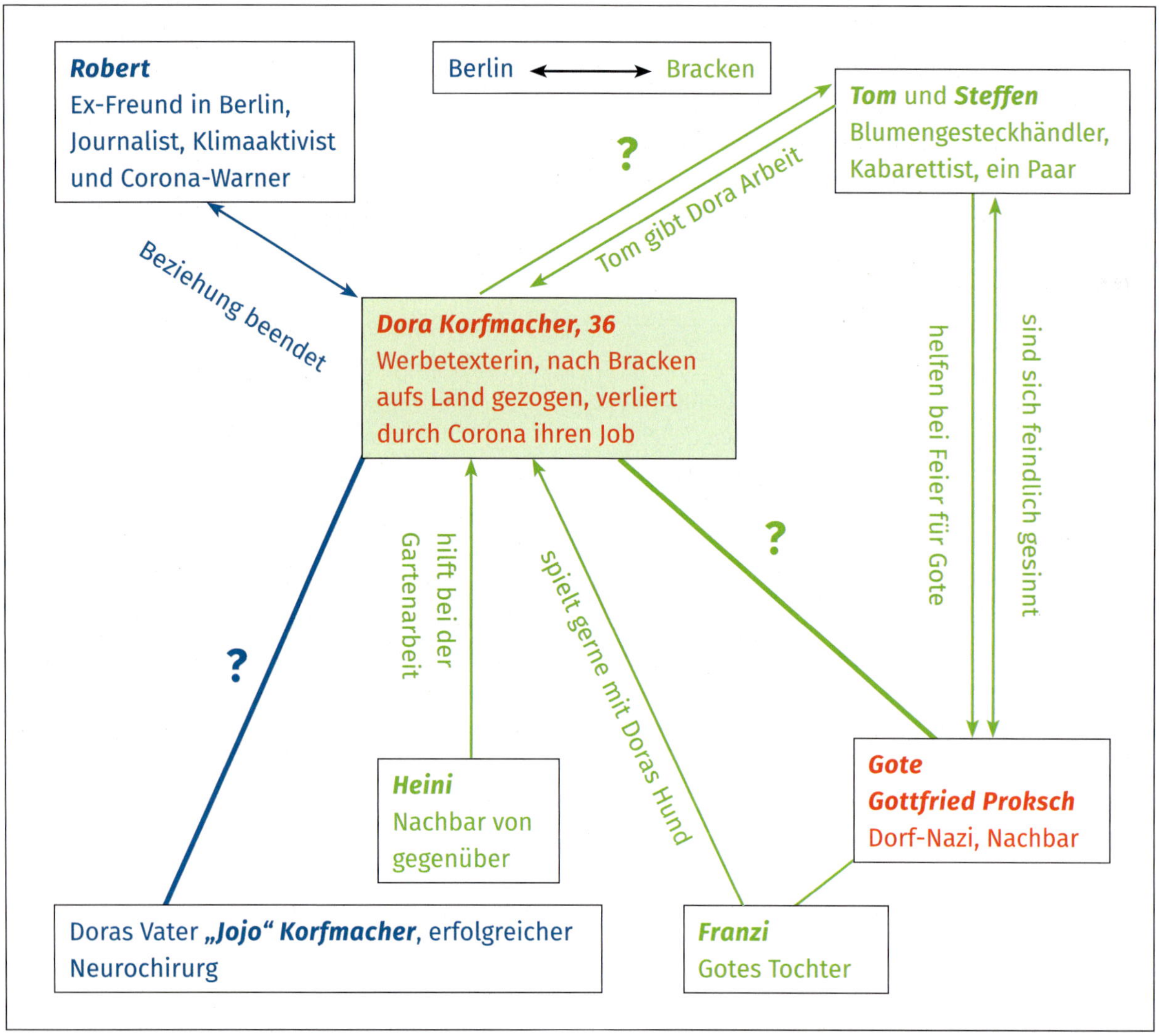

2 a) Notiere, auf welche Weise das Beziehungsdiagramm Hauptfiguren von Nebenfiguren unterscheidet.
b) Interpretiere die Bedeutung der verschiedenen Farben.
c) Vervollständige die Fragezeichen.
d) Notiere Vermutungen zu Funktionen von Beziehungsdiagrammen.
e) Besprecht eure Ergebnisse.

3 Im Kapitel „Lust auf Lesen“ findet ihr viele Lektürevorschläge. Erstellt zu einem Vorschlag eurer Wahl ein Beziehungsdiagramm.

1.3 (1) sich konstruktiv an Gesprächen beteiligen und diese unter Beachtung [...] der Wechselbeziehungen von eigenem und fremdem Gesprächsverhalten führen · 2.2 (1) lyrische, epische und dramatische Werke aus dem Zeitraum vom Sturm und Drang bis zum 21. Jahrhundert auf der Basis erworbener literarischer Kategorien fachgerecht interpretieren

Erzähllaufbau und -technik analysieren

1 Erklärt euch gegenseitig den Unterschied zwischen Erzählzeit und erzählter Zeit. Hinweise dazu findet ihr in der *Lernbox*.

2 a) Lies den Infokasten zu „Über Menschen".
b) Bestimme mithilfe der Angaben die Erzählzeit und die erzählte Zeit für „Über Menschen".

Infokasten – Über Menschen

In drei Abschnitten mit insgesamt 50 Kapiteln wird erzählt, was die Protagonistin Dora nach ihrem Umzug von Berlin aufs Land erlebt. Es beginnt Mitte April (Seite 9) und geht bis „Und ausgerechnet heute, nach monatelanger Trockenheit, beginnt es zu regnen" (Seite 398).

In Abschnitt eins will Dora in Bracken ankommen, nennt dabei die Beweggründe für den Wegzug aus Berlin. In Abschnitt zwei richtet sie sich in Bracken ein. In Abschnitt drei bewährt sie sich in der Phase von Gotes Erkrankung und Tod und erwirbt sich die Anerkennung des Dorfes.

3 a) Bestimme für den Romanauszug auf Seite 122, welche Erzählperspektive vorliegt (→ *Lernbox* S. 159). Begründe.
b) Sprecht zu zweit über die Wirkung der Erzählperspektive.
c) Stellt euch vor, der Roman wäre in einer anderen Erzählperspektive verfasst. Diskutiert, inwiefern das die Wirkung verändern würde.

4 Untersuche die sprachliche Gestaltung der Textauszüge von Seite 121–123. Nutze dafür die Checkliste „Sprachliche Gestaltung" von Seite 225.

5 a) Lies die folgenden Textauszüge. Welche Bedeutung könnte die Mauer haben? Notiere deine Gedanken.
b) Diskutiert, um welches sprachliche Mittel es sich bei der Mauer handeln könnte.

Erste Begegnung mit Gote:
Eine Weile schauen sie gemeinsam auf Jochen hinunter, Dora auf der einen Seite der Mauer, der Nachbar auf der anderen. [...] „Angenehm", sagt Gote. „Ich bin hier der Dorf-Nazi."
Dora kümmert sich um Gote:
Als Erstes geht Dora in den Garten und steigt auf den Stuhl an der Mauer. Drüben sitzt Gote am Campingtisch [...]. Wenn sie pfeift, blickt er auf und kommt zu ihr, steigt auf die Obstkiste und lässt sich die Tabletten reichen.
Später rauchen Dora und Gote an der Mauer eine Zigarette:
An der Mauer steigt sie auf den Gartenstuhl. Drüben steht Gote schon auf der Obstkiste.

Lernbox

Erzählzeit und erzählte Zeit

1 **Erzählzeit** ist die Zeit, die nötig ist, um einen Text zu lesen.
2 **Erzählte Zeit** ist die Zeit, über die sich die Handlung einer Geschichte erstreckt.

1.3 (1) sich konstruktiv an Gesprächen beteiligen und diese unter Beachtung [...] der Wechselbeziehungen von eigenem und fremdem Gesprächsverhalten führen · 2.2 (1) lyrische, epische und dramatische Werke aus dem Zeitraum vom Sturm und Drang bis zum 21. Jahrhundert auf der Basis erworbener literarischer Kategorien fachgerecht interpretieren

Autor/-in und Zeit einbeziehen

Infokasten – Juli Zeh
Juli Zeh ist 1974 in Bonn geboren und studierte Jura. Ihre Romane sind mittlerweile in 35 Sprachen übersetzt und ihr Gesellschaftsroman „Unterleuten" (2016) stand über ein Jahr auf der SPIEGEL-Bestsellerliste. Außerdem erhielt sie für ihr Werk mehrere Auszeichnungen, wie den Carl-Amery-Literaturpreis (2009), Thomas-Mann-Preis (2013), Hildegard-von-Bingen-Preis (2015), Bruno-Kreisky-Preis (2017) und das Bundesverdienstkreuz (2018). Seit 2018 ist sie als ehrenamtliche Richterin am Verfassungsgericht des Landes Brandenburg tätig.

Interview mit Juli Zeh

Repräsentiert Dora, die Hauptfigur aus „Über Menschen", die während der Corona-Pandemie aus der Stadt aufs Land flüchtet, einen bestimmten Zeitgeist?

Dora ist in vielerlei Hinsicht eine typische Vertreterin des aktuellen Zeitgeistes. Sie hat eigentlich alles, was sich ein Mensch wünschen kann – einen guten Job, einen Partner, eine schöne Wohnung in Berlin. Aber sie ist unglücklich mit sich selbst, sie fühlt sich überfordert, sie hat den Eindruck, mit den vielen Veränderungen und Anforderungen um sie herum nicht mehr mithalten zu können. [...]

Corona ist ein Thema im Roman; inwieweit wirkt Realität konkret auf den Schreibprozess ein?

Ich bin ohnehin eine Schriftstellerin, die stets versucht, möglichst nah am Puls der Zeit zu schreiben. Bei „Über Menschen" ist das noch intensiver geworden. [...]

Sie leben selber seit langer Zeit mit Ihrer Familie in einem brandenburgischen Dorf. Stammen die Figuren aus Ihrem persönlichen Umfeld?

Alles, worüber ich schreibe, stammt aus meinem persönlichen Umfeld. Ich verarbeite immer Dinge, die ich gesehen oder gehört habe. Das darf man aber nicht mit autobiografischem Arbeiten verwechseln. Ich versuche, einen möglichst starken Realismus in meinen Texten zu entwickeln, sodass es scheint, als wäre das alles wirklich passiert. Das ist es aber nicht. Ich habe mir die Ereignisse ausgedacht, genau wie alle Figuren, die darin vorkommen.

1 a) Lies das Interview mit Juli Zeh.
b) Überlegt und diskutiert: Was bedeutet ...
– *aktueller Zeitgeist (Zeile 6),*
– *nah am Puls der Zeit (Zeile 19)?*
c) Besprecht, wie Juli Zeh den *aktuellen Zeitgeist* in „Über Menschen" umsetzt.

Infokasten – Publikumserfolg
In der Woche seines Erscheinens war der Roman „Über Menschen" in der SPIEGEL-Bestsellerliste auf Platz 2, in den beiden Folgewochen schon jeweils auf Platz 1.

2 Warum wurde dieser Roman erfolgreich (siehe graue Kästen)? Vermutet und diskutiert.

1.3 (1) sich konstruktiv an Gesprächen beteiligen und diese unter Beachtung [...] der Wechselbeziehungen von eigenem und fremdem Gesprächsverhalten führen · 2.1 (2) selbständig recherchiertes Hintergrundwissen zur Interpretation anspruchsvoller Texte nutzen (z. B. biografischer und/oder soziokultureller Hintergrund)

Sich über Gegenwartsliteratur austauschen

1 a) Lies die folgenden Romananfänge. Überlege, worum es in den Romanen gehen könnte.
b) Wählt zu zweit einen aus und verfasst selbst eine kurze Geschichte als Fortsetzung.

2 a) Bildet Gruppen. Achtet wenn möglich darauf, dass alle drei Romananfänge vorkommen.
b) Lest und besprecht eure Texte.
c) Besprecht folgende Fragen:
- *Über welche Themen habt ihr geschrieben?*
- *Welche weiteren Themen würden euch interessieren?*

d) Recherchiert, worum es in den Romanen tatsächlich geht.

Auerhaus
Von Bov Bjerg

Vera leuchtete runter. Auf den Stufen lag Frieder.
Ich: „Weint er?“
Vera: „Er lacht.“
Frieder lag auf dem Rücken, den Kopf treppauf. Unter der Bommelmütze kniff er die Augen zusammen. Er kicherte: „Ich hab's gemacht! Ich hab's gemacht!“
Ich stieg über ihn rüber, nach unten. Aus den Sohlen seiner Stiefel bröckelte der Schnee. Unten an der Treppe lag die Axt.

3 a) Recherchiert, welche Themen besonders beliebt in der Gegenwartsliteratur sind.
b) Diskutiert, welche Themen der Gegenwartsliteratur unabhängig von der Zeit immer gültig sind. *Beispiel: Das Thema „Liebe“ lässt sich in jeder Epoche finden.*

Hard Land
Von Benedict Wells

In diesem Sommer verliebte ich mich, und meine Mutter starb.
Das alles ist jetzt schon mehr als ein Jahr her, aber für mich wird es immer „dieser“ Sommer bleiben.

Nur vom Weltraum aus ist die Erde blau
Von Björn Stephan

Weglaufen, auch das hatte sie erwogen. Einfach weglaufen und abhauen. So hatte sie es ja immer gemacht. Doch wie weit war sie damit gekommen? Sie öffnete die Tür.

Tipp

zu 3 a)
Durchstöbere dafür zum Beispiel verschiedene Bestsellerlisten.

1.3 (1) sich konstruktiv an Gesprächen beteiligen und diese unter Beachtung [...] der Wechselbeziehungen von eigenem und fremdem Gesprächsverhalten führen · 2.2 (1) lyrische, epische und dramatische Werke aus dem Zeitraum vom Sturm und Drang bis zum 21. Jahrhundert auf der Basis erworbener literarischer Kategorien fachgerecht interpretieren

Literatur im Spiegel ihrer Zeit betrachten

1 a) Überlege und notiere, welche Einflüsse der Gegenwart auf das Schreiben eines Textes einwirken können.
b) Besprecht zu zweit eure Überlegungen.

2 a) Erstellt eine Mindmap ähnlich der abgebildeten und ergänzt sie um eure Überlegungen aus Aufgabe 1.
b) Vergleicht und besprecht eure Mindmaps. Bezieht auch die *Lernbox* mit ein.

Literarischer Text

- Gesellschaft
  - Probleme
  - positive Entwicklungen
  - Was bewegt die Gesellschaft?
- Politik
  - nationale Politik
  - internationale Politik
- Literatur
  - Welche Autoren/-innen sind wichtig?
  - Welche Gattung ist bevorzugt? Epik, Drama, Lyrik?
  - Über welche Themen wird geschrieben?
- Kunst
  - Welches Ansehen hat die Kunst?
  - Was bringen Musik (z. B. Rap) und bildende Künste hervor?

zu 1 a)

Mögliche Einflüsse auf die Gegenwartsliteratur:

- Leben nach der Wiedervereinigung
- politische Auseinandersetzung mit rechts/links
- Flüchtlingsströme, Kriege im Ausland
- Terrorismus
- Corona und die Folgen
- Globalisierung
- soziale Ungleichheit, Diskriminierung
- Kapitalismus
- Klimaerwärmung, Umweltschutz
- Digitalisierung und digitale Medien
- Individualität

Lernbox

Gegenwartsliteratur (ca. 1990 bis heute)

Epochen werden immer erst im Nachhinein als solche gekennzeichnet. Da wir aber gerade noch in der Gegenwart sind, handelt es sich bei der Gegenwartsliteratur nicht um eine Epoche, sondern um eine Bezeichnung für einen **zeitlichen Rahmen**.
Gattungen: In der Gegenwartsliteratur sind alle literarischen Gattungen vertreten.
Schreibformen: Entwicklung neuer Schreibformen. *Beispiel: Netzliteratur (u. a. Bloggen).*
Auswahl an Autoren/-innen und Werken: *Juli Zeh (Über Menschen), Uwe Timm (Die Entdeckung der Currywurst), John Boyne (Der Junge im gestreiften Pyjama).*

1.3 (1) sich konstruktiv an Gesprächen beteiligen und diese unter Beachtung [...] der Wechselbeziehungen von eigenem und fremdem Gesprächsverhalten führen · 2.2 (1) lyrische, epische und dramatische Werke aus dem Zeitraum vom Sturm und Drang bis zum 21. Jahrhundert auf der Basis erworbener literarischer Kategorien fachgerecht interpretieren

Epochen der Literatur – ein Überblick

1 a) Bringe die Epochen in den bunten Kästchen in die richtige Reihenfolge. Erstelle dazu einen Zeitstrahl.
b) Zeichne wichtige historische Ereignisse, die du kennst, in den Zeitstrahl ein. Recherchiere bei Bedarf.

2 a) Wählt in Absprache mit eurer Lehrkraft einige Epochen aus, die ihr vertiefen wollt.
b) Recherchiert die Merkmale der ausgewählten Epochen in der StEx-Methode (→ S. 294). Berücksichtigt dabei auch den Einfluss historischer Ereignisse.

Klassik 1786–1805

Naturalismus 1880–1900

Nachkriegsliteratur 1945–1968

Gegenwartsliteratur 1990 – heute

Biedermeier, Vormärz und Junges Deutschland 1815–1850

Literatur zwischen 1968–1990

Romantik 1793–1830

Sturm und Drang 1765–1785

Expressionismus 1905–1925

Realismus 1850–1890

Weimarer Republik und Drittes Reich 1918–1945

„Mir fällt auf, dass die meisten einen Autor, ob der Goethe heißt oder Fontane oder ein Gegenwartsautor ist, nicht aus der Zeit heraus kommentieren, in der er seine Bücher geschrieben hat. Die Zurückversetzung in die Zeit der Entstehung, in die politische, gesellschaftliche, weltpolitische und innenpolitische Situation geschieht sehr selten. Die Zeitlichkeit eines Autors, auch wenn er Goethe oder Hölderlin heißt, müsste aber das Erste sein, das man zu vermitteln versucht, bevor man anfängt ihn auszulegen, zu interpretieren.“ *(Heinrich Böll)*

3 a) Lies Heinrich Bölls Meinung zum Lesen und Interpretieren von Literatur.
b) Diskutiert Bölls Meinung. Bezieht dabei das gesamte Kapitel mit ein.

4 a) Informiere dich über Heinrich Böll, seine Zeit und seine Werke.
b) Ordne ihn auf Grundlage von Aufgabe 1 und 2 einer Literaturepoche zu.

1.3 (1) sich konstruktiv an Gesprächen beteiligen und diese unter Beachtung [...] der Wechselbeziehungen von eigenem und fremdem Gesprächsverhalten führen · 2.2 (1) lyrische, epische und dramatische Werke aus dem Zeitraum vom Sturm und Drang bis zum 21. Jahrhundert auf der Basis erworbener literarischer Kategorien fachgerecht interpretieren

Ein Buch auswählen

1 Sieh dir das Bild oben an. Notiere in einer Mindmap (→ S. 295) alles, was dir zu dem Begriff *Rezension* einfällt.

2 Besprecht zu zweit folgende Fragen und vergleicht mit eurer Mindmap:
- *Was ist mit dem Begriff Rezension gemeint?*
- *Wo begegnen dir im Alltag Rezensionen?*
- *Wieso ist eine Rezension unter Umständen auch kritisch zu sehen?*

3 a) Lies die kurzen Rezensionen rechts zu unterschiedlichen Büchern.
b) Überlegt in Kleingruppen, wovon die einzelnen Bücher handeln könnten.
c) Welches der Bücher 1–5 würdest du am ehesten lesen wollen?
d) Welche Rezension war für dich hilfreich, welche weniger? Begründe.

Tipp

zu 1)
Eine *Rezension* ist eine (kritische) Besprechung eines Romans, Films, Musik- oder Theaterstückes. Rezensionen erscheinen meist in Zeitungen oder im Internet. In einer Rezension bewertet ein/eine Kritiker/-in ein Werk und gibt seine/ihre Meinung wieder; man spricht auch von einer Buchbesprechung oder Buchkritik.

1 Tolle Illustrationen stellen das Leben der berühmten Anne Frank anschaulich dar – eine tolle Art und Weise, das Tagebuch neu und lebendig umzusetzen!
Dabei kommen auch die historischen Hintergründe und Fakten nicht zu kurz, sodass ein umfassender Überblick erreicht wird.
Ein MUSS für jeden, der an der Geschichte des Mädchens interessiert ist.

2 Viele eigene Lebenserfahrungen der Autorin Penny Joelson sind in ihren Roman „Ein kleines Wunder würde reichen“ eingeflossen. Denn sie selbst hat bereits mit sechzehn Jahren mit schwerbehinderten Kindern und Jugendlichen gearbeitet. Diese Erfahrung hat sicher dazu beigetragen, dass ein tolles und einfühlsames Buch entstanden ist.

3 Früher war sie ein Junge: „Als ich Amanda wurde“ von Meredith Russo ist ein aus eigener Erfahrung geschriebener, ungeschönter Roman zum Thema Transgender.

4 Eine hochinteressante Thematik mit einer ethischen Fragestellung und das Ganze spannend dargestellt. Hier treffen Moral und Gesetz aufeinander und man stellt sich automatisch die Frage: „Was würde ich tun?“ Die richtige Antwort darauf gibt es nicht.

5 In diesem aufwühlenden Roman beschwört die Autorin die berühmten Reden von Martin Luther King Jr. als Antwort auf die erschreckenden Gewalttaten an unbewaffneten schwarzen Jugendlichen im heutigen Amerika. Leider ist das Thema nach wie vor politisch relevant.

2.2 (3) ein auf der Basis von Leseempfehlungen ausgewähltes literarisches Werk rezensieren (z. B. klassische Literatur, Jugendliteratur)

4 a) Lies die Klappentexte A–E auf dieser Seite.
b) Ordne die Klappentexte den Rezensionen (1–5) auf Seite 130 zu.
c) Vergleicht zu zweit eure Ergebnisse.
d) Prüfe anhand der Klappentexte deine Buchauswahl aus Aufgabe 3 c).

Text A „Es wird weitere Anschläge geben, weitere Morde, weiteren Schmerz.
Und es wird schlimmer werden.
Aber ich glaube an den gelassenen Geist unserer Verfassung, an ihre souveräne Toleranz und ihr freundliches Menschenbild.
Es gibt keine Alternativen, wenn wir als freie Gesellschaft überleben wollen."

Text B JUSTYCE McALLISTER gehört zu den Besten seiner Stufe. Er hat eine umwerfende Freundin und schon jetzt einen Studienplatz in Yale – doch all das interessiert den Polizisten nicht, der ihm eines Abends die Handschellen umlegt. Der Grund für seine Verhaftung: Justyce ist schwarz. Und er lebt in den USA im Jahr 2017.

Text C Amanda Hardy hieß nicht immer Amanda. [...] Früher war sie Andrew. Bei ihrem Vater in Tennessee, wo niemand sie kennt, möchte sie ein neues Leben beginnen. Zunächst scheint das auch zu klappen: Plötzlich gibt es Freundinnen statt Mobbing und bewundernde Blicke von Klassenkameraden. Doch dann verliebt sich Amanda. [...] Mit Grant erlebt sie eine wunderschöne Zeit. Er vertraut ihr und eigentlich will Amanda auch ihm vertrauen und ihm von ihrem früheren Leben erzählen. Nur wie? Amanda setzt auf Zeit – ein gefährliches Spiel ...

Text D „Ich kann mich nicht bewegen und ich kann nicht sprechen. So ist es schon mein Leben lang. Manche Leute reden über mich, als sei ich gar nicht da. Das hasse ich. Andere weihen mich in ihre Geheimnisse ein ..."

Jemma kennt ein schreckliches Geheimnis: In ihrer Nachbarschaft ist ein Mord passiert und sie weiß, wer es getan hat. Denn die Leute erzählen ihr Dinge, weil Jemma nichts weitersagen kann.
Sie ist vollständig gelähmt und kann sich weder bewegen noch sprechen. Aber Jemma entgeht nichts. Als sie mit dem furchtbaren Geheimnis konfrontiert wird, ist sie völlig hilflos.

Text E Menschen in aller Welt kennen Anne Frank, die 1929 als Kind jüdischer Eltern in Deutschland geboren wurde und später mit ihrer Familie vor dem Terror der Nationalsozialisten in die Niederlande emigrierte, wo sie sich schließlich über zwei Jahre in einem Amsterdamer Hinterhaus versteckte. Dort schrieb sie ihr bewegendes Tagebuch. Heute ist Anne Frank ein Symbol für Millionen von Juden geworden, die der rassistischen Vernichtungspolitik der Nationalsozialisten zum Opfer fielen.

In enger Zusammenarbeit mit dem Anne Frank Haus in Amsterdam haben Sid Jacobson und Ernie Colon die erste umfassende grafische Biografie von Anne Frank geschaffen.
Beginnend mit der Heirat ihrer Eltern über die ersten Lebensjahre in Frankfurt am Main, das Aufkommen und Erstarken des Nationalsozialismus, die Emigration und die Jahre im Versteck bis hin zu Annes tragischem Tod im Konzentrationslager Bergen-Belsen.

2.2 (3) ein auf der Basis von Leseempfehlungen ausgewähltes literarisches Werk rezensieren (z. B. klassische Literatur, Jugendliteratur)

Ein Leseportfolio anlegen

Auf den Seiten 134–143 findest du Leseproben zu fünf verschiedenen Büchern. So kannst du in alle Bücher hineinlesen und das passende Buch für dich finden. Lies es vollständig und lege ein Portfolio dazu an. Wie du dabei vorgehst, erfährst du im Kasten unten. Viel Spaß dabei!

A

B

C

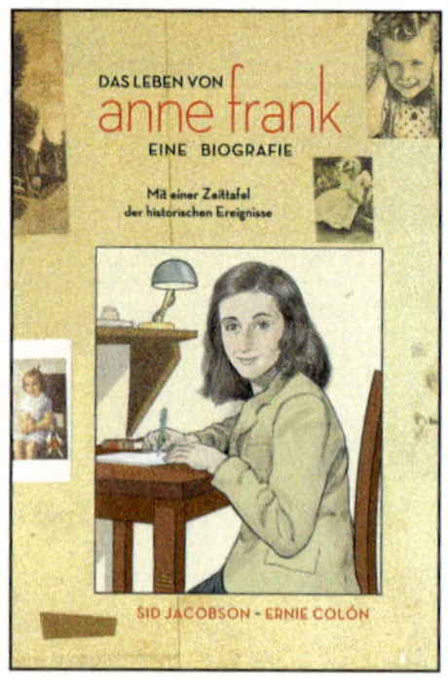

D

E

1 a) Sieh dir die fünf Buchcover (A–E) genau an und wähle das aus, das dir am besten gefällt.
b) Ordne die Cover den Rezensionen und Klappentexten auf den Seiten 130–131 zu. Begründe.
c) Tauscht euch zu zweit über eure Überlegungen aus.

2 a) Wähle eines der fünf Bücher aus, das du am liebsten lesen würdest. Begründe deine Auswahl.
b) Besprecht in der Klasse, was entscheidend für eure Auswahl war und wieso.

3 Bearbeite die Arbeitsschritte im Kasten unten.

Ein Buch auswählen und ein Leseportfolio erstellen – so gehst du dabei vor:

1. **Lies dir die Leseproben** auf den Seiten 134–143 durch. Überlege dann:
   – *Welcher Text war am verständlichsten?*
   – *Welches Thema interessiert dich am meisten?*
   – *Bei welchem Auszug konntest du besonders gut mit der Hauptfigur mitfühlen?*
2. **Wähle ein Buch aus**, das du komplett lesen möchtest.
3. **Besorge dir das Buch** (z. B. in der Buchhandlung, im Internet).
4. **Lies das Buch** vollständig durch.
5. **Bearbeite alle Pflichtaufgaben** im roten Kasten auf der nächsten Seite.
   Stelle deine Ergebnisse in einem **Leseportfolio** zusammen.
6. **Bearbeite mindestens vier Wahlaufgaben** aus dem grünen Kasten auf der nächsten Seite.
7. **Gestalte dein Portfolio** gut sortiert und ordentlich. Hefte alle Ergebnisse in eine Mappe ein.
8. Lass dir von Mitschülern/-innen **Feedback zu deinem Portfolio** geben (→ S. 144–145).
   Gib dein Portfolio dann deiner Lehrkraft zur Bewertung.

2.2 (3) ein auf der Basis von Leseempfehlungen ausgewähltes literarisches Werk rezensieren (z. B. klassische Literatur, Jugendliteratur)

Pflichtaufgaben
(alle sind zu bearbeiten):

- Gestalte ein ordentliches **Deckblatt** für dein Portfolio mit allen wichtigen Angaben (*Titel des Buches, Name, Klasse, Fach*).
- Erstelle ein **Inhaltsverzeichnis** für dein Portfolio (mit Überschriften und Seitenzahlen) in Tabellenform. Beispiel:

Inhaltsverzeichnis	*Seite*
1. Steckbrief zum Autor / zur Autorin	*1*
2. Inhaltszusammenfassung	*2*
3. Wahlaufgabe: …	*3*

- Erstelle einen **Steckbrief** zum Autor / zur Autorin des Buches (mit Bild und Angaben zu Geburtsdatum, Ausbildung, weiteren Werken).
- Verfasse eine **Inhaltszusammenfassung** (ca. eine halbe bis ganze Seite). Beginne mit einem **Einleitungssatz**. Denke dabei an die **TATT**-Formel (→ S. 119).
- Schreibe zu dem Buch eine **Rezension**, in der du auf positive und/oder negative Punkte eingehst und deine Einschätzung begründest.
- Reflektiere im **Rückblick** deine Arbeit am Leseportfolio. Ergänze z. B. folgende Notizen:
  - *So habe ich mir die Zeit eingeteilt: …*
  - *Diese Aufgabe hat mir am meisten Spaß gemacht: …*
  - *Das ist mir schon gut / noch nicht so gut gelungen: …*
  - *Beim nächsten Mal würde ich folgende Dinge anders machen: …*

Wahlaufgaben
(mindestens vier sind zu bearbeiten):

- Erstelle einen **Steckbrief** zu einer der Hauptfiguren.
- Entwerfe ein **Cluster** oder eine **Collage** zum Hauptthema des Buches.
- Verfasse einen **Tagebucheintrag** aus der Sicht einer Figur aus dem Buch.
- Erfinde ein **Rätsel** oder ein **Quiz** zu einem Kapitel oder zum ganzen Buch.
- Finde einen **neuen Titel** für das Buch und gestalte ein **neues Cover** dazu.
- Erfinde ein neues **Ende**.
- Suche nach **anderen Büchern**, die ein ähnliches Thema behandeln, und liste sie auf.
- Finde ein **Lied**, das zu dem Buch passt. Notiere und gestalte den Liedtext.
- Stelle in einem **Beziehungsdiagramm** die Beziehungen der wichtigsten Figuren des Buches zueinander dar.
- Zitiere und gestalte eine **Textstelle**, die dir besonders gut gefallen hat.
- Schreibe die **Zukunft der Hauptfiguren** auf (→ Wie leben sie wohl in zehn Jahren?).
- Zeichne einen Comic zu einem Kapitel des Buches.
- Nehmt zu zweit eine **Fotostory** zu einem Kapitel auf und fügt sie hinzu.
- Schreibe und gestalte ein **Gedicht** zum Thema des Buches.
- Schreibe eine **E-Mail** an eine der Hauptfiguren und teile ihr mit, was du von ihrem Verhalten hältst.

2.2 (3) ein auf der Basis von Leseempfehlungen ausgewähltes literarisches Werk rezensieren (z. B. klassische Literatur, Jugendliteratur) · 3.2 (2) kreative und produktive Schreibformen nutzen, um Gefühle auszudrücken, zur Klärung des eigenen Standpunkts sowie zur schriftlichen Auseinandersetzung mit Themen

Meredith Russo: „Als ich Amanda wurde“

NOVEMBER, DREI JAHRE VORHER

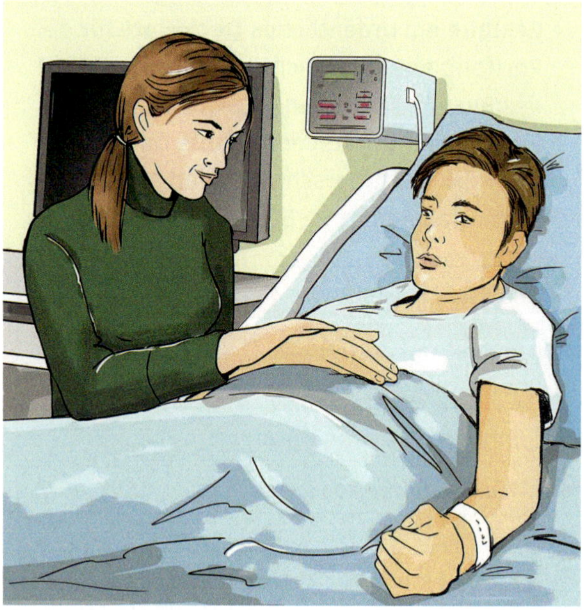

Das Krankenhausbett knarzte, als Mom sich setzte und über mein Bein unter der dünnen Decke strich. Trotz der rosigen Apfelbäckchen sah ihr Lächeln eingefroren aus. Sie konnte nicht mehr viel gegessen haben, seit man mich hier aufgenommen hatte, denn ihre Kleidung war ihr viel zu weit geworden.

„Ich habe mit dem Therapeuten gesprochen.“ Ihr Tonfall klang so anders als meiner, leicht und melodisch.

„Worüber?“ Meine Stimme klang nach nichts, flach, tonlos und eine winzige Spur dunkler als sonst. Am liebsten hätte ich nie wieder etwas gesagt. Mein Magen krampfte sich zusammen.

„Wann du guten Gewissens entlassen werden kannst. Ich habe ihm gesagt, dass ich mich nicht traue, dich allein zu Hause zu lassen, denn in der Arbeit kann ich mir nicht länger freinehmen. Und ich würde es nicht überleben, wenn ich heimkäme und dich wieder ...“

Sie verstummte und starrte an die zart gelbe Wand.

„Und was hat er gesagt?“

Ein paar Tage zuvor hatte auch ich ein Gespräch mit dem Therapeuten gehabt. Als er mich fragte, was mir fehle, schrieb ich acht Wörter auf ein Blatt Papier, denn meine Kehle war von der Magenpumpe immer noch so wund, dass mir das Sprechen schwerfiel.

„Er meinte, es gäbe Mittel und Wege, dir bei deinem Problem zu helfen.“ Sie sah mich prüfend an. „Aber er wollte mir nicht sagen, was es ist.“

„Du wirst nicht wollen, dass ich nach Hause komme, wenn ich es dir sage.“

Ich schlug die Augen nieder. „Dann willst du mich nie wieder sehen.“

So viele zusammenhängende Worte hatte ich seit Wochen nicht mehr von mir gegeben. Meine Kehle brannte vor Anstrengung.

„Das ist unmöglich“, sagte sie. „Nichts, was Gott geschaffen hat, kann mir die Liebe zu meinem Sohn nehmen.“

Ich hob die Hand und sah auf das Patientenarmband an meinem Handgelenk, auf dem Andrew Hardy stand.

Wenn ich starb, würde man den Namen Andrew auf meinen Grabstein schreiben, das wurde mir soeben klar.

„Und wenn dein Sohn dir sagen würde, dass er in Wahrheit deine Tochter ist?“

Meine Mutter schwieg. Ich dachte daran, was ich für den Therapeuten aufgeschrieben hatte.

Ich wollte, ich wäre als Mädchen auf die Welt gekommen.

Schließlich sah sie mich an. Mochten ihre Wangen noch so rund und rosig sein, der Ausdruck in ihren Augen war jetzt unerbittlich.

„Hör zu.“ Sie packte mich so fest am Bein, dass es trotz der mich benebelnden Medikamente wehtat.

Aber ich hörte ihr zu. „Alles und *jeder* ist besser als ein toter Sohn.“

2.2 (3) ein auf der Basis von Leseempfehlungen ausgewähltes literarisches Werk rezensieren (z. B. klassische Literatur, Jugendliteratur)

1 Lies den Romanauszug und beantworte die folgenden Fragen schriftlich. Belege, wo möglich, mit Zeilenangaben.
- *Worum geht es in dem Text?*
- *Was erfährst du über den Ort und die Zeit des Geschehens?*
- *Welche Figuren kommen vor und was tun sie?*

2 Fasse den Inhalt des Textes in wenigen Sätzen zusammen. Beginne mit einem Einleitungssatz: *In diesem Ausschnitt aus dem Roman „XXX" von XXX geht es um …*

3 Recherchiere zur Autorin des Buches und erläutere ihre Beweggründe, über das Thema „Transgender" zu schreiben.

4 *„Alles und jeder ist besser als ein toter Sohn"* (Z. 60–61). Erkläre, was Andrews Mutter mit dieser Aussage meint.

5 Bearbeite eine der folgenden Aufgaben.

a Notiere mindestens drei Gründe, die dazu geführt haben könnten, dass Andrew keinen anderen Ausweg mehr sah.

b Schreibe einen inneren Monolog, in dem deutlich wird, dass Andrew nicht glücklich in seinem Körper ist.

6 a) Sieh dir die Abbildung mit dem Symbol oben an.
b) Erklärt euch zu zweit die Bedeutung des Symbols.
c) Stellt einen Bezug zwischen dem Symbol und dem Text her.

7 Auch auf politischer Ebene wird sich für eine Gleichstellung aller Menschen eingesetzt, sodass z. B. niemand aufgrund seiner Geschlechtsidentität ausgegrenzt werden darf.
a) Erstelle eine Liste mit positiven Aspekten, die der offene Umgang mit diesem Thema im Vergleich zu früher mit sich bringt.

Positive Aspekte
- *Man leidet weniger unter dem Geheimnis.*
- *XXX*

b) Vergleicht eure Aspekte zu zweit.
c) Warum gibt es dennoch Menschen, die ihre Geschlechtsidentität vor anderen verbergen? Diskutiert in der Kleingruppe über diese Frage.

8 Verfasse einen Aufruf für die Schülerzeitung, in dem du deine Mitschülerinnen und Mitschüler dazu aufforderst, zu sich zu stehen und sich nicht zu verstecken (→ S. 261).

2.2 (1) lyrische, epische und dramatische Werke aus dem Zeitraum vom Sturm und Drang bis zum 21. Jahrhundert auf der Basis erworbener literarischer Kategorien fachgerecht interpretieren

Nic Stone: „Dear Martin"

Als er sie unter die Achseln fasst, um sie hochzuziehen, spuckt sie ihm ins Gesicht.

Wieder überlegt er, ob er nicht einfach einen Abgang machen soll. Er könnte ihre Eltern anrufen, die Autoschlüssel einstecken und loslaufen. Oak Ridge ist wahrscheinlich die sicherste Gegend von ganz Atlanta. Die fünfundzwanzig Minuten, die Mr. Taylor hierher bräuchte, würde sie locker überstehen.

Aber er kann es nicht. [...] Also hievt er sie hoch und wirft sie sich über die Schulter.

Melo reagiert auf ihre typisch vornehme Art: Schreiend trommelt sie mit beiden Fäusten auf seinen Rücken ein. Mühsam öffnet Justyce die hintere Tür und will sie gerade ins Auto bugsieren, da hört er ein abgehacktes Sirenengeheul und sieht die blauen Lichter.

In den wenigen Sekunden, bevor der Streifenwagen quietschend hinter ihm zum Stehen kommt, kann Justyce sie auf dem Rücksitz unterbringen. Plötzlich ist sie in einen Zustand der Starre verfallen. Justyce kann die sich nähernden Schritte hören, aber er konzentriert sich einzig und allein darauf, Melo auf dem Sitz festzuschnallen. Der Polizist soll klar erkennen, dass sie sich nicht hinters Steuer setzen wird, sonst bekommt sie womöglich noch mehr Schwierigkeiten.

Bevor er den Kopf aus dem Auto ziehen kann, spürt er einen Ruck an seinem Shirt und wird nach hinten gerissen. Sein Kopf knallt an den Türrahmen, dann krallt sich eine Hand um seinen Nacken. Mit dem Oberkörper schlägt er so heftig auf die Kofferraumklappe, dass er sich in die Wange beißt und sein Mund sich mit Blut füllt. Justyce schluckt, ihm schwirrt der Kopf, er weiß nicht, wie ihm geschieht. Das Scheuern von kaltem Metall an seinen Handgelenken reißt ihn in die Realität zurück. Handschellen.

Er versucht, es zu begreifen: Melo hängt sturzbetrunken auf dem Rücksitz eines Autos, das sie allen Ernstes selber fahren wollte, aber wer hier die Handschellen angelegt kriegt, das ist er, Jus.

Der Polizist stößt Justyce neben dem Streifenwagen zu Boden und will wissen, ob er seine Rechte verstanden habe. Justyce kann sich nicht erinnern, dass ihm irgendwelche Rechte erklärt worden wären, aber von den zwei Schlägen an den Kopf hatten ihm echt die Ohren gedröhnt, es kann also sein, dass er zwischendurch was verpasst hat. Er schluckt noch mehr Blut.

„Officer, das ist ein großes Missverständ-", setzt er an, bringt den Satz aber nicht zu Ende, weil der Beamte ihn ins Gesicht schlägt.

„Erzähl hier keinen Scheiß, du Dreckskerl. Hab sofort gewusst, dass du was im Schilde führst, als ich dich mit deiner Scheißkapuze auf dem Kopf über die Straße hab gehen sehen."

Die Kapuze war also keine gute Idee gewesen. Auch nicht die Kopfhörer. Ohne sie hätte er wahrscheinlich mitgekriegt, dass er verfolgt wurde.

„Aber Officer, ich –"

„Du hältst die *Klappe*." Der Polizist hockt sich hin und faucht Justyce direkt ins Gesicht: „Typen wie dich kenn ich: kleine Scheißer, die sich durch die besseren Viertel schleichen, auf der Suche nach Beute. Da konntest du nicht widerstehen, was, so'n hübsches weißes Mädchen, das seine Schlüssel im Auto hat liegenlassen?"

Nur dass das überhaupt keinen Sinn ergibt. Hätte Mel ihre Schlüssel im verschlossenen Auto gehabt, hätte Jus sie ja wohl kaum ins Auto reinbekommen, oder?

Justyce guckt auf das Namensschild des Beamten; CASTILLO steht da, obwohl der Typ wie ein normaler Weißer aussieht. Seine Mama hat ihm erklärt, wie man sich in solchen Situationen verhält, wenn er auch zugeben muss, dass er nie damit gerechnet hätte, dass er ihren guten Rat jemals benötigen würde: *Zeige Respekt, halte deine Wut im Zaum, achte immer darauf, dass die*

2.2 (3) ein auf der Basis von Leseempfehlungen ausgewähltes literarisches Werk rezensieren (z. B. klassische Literatur, Jugendliteratur)

Polizei deine Hände sehen kann (das ist allerdings im Moment unmöglich). „Officer Castillo, ich möchte nicht respektlos erscheinen, aber –" „Ich hab doch gesagt, du sollst verdammt noch mal das Maul halten!"

Wenn er doch nur Melo sehen könnte. Sie dazu bringen, dass sie diesem Polizisten sagt, was los ist. Aber der Typ verstellt ihm die Sicht.

„Also wenn du dir einen Gefallen tun willst, dann rührst du dich nicht und machst keinen Mucks. Widerworte reiten dich nur noch tiefer in die Scheiße. Verstanden?"

Justyce spürt Zigarettenrauch und Speicheltropfen im Gesicht, während der Polizist auf ihn einredet, aber sein Blick ist starr auf das leuchtend grüne *F* des Farm-Fresh-Schilds gerichtet.

„Guck mich an, wenn ich mit dir rede, Junge." Er packt Justyce am Kinn. „Ich hab dich was gefagt." Justyce schluckt. Sieht Officer Castillo in die kalten blauen Augen. Räuspert sich.

„Ja, Sir", sagt er. „Ich hab's verstanden."

1 Lies den Romanauszug und beantworte die folgenden Fragen schriftlich. Belege, wo möglich, mit Zeilenangaben.
- *Worum geht es in dem Text?*
- *Was erfährst du über den Ort und die Zeit des Geschehens?*
- *Welche Figuren kommen vor und was tun sie?*

2 Fasse den Inhalt des Textes in wenigen Sätzen zusammen. Beginne mit einem Einleitungssatz: *In diesem Ausschnitt aus dem Roman „XXX" von XXX geht es um ...*

3 a) Überlege, warum der Autor die Hauptfigur seiner Geschichte wohl Justyce genannt hat. Recherchiere den Namen bei Bedarf.

b) Tauscht euch zu zweit über eure Überlegungen aus.

4 Bearbeite eine der folgenden Aufgaben.

a Schreibe einen inneren Monolog, in dem Justyce', Unverständnis über die Situation, in der er sich befindet, deutlich wird.

b Schreibe einen Dialog, in dem Justyce seiner Mutter von dem Vorfall erzählt.

5 *„Im 21. Jahrhundert gibt es keinen Rassismus mehr."*

a) Erstelle eine Pro- und Kontra-Tabelle mit Argumenten zu dieser These.

Pro	Kontra
• *Alle sind laut Gesetz gleichberechtigt.* • *XXX*	• *Vorfälle wie bei Justyce gibt es auch in der Realität.* • *XXX*

b) Besprecht zu zweit eure Überlegungen.

c) Bildet eine Kleingruppe und führt eine Diskussion über das Thema.

6 a) Erstelle eine strukturierte Gliederung (→ S. 267) für eine dialektische Erörterung zur These aus Aufgabe 5.

b) Verfasse eine dialektische Erörterung (→ S. 185–187) zur These aus Aufgabe 5.

Penny Joelson: „Ein kleines Wunder würde reichen“

Es klingelt an der Tür. Ich erstarre. Das muss Dan sein, ich weiß es genau. Sarah ist noch oben und macht sich fertig, hoffentlich kommt sie schnell herunter. Ich will nicht, dass Dan im Haus wartet. Mum ruft Sarah, und sie ruft zurück, sie sei sofort so weit. „Wir haben sie so in Beschlag genommen“, erklärt Mum Dan, „dass sie gar keine Zeit hatte, sich umzuziehen.“

„Ach, aber es macht ihr ja Spaß“, sagt Dan. „Sarah ist ein Schatz – und Sie auch. Was Sie für diese Kinder tun ...“

Ich verfolge, wie die beiden miteinander plaudern und Mum über Dans Bemerkungen lacht. Alle mögen Dan. Mum sagt, sie müsse zurück in die Küche, sie habe etwas auf dem Herd stehen, aber Sarah lasse bestimmt nicht mehr lange auf sich warten.

Einen Augenblick ist es still. In der Küche höre ich Töpfe klappern. Dann vernehme ich Dans Stimme. Er kommt näher.

„Was guckst du denn da? Ah – *Null gewinnt* ...“

Ich kann ihn atmen hören. Er flüstert: „Mit der Null könntest du gemeint sein, Jemma, was?“

Er steht hinter mir, ich kann ihn jedoch nicht sehen, weil mein Rollstuhl zum Fernseher gedreht ist. Ich versuche, mich auf die Fragen der Quizsendung zu konzentrieren und zu vergessen, dass Dan da ist, aber er seufzt laut und dramatisch.

„Keine Ahnung, wie du das aushältst.“ Er spricht leise, damit ihn außer mir niemand hört. „Fernsehen ist wahrscheinlich das Aufregendste, was für dich drin ist.“ So etwas sagt er nur, wenn kein Dritter dabei ist. Anfangs hat er mich völlig ignoriert, aber das hat sich geändert.

Dann kommt er herum, stellt sich vor mich und versperrt mir die Sicht auf den Bildschirm.

Er verzieht den Mund und beugt sich vor. Mein Hals schnürt sich zu, ich habe das Gefühl, schlucken zu müssen.

„Wenn ich du wäre, würde ich mir'n Strick nehmen“, flüstert er. Mein Herz pocht laut, Dan reibt sich nachdenklich den Kopf.

„Ach, stimmt, kannst du ja gar nicht! Egal“, fährt er fort, „wenn du Hilfe brauchst, das übernehme ich gerne –“

Schritte auf der Treppe. Dan tritt zurück. Sein höhnisches Grinsen verzieht sich zu einem aufgesetzten Lächeln, seine Gesichtszüge werden weich, als wären sie neu modelliert worden.

„Das hätte ich besser gekonnt als die da!“, spottet er über die Kandidaten im Fernsehen. „Sollen wir uns da mal bewerben, Sarah, was meinst du?“

Ein Hauch von Sarahs Parfüm weht zu mir herüber, wird aber schnell vom Geruch bratender Zwiebeln aus der Küche überlagert.

„Quizsendungen sind überhaupt nicht mein Ding“, erwidert sie lachend und tritt in mein Blickfeld. „Aber Jemma könnte das bestimmt gut.“

Da bin ich mir nicht sicher, auch wenn ich manchmal die richtige Antwort weiß. Gut möglich, dass ich besser als Sarah wäre. Als Pflegerin ist sie super, aber wenn es um Allgemeinbildung geht oder um die Wahl ihrer Freunde – da fehlt ihr der Durchblick. Aus dem Augenwinkel bekomme ich mit, wie sie Dan zärtlich auf die Lippen küsst. Plötzlich ist mein Mund ganz trocken.

Das Pärchen, das in *Null gewinnt* gerade an der Reihe war, ist ausgeschieden. Die beiden wirken sehr enttäuscht. Dan und Sarah haben nur noch Augen füreinander. „Fertig?“ Er lächelt sie an. „Du siehst Hammer aus, Süße!“

Sie nickt dankbar und dreht sich zu mir um. Ihre Augen funkeln, ihre Wangen sind gerötet.

„Tschüss, Jem! Bis morgen früh!“

„Bis dann, Jemma“, sagt Dan und zwinkert mir zu.

2.2 (3) ein auf der Basis von Leseempfehlungen ausgewähltes literarisches Werk rezensieren (z. B. klassische Literatur, Jugendliteratur)

1 Lies den Romanauszug und beantworte die folgenden Fragen schriftlich.
Belege, wo möglich, mit Zeilenangaben.
- *Worum geht es in dem Text?*
- *Was erfährst du über den Ort und die Zeit des Geschehens?*
- *Welche Figuren kommen vor und was tun sie?*

2 Fasse den Inhalt des Textes in wenigen Sätzen zusammen. Beginne mit einem Einleitungssatz: *In diesem Ausschnitt aus dem Roman „XXX" von XXX geht es um …*

3 Recherchiere zur Krankheit des „Locked-in-Syndroms" und stelle einen Bezug zum Text her.

4 Zitiere eine Stelle aus dem Text, in welcher der wahre Charakter von Sarahs Freund Dan zum Vorschein kommt.

5 Bearbeite eine der folgenden Aufgaben.
a Schreibe einen Dialog, in welchem Jemma – wenn sie sprechen könnte – Sarah klarmacht, was sie von Dan hält.
b Recherchiere nach Möglichkeiten, wie Locked-in-Patienten/-innen kommunizieren können, und erläutere sie.

6 Oft spricht man beim „Locked-in-Syndrom" auch davon, *„im eigenen Körper gefangen zu sein"*. Erkläre dieses sprachliche Bild.

7 Sarah lebt als Pflegerin bei Jemma im Haus und kümmert sich rührend um sie.
a) Erstelle eine Pro- und Kontra-Tabelle mit Argumenten zur Arbeit im Pflegebereich.

Pro	Kontra
• *Man tut etwas für die Gesellschaft.* • *XXX*	• *Die Bezahlung ist nicht sehr gut.* • *XXX*

b) Besprecht zu zweit eure Überlegungen.
c) Bildet eine Kleingruppe und führt eine Diskussion über das Thema.

8 a) Erstellе eine strukturierte Gliederung (→ S. 267) für eine Erörterung zu den Vorteilen und Nachteilen einer Beschäftigung im Pflegebereich.
b) Verfasse eine dialektische Erörterung (→ S. 185–187) zu dem Thema aus Aufgabe 8 a).

Sid Jacobson und Ernie Colon: „Das Leben von Anne Frank – eine Biografie“

1 Lies den Auszug aus der Graphic Novel und beantworte folgende Fragen schriftlich.
- *Worum geht es in der Graphic Novel?*
- *Was erfährst du über den Ort und die Zeit des Geschehens?*
- *Welche Figuren kommen vor?*
- *Was tun die Figuren?*

2 Fasse den Inhalt der Graphic Novel in wenigen Sätzen zusammen.

3 Diskutiert zu zweit Vor- bzw. Nachteile der Textdarstellung in Form einer Graphic Novel.

4 Diese Graphic Novel ist eine Biografie. Erkläre den Begriff „Biografie“ mit einem Beispiel.

5 a) Erstelle eine Mindmap zu allem, was du über Anne Frank weißt.
b) Recherchiere zusätzliche Informationen im Internet und ergänze deine Mindmap.

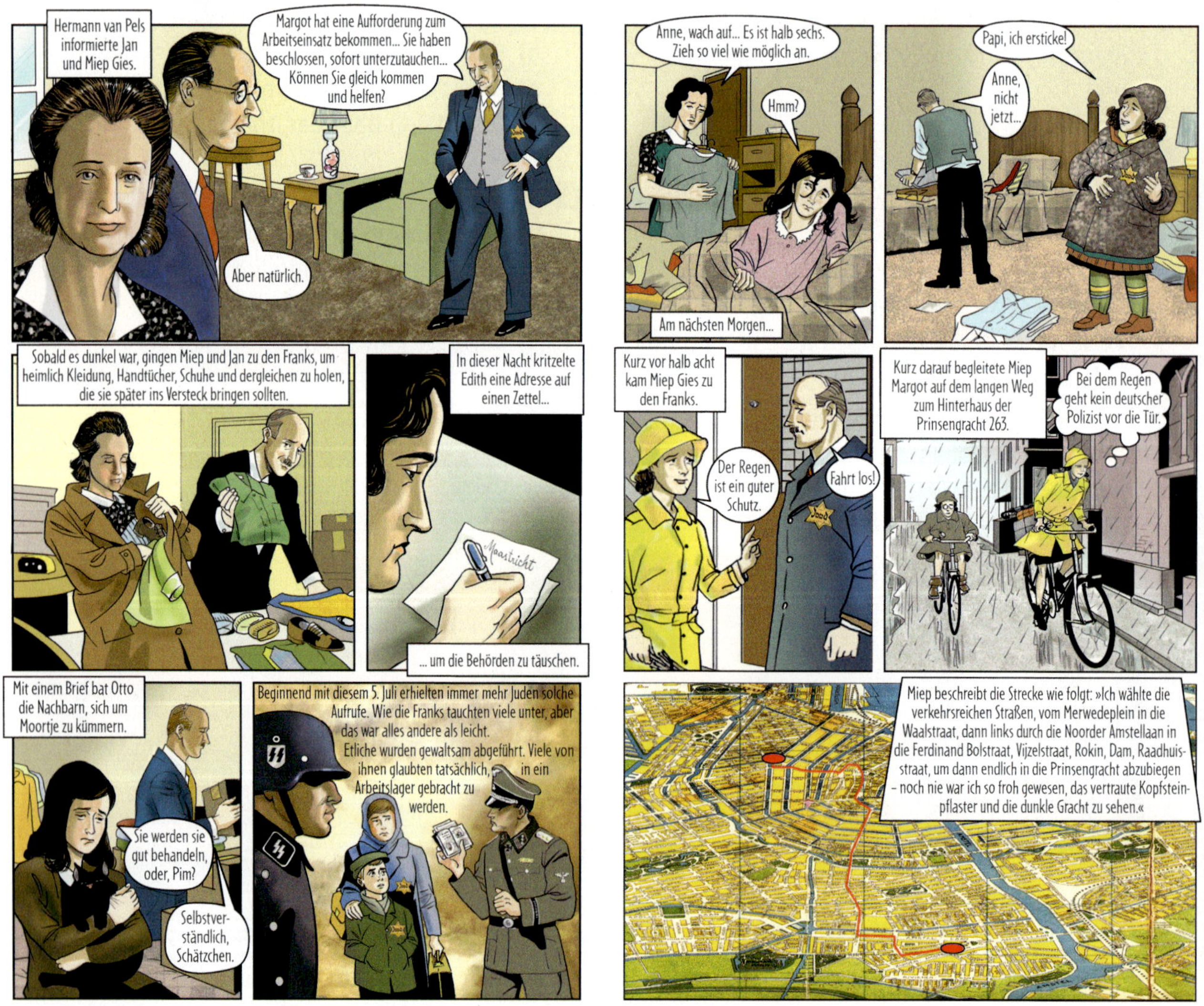

2.2 (3) ein auf der Basis von Leseempfehlungen ausgewähltes literarisches Werk rezensieren (z. B. klassische Literatur, Jugendliteratur)

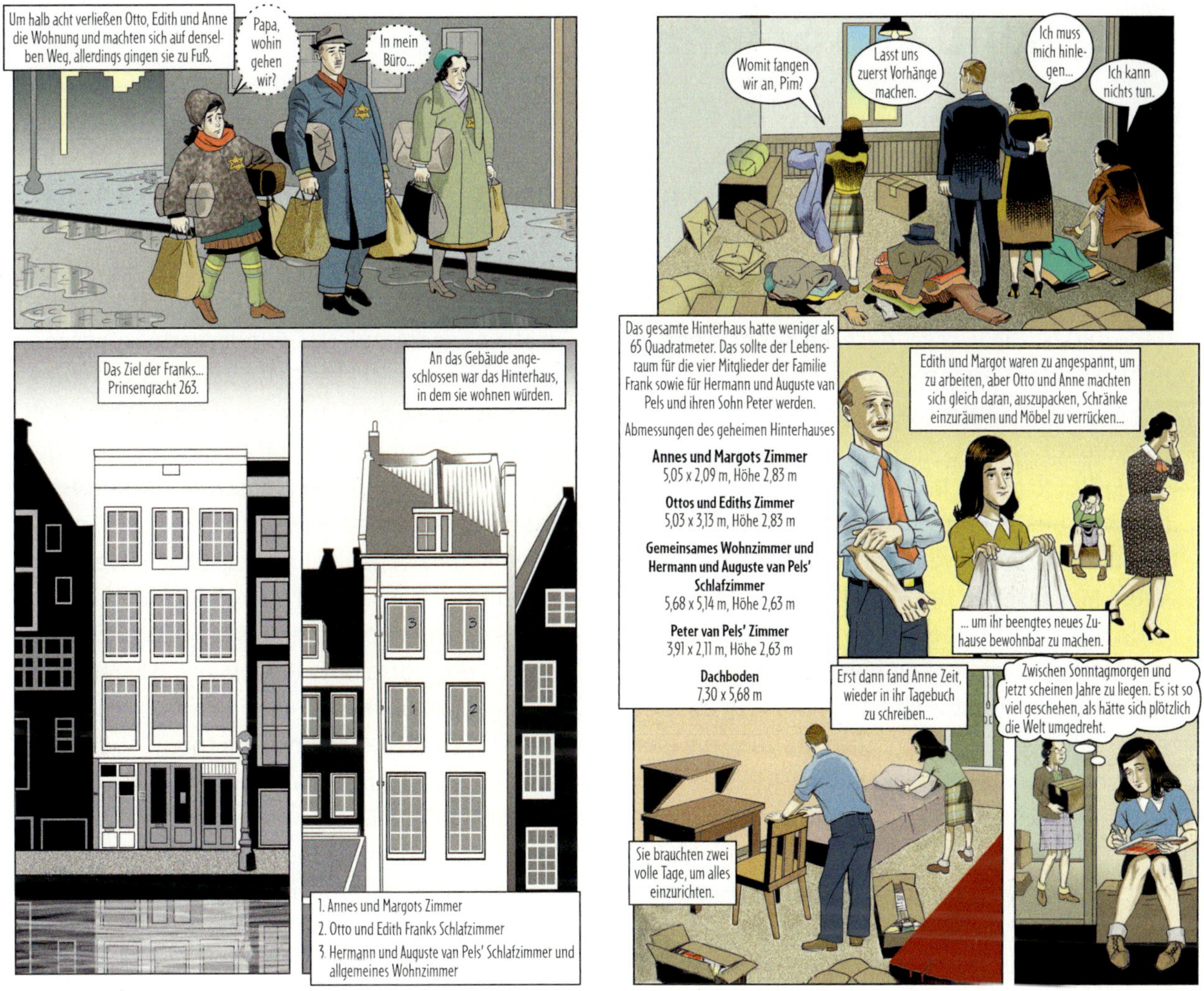

6 Bearbeite eine der folgenden Aufgaben.

a Im Hinterhaus ist Anne stark eingeschränkt und muss sich ein Zimmer mit ihrer Schwester Margot teilen. Schreibe einen inneren Monolog, in dem Annes Situation deutlich wird.

b Schreibe einen Dialog, in dem Anne und ihre Schwester Margot am Abend des ersten Tages im Versteck über ihre Situation sprechen.

7 Überlege, warum sich Annes Familie das Hinterhaus als Versteck ausgesucht hat. Beziehe auch die Bilder des Verstecks in deine Überlegungen mit ein.

8 Anne und ihre Familie haben während ihrer Zeit im Hinterhaus viel Hilfe von anderen Menschen erfahren. Auch heute müssen viele Menschen, z.B. aufgrund von Krieg und Gewalt, ihre Heimat verlassen und sind auf die Hilfe von anderen angewiesen.

a) Erstelle eine Liste mit positiven Aspekten, die die Unterstützung von geflüchteten Menschen mit sich bringt.

b) Bildet eine Kleingruppe und führt eine Diskussion über das Thema.

9 Verfasse einen Aufruf für die lokale Zeitung, in dem du dazu aufforderst, geflüchtete Familien in eurer Stadt zu unterstützen.

Ferdinand von Schirach: „Terror“

VERTEIDIGER: *Zieht den Angeklagten am Ärmel zurück auf seinen Platz und steht selbst auf.* Ich werde für den Angeklagten eine Erklärung abgeben.

VORSITZENDER: Gut. Sie können aber sitzenbleiben.

VERTEIDIGER: Sie wissen, dass ich lieber stehe. Die Würde des Gerichts ...

VORSITZENDER: Bitte, wenn's der Wahrheitsfindung dient.

VERTEIDIGER: Meine Damen und Herren Richter, jeder von uns weiß noch, wo er am 11. September 2001 war. Jeder weiß, wo er diese Bilder zum ersten Mal gesehen hat – die beiden Flugzeuge, die in das World Trade Center in New York flogen, das dritte, das im Pentagon explodierte, und das vierte, das bei Pittsburgh auf einem Feld abstürzte. Wir alle sehen die Menschen vor uns, die aus dem brennenden Hochhaus in den Tod sprangen. Es war ein terroristischer Massenmord. Etwa anderthalb Jahre später kaperte ein Mann hier in Deutschland ein Sportflugzeug. Er kreiste damit über Frankfurt am Main und drohte, das Flugzeug in das Hochhaus der Europäischen Zentralbank stürzen zu lassen. Großalarm wurde ausgelöst, die Innenstadt Frankfurts geräumt. Tatsächlich ging die Sache noch einmal gut aus, der Mann landete und ließ sich widerstandslos festnehmen. Aber wir hatten aus den Vorfällen gelernt, wir hatten endlich verstanden, dass wir uns schützen müssen. 2005 wurde deshalb ein neues Gesetz erlassen, das Luftsicherheitsgesetz. Unser Parlament einigte sich darauf, dass im schlimmsten aller Fälle der Verteidigungsminister entscheiden darf, Waffengewalt anzuwenden. Auch gegen eine Passagiermaschine, in der unschuldige Menschen sitzen. Im Extremfall durfte ein entführtes Flugzeug also abgeschossen werden. Eine Mehrheit der Abgeordneten stimmte für dieses Gesetz. Es erlaubte dem Staat, Menschen zu töten. Menschen, die nicht Täter, sondern Opfer eines Verbrechens sind. Sie können sich die endlosen Debatten im Bundestag vorstellen.

Ein Jahr nach dem Erlass hob das Bundesverfassungsgericht den wichtigsten Paragrafen dieses Gesetzes wieder auf. Das Bundesverfassungsgericht ist unser höchstes Gericht, alle staatliche Gewalt ist an seine Entscheidungen gebunden. Und dieses Gericht erklärte, es widerspreche der Verfassung, unschuldige Menschen zur Rettung anderer unschuldiger Menschen zu töten. Leben dürfe niemals gegen Leben abgewogen werden. Sie, verehrte Damen und Herren Richter, müssen heute entscheiden. Folgendes ist passiert: Ein Terrorist entführte eine Passagiermaschine. Er wollte sie mitten in ein Fußballstadion stürzen lassen und so 70 000 Menschen töten. Aber ein Mann – dieser Mann – hatte den Mut und die Kraft zu handeln. Er schoss das Flugzeug ab, alle 164 Insassen starben. Das ist der Vorwurf der Anklage. Und die Staatsanwaltschaft hat recht, Lars Koch hat es getan. Er hat die Menschen in dem Flugzeug getötet, Männer, Frauen und Kinder. Er hat abgewogen: das Leben von 164 unschuldigen Menschen gegen das Leben von 70 000 unschuldigen Menschen. Lars Koch hat gestanden, es getan zu haben, und wir werden daran auch nichts beschönigen. [...]

Aber die einzige Frage in diesem Verfahren, die einzige Frage, die Sie hier und heute gestellt bekommen, lautet: Durfte Lars Koch diese 164 Menschen töten?

Gibt es Situationen in unserem Leben, in denen es richtig, vernünftig und klug ist, Menschen zu töten? Und mehr noch: in denen alles andere absurd und sogar unmenschlich wäre? Natürlich, diese Fälle sind so furchterregend, dass sie uns selbst infrage stellen. Aber zu glauben, dass es sie nicht gibt, weil es sie nicht

2.2 (3) ein auf der Basis von Leseempfehlungen ausgewähltes literarisches Werk rezensieren (z. B. klassische Literatur, Jugendliteratur)

geben darf – das ist nicht nur naiv, es ist gefährlich, sehr gefährlich sogar. Es geht nicht anders: Wir müssen uns damit abfinden, dass wir in einer Welt leben, in der das Unvorstellbarste und Schrecklichste längst Realität geworden ist. Wir müssen verstehen, dass es Grenzen für die Prinzipien unserer Verfassung gibt.

1 Lies den Auszug aus einem Theaterstück und beantworte die folgenden Fragen schriftlich. Belege, wo möglich, mit Zeilenangaben.
– *Worum geht es in dem Theaterstück?*
– *Was erfährst du über den Ort und die Zeit des Geschehens?*
– *Welche Figuren kommen vor und was tun sie?*

2 Fasse den Inhalt des Textes in wenigen Sätzen zusammen. Beginne mit einem Einleitungssatz: *In diesem Ausschnitt aus dem Theaterstück „XXX" von XXX geht es um …*

3 a) Notiere mindestens zwei Aspekte, an denen man erkennen kann, dass der Text als Theaterstück verfasst ist.
b) Besprecht eure Überlegungen gemeinsam in der Klasse.

4 a) Finde die folgenden Begriffe als Fremdwörter im Text und notiere sie inklusive der Zeilenangaben.
– *Richtlinien*
– *Diskussion*
– *unsinnig*
b) Besprecht eure Ergebnisse zu zweit.

5 Der Fall im Text ist frei erfunden. Jedoch haben sich in der Vergangenheit schon ähnliche Fälle ereignet. Recherchiert ein Beispiel im Internet und sprecht darüber in der Klasse.

6 Der Richter muss eine Entscheidung über die Zukunft von Lars Koch treffen.
a) Erstelle eine Pro- und Kontra-Tabelle mit Argumenten, die für bzw. gegen die Verurteilung von Lars sprechen.

Pro	**Kontra**
• *Unschuldige kamen ums Leben.* • *XXX*	• *Rettung von vielen Menschen.* • *XXX*

b) Besprecht zu zweit eure Überlegungen.
c) Bildet eine Kleingruppe und führt eine Diskussion über das Thema durch.

7 Am Ende des Theaterstücks bleibt offen, ob der Richter Lars Koch für schuldig oder nicht schuldig erklärt.
a) Überlege, warum sich der Autor für ein offenes Ende entschieden hat.
b) Tauscht euch gemeinsam in der Klasse über eure Überlegungen aus.

8 Verfasse ein Plädoyer (= Schlussvortrag zu einer Gerichtsverhandlung) aus Sicht des Verteidigers oder der Staatsanwaltschaft, in welchem du zur Freilassung / zur Verurteilung von Lars Koch aufforderst.

Feedback zum Portfolio austauschen

Damit alle eine Rückmeldung erhalten und ihr zugleich seht, wie die anderen gearbeitet haben, findet ihr drei mögliche Feedbackmethoden auf dieser Doppelseite. Entscheidet euch gemeinsam mit eurer Lehrkraft für eine der Methoden. Beachtet außerdem bei der Gruppeneinteilung, dass alle Gruppenmitglieder den gleichen Text gewählt haben.

Tipps und Schätze

→ Du erhältst von deiner Lehrkraft je drei grüne und drei rote Klebezettel.
→ Tauscht zu zweit eure Portfolios.
→ Lies das Portfolio deiner Mitschülerin / deines Mitschülers genau durch (ca. 15 min Zeit).
→ Beschrifte dann die Zettel und klebe sie ein: Markiere in Grün **Schätze** und gib in Rot **Tipps** zur Verbesserung:

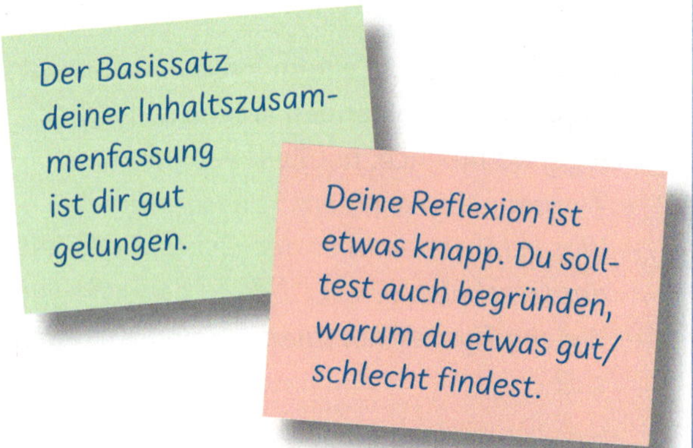

Schatz: Notiere, was dir positiv aufgefallen ist, und markiere so Stellen, die gut gelungen sind.
Tipp: Notiere einen konkreten Verbesserungsvorschlag und klebe ihn an die passende Stelle.

→ Anschließend bekommt ihr euer eigenes Portfolio zurück und könnt das Feedback ansehen.

Das Portfolio-Rondell

→ Bildet Kleingruppen mit drei bis vier Mitgliedern.
→ Tauscht die Portfolios untereinander aus.
Jeder schreibt auf ein DIN-A4-Blatt folgende Satzanfänge und lässt dazwischen etwas Platz:
Das hat mich echt beeindruckt …
Sofort aufgefallen ist mir, dass …
Das gefällt mir an deinem Portfolio besonders gut: …
Diesen Tipp möchte ich dir mit auf den Weg geben: …

→ Heftet das Blatt vorne in das vor euch liegende Portfolio ein.
→ Ihr habt für jedes Portfolio etwa fünf Minuten Zeit. Seht euch die Mappe in dieser Zeit an und ergänzt die Satzanfänge, zu denen euch spontan etwas einfällt.
Nach Ablauf der Zeit gebt ihr das bearbeitete Portfolio im Uhrzeigersinn zur/zum Nächsten weiter, die/der seine Eindrücke ergänzt. (Wenn ihr zufällig euer eigenes Portfolio erhaltet, dann seht euch schon einmal das Feedback an, das ihr bis dahin bekommen habt.)
→ Macht so viele Durchläufe, bis das Portfolio wieder am Anfang angekommen ist.
→ Am Schluss erhalten alle ihr Portfolio zurück und lesen das Feedback der anderen.
Bei Bedarf kann man in der Gruppe Rückfragen zu den Kommentaren stellen.

3.3 (1) fremde sowie eigene Texte kritisch überprüfen und auf Angemessenheit und Wirksamkeit sprachlicher Gestaltungsmittel mit Blick auf Situations- und Adressatenbezug achten; bei Rückmeldungen an Mitschülerinnen und Mitschüler auf einen respektvollen Umgang miteinander achten · 3.3 (2) zur Textrevision situationsabhängig bekannte Feedbackmethoden nutzen

Der Portfolio-Check
Mit dieser Methode können alle einmal die Lehrkraft sein und ein Portfolio ausführlich bewerten.

→ Du bekommst von deiner Lehrkraft ein Portfolio einer Mitschülerin oder eines Mitschülers zugeteilt.
→ Lege dir dazu eine Checkliste nach dem Muster unten an (→ COPY 20).
→ Du hast nun 20–30 Minuten Zeit, um das Portfolio ausführlich durchzulesen.
→ Anschließend füllst du die Checkliste aus, indem du jeden Punkt bewertest (mit +/–) und in die rechte Spalte Anmerkungen dazu schreibst.
→ Für die Rückmeldung an den Autor oder die Autorin gibt es dann zwei Möglichkeiten (Varianten A und B).
Wählt in der Klasse eine davon aus.

Variante A
Du gibst das korrigierte Portfolio an den/die Autor/-in zurück und erklärst ihm/ihr persönlich, warum du so bewertet hast.

Variante B
Du stellst das Portfolio in der Klasse vor und erklärst, was du daran besonders gelungen findest.

Checkliste

Portfolio

Du hast ...	++	+	–	––	**Anmerkungen**
... das Deckblatt ordentlich gestaltet und mit allen wichtigen Informationen versehen.	X	X	X	X	XXXXXXXXXXX
... ein übersichtliches Inhaltsverzeichnis erstellt.	X	X	X	X	XXXXXXXXXXX
... alle Pflichtaufgaben vollständig und in angemessenem Umfang bearbeitet.	X	X	X	X	XXXXXXXXXXX
... mindestens vier Wahlaufgaben vollständig und in angemessenem Umfang bearbeitet.	X	X	X	X	XXXXXXXXXXX
... die Aufgaben korrekt bearbeitet.	X	X	X	X	XXXXXXXXXXX
... dein Portfolio ordentlich (d. h. nicht geknickt und nicht bekritzelt) abgegeben.	X	X	X	X	XXXXXXXXXXX
... dein Portfolio farbig gestaltet und mit Bildern/Zeichnungen versehen.	X	X	X	X	XXXXXXXXXXX

3.3 (1) fremde sowie eigene Texte kritisch überprüfen und auf Angemessenheit und Wirksamkeit sprachlicher Gestaltungsmittel mit Blick auf Situations- und Adressatenbezug achten; bei Rückmeldungen an Mitschülerinnen und Mitschüler auf einen respektvollen Umgang miteinander achten · 3.3 (2) zur Textrevision situationsabhängig bekannte Feedbackmethoden nutzen

Verschiedene Medien vergleichen

1

4

2

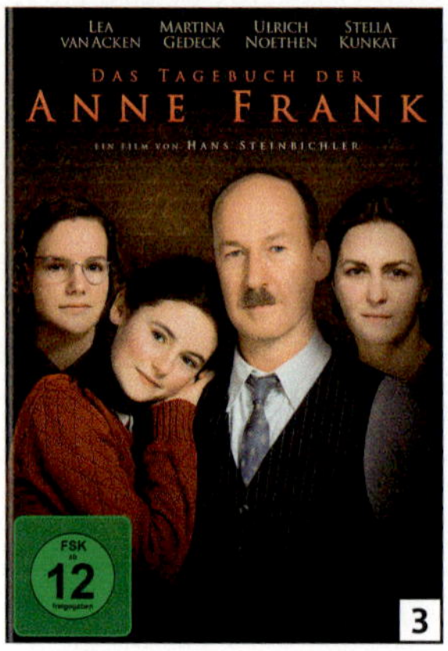

3

1 a) Betrachtet die Bilder 1–4 und besprecht zu zweit, welche Medien dargestellt sind.
b) Tauscht euch in der Gruppe über eure Ergebnisse aus und erklärt euch gegenseitig, woran ihr das Medium jeweils erkannt habt.

2 Notiere stichpunktartig, was jeweils „typisch" für die folgenden Medien ist:
- *Buch*
- *Film*
- *Graphic Novel / Comic*

Tipp

zu 1a)

- Originaltagebuch der Anne Frank
- Film
- Graphic Novel
- Taschenbuch

3 a) Lege eine Tabelle an, in der du die Medien 2–4 vergleichst.

Medium	XXX	XXX	XXX
Titel	*XXX*	*XXX*	*XXXX*
Preis	*XXX*	*XXX*	*XXX*
Länge	*XXX*	*XXX*	*XXX*
Autor/-in	*XXX*	*XXX*	*XXX*

b) Ergänze weitere Punkte für den Vergleich der Medien. Recherchiere dafür gegebenenfalls Informationen im Internet.
c) Präsentiert eure Ergebnisse in der Klasse und ergänzt eure Tabellen.

4 Kennst du weitere Geschichten, die in verschiedenen Medien veröffentlicht worden sind? Berichte der Klasse davon.

2.4 (1) Darstellungsmittel und wesentliche Elemente der Sprache audiovisueller und digitaler Medien und ihre Wirkung kritisch aufzeigen · 2.4 (4) den Informations- und Unterhaltungsgehalt unterschiedlicher Medien unterscheiden und den ästhetischen Genuss sowie den Freizeitwert von Medieninhalten reflektieren

Die Quelle betrachten

1 a) Lies das folgende Vorwort aus dem Buch „Das Tagebuch der Anne Frank“.
b) Klärt zu zweit Wörter, die ihr nicht kennt, und fasst den Inhalt kurz zusammen.

Vorwort

Anne Frank führte vom 12. Juni 1942 bis 1. August 1944 Tagebuch. Bis zum Frühjahr 1944 schrieb sie ihre Briefe an „Kitty“ nur für sich selbst. Dann hörte sie im Radio aus London den niederländischen Erziehungsminister im Exil, der davon sprach, dass man nach dem Krieg alles über die Leiden des niederländischen Volkes während der deutschen Besatzung sammeln und veröffentlichen müsse. Als Beispiel führte er unter anderem Tagebücher an. Unter dem Eindruck dieser Rede beschloss Anne Frank, nach Kriegsende ein Buch zu veröffentlichen. Ihr Tagebuch sollte dafür als Grundlage dienen.

Sie begann, ihr Tagebuch ab- und umzuschreiben, korrigierte, ließ Passagen weg, die sie für uninteressant hielt, und fügte anderes aus ihrer Erinnerung hinzu. [...]

Anne Franks letzter Eintrag datiert vom 1. August 1944. Am 4. August wurden die acht untergetauchten Juden, also die Bewohner des Hinterhauses [...], von der „Grünen Polizei“ abgeholt. Miep Gies und Bep Voskuijl stellen noch am Tag der Verhaftung die Aufzeichnungen Anne Franks sicher. Miep Gies bewahrte sie in ihrem Schreibtisch auf und übergab sie nach dem Krieg ungelesen Otto H. Frank, Annes Vater, als endgültig feststand, dass Anne nicht mehr lebte.

Otto Frank entschloss sich nach reiflicher Überlegung, den Wunsch seiner toten Tochter zu erfüllen und ihre Aufzeichnungen als Buch zu veröffentlichen. [...] Otto Frank starb 1980.

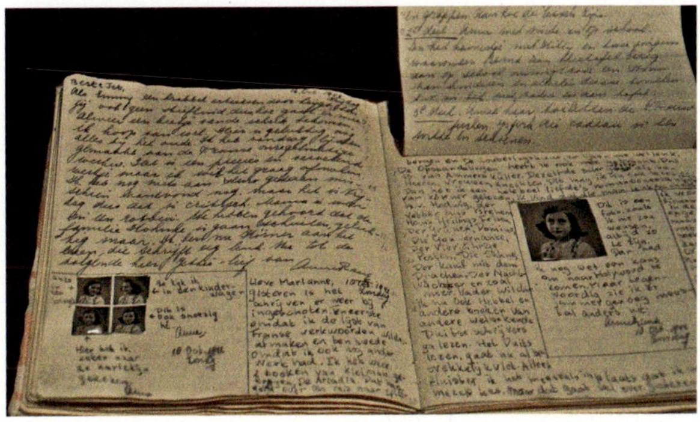

2 Beantwortet zu zweit folgende Fragen zum Text:
- *Wie heißt Annes erfundene Freundin?*
- *Vor wem musste sich Annes Familie verstecken?*
- *Warum wollte Anne Schriftstellerin werden?*
- *Wie lange führte Anne ihr Tagebuch?*
- *Was passierte, nachdem Anne und die anderen Bewohner/-innen des Hinterhauses entdeckt worden sind?*

3 Eine *Quelle* können Texte oder auch Gegenstände sein, die dir etwas über die Vergangenheit erzählen.
a) Begründe mit eigenen Worten, warum das Originaltagebuch von Anne Frank eine Quelle ist.
b) Besprecht eure Ergebnisse in der Klasse.

4 Sprecht zu zweit und anschließend in der Gruppe darüber, warum Anne Franks Tagebuch heute noch so viel gelesen wird.

5 a) Recherchiere im Internet, welche Projekte und Einrichtungen den Namen *Anne Frank* tragen.
b) Erkläre mit eigenen Worten, für welche Werte diese Projekte und Einrichtungen stehen.

Erzählerische Mittel in einer Graphic Novel

1 a) Lies den Auszug aus der Graphic Novel „Das Tagebuch der Anne Frank“ auf der nächsten Seite.
b) Beschreibt euch zu zweit gegenseitig die Situation, um die es in dem Auszug aus der Graphic Novel geht.
c) Ordnet die beschriebene Situation zeitlich ein und sprecht darüber in der Klasse.

2 Sprecht zu zweit darüber, welche Personen in dem Auszug aus der Graphic Novel vermutlich zu sehen sind.

3 a) Beschreibe stichpunktartig, wie die Seite aus der Graphic Novel äußerlich gestaltet ist.
b) Vergleiche sie mit der Graphic Novel „Das Leben von Anne Frank – eine Biografie“ auf Seite 140–141. Welche Gemeinsamkeiten und welche Unterschiede fallen dir auf?
c) Besprecht eure Überlegungen zu zweit.

4 a) Formuliere in eigenen Worten, was eine Graphic Novel ist. Hinweise dazu findet du in der *Lernbox*.
b) Nenne das Genre, dem die Graphic Novel „Das Tagebuch der Anne Frank“ zugeordnet werden kann.
c) Erkläre, an welche Zielgruppe sich die Graphic Novel „Das Tagebuch der Anne Frank“ richtet. Begründe deine Meinung.

Tipp

zu 2)
Lies noch einmal das Vorwort auf Seite 147, falls du dir nicht mehr sicher bist, wer mit Anne im Versteck gewohnt hat.

5 a) Notiert zu zweit Vor- und Nachteile einer Graphic Novel.
b) Vergleicht die Ergebnisse in der Klasse und ergänzt eure Notizen.
c) Würdest du eine Graphic Novel lesen? Begründe deine Meinung.

6 Betrachte noch einmal das Cover der Graphic Novel „Das Tagebuch der Anne Frank“ auf Seite 146. Diskutiert in der Klasse, ob ihr es für gelungen haltet.

7 a) Recherchiere im Internet nach einer weiteren Graphic Novel, die dich interessieren würde.
b) Stelle sie in einer Kleingruppe vor und erkläre, warum sie dich anspricht.

8 *„Eine Graphic Novel ist immer ein Comic. Ein Comic ist aber nicht immer eine Graphic Novel.“*
Erkläre diese Aussage mit eigenen Worten. Hinweise dazu findest du in der *Lernbox*.

Lernbox

Graphic Novel
Eine Graphic Novel (oder auf deutsch: grafischer Roman) ist eine Untergattung des **Comics**.
Eine Graphic Novel hat folgende Merkmale:

1 Sie erscheint im **Buchformat** und ist – im Unterschied zu den meisten Comics, die oft als Serie angelegt werden – eine in **sich abgeschlossene Geschichte**.
2 Graphic Novels lassen sich wie Bücher in **verschiedene Genres** unterteilen, z. B. *Thriller, Biografie …*
3 Sie sind aufgrund ihrer Komplexität oft für **Erwachsene** verfasst.

2.2 (2) unterschiedliche Interpretationen eines literarischen Werkes […] vergleichen und reflektieren und eigene Deutungshypothesen entwickeln · 2.4 (3) zu unterschiedlichen medialen Darbietungsformen eines Themas oder einer literarischen Vorlage (z. B. Computerspiel, Film, Hörbuch, Graphic Novel und Buch) wertend Stellung nehmen

2.2 (2) unterschiedliche Interpretationen eines literarischen Werkes [...] vergleichen und reflektieren und eigene Deutungshypothesen entwickeln · 2.4 (3) zu unterschiedlichen medialen Darbietungsformen eines Themas oder einer literarischen Vorlage (z. B. Computerspiel, Film, Hörbuch, Graphic Novel und Buch) wertend Stellung nehmen

Erzählerische Mittel im Film

1 a) Seht euch den Trailer zum Film „Das Tagebuch der Anne Frank“ an, welcher im Jahr 2016 erschienen ist.
b) Welchen ersten Eindruck habt ihr von dem Trailer? Sprecht darüber in einer Kleingruppe.

2 a) Notiert zu zweit alle erzählerischen Mittel eines Filmes, die ihr schon kennt.
b) Überprüft eure Ergebnisse mithilfe der *Lernbox*.

3 a) Seht euch den Trailer zum Film „Das Tagebuch der Anne Frank“ ein zweites Mal an. Notiert, welche *Einstellungsgrößen, Perspektiven, Kamerabewegungen* und *Kameratechniken* ihr erkennen könnt.
b) Lasst den Trailer ein drittes Mal ablaufen, ohne hinzusehen. Notiert, welche Geräusche, Dialoge und welche Musik ihr hören könnt.

Tipp

zu 2 a)

Durch erzählerische Mittel soll eine bestimmte Stimmung bei dem Zuschauer / der Zuschauerin erzeugt werden.

zu 4 a)

Einstellungsgrößen:
1 Nah: Die Nahaufnahme zeigt nur die Gesichter.
2 Halbnah: Die Halbnahe zeigt einen Menschen ungefähr ab der Körpermitte.
3 Detail: Die Detaileinstellung zeigt nur einen Teil eines Gesichtes oder eines Gegenstandes.
4 Totale: Die Totale zeigt einen oder mehrere Menschen in der Umgebung.

4 a) Legt zu zweit eine Tabelle zu den verschiedenen *Einstellungsgrößen* an.
b) Tragt in die mittlere Spalte ein, welche Wirkung die Einstellungsgröße jeweils vermutlich auf den Zuschauer oder die Zuschauerin haben soll.
c) Überprüft eure Vermutungen mithilfe des Internets. Tragt das Ergebnis in die rechte Spalte der Tabelle ein.

Einstellungsgröße	vermutete Wirkung	tatsächliche Wirkung
Nah	*XXX*	*Mimik und/oder Gestik stehen im Vordergrund*
XXX	*XXX*	*XXX*

5 a) Betrachtet in Kleingruppen die beiden Bilder 1 und 2 aus dem Film auf Seite 153.
b) Besprecht, was ihr auf den Bildern seht. Nutzt dazu die filmischen Begriffe aus eurer Tabelle und die Informationen der *Lernbox*.

Lernbox

Erzählerische Mittel im Film
Ein Film soll die Zuschauer/-innen fesseln. Dabei helfen erzählerische Mittel:
1 **Einstellungsgröße:** *Nah, Halbnah, Detail, Totale …*
2 **Perspektive:** *Normal-, Vogel- und Froschperspektive …*
3 **Kamerabewegung:** *Schwenk, feststehend, Zoom …*
4 **Kameratechnik:** *Abblenden, Unschärfe …*
5 **Reihenfolge des Bildmaterials:** *chronologische Abfolge, Zeitsprünge, parallele Geschichten …*
6 **Unterlegung mit Geräuschen und Musik:** *passende Geräusch- und Musikkulisse zu dem Gefühl, das vermittelt werden soll.*

2.4 (1) Darstellungsmittel und wesentliche Elemente der Sprache audiovisueller und digitaler Medien und ihre Wirkung kritisch aufzeigen · 2.4 (2) selbständig Informations- und Wahrheitsgehalt unterschiedlicher medialer Darstellungsformen […] beurteilen und deren Intention und Wirkung werten

Erzählerische Mittel vergleichen

1 a) Lies den Textauszug aus Anne Franks Tagebuch.
b) Fasst den Inhalt zu zweit mit eigenen Worten zusammen.

Stell dir vor, zwei Nächte und einen Tag in dieser Angst zu verbringen! Wir stellten uns nichts vor, wir saßen nur im Stockdunkeln, weil Frau van Daan aus Angst die Lampe ganz ausgedreht hatte, wir flüsterten, und bei jedem Knarren klang es: „Pst! Pst!“ [...] Dann, um Viertel nach elf, ein Geräusch von unten. Bei uns konnte man das Atmen der ganzen Familie hören, ansonsten rührten wir uns nicht. Schritte im Haus, im Privatbüro, in der Küche, dann ... auf unserer Treppe. Keine Atemzüge waren mehr zu hören, acht Herzen hämmerten. Schritte auf unserer Treppe, dann Gerüttel am Drehschrank. Dieser Moment ist unbeschreiblich. „Jetzt sind wir verloren“, sagte ich und sah uns schon alle fünfzehn noch in derselben Nacht von der Gestapo mitgenommen. Wieder Gerüttel am Drehschrank, zweimal, dann fiel etwas herunter, die Schritte entfernten sich. Für den Moment waren wir gerettet. [...] „Wenn sie uns finden, dürfen sie auch das Radio finden.“ „Dann finden sie auch Annes Tagebuch“, mischte sich Vater ein. „Verbrennt es doch!“, schlug die Ängstlichste von uns vor. Das und der Moment, als die Polizei an der Schranktür rüttelte, waren meine angstvollsten Augenblicke. Mein Tagebuch nicht! Mein Tagebuch nur zusammen mit mir! Aber Vater antwortete zum Glück nicht. [...] Ich tröstete Frau van Daan in ihrer Angst. Wir sprachen über Flucht, Verhöre bei der Gestapo, über Telefonieren und über Mut.
„Nun müssen wir uns eben wie Soldaten verhalten, Frau van Daan. Wenn wir draufgehen, na gut, dann eben für Königin und Vaterland, für Freiheit, Wahrheit und Recht [...].“ Herr van Daan wechselte nach einer Stunde wieder den Platz mit seiner Frau. Vater kam zu mir. Die Herren rauchten ununterbrochen. [...]
In dieser Nacht dachte ich eigentlich, dass ich sterben müsste. [...] Aber nun, da ich gerettet bin, ist es mein erster Wunsch für nach dem Krieg, dass ich Niederländerin werde. [...]
Und wenn ich an die Königin selbst schreiben muss, ich werde nicht aufgeben, bevor mein Ziel erreicht ist. [...] Wenn Gott mich am Leben lässt, werde ich mehr erreichen, als Mutter je erreicht hat. Ich werde nicht unbedeutend bleiben, ich werde in der Welt und für die Menschen arbeiten.

2 a) Notiere alle Personen, die im Textauszug vorkommen.
b) Ergänze zu jeder Person stichpunktartig, wie es ihr/ihm in der beschriebenen Situation geht bzw. wie sie/er sich verhält.

3 a) Notiere die Aussagen A und B mit der jeweils passenden Ergänzung (→ S. 159).

A. *Es handelt sich um einen ...*
- *auktorialen Erzähler.*
- *Ich-Erzähler.*
- *personalen Erzähler.*

B. *In dem Text kommt ein/-e ... vor.*
- *direkte Rede*
- *indirekte Rede*
- *innerer Monolog*

b) Besprecht zu zweit, welche Wirkung die erzählerischen Mittel erzielen.
c) Besprecht eure Ergebnisse und Überlegungen in der Klasse.

2.4 (1) Darstellungsmittel und wesentliche Elemente der Sprache audiovisueller und digitaler Medien und ihre Wirkung kritisch aufzeigen · 2.4 (2) selbständig Informations- und Wahrheitsgehalt unterschiedlicher medialer Darstellungsformen [...] beurteilen und deren Intention und Wirkung werten

4 a) Lies den folgenden Auszug aus der Graphic Novel „Das Tagebuch der Anne Frank“.
b) Besprecht zu zweit, worum es in dem Auszug geht.
c) Werden die Geschehnisse so dargestellt, wie du sie dir vorgestellt hast? Begründe deine Meinung mithilfe des Textausschnittes auf Seite 151.

2.4 (2) selbständig Informations- und Wahrheitsgehalt unterschiedlicher medialer Darstellungsformen [...] beurteilen und deren Intention und Wirkung werten · 2.4 (3) zu unterschiedlichen medialen Darbietungsformen eines Themas oder einer literarischen Vorlage (z. B. Computerspiel, Film, Hörbuch, Graphic Novel und Buch) wertend Stellung nehmen

5 a) Seht euch den Ausschnitt aus dem Film „Das Tagebuch der Anne Frank“ von 01:22:00 bis 01:30:00 an. Wenn ihr den Film nicht zur Verfügung habt, betrachtet die Abbildungen 1 und 2 unten.
b) Besprecht zu zweit, worum es in dem Ausschnitt geht, bzw. beschreibt euch gegenseitig die Abbildungen 1 und 2 unten.

6 a) Vergleiche den Filmausschnitt oder die Abbildungen mit dem Text aus dem Buch (→ S. 151) und dem Auszug aus der Graphic Novel (→ S. 152) in Hinblick auf Gemeinsamkeiten und Unterschiede.
b) Tauscht euch zu zweit darüber aus.

7 a) Lege die folgende Tabelle an:

Buch	Graphic Novel	Film
„Wir saßen nur im Stockdunkeln“	*XXX*	*XXX*
XXX	*XXX*	*XXX*

b) Ergänze die Spalten mit vergleichbaren Informationen aus dem Buch (→ S. 151), der Graphic Novel (→ S. 152) und dem Film. Notiere auch, wenn in einem der drei Medien eine Information nicht zu finden ist.

c) Beschreibe in einem Fließtext, auf welche Art und Weise das Buch, die Graphic Novel und der Film die Informationen jeweils wiedergeben.

8 a) Überlege, welche Vor- und Nachteile die Medien jeweils haben.
b) Diskutiert die Vor- und Nachteile der jeweiligen Medien in Kleingruppen.

9 Sprecht zu zweit darüber, welches der Medien euch persönlich am besten gefällt. Begründet eure Meinung.

10 Entscheide dich für eine der beiden Aufgaben:
a Erstelle einen Podcast (ca. 1–2 Minuten) für dein Lieblingsmedium, der den Inhalt der Geschichte, allgemeine Informationen und deine Meinung enthält.
b Schreibe eine Stellungnahme, in der du ausführlich begründest, welches der drei Medien am besten geeignet ist, um den Inhalt von Anne Franks Tagebuch wiederzugeben.

1

2

2.2 (2) unterschiedliche Interpretationen eines literarischen Werkes [...] vergleichen und reflektieren und eigene Deutungshypothesen entwickeln · 2.4 (3) zu unterschiedlichen medialen Darbietungsformen eines Themas oder einer literarischen Vorlage (z. B. Computerspiel, Film, Hörbuch, Graphic Novel und Buch) wertend Stellung nehmen

Schreibideen umsetzen

1 Erstelle ein Cluster mit Themen deiner Wahl, über die du etwas schreiben möchtest oder könntest.

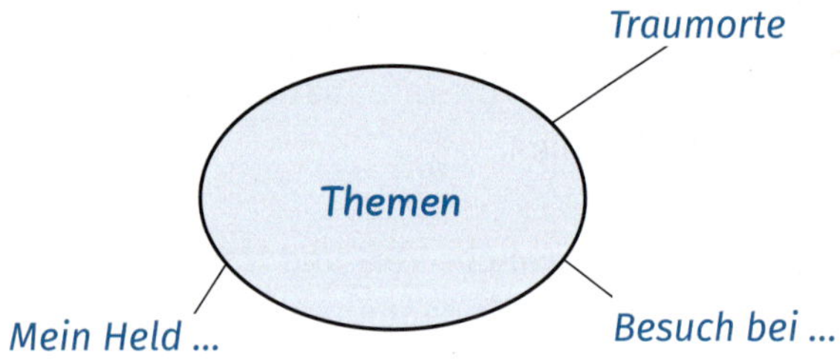

2 a) Suche dir ein Thema aus deinem Cluster aus und schreibe dazu einfach mal los. Du hast fünf Minuten Zeit.
b) Vergleicht und besprecht eure Texte zu zweit.

3 a) Suche dir mindestens eine der Schreibideen 1–7 aus und schreibe los.
b) Besprecht eure Texte zu zweit und gebt einander Tipps zur Verbesserung.
c) Überarbeitet eure Texte mithilfe der Tipps und präsentiert sie anschließend der Klasse.

Schreibidee 1

Wenn ich ein ... wäre!
Diese Schreibmöglichkeit lässt alles offen. Wie wäre es, wenn du kein Mensch wärst, sondern ein Baum, ein Haus, ein Auto, eine ...? Schreibe einen Text aus dieser Perspektive. Über Länge und Form entscheidest du selbst.

Schreibidee 2

Wörter einfach weglöschen
Nimm ein leeres Blatt und versuche, fünf Minuten ohne Pause durchzuschreiben. Höre dabei niemals mit dem Schreiben auf! Streiche anschließend alle Wörter durch, die für dich den Text zu lang, umgangssprachlich, umständlich oder spontan machen. Je nachdem wie viel du streichst, entsteht ein knapper Text, eine Wortreihe, ein Gedicht ...

Schreibidee 3

Schau genau
Stelle dich an eine bestimmte Stelle und schaue lange und genau auf etwas, das du siehst. Dein Blick kann zum Beispiel aus dem Fenster gehen oder sich auf etwas richten, das sich im Raum befindet. Beschreibe ausführlich, was du siehst.

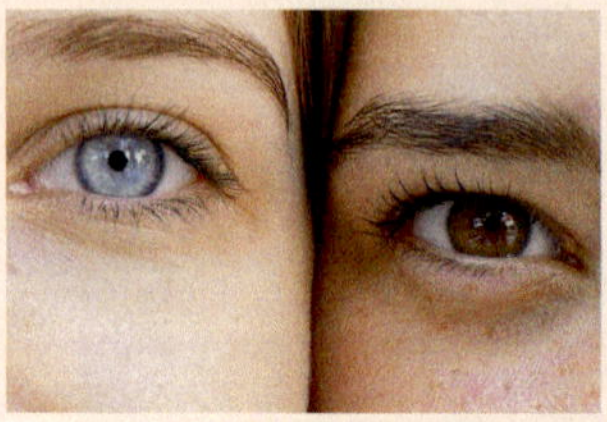

3.2 (2) kreative und produktive Schreibformen nutzen, um Gefühle auszudrücken, zur Klärung des eigenen Standpunkts sowie zur schriftlichen Auseinandersetzung mit Themen · 3.3 (4) den eigenen Schreibprozess mit Blick auf die Textrevision und das Schreibprodukt reflektieren und bewerten und sich Ziele für weitere Schreibaufgaben setzen

Schreibidee 4

Was ist hier passiert?

Gehe in der Realität oder in deinen Gedanken durch deine Heimatstadt oder dein Heimatdorf. Welches Gebäude ist bekannt, vielleicht sogar berühmt? Welches Bauwerk ist besonders? Erfinde eine kurze Geschichte im Stil eines Fremdenführers / einer Fremdenführerin dazu und stelle sie möglichst interessant vor. Was könnte sich in diesem Gebäude/ Bauwerk in der Vergangenheit zugetragen haben?

Schreibidee 5

Weniger ist mehr!

Den Inhalt eines Filmes oder eines Buches zu erzählen, ist spannend und kann begeistern. Kannst du das auch in wenigen Worten? Mit wie vielen Wörtern kannst du einen ganzen Film zusammenfassen? Versuche es zunächst mit zehn Wörtern, dann mit sieben, danach mit fünf und schließlich mit nur drei Wörtern.

Schreibidee 6

Dialog mit einem Gegenstand

Entscheide dich für einen Gegenstand. Wenn du möchtest, kannst du diesen auch vor dir auf den Tisch legen. Fang ein Gespräch mit dem Gegenstand an. Schreibe dieses von Anfang an auf. So entsteht ein mindestens einseitiger Dialog mit diesem Gegenstand.

Schreibidee 7

Zeichnen und Schreiben

Du zeichnest lieber? Entwirf einen kurzen Comic zu einem beliebigen Thema. Es sollten mindestens vier Bilder mit Sprechblasen sein, damit eine Handlung erkennbar ist.

Tipp

zu 1)
Denke zum Beispiel an die *Natur*, an deinen *Tagesablauf*, an *Gerüche*, *Ereignisse* oder *Bilder*.

zu 4 b)
Wie wäre es z. B. bei 22 Schülerinnen und Schülern mit 220 oder 222 Wörtern?

4 a) Wählt in der Klasse ein Thema aus einem eurer Cluster von Aufgabe 1.
b) Entscheidet euch, wie viele Wörter die Geschichte jeder Schülerin und jedes Schülers dieser Klasse haben soll.
c) Schreibt eine neue Geschichte und vergleicht sie anschließend in der Klasse.

3.2 (2) kreative und produktive Schreibformen nutzen, um Gefühle auszudrücken, zur Klärung des eigenen Standpunkts sowie zur schriftlichen Auseinandersetzung mit Themen · 3.3 (4) den eigenen Schreibprozess mit Blick auf die Textrevision und das Schreibprodukt reflektieren und bewerten und sich Ziele für weitere Schreibaufgaben setzen

Gefühle in einem inneren Monolog ausdrücken

1 a) Betrachtet die Abbildung oben und sprecht zu zweit darüber, was dargestellt ist.
b) Überlegt euch für jede der Emotionen ein mögliches Ereignis, das die Personen erlebt haben könnten. Denkt dabei z. B. an Ereignisse aus eurem Umfeld.
c) Tauscht euch in der Klasse über eure Überlegungen aus.

2 a) Sprecht darüber, warum es manchmal leichter erscheint, ein Emoji zu verschicken, als einer Person direkt die eigenen Gefühle oder die eigene Meinung mitzuteilen.
b) Welche Missverständnisse können durch Emojis entstehen? Berichtet, welche Erfahrungen ihr selbst gemacht habt.

3 a) Ordne folgenden Emojis die passenden Metaphern zu.

- *Ich habe Schmetterlinge im Bauch.*
- *Ich koche vor Wut.*
- *Mir dreht sich der Magen.*
- *Mir platzt gleich der Kopf.*
- *Ich bin unsichtbar.*

b) Vergleicht zu zweit und besprecht, inwiefern Emojis und Metaphern dabei helfen können, Gefühle zu vermitteln.

4 a) Lies den inneren Monolog des verliebten Sven in den grünen Kästen.

Mann was soll ich machen? Ich steh hier wie der letzte Idiot, umgeben von noch viel größeren Idioten – gegen meinen Willen. Hätte ich nur bei meinem Kumpel nicht so doofe Sprüche gemacht! Ihm nicht erzählt, dass ich schon seit einer Ewigkeit in Emmi verliebt bin, sie aber nichts mit mir zu tun haben will. Ich weiß nicht einmal, ob sie mich je richtig angesehen oder wenigstens bemerkt hat. Am liebsten würde ich jetzt umdrehen und wegfahren – einfach nur weg von hier, weg, weg, einfach weg! Aber wahrscheinlich würde ich mich dann nur noch viel mehr zum Deppen machen. Geht das überhaupt?

Lernbox

Einen inneren Monolog lesen

In einem inneren Monolog führt eine Figur ein „**Gedankengespräch**“, in dem sie ...
- über ihre Probleme und Beziehungen zu anderen Figuren nachdenkt,
- ihr Verhalten kritisch hinterfragt und sich ggf. Vorwürfe macht,
- Fragen an sich selbst stellt,
- Bedenken, Ängste und Hoffnungen äußert,
- Entscheidungen trifft,
- Pläne für die Zukunft schmiedet.

Ich muss ihr jetzt in die Augen sehen und dabei entspannt bleiben. Wenn ich doch nur allein wäre. Sie soll nicht bemerken, dass ich Hals über Kopf in sie verschossen bin. Wobei sie das spätestens beim Auspacken meines Geschenkes bemerken wird. Dann wird sie reagieren müssen. Dann ist die Stunde der Wahrheit. Wird das gut gehen? Ich kann das nicht! Ich gebe ihr das Geschenk doch nicht! Oder doch? Was soll ich tun? Zum Geburtstag bekommt man doch ein Geschenk. Also los ...

b) Überarbeite den inneren Monolog, indem du an passenden Stellen die Metaphern aus Aufgabe 3 einbaust.
c) Lest eure Überarbeitungen der Klasse vor.

5 a) Lies die *Lernbox* auf Seite 156.
b) Welche Spiegelstriche kannst du im inneren Monolog wiederfinden? Notiere den jeweiligen Spiegelstrich und zitiere ein Beispiel aus dem Text (→ S. 282).
c) Vergleicht zu zweit eure Ergebnisse.

6 Wie findest du Svens inneren Monolog? Wähle dazu eine der folgenden Aufgaben:
a Sprich eine kurze Textnachricht ein und präsentiere sie der Klasse.
b Formuliere einen kurzen Text, in dem du deine Gedanken erläuterst, und lies ihn der Klasse vor.

Tipp

zu 7)
Formulierungshilfen:

- *„In dem inneren Monolog von Sven ..."*
- *„Ich denke, dass ..."*
- *„Die Gefühle von Sven sind ..."*
- *„Seine Sprache ist ..."*
- *„Ich finde den Text ..., denn ..."*

7 a) Betrachtet das Bild und besprecht zu zweit, was zwischen den beiden Personen vorgefallen sein könnte.
b) Schreibe einen inneren Monolog zu dieser Situation aus Sicht einer/eines Betroffenen. Hinweise dazu findest du in der *Lernbox*.

Lernbox

Einen inneren Monolog schreiben

1 Beschreibe kurz die Ausgangssituation: *Jetzt habe ich mich schon wieder mit Meltem gestritten.*
2 Lass die Figur ihre Situation erzählen. Achte dabei auf die **Reihenfolge** der Handlung und schildere **anschaulich** die **Gedanken und Gefühle** der Figur: *Ich bin ihr völlig egal! Das macht mich wütend.*
3 Nutze sprachliche Bilder (z. B. Metaphern): *Wie vom Donner gerührt, stand ich da.*
4 Schreibe in der **Ich-Form** und übernimm die Denk- und Sprechweise der Figur, z. B. kurze, abgehackte Sätze, Wiederholungen, mündliche Sprache: *Was für eine doofe Kuh! Was soll ich nur tun?*
5 Verwende **passende Satzzeichen**: *Fragen* = ?, *Gefühle* = !, *Denkpausen* = –, *abbrechende Gedanken* = ...
6 Schließe mit einer **Schlussfolgerung** ab, indem du z. B. einen Entschluss fasst, einen Plan schmiedest ...

3.2 (2) kreative und produktive Schreibformen nutzen, um Gefühle auszudrücken, zur Klärung des eigenen Standpunkts sowie zur schriftlichen Auseinandersetzung mit Themen · 3.2 (5) sprachliche und stilistische Mittel des Schreibens zielgerichtet in eigenen Texten einsetzen (z. B. Verstärkung der eigenen Argumentationskette, Verwendung rhetorischer Figuren)

Die Erzählperspektive untersuchen

1 a) Betrachte das Cover und lies die Info zur Textsammlung „Die Känguru-Chroniken".
b) Tauscht euch zu zweit darüber aus.

„Die Känguru-Chroniken"
(Marc-Uwe Kling)

Die Textsammlung beinhaltet Geschichten eines Kleinkünstlers, der mit einem kommunistischen Känguru zusammenlebt. Sie bestehen im Wesentlichen aus den Erlebnissen und Gesprächen der beiden Protagonisten, die sich über „Gott und die Welt" unterhalten.

2 Lies den folgenden Textausschnitt aus „Die Känguru-Chroniken" aufmerksam.

Perspektivische Verzerrungen

„Ich kann auch die Erzählperspektive wechseln", sagte Marc-Uwe aufgebracht. „Jetzt bist du der Erzähler." Ich schüttelte den Kopf, steckte heimlich den Aschenbecher des Restaurants in meinen Beutel und sagte: „Das ändert doch nichts. Immer noch schreibst du als Ich-Erzähler." [...] Marc-Uwe stutzte. „Kein Problem, kein Problem", sagte er dann, „Allwissender Erzähler." Die Kritik an seinem Werk hatte die Aufmerksamkeit des braunhaarigen, mittelgroßen, jungen Mannes so in Beschlag genommen, dass ihm darüber entging, dass das Känguru, welches in naher Zukunft eine böse Überraschung erleben würde, einmal mehr geschickt das Thema gewechselt hatte, um von seinen eigenen – finanziellen – Unzulänglichkeiten abzulenken. „Moment mal!", rief Marc-Uwe. „Du willst mich ja bloß ablenken." Aber das Känguru hatte das Restaurant schon längst unauffällig verlassen.

(verändert)

3 a) Notiere stichpunkartig, welche Figuren in dem Textausschnitt sprechen.
b) Ordne die Aussagen den Figuren zu, indem du die entsprechenden Zeilenangaben hinter den Figuren ergänzt.
c) Sprecht zu zweit über eure Notizen.

4 a) Verändere die Erzählperspektive der Sätze A–D. Formuliere jeweils aus der Sicht Marc-Uwes, des Kängurus und aus der Sicht von jemandem, der vom Nebentisch aus die Szene beobachtet.

A *Ich muss immer bezahlen.*
B *Einer hat den Beutel, der andere das Geld.*
C *Das Känguru verschwand unauffällig nach Hause.*
D *Marc-Uwe dachte über das Geschehen nach.*

b) Finde im Textausschnitt Fachbegriffe zu den Erzählperspektiven und lies die *Lernbox* auf der nächsten Seite.
c) Erklärt euch zu zweit gegenseitig die Fachbegriffe.
d) Ordnet die Erzählperspektiven den Sätzen A–D zu.

5 *„Bei direkter Rede ist es gar nicht so leicht, die Perspektive zuzuordnen."*
a) Erkläre die Aussage und begründe sie mithilfe von Beispielen aus dem Textausschnitt.
b) Besprecht in der Klasse, warum Autorinnen und Autoren unterschiedliche Erzählperspektiven verwenden.

3.2 (2) kreative und produktive Schreibformen nutzen, um Gefühle auszudrücken, zur Klärung des eigenen Standpunkts sowie zur schriftlichen Auseinandersetzung mit Themen · 3.2 (5) sprachliche und stilistische Mittel des Schreibens zielgerichtet in eigenen Texten einsetzen (z. B. Verstärkung der eigenen Argumentationskette, Verwendung rhetorischer Figuren)

6 a) Lies den folgenden Textausschnitt aus „Die Känguru-Chroniken“.
b) Erkläre, um welche Erzählperspektive es sich im Textausschnitt handelt.
c) Besprecht eure Ergebnisse in der Klasse.

Tütensuppen-Totalitarismus

Das Känguru hat mich für neun Uhr zum Essen eingeladen. Vielleicht will es sich dafür revanchieren, dass es meinen Kühlschrank geplündert hat, vielleicht hofft es auf eine Plakette für eine vorbildliche sozialistische Hausgemeinschaft.

Als ich um fünf nach neun zur Tür reinkomme, hat das Känguru schon angefangen zu essen. „Du bist spät“, sagt es mit vollem Mund. „Ich mag alles außer Fisch“, hatte ich gesagt, als es mich eingeladen hat.

Es gibt Fischstäbchen.

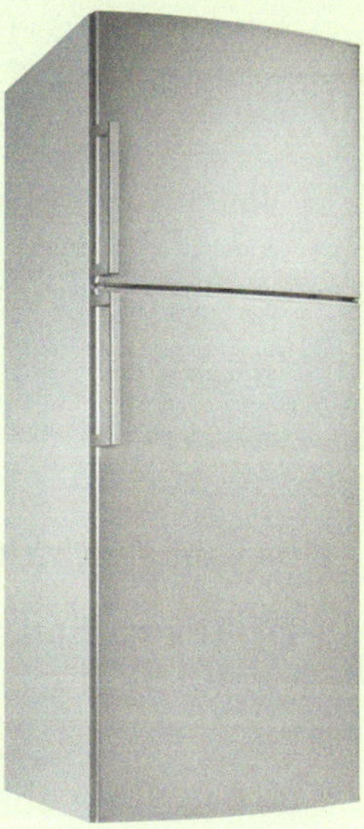

7 a) Aus welchen weiteren Perspektiven könnte der Textausschnitt noch erzählt werden? Sprecht zu zweit darüber.
b) Besprecht in der Klasse, ob ihr einen Text aus Sicht der Tür für möglich haltet.

8 Wähle eine der folgenden Aufgaben:
a Schreibe den Textausschnitt oben in eine andere Erzählperspektive um. Präsentiere deinen Text anschließend der Klasse.
b Schreibe den Textausschnitt auf Seite 158 in eine andere Erzählperspektive um. Präsentiere deinen Text anschließend der Klasse.

9 Führt eine Schreibkonferenz (→ S. 262–265) mit euren Texten aus Aufgabe 8 durch und gebt euch gegenseitig Rückmeldung, um diese zu überarbeiten.

Lernbox

Die Erzählperspektive

Epische (= erzählende) Texte haben einen Erzähler, also eine Stimme, die die Geschichte erzählt. Der Erzähler kann dabei unterschiedliche Perspektiven einnehmen:

1 Der auktoriale (allwissende) Erzähler: Er/Sie **weiß alles**. Er/Sie verfolgt die Situation von einem übergeordneten Standpunkt aus und kann in die Figur(en) hineinblicken und ihre **Gedanken, Gefühle** sowie den **inneren Zustand** beschreiben.

2 Der personale Erzähler: Er/Sie **weiß nicht alles**. Er/Sie schlüpft in die Rolle einzelner Figuren und erzählt das Geschehen aus seiner/ihrer Sicht in der **Er-/Sie-Form**. Der personale Erzähler weiß nur das, was die Figur, aus dessen Sicht erzählt wird, weiß.

3 Der Ich-Erzähler: Er/Sie befindet sich mitten im Geschehen und erzählt aus **seiner/ihrer Sicht** in der **Ich-Form**. Erzählt wird also, was **er/sie denkt oder fühlt**.

Wichtig: Der Ich-Erzähler ist nicht der/die Autor/-in!

3.2 (2) kreative und produktive Schreibformen nutzen, um Gefühle auszudrücken, zur Klärung des eigenen Standpunkts sowie zur schriftlichen Auseinandersetzung mit Themen · 3.2 (5) sprachliche und stilistische Mittel des Schreibens zielgerichtet in eigenen Texten einsetzen (z. B. Verstärkung der eigenen Argumentationskette, Verwendung rhetorischer Figuren)

Einen Schreibplan verwenden

1 Betrachtet die Überschrift des folgenden Textes und sprecht zu zweit darüber.

2 Lies den Text aufmerksam durch.

Das letzte Buch
Von Marie Luise Kaschnitz

Das Kind kam heute spät aus der Schule heim. Wir waren im Museum, sagte es. Wir haben das letzte Buch gesehen. Unwillkürlich blickte ich auf die lange Wand unseres Wohnzimmers, die früher einmal mehrere Regale voller Bücher verdeckt haben, die aber jetzt leer ist und weiß getüncht, damit das neue plastische Fernsehen darauf erscheinen kann. Ja und, sagte ich erschrocken, was war das für ein Buch? Eben ein Buch, sagte das Kind. Es hat einen Deckel und einen Rücken und Seiten, die man umblättern kann. Und was war darin gedruckt? fragte ich. Das kann ich doch nicht wissen, sagte das Kind. Wir durften es nicht anfassen. Es liegt unter Glas. Schade, sagte ich. Aber das Kind war schon weggesprungen, um an den Knöpfen des Fernsehapparates zu drehen. Die große weiße Wand fing an sich zu beleben, sie zeigte eine Herde von Elefanten, die im Dschungel eine Furt durchquerten. Der trübe Fluss schmatzte, die eingeborenen Treiber schrien. Das Kind hockte auf dem Teppich und sah die riesigen Tiere mit Entzücken an. Was kann da schon drinstehen, murmelte es, in so einem Buch.

3 a) Sprecht zu zweit über den Inhalt des Textes.
b) Woran erkennt ihr, dass es sich um eine Kurzgeschichte handelt? Nutzt bei Bedarf die *Lernbox* auf Seite 109.

4 Im Folgenden findest du Teile eines Schreibplans zur Kurzgeschichte „Das letzte Buch“.
a) Ordne die Teile richtig zu.

Überschrift:	
Thema:	
Formulierung:	
Wendung:	
offenes Ende:	

?

Das letzte Buch der Welt
Buch unter Glas nicht zugänglich → Thema beendet
Das letzte Buch
Kind denkt über Inhalte nach
Nachfragen zum Buch

b) Welche weiteren Merkmale aus der *Lernbox* findest du in der Kurzgeschichte wieder? Belege deine Aussagen mit passenden Textstellen.

Lernbox

Eine Kurzgeschichte schreiben

1 Ein Thema finden: Halte deine Gedanken, z. B. in einer Mindmap, fest.
2 Einen Schreibplan erstellen: Unterteile deinen Schreibplan in **Einleitung, Hauptteil und Schluss**. Formuliere nie ganze Sätze, sondern ausschließlich **Stichpunkte**.
Einleitung
– unmittelbarer Einstieg
Hauptteil
– Formulierung/Wendung der Situation
Schluss
– plötzliches oder offenes Ende
3 Spannend und anschaulich schreiben: z. B. durch die Wahl einer passenden Zeitform, den Einsatz treffender Verben und Adjektive sowie sprachlicher Mittel.
4 Eine passende Überschrift finden: Sie sollte Neugier wecken, aber nicht zu viel verraten.

3.2 (1) individuelle Planungsübersichten zu komplexen inhaltlichen Zusammenhängen und aktuellen Ereignissen erstellen und die Ergebnisse reflektieren · 3.2 (2) kreative und produktive Schreibformen nutzen, um Gefühle auszudrücken, zur Klärung des eigenen Standpunkts sowie zur schriftlichen Auseinandersetzung mit Themen

Eine Kurzgeschichte schreiben

1 a) Sprecht zu zweit über die Abbildung oben. Welche Themen könnten die Jugendliche bewegen?
b) Sammelt mindestens fünf eigene Ideen für eine Kurzgeschichte.
c) Tauscht euch in der Klasse darüber aus.

2 Lisa plant eine Kurzgeschichte.
a) Lies ihren Schreibplan. Kannst du eine Geschichte erkennen?

Einleitung:
- *Schule bald zu Ende*
- *Berufssuche steht vor der Tür*
- *Eltern interessieren sich mehr für das Thema als ich*

Hauptteil:
- *Eltern schlagen einen Job nach dem anderen vor*
- *kein Vorschlag spricht mich an*
- *Eltern immer begeistert*
- *bekomme zwei Angebote*
- *unterschreibe ein Angebot*
- *Eltern begeistert*

Schluss:
- *Eltern fragen jeden Tag nach*
- *gehe hin, aber bin noch nicht sicher*
- *Eltern begeistert*
- *spreche eine andere Azubine an*

b) Erzählt euch zu zweit gegenseitig eine zum Schreibplan passende Kurzgeschichte.

3 Wähle eine der folgenden Aufgaben:
a Verändere den Schreibplan von Lisa so, dass er deine Ideen für eine Kurzgeschichte aus Aufgabe 1 b) enthält.
b Erstelle zu einem Thema deiner Wahl einen eigenen Schreibplan.

4 a) Schreibe eine Kurzgeschichte auf maximal einer DIN-A4-Seite.
b) Tauscht zu zweit eure Kurzgeschichten aus und überprüft sie anhand der Kriterien aus der *Lernbox* auf Seite 109.
c) Gebt euch gegenseitig Rückmeldung und überarbeitet die Geschichten.
d) Präsentiert eure Kurzgeschichten in der Klasse.

Tipp

zu 1 b)

Formulierung von Themen

Es eignet sich tatsächlich jedes Thema – ob konkret oder abstrakt.

Beispiele: – *„Blick aus dem Fenster"*
– *„Paar auf der Bank"*
– *„Im Wartezimmer"*
– *„Im Urlaub"*
– *„Mutter und Tochter unterhalten sich"*
– *„In der Straßenbahn" …*

3.2 (1) individuelle Planungsübersichten zu komplexen inhaltlichen Zusammenhängen und aktuellen Ereignissen erstellen und die Ergebnisse reflektieren · 3.2 (2) kreative und produktive Schreibformen nutzen, um Gefühle auszudrücken, zur Klärung des eigenen Standpunkts sowie zur schriftlichen Auseinandersetzung mit Themen

Inhalte zusammenfassen

1 Besprecht zu zweit, wann man im Alltag Inhaltszusammenfassungen nutzt bzw. wann man ihnen begegnet.

2 a) Lies die Fragen in den Sprechblasen im Bild oben, die sich Schülerinnen und Schüler stellen, bevor sie eine Inhaltszusammenfassung geschrieben haben.
b) Notiere weitere Fragen, auf die die Inhaltszusammenfassung eines Textes eine Antwort geben sollte.

3 Mark ist sich noch nicht ganz sicher, was er beim Schreiben einer Inhaltszusammenfassung alles beachten muss.
a) Lies die Liste mit Fragen, die er sich dazu notiert hat.

In diesem Kapitel ...

kannst du auf dein Vorwissen aufbauen, wiederholen und dazulernen, wie du ...
- den Inhalt eines Textes erfasst,
- ermittelst, welche Informationen für eine Inhaltszusammenfassung wichtig sind,
- literarische Texte und Sachtexte knapp zusammenfasst,
- ein Exzerpt schreibst.

Fragen:
- *Soll ich in der Ich-Form oder in der Er-/Sie-Form schreiben?*
- *Soll ich mich knapphalten oder einen längeren Text schreiben?*
- *Schreibe ich im Präsens oder Perfekt?*
- *Soll ich wörtliche Rede nutzen oder lieber vermeiden?*
- *Soll ich aus dem Text zitieren oder Zitate vermeiden?*
- *Soll ich die Reihenfolge der Geschehnisse beibehalten?*
- *Soll ich einen bestimmten formalen Aufbau einhalten?*
- *Darf ich meine eigene Meinung zum Text äußern?*

b) Notiert zu zweit die entsprechenden Regeln zu Marks Fragen.
c) Vergleicht eure Ergebnisse in der Klasse.
d) Besprecht, ob ihr noch weitere Regeln zum Schreiben einer Inhaltszuammenfassung kennt, und ergänzt eure Notizen.

3.2 (3) wesentliche Formen der Informationsverdichtung und -darstellung nutzen, auch für medial gestützte Präsentationen und zur Prüfungsvorbereitung (z. B. Abstract, Inhaltszusammenfassung)

Einen literarischen Text zusammenfassen

1 a) Lest die Überschrift der folgenden Kurzgeschichte und tauscht euch zu zweit darüber aus, worum es gehen könnte.
b) Lies anschließend die Kurzgeschichte.

Ein Tag im Juni
Von Sylvia Plath

Es gibt einen Tag im Leben, den du nie vergisst, so sehr du es auch versuchst. Wenn der Sommer wiederkehrt und es warm genug ist, um paddeln zu gehen, fällt er dir ein. [...]
Du gehst mit Linda zum ersten Mal in dieser Jahreszeit zum See, um zu paddeln. Ihr geht hinunter zum Bootshaus... zu dem Anlegesteg aus faulenden Planken, die sich zum Wasser neigen... zu den leeren Paddelbooten, die wie flache, schwimmende grüne Erbsenschoten wartend daliegen. Wackelig steigst du in den Bug, während Linda das Ruder nimmt, und die ganze Zeit tänzelt und hüpft das leichte Boot unter dir, ungeduldig, fortzukommen. Es ist einer dieser vollkommenen Tage im Juni, die du immer zu beschreiben versuchst, aber es gelingt dir nie. [...]
Du paddelst zu einer Bucht... du treibst... du lehnst dich zurück und schließt die Augen vor dem Sonnenlicht, heiß liegt es auf deinen Lidern... du blinzelst in die Sonne, und auf deinen Wimpern spannen sich Netze von Regenbögen. [...]
Plötzlich hört ihr Stimmen... unverwechselbar... Stimmen von Jungen. Ein Schauder der Erregung ist in deinen Adern, eine überraschende Gespanntheit. Hellwach seid ihr auf einmal. Abenteuer sind in Sicht. Du glättest dein Haar und schaust verstohlen um dich. Tatsächlich... ein anderes Boot fährt hinter euch am Ufer entlang... zwei Jungen... Wie kann man die Fahrt verzögern? Wie zufällig anhalten? [...] Mit bebender Stimme sagt Linda: „Lass uns Blumen pflücken.“ [...] Du stellst dich im Boot auf, gefährlich schaukelnd und kichernd, als du dich reckst und die Blüten abreißt... [...] ihr lacht die ganze Zeit... vielleicht ein bisschen zu aufgedreht, aber ihr lacht, pflückt die Blumen und sehnt euch danach, über die Schulter zu blicken, wagt es aber nicht. Eine köstliche Aufregung summt die ganze Zeit in dir. Die Stimmen werden lauter. [...] „Hallo ihr“, ruft eine warme männliche Stimme hinter euch. Mit vorgetäuschter Überraschung fahrt ihr herum. „Oh, hallo...“ du tust atemlos und kippst beinahe das Boot, als du dich hinsetzt. Und jetzt? Nervös fragst du dich, wie es weitergehen wird. Aber das Weitere ergibt sich von allein. Du siehst zu Linda, die in aufgeregter Fröhlichkeit kichert und ihr blondes Haar aus den Augen schüttelt. Du siehst zu den beiden Jungs... von nahem nicht so gutaussehend... aber nett. Die Boote schaukeln, bedeutungsloses Geplauder geht hin und her. [...] Ihr stachelt die Jungs auf, wer von uns kann schneller paddeln? Sie schauen sich lachend an. Wollen wir um die Wette, schlagt ihr vor. Oh, nein, das wäre nicht fair. Einer wird für dich paddeln. Du protestierst vergnügt. Sie bestehen darauf. Heimlich hoffst du, dass der dunkelhaarige Typ zu dir kommt... Leichtfüßig steigt er in euer Boot und nimmt das Ruder. Buck heißt er. Don, der andere Junge, lässt einen gespielten Seufzer los: „Ich kann nicht allein paddeln.“ Er guckt Linda an. Geschmeichelt tut sie, als zögere sie, und fragt: „Soll ich?“ Aber sie steigt auch um, und alles ist vollkommen. Ihr sitzt den Jungs gegenüber, lehnt euch in die Kissen und tauscht heimliche Blicke befriedigten Stolzes.

So etwas ist euch noch nie vorher passiert. Keiner der Jungs aus der Schule ist je so nett zu euch gewesen. Du konzentrierst dich auf Buck. Er ist dünn und blass, mit dunklen Augen und strähnigem, schwarzem Haar, aber du bemerkst sein ungekämmtes Haar, seine Blässe nicht; du siehst nur seine Augen. Hier ist ein Junge... paddelt dein Boot... er mag dich. Sofort ist Buck mit einem träumerischen Schleier umhüllt. Mit jeder Minute wird er anziehender. [...] Du lachst dauernd, gibst dich geheimnisvoll und, wie du findest, kokett. Die Strahlen der Sonne werden jetzt kühler. Du kannst die Dämmerung nicht zurückdrängen. In der Ferne taucht das Bootshaus auf. Die unausgesprochene Frage erhebt sich gleichzeitig zwischen euch vieren... Wie soll man zahlen? Du hast den unangenehmen Gedanken, die Boote wieder zu tauschen und allein weiterzufahren, aber ein alberner, launischer Teil von dir ist dagegen. Warum nicht seine Macht erproben? Warum nicht? „Was kostet euer Boot?“ fragt Buck kurz. Wieder tauscht du mit Linda einen Blick, und ihr seid euch einig. „Kostet?“ stammelst du unschuldig. „Muss man das bezahlen?“ Es dauert eine Weile, bis ihr die Jungen überzeugt habt, dass ihr ohne Geld seid, aber ihr versteckt die Geldbörsen in den Taschen und haltet euch an die Spielregeln. Buck paddelt voraus und fragt dich mit starrem, brennendem Blick: „Und was hättet ihr gemacht, wenn wir nicht vorbeigekommen wären?“ Du siehst ihn an, innerlich schüttelt es dich, Glut hämmert in deinen Schläfen. Jetzt wird es ein wenig zu ungemütlich. Tränen verlegenen Zorns trüben heiß und nass deine Augen, salzig beißend. Wunderbarerweise wird sein Gesicht sanft. „He, Mensch, nicht weinen. Ich bezahl für uns. [...]“ Du fühlst dich mies, sehr klein und gemein angesichts solcher Großzügigkeit. Du möchtest sagen: „Tut mir leid, es ist alles gelogen“, aber die Worte kommen einfach nicht heraus. Er vertraut dir jetzt. Sein Gesicht ist freundlich, und du kannst... willst... das nicht ändern, indem du ihm die Wahrheit sagst. [...] Das Boot gleitet an den Landesteg, wo der Mann schon wartet. Du kannst ihn nicht ansehen. Mit abgewandtem Kopf kletterst du auf den Steg, kaum dass du merkst, dass Buck dir hinaufgeholfen hat und den Mann bezahlt hat. [...] Linda und Don sind eben zusammen angekommen. Ihr geht nebeneinander, und die Jungen folgen euch [...]. „Ich werde es ihnen sagen“, wispert Linda dir zu.
„Nein“, zischt du hitzig zurück. Wie kannst du ihr erklären, wie es steht... dass Buck dir vertraut? Alles würde verdorben... zerstört werden. Aber Linda hat sich schon umgedreht. „Wir haben nur Spaß gemacht, wir haben Geld dabei, und damit ihr seht, dass wir nicht ganz gemein sind, zahlen wir euch das jetzt zurück.“ Die Stille ist ekelhaft. Buck kann man jetzt nicht ansehen und Linda nicht sagen, was sie angerichtet hat. [...] Bucks Stimme ist gefährlich ruhig. Er sagt zu dir, allein zu dir: „Dann war das vorhin im Boot alles Theater?“ Deine Augen sind starr auf die Straße geheftet. Ein merkwürdig hoher Ton schrillt in deinen Ohren. Du nickst, wortlos. Um dich zerspringt der Nachmittag in Millionen Glassplitter. [...] Du nimmst wahr, dass die Jungen das Geld genommen haben und sich, kleiner und kleiner werdend, auf der Straße entfernen. [...] Linda seufzt mit Befriedigung. Sie hat getan, was nötig war, und betrachtet den Vorfall also als erledigt. Aber du, du gehst langsam neben ihr her, sagst nichts. [...] Wie kannst du je erklären, dass du mit mehr betrogen hast als nur mit Geld. Es ist etwas so Trostloses, so Endgültiges um eine leere Straße. Du gehst weiter, sagst nichts.

2 Überprüft eure Vermutungen aus Aufgabe 1 von Seite 163.

3 a) Formuliere W-Fragen zum Text.
b) Tauscht eure W-Fragen zu zweit aus und beantwortet sie jeweils schriftlich.
c) Tauscht eure W-Fragen und Antworten zurück und überprüft die Antworten eures Partners / eurer Partnerin.

4 a) Lies, was sich Andrea zum ersten Sinnabschnitt notiert hat:
Sinnabschnitt 1 (Z. 1 – 23): Tag
– Sommer
– Bootfahren
b) Besprecht gemeinsam, was man noch verbessern könnte.

5 a) Lies die Kurzgeschichte ein zweites Mal.
b) Teile die Kurzgeschichte in Sinnabschnitte ein (→ COPY 21).
c) Vergleicht eure Ergebnisse zu zweit. Besprecht, warum ihr die Sinnabschnitte so eingeteilt habt.

6 a) Finde eine passende Überschrift für jeden Sinnabschnitt.
b) Notiere stichpunktartig, worum es in dem jeweiligen Sinnabschnitt geht.
c) Vergleicht eure Ergebnisse in der Gruppe.

7 a) Schreibe die Informationen, die du für die Einleitung einer Inhaltszusammenfassung benötigst, heraus. Lies dazu die *Lernbox*.
b) Verfasse den Einleitungssatz.

Tipp

zu 3 a)

W-Fragen:
Wer …? Wo? …? Wann …? Was …? Wie …?
Warum …?

8 a) Wiederholt zu zweit mit eigenen Worten, worauf ihr bei einer Inhaltszusammenfassung achten müsst.
b) Schreibe eine Inhaltszusammenfassung zu der Kurzgeschichte „Ein Tag im Juni“. Orientiere dich dabei an deinen bisherigen Notizen und berücksichtige die Regeln der *Lernbox*.
c) Überprüfe deinen Text mithilfe der Checkliste auf S. 171.
d) Überarbeite, falls nötig, deinen Text.

9 Erläutere die folgende Aussage:
„Wie kannst du je erklären, dass du mit mehr betrogen hast als nur mit Geld" (Z. 149 – 150).

Lernbox

Einen literarischen Text zusammenfassen

1 Nenne in der **Einleitung** den **Titel**, die **Textsorte** (z. B. Kurzgeschichte), den/die **Autor/-in**, das **Erscheinungsjahr** und das **Thema**. Mit „Thema“ ist gemeint, worum es in dem Text insgesamt geht (z. B. um die Bedeutung von Sprache für das Miteinander der Menschen).
Der/Die/Das (Textsorte) „…" (Titel) von … (Autor/-in) wurde … (Jahr) veröffentlicht. In dem Text geht es um … (Thema).
2 Fasse im **Hauptteil** den Text abschnittsweise zusammen. Nutze deine Notizen.
3 Formuliere **mit eigenen Worten**, schreibe sachlich und vermeide persönliche Kommentare. **Zahlen, Fachbegriffe** und **Namen** darfst du aus dem Text übernehmen.
4 Schreibe im **Präsens**.
5 Schreibe am Schluss deine **Meinung** zum Text.
– Der Text macht deutlich, dass …
– Ich verstehe den Text so, dass …

Einen Sachtext zusammenfassen

1 a) Betrachte das Bild und beschreibe, was du darauf siehst.
b) Lies die Überschrift des folgenden Textes. Besprecht zu zweit, worum es in dem Text gehen könnte.
c) Tauscht euch in der Klasse darüber aus, was ihr bereits über das Freiwillige Soziale Jahr wisst.

2 a) Lies den folgenden Text.
b) Erschließe den Text selbstständig mit den Schritten 1–4 der 5-Schritt-Lesemethode (→ S. 272). Du kannst dafür COPY 22 nutzen.

Das Freiwillige Soziale Jahr
Von Irena Lauxen

Das „Freiwillige Soziale Jahr“ (kurz: FSJ) ist für Jugendliche und junge Erwachsene ab 16 Jahren gedacht, die sich nach der Schulzeit orientieren wollen. Viele sind sich nicht sicher, welchen Weg sie einschlagen sollen – dabei hilft das FSJ.
Irreführend ist dabei aber der Begriff „Jahr“, denn das FSJ kann zwischen 6 und 18 Monaten dauern. Die Arbeitszeit beträgt etwa 8 Stunden pro Tag an 5 Tagen pro Woche. Zur Auswahl stehen verschiedene Einrichtungen, z. B. Pflegeeinrichtungen, Sportvereine, Jugendzentren, politische Organisationen, gemeinnützige Organisationen, Naturschutzorganisationen oder Kindertagesstätten.
Das Ziel dabei ist, ins Berufsleben hineinzuschnuppern, Einblicke zu bekommen, sich über seine Ziele klar zu werden sowie Erfahrungen zu sammeln. Meist lernen die FSJler/-innen Gleichgesinnte kennen, können Kontakte knüpfen, herausfinden, welche Ziele sie im Leben verfolgen wollen und ausprobieren, welche Aufgaben und Tätigkeiten zu ihnen passen.
Zu guter Letzt macht sich ein FSJ auch hervorragend im Lebenslauf bei der Bewerbung für zukünftige Arbeitsstellen.
Der Verdienst im FSJ ist unterschiedlich und wird von der jeweiligen Stelle festgelegt; maximal sind es aber ca. 400 Euro pro Monat. Manchmal wird auch die Verpflegung oder Unterkunft bezahlt. Die Eltern des/der FSJlers/-in bekommen in dieser Zeit weiterhin Kindergeld und die Trägerstelle bezahlt für den/die FSJler/-in die Sozialversicherungsbeiträge. Ein weiterer Vorteil ist, dass man einen FSJ-Ausweis erhält, mit dem man viele Verkehrsmittel günstiger nutzen kann; auch der Eintritt in Museen oder andere kulturelle Einrichtungen ist häufig billiger. Übrigens ist es auch möglich, das freiwillige soziale Jahr im Ausland zu absolvieren.
Wenn sich jemand für das FSJ interessiert, kann sich die Person einfach Trägerstellen in der Nähe heraussuchen und sich direkt dort bewerben. Informationen erhält man im Internet oder auf die klassische Art: anrufen oder persönlich nachfragen.

2.1 (1) erworbene Lese- und Texterschließungstechniken eigenständig in komplexen kontinuierlichen und diskontinuierlichen Texten anwenden und dabei z. B. Textmuster erfassen · 3.2 (3) wesentliche Formen der Informationsverdichtung und -darstellung nutzen, auch für medial gestützte Präsentationen und zur Prüfungsvorbereitung (z. B. Abstract, Inhaltszusammenfassung)

3 Erkläre mit eigenen Worten, was die folgenden Begriffe bedeuten:
- *sozial (Z. 1)*
- *Gleichgesinnte (Z. 20)*
- *kulturell (Z. 39)*
- *Trägerstelle (Z. 44)*

4 a) Beantworte folgende W-Fragen zum Text schriftlich:
- *Wie viel muss man im FSJ arbeiten?*
- *Welche Vorteile hat ein FSJ?*

b) Besprecht zu zweit eure Ergebnisse.

5 a) Notiere weitere W-Fragen zum Text.
b) Tauscht eure W-Fragen zu zweit aus und beantwortet sie jeweils schriftlich.
c) Tauscht eure W-Fragen und Antworten zurück und überprüft die Antworten eures Partners / eurer Partnerin.

6 Besprecht zu zweit, welche Regeln ihr zum Schreiben einer Inhaltszusammenfassung von Sachtexten kennt. Lest dazu auch noch einmal die *Lernbox*.

7 a) Schreibe einen Einleitungssatz zum Text „Das Freiwillige Soziale Jahr“.
b) Tauscht zu zweit eure Einleitungssätze und überprüft, ob er alle wichtigen Informationen enthält.
c) Überarbeitet eure Einleitungssätze, wenn nötig.

8 a) Schreibe eine vollständige Inhaltszusammenfassung zum Text. Orientiere dich dabei an deinen bisherigen Notizen und berücksichtige die Regeln der *Lernbox*.
b) Tauscht eure Texte zu zweit aus. Überprüft sie mithilfe der Checkliste auf S. 171 und gebt einander Tipps zur Verbesserung.
c) Überarbeite deinen Text mithilfe der Tipps.

d) Sprecht in der Kleingruppe darüber, was euch schwergefallen und was euch schon gut gelungen ist.

9 Sprecht in der Klasse darüber, ob für euch ein Freiwilliges Soziales Jahr infrage kommt.

10 a) Recherchiere im Internet die Begriffe *Bundesfreiwilligendienst* und *Freiwilliges Ökologisches Jahr*.
b) Notiere, inwiefern sie sich vom Freiwilligen Sozialen Jahr unterscheiden.
c) Vergleicht eure Notizen in der Klasse.

Lernbox

Einen Sachtext zusammenfassen

1 Nenne in der **Einleitung** den **Titel**, die **Textsorte** (z. B. Reportage, Interview, Zeitungsnachricht), den/die **Autor/-in, das Erscheinungsjahr** und das **Thema**. Mit „Thema“ ist gemeint, worum es in dem Text insgesamt geht (z. B. das FSJ als Lösung für Probleme bei der Berufsorientierung).
Der/Die/Das … (Textsorte) „…“ (Titel) von … (Autor/-in) wurde … (Jahr) veröffentlicht. In dem Text geht es um … (Thema).
2 Fasse im **Hauptteil** den Text abschnittsweise zusammen. Nutze deine Notizen.
3 Formuliere **mit eigenen Worten**, schreibe sachlich und vermeide persönliche Kommentare. **Zahlen, Fachbegriffe** und **Namen** darfst du aus dem Text übernehmen.
4 Schreibe im **Präsens**.
5 Schreibe am Schluss deine **Meinung** zum Text.
- *Der Text macht deutlich, dass …*
- *Ich verstehe den Text so, dass …*
- *Für mich wirkt der Text so, als ob …*
- *Ich empfehle den Text, weil …*

2.3 (2) selbständig, sicher und kritisch den Informationsgehalt komplexer kontinuierlicher und diskontinuierlicher Texte […] werten und begründete Schlussfolgerungen daraus ziehen · 3.2 (3) wesentliche Formen der Informationsverdichtung und -darstellung nutzen, auch für medial gestützte Präsentationen und zur Prüfungsvorbereitung (z. B. Abstract, Inhaltszusammenfassung)

Texte exzerpieren

1 a) Sprecht in Kleingruppen darüber, ob ihr schon einmal einen Nebenjob hattet bzw. euch einen wünscht.
b) Diskutiert, welche Vor-/Nachteile das Ausüben eines Nebenjobs mit sich bringt und was ihr dabei beachten müsst.

2 a) Stelle durch überfliegendes Lesen fest, worum es in dem nachfolgenden Text geht.
b) Notiere W-Fragen, zu denen du im Text vermutlich Informationen findest.

Fragen zum Text:
- *Wo ist geregelt, wie lange Jugendliche arbeiten dürfen?*
- *Wie lange dürfen Schülerinnen und Schüler in den Ferien arbeiten?*
- *...*

Wie viel dürfen Jugendliche arbeiten?

Durch einen Nebenjob können Jugendliche ihre Einnahmen verbessern. Dabei gelten für Schüler besondere gesetzliche Bestimmungen, damit noch genug Zeit für Hausaufgaben und Freizeit bleibt. Das regelt das Jugendarbeitsschutzgesetz. Es zielt darauf ab, Jugendliche vor gesundheitlichen Schäden und einer Verschlechterung der schulischen Leistungen zu schützen. [...]
Die Beschäftigung von Kindern und vollzeitschulpflichtigen Jugendlichen ist verboten. So sieht es das Jugendarbeitsschutzgesetz vor. [...] Es gibt aber Ausnahmen.
Ab dem 13. Geburtstag können Jugendliche einen Nebenjob ausüben – vorausgesetzt, die Eltern stimmen zu. Bis zu 2 Stunden pro Tag sind z. B. Babysitten oder Gartenhilfe möglich, jedoch nicht vor der Schule, während des Unterrichts oder nach 18 Uhr. Das gilt auch für Jugendliche ab 15 Jahren, wenn sie noch vollzeitschulpflichtig sind. Allerdings dürfen die Jugendlichen während der Schulferien arbeiten, jedoch maximal 4 Wochen im Jahr. Sind die Jugendlichen über 15 Jahre alt und nicht mehr vollzeitschulpflichtig, sondern machen z. B. eine Ausbildung, dürfen sie bis zu 8 Stunden täglich an 5 Tagen die Woche arbeiten. Mit folgenden Einschränkungen: Zwischen 20 Uhr abends und 6 Uhr morgens darf nicht gearbeitet werden. Nur in der Gastronomie dürfen Jugendliche ab 16 Jahren auch bis 22 Uhr arbeiten. In der Bäckerei, im Schichtbetrieb und in der Landwirtschaft gibt es ebenfalls Ausnahmen. [...]
In Deutschland gibt es zwar einen Mindestlohn, der gilt aber nicht für minderjährige Schülerinnen und Schüler ohne abgeschlossene Ausbildung. Stundenlöhne von 9,82 Euro und mehr sind deshalb eher die Ausnahme. Deshalb ist es hilfreich, sich Infos über übliche Bezahlungen einzuholen. Liegt die Bezahlung zwei Drittel unter dem üblichen Verdienst, ist dies sittenwidrig. Dann sollte man genau überlegen, ob der Arbeitgeber tatsächlich der richtige ist.

(verändert)

3 a) Schreibe unbekannte Begriffe heraus oder markiere sie auf COPY 23 und kläre ihre Bedeutung.
b) Erkläre folgende Begriffe mit eigenen Worten:
- *Gastronomie*
- *Mindestlohn*
- *sittenwidrig*

2.1 (1) erworbene Lese- und Texterschließungstechniken eigenständig in komplexen kontinuierlichen und diskontinuierlichen Texten anwenden und dabei z. B. Textmuster erfassen · 3.2 (3) wesentliche Formen der Informationsverdichtung und -darstellung nutzen, auch für medial gestützte Präsentationen und zur Prüfungsvorbereitung (z. B. Abstract, Inhaltszusammenfassung)

4 a) Lies den Text nun noch einmal aufmerksam durch.
b) Markiere Absatz für Absatz die wichtigsten Informationen im Text (→ COPY 23).
c) Vergleicht zu zweit eure Markierungen.

5 a) Beantworte deine W-Fragen aus Aufgabe 2 mithilfe des Textes.
b) Recherchiere im Internet Antworten auf die W-Fragen, zu denen du im Text keine Informationen findest.
c) Vergleicht zu zweit eure W-Fragen und Antworten.

6 a) Teile den Text in Abschnitte ein.
b) Formuliere zu jedem Abschnitt eine passende Überschrift und notiere stichpunktartig, was du erfährst.

7 Entscheide dich für eine der Aufgaben:
a Notiere stichpunktartig alle wichtigen Informationen des Textes auf einem Kärtchen oder einem Zettel. Hinweise dazu findest du in der *Lernbox*.
b Erstelle eine Lernlandschaft, in der du alle wichtigen Informationen des Textes sammelst (→ S. 251). Hinweise dazu findest du in der *Lernbox*.

8 Antworte mithilfe deiner Ergebnisse aus Aufgabe 7 auf folgenden Beitrag im Internet:
„Ich bin 13 Jahre alt und will Zeitungen austragen. Ein Freund hat gesagt, das dürfe ich noch gar nicht. Stimmt das?"

9 a) Sammelt mit der Placemat-Methode (→ S. 46) Ideen, in welchen Situationen Exzerpte hilfreich sein können.
Berücksichtigt dabei folgende Bereiche:
– *im Deutschunterricht*
– *in anderen Schulfächern*
– *außerhalb der Schule*
b) Stellt anschließend eure Ergebnisse in der Klasse vor.

Lernbox

Ein Exzerpt schreiben

Exzerpieren heißt: wichtige Informationen aus einem Text herausschreiben. So gehst du vor:

1 Stelle durch **überfliegendes Lesen** fest, worum es in dem Text geht.
2 Schreibe zu dem Text **W-Fragen** auf.
3 Lies den Text gründlich. **Unterstreiche** alle **unbekannten Begriffe** und kläre sie aus dem Zusammenhang oder mithilfe eines Wörterbuchs.
4 Lies den Text erneut und **markiere** wichtige Informationen (**Schlüsselstellen**), die Antworten auf deine W-Fragen geben.
5 **Fasse** zu jedem Absatz in einer **Überschrift zusammen**, worum es in diesem Abschnitt vor allem geht.
6 Halte auf einem Kärtchen oder einem Zettel stichwortartig die **wichtigsten Informationen** fest. Du kannst die Informationen untereinanderschreiben oder in einer Mindmap anordnen.
7 Du kannst auch **deine eigenen Gedanken und deine Meinung** zum Text notieren.
8 Gib in der obersten Zeile in Stichworten an, worum es geht.
9 Notiere dir darunter die **Quelle**.
10 Schreibe **nur sehr wichtige Informationen wortwörtlich** ab. Kennzeichne sie mit **Anführungsstrichen**.
11 Verwende **Abkürzungen**.

3.2 (3) wesentliche Formen der Informationsverdichtung und -darstellung nutzen [...] (z. B. Abstract, Inhaltszusammenfassung) · 3.2 (4) sich argumentativ mit komplexen Texten auseinandersetzen, dabei die Schlussfolgerungen plausibel begründen; stilsicher abwägende wie auch meinungsbildende Texte verfassen und hierzu auch journalistische Textformen nutzen

Kompetenzcheck

1 Lies den folgenden Text.

Handy-Konsum von Eltern schadet Babys

Eine junge Mutter schaut in der S-Bahn auf ihr Handy, während ihr Baby im Kinderwagen vergeblich ihren Blick sucht. Auf dem Spielplatz sitzen Eltern auf der Bank und sind mit ihren Handys beschäftigt, anstatt auf die Dreijährige zu schauen, die von der Rutsche aus beifallheischend zu ihnen hinüberblickt. Im Fastfood-Restaurant sitzt ein Kleinkind auf dem Hochstuhl und würde Papa gerne eine zermatschte Pommes abgeben, wenn der nicht vom Handy absorbiert wäre. Alltagsszenen sind das, leider normal.
Die Folgen für die Entwicklung und die Bindungsfähigkeit von kleinen Kindern sind nach Expertenmeinung erheblich. Beim sogenannten Still-Face-Experiment forderten Forscher beispielsweise die Mutter auf, mit plötzlich versteinertem Gesicht nicht mehr auf ihr Baby zu reagieren. Resultat: Die Babys gerieten in großen Stress und versuchten mit Strampeln, Armwedeln und schließlich Weinen die Zuwendung der Mutter wiederzubekommen. „Ähnliche Reaktionen könnte der ständige Blick aufs Smartphone auslösen. Säuglinge könnten resignieren, weil die Lebendigkeit der Mimik fehlt und permanent dem Smartphone zugerichtet ist", schreiben Schweizer Forscherinnen, darunter Agnes von Wyl [...]. Ansonsten sieht es mit Studien diesbezüglich nach Worten der Wissenschaftlerin Sabina Pauen mau aus. Eindeutig ist für die Entwicklungspsychologin an der Universität Heidelberg aber eines: „Wenn das Kind eine sichere Bindung hat, dann sucht es immer wieder den Kontakt", sagt sie. Hat die Mutter aber einen teilnahmslosen Blick – etwa weil sie psychisch krank ist oder das Kind wegen des Handys dauernd ignoriert – dann stelle man bei diesen Kindern schon im Alter von vier Monaten fest, dass sie den Blick vermeiden. „Sie lernen, ‚es ist unangenehm, wenn die Mutter nicht zurückschaut, also schaue ich lieber nicht hin'", erklärt die Forscherin. „Schon ganz kleine Kinder resignieren dann."
[...] Das sieht Till Reckert, Kinderarzt und Medienreferent im Berufsverband der Kinder- und Jugendärzte (BVKJ), ähnlich. „Die kleinen Kinder erleben etwas, dass sie mutmaßlich nicht verstehen: Die erwachsene Bezugsperson ist körperlich da, seelisch aber nicht." Er hat nach eigenen Worten „Sorgen, wenn die heute sehr früh an das Handy gewöhnte Generation Eltern wird." Denn je mehr das Handy „angewachsen" sei, desto eher behindere es bei der nötigen Präsenz für die Kindererziehung der nächsten Generation. [...]
Was tun? „Das Thema wird total unterschätzt, wir brauchen unbedingt Aufklärung", sagt Pauen. Wie Riedel schlägt auch sie vor, dass werdende Eltern bereits während der Schwangerschaft von Gynäkologen und Hebammen für das Thema sensibilisiert werden.

2 a) Unterteile den Text in Sinnabschnitte. Du kannst dafür COPY 24 verwenden.
b) Finde passende Überschriften zu den Sinnabschnitten.
c) Fasse das Wichtigste zu jedem Sinnabschnitt in wenigen Stichpunkten zusammen.

3 a) Mache dir Notizen, welche Informationen du für den Einleitungssatz einer Inhaltszusammenfassung brauchst.
b) Formuliere den Einleitungssatz.

3.2 (3) wesentliche Formen der Informationsverdichtung und -darstellung nutzen, auch für medial gestützte Präsentationen und zur Prüfungsvorbereitung (z. B. Abstract, Inhaltszusammenfassung)

4 Schreibe eine vollständige Inhaltszusammenfassung.

5 a) Überprüfe deine Inhaltszusammenfassung mit der Checkliste (→ COPY D).
b) Tauscht eure Texte zu zweit aus und überprüft euch gegenseitig.
c) Gebt einander mithilfe der Checkliste Feedback.
d) Überarbeite deinen Text mithilfe des Feedbacks.

6 a) Trefft euch erneut zu zweit. Besprecht die Überarbeitungen eurer Texte und prüft, ob die Verbesserungstipps umgesetzt worden sind.
b) Besprecht eure Ergebnisse in der Klasse.

Arbeitsrückschau

1. Du hast den Kompetenzcheck durchgeführt. Schau nun auf deine Arbeit zurück. Was fiel dir leicht, was nicht? Notiere es.
2. Was konntest du schon, was hast du neu dazugelernt?
3. Gelang es dir, Tipps von deinen Mitschülerinnen und Mitschülern anzunehmen und ihnen Tipps zu geben?
4. Wähle aus deinen Inhaltszusammenfassungen aus, was du ins Portfolio aufnehmen willst. Entscheide so, dass dein Lernweg für dich und deine Lehrkraft sichtbar wird.
5. Besprich mit deiner Lehrkraft, was du noch üben bzw. wiederholen kannst.

Checkliste – Überprüfe deine Zusammenfassung!

Ich habe / Du hast ...	selbst überprüft	von dem/der Partner/-in überprüft	von der Lehrkraft überprüft	übe weiter	erledigt am
... eine Einleitung geschrieben (mit Titel, Textsorte, Autor/-in, Erscheinungsjahr und Thema).	xxxxxxxxx	xxxxxxxxxx	xxxxxxxxx	xxxxxxxxxxxxxxxxxxxxxxxxx	xxxxxxxxxx
... im Hauptteil die wichtigsten Inhalte des Textes wiedergegeben.	xxxxxxxxx	xxxxxxxxxx	xxxxxxxxx	xxxxxxxxxxxxxxxxxxxxxxxxx	xxxxxxxxxx
... einen Schluss mit meiner/deiner Meinung geschrieben.	xxxxxxxxx	xxxxxxxxxx	xxxxxxxxx	xxxxxxxxxxxxxxxxxxxxxxxxx	xxxxxxxxxx
... im Präsens geschrieben.	xxxxxxxxx	xxxxxxxxxx	xxxxxxxxx	xxxxxxxxxxxxxxxxxxxxxxxxx	xxxxxxxxxx
... einen inhaltlich zusammenhängenden und verständlichen Text geschrieben.	xxxxxxxxx	xxxxxxxxxx	xxxxxxxxx	xxxxxxxxxxxxxxxxxxxxxxxxx	xxxxxxxxxx
... abwechslungsreiche und eigene Wörter benutzt.	xxxxxxxxx	xxxxxxxxxx	xxxxxxxxx	xxxxxxxxxxxxxxxxxxxxxxxxx	xxxxxxxxxx
... Einleitung, Hauptteil und Schluss durch Absätze getrennt.	xxxxxxxxx	xxxxxxxxxx	xxxxxxxxx	xxxxxxxxxxxxxxxxxxxxxxxxx	xxxxxxxxxx
... sachlich geschrieben.	xxxxxxxxx	xxxxxxxxxx	xxxxxxxxx	xxxxxxxxxxxxxxxxxxxxxxxxx	xxxxxxxxxx
... dich auf die wichtigsten Informationen beschränkt.	xxxxxxxxx	xxxxxxxxxx	xxxxxxxxx	xxxxxxxxxxxxxxxxxxxxxxxxx	xxxxxxxxxx
Was ich dir noch sagen wollte:	xxxxxxxxx	xxxxxxxxxx	xxxxxxxxx	xxxxxxxxxxxxxxxxxxxxxxxxx	xxxxxxxxxx

Fit für den M-Abschluss

1 Lies den folgenden Text.

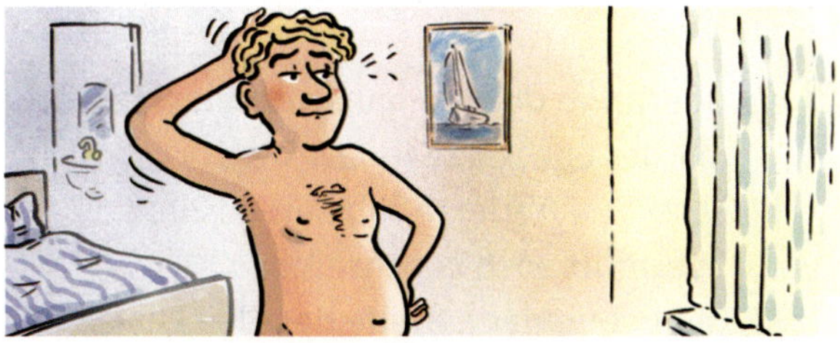

Frauen sind eitel. Männer? Nie –!
Von Kurt Tucholsky

Der Spiegel stand in einem Hotel, das Hotel stand vor der Alster, der Mann stand vor dem Spiegel. [...]
Der Mann war nur mit seinem Selbstbewusstsein bekleidet, und es war jenes Stadium eines Ferientages, wo man [...] trödelt, Sachen im Zimmer umherschleppt [...] und sich überhaupt benimmt wie ein mittlerer Irrer: Es ist ein geschäftiges Nichtstun, und dazu sind ja die Ferien auch da. Der Mann stand vor dem Spiegel [...]. Männer sind nicht eitel. Frauen sind es. Alle Frauen sind eitel. Dieser Mann stand vor dem Spiegel. Nun sah er sich, Antinous mit dem Hängebauch, im dreiteiligen Spiegel und bemühte sich, sein Profil so kritisch anzusehen, wie seine egoistische Verliebtheit das zuließ ... eigentlich ... und nun richtete er sich ein wenig auf – eigentlich sah er doch sehr gut im Spiegel aus, wie –? Er strich sich mit gekreuzten Armen über die Haut [...] und bei dieser Betätigung sah sein linkes Auge ganz zufällig durch die dünne Gardine zum Fenster hinaus. Da stand etwas.
Es war eine enge Seitenstraße, und gegenüber, in gleicher Etagenhöhe, stand an einem Fenster eine Frau, eine ältere Frau, schien's, die hatte die Gardine leicht zur Seite gerafft, den Arm hatte sie auf ein kleines Podest gelehnt, und sie stierte, starrte, glotzte, äugte gerade auf des Mannes gespiegelten Bauch. Allmächtiger. Der erste Impuls ließ den Mann vom Spiegel zurücktreten [...].
Aber es war doch eine Art Kompliment, das war unleugbar; denn wenn jene auch dergleichen vielleicht immer zu tun pflegte – es war eine Schmeichelei. „An die Schönheit."
Unleugbar war das so. Der Mann wagte sich drei Schritt vor. Wahrhaftig: Da stand sie noch immer und äugte und starrte. Nun – man ist auf der Welt, um Gutes zu tun ... und wir können uns doch noch alle Tage sehen lassen – ein erneuter Blick in den Spiegel bestätigte das – heran an den Spiegel, heran ans Fenster!
Nein [...] der Mann hüpfte davon [...], eilte ins Badezimmer und rasierte sich mit dem neuen Messer, das glitt sanft über die Haut wie ein nasses Handtuch, es war eine Freude. [...]
[D]as dauerte gut und gern seine zehn Minuten. Zurück. Wollen doch spaßeshalber einmal sehen –.
Sie stand wahr und wahrhaftig noch immer da; in genau derselben Stellung wie vorhin stand sie da und sah regungslos herüber. Das war denn doch – also, das wollen wir doch mal sehen. Der Mann ging nun überhaupt nicht mehr vom Spiegel fort.
Er machte sich dort zu schaffen [...]: Er bürstete sich und legte einen Kamm von der rechten auf die linke Seite des Tischchens; er schnitt sich die Nägel und trocknete sich ausführlich hinter den Ohren, er sah sich prüfend von der Seite an, von vorn und auch sonst ... ein schiefer Blick über die Straße: Die Frau, die Dame, das Mädchen – sie stand

3.2 (3) wesentliche Formen der Informationsverdichtung und -darstellung nutzen, auch für medial gestützte Präsentationen und zur Prüfungsvorbereitung (z. B. Abstract, Inhaltszusammenfassung)

noch immer da.
Der Mann, im Vollgefühl seiner maskulinen Siegerkraft, bewegte sich wie ein Gladiator im Zimmer, er tat so, als sei das Fenster nicht vorhanden, er ignorierte scheinbar ein Publikum, für das er alles tat, was er tat: Er schlug ein Rad, und sein ganzer Körper machte fast hörbar: Kikeriki! Dann zog er sich, mit leisem Bedauern, an. Nun war da ein manierlich bekleideter Herr, – die Person stand doch immer noch da! –, er zog die Gardine zurück und öffnete mit leicht vertraulichem Lächeln das Fenster. Und sah hinüber.
Die Frau war gar keine Frau.
Die Frau, vor der er eine halbe Stunde lang seine männliche Nacktheit produziert hatte, war – ein Holzgestell mit einem Mantel darüber, eine Zimmerpalme und ein dunkler Stuhl. So wie man im nächtlichen Wald aus Laubwerk und Ästen Gesichter komponiert, so hatte er eine Zuschauerin gesehen, wo nichts gewesen war als Holz, Stoff und eine Zimmerpalme. Leicht begossen schloss der Herr Mann das Fenster. Frauen sind eitel.
Männer –? Männer sind es nie.

2 a) Teile den Text in Sinnabschnitte ein und gib die Zeilen dazu an (→ COPY 25).
b) Finde für jeden Sinnabschnitt eine Überschrift.
c) Fasse jeden Sinnabschnitt in wenigen Stichpunkten zusammen.

3 Schreibe eine vollständige Inhaltszusammenfassung. Denke an einen Einleitungssatz.

4 a) Erkläre den Ausdruck *geschäftiges Nichtstun* (Z. 9).
b) Erkläre die folgenden Begriffe:
- *Schmeichelei* (Z. 37)
- *maskulin* (Z. 68)

5 Entscheide, welche der Aussagen A–D am ehesten zutrifft:
A *Der Mann ist enttäuscht, weil ihm doch niemand zugesehen hat.*
B *Der Mann ist wütend, dass er dachte, am anderen Fenster stehe eine Frau.*
C *Der Mann ist froh, dass ihm doch niemand zugesehen hat.*
D *Dem Mann ist sein Verhalten peinlich.*

6 Nimm Stellung zu der Aussage in der Überschrift: *„Frauen sind eitel. Männer? Nie –!"*

7 Versetze dich in die Lage des Mannes. Schreibe zwei verschiedene Gedanken auf, die der Mann haben könnte, als er entdeckt, dass gegenüber am Fenster keine Frau steht.

8 a) Betrachte das folgende Schaubild und formuliere die zentralen Aussagen des Schaubilds.
b) Setze das Schaubild in Bezug zu der Kurzgeschichte „Frauen sind eitel. Männer? Nie –!".

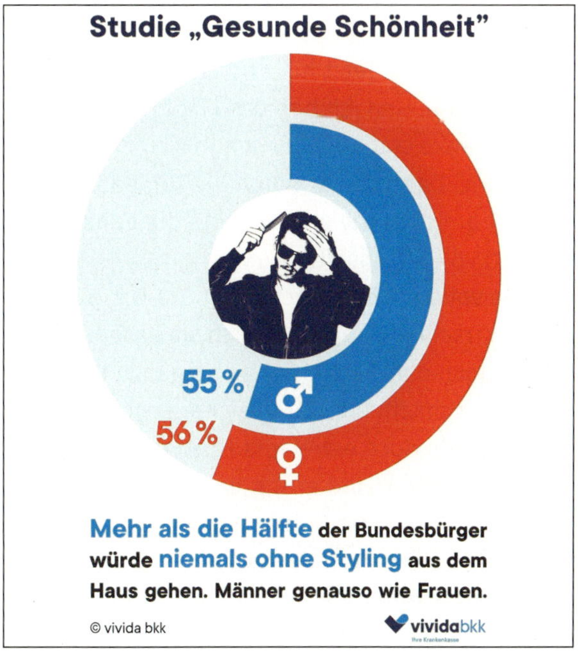

Textanalysen zu Kurzgeschichten verfassen

1 a) Lies die Überschrift und betrachte das Bild.
b) Notiere Vermutungen, worum es in der Kurzgeschichte gehen könnte. Berücksichtige dabei auch die Entstehungszeit.

Die Kirschen
Wolfgang Borchert (1947)

Nebenan klirrte ein Glas. Jetzt isst er die Kirschen auf, die für mich sind, dachte er. Dabei habe ich das Fieber. Sie hat die Kirschen extra vors Fenster gestellt, damit sie ganz kalt sind. Jetzt hat er das Glas hingeschmissen. Und ich hab das Fieber.
Der Kranke stand auf. Er schob sich die Wand entlang. Dann sah er durch die Tür, dass sein Vater auf der Erde saß. Er hatte die ganze Hand voll Kirschsaft.
Alles voll Kirschen, dachte der Kranke, alles voll Kirschen. Dabei sollte ich sie essen. Ich hab doch das Fieber. Er hat die ganze Hand voll Kirschsaft. Die waren sicher schön kalt. Sie hat sie doch extra vors Fenster gestellt für das Fieber. Und er isst mir die ganzen Kirschen auf. Jetzt sitzt er auf der Erde und hat die ganze Hand davon voll.
Und ich hab das Fieber. Und er hat den kalten Kirschsaft auf der Hand. Den schönen kalten Kirschsaft. Er war bestimmt ganz kalt. Er stand doch extra vorm Fenster. Für das Fieber.
Er hielt sich am Türdrücker. Als der quietschte, sah der Vater auf. Junge, du musst doch zu Bett. Mit dem Fieber, Junge. Du musst sofort zu Bett.
Alles voll Kirschen, flüsterte der Kranke. Er sah auf die Hand. Alles voll Kirschen.
Du musst sofort zu Bett, Junge. Der Vater versuchte aufzustehen und verzog das Gesicht. Es tropfte von seiner Hand.
Alles Kirschen, flüsterte der Kranke. Alles meine Kirschen. Waren sie kalt? fragte er laut. Ja? Sie waren doch sicher schön kalt, wie? Sie hat sie doch extra vors Fenster gestellt, damit sie ganz kalt sind. Damit sie ganz kalt sind.
Der Vater sah ihn hilflos von unten an. Er lächelte etwas. Ich komme nicht wieder hoch, lächelte er und verzog das Gesicht. Das ist doch zu dumm, ich komme buchstäblich nicht wieder hoch.
Der Kranke hielt sich an der Tür. Die bewegte sich leise hin und her von seinem Schwanken. Waren sie schön kalt? flüsterte er, ja?
Ich bin nämlich hingefallen, sagte der Vater. Aber es ist wohl nur der Schreck. Ich bin ganz lahm, lächelte er. Das kommt von dem Schreck. Es geht gleich wieder. Dann bring ich dich zu Bett. Du musst ganz schnell zu Bett.
Der Kranke sah auf die Hand.
Ach, das ist nicht so schlimm. Das ist nur ein kleiner Schnitt. Das hört gleich auf. Das kommt von der Tasse, winkte der Vater ab. Er sah hoch und verzog das Gesicht. Hoffentlich schimpft sie nicht. Sie mochte gerade diese Tasse so gern. Jetzt hab ich sie kaputt

2.1 (1) erworbene Lese- und Texterschließungstechniken eigenständig in komplexen kontinuierlichen und diskontinuierlichen Texten anwenden und dabei z. B. Textmuster erfassen

gemacht. Ausgerechnet diese Tasse, die sie so gern mochte. Ich wollte sie ausspülen, da bin ich ausgerutscht. Ich wollte sie nur ein bisschen kalt ausspülen und deine Kirschen da hinein tun. Aus dem Glas trinkt es sich so schlecht im Bett. Das weiß ich noch. Daraus trinkt es sich ganz schlecht im Bett.

Der Kranke sah auf die Hand. Die Kirschen, flüsterte er, meine Kirschen?

Der Vater versuchte noch einmal, hochzukommen. Die bring ich dir gleich, sagte er. Gleich, Junge. Geh schnell zu Bett mit deinem Fieber. Ich bring sie dir gleich. Sie stehen noch vorm Fenster, damit sie schön kalt sind. Ich bring sie dir sofort.

Der Kranke schob sich an der Wand zurück zu seinem Bett. Als der Vater mit den Kirschen kam, hatte er den Kopf tief unter die Decke gesteckt.

2 a) Lies die Kurzgeschichte „Die Kirschen".
b) Fasst zu zweit mündlich in wenigen Sätzen zusammen, worum es in der Kurzgeschichte geht.
c) Formuliere schriftlich einen Einleitungssatz.
d) Beantworte folgende Fragen zur Kurzgeschichte. Belege mit Zitaten (→ S. 282).
- *Was wirft der Junge dem Vater vor?*
- *Was ist dem Vater passiert?*
- *Wie reagiert der Vater?*
- *Welche Bedeutung haben die Kirschen für den Jungen?*
- *Warum steckt der Junge am Ende den Kopf unter die Decke?*

e) Besprecht eure Ergebnisse gemeinsam in der Klasse.

3 a) Bildet Vierergruppen und sammelt mit der Placemat-Methode (→ S. 46), was ihr bereits über die historischen Ereignisse zur Zeit der Kurzgeschichte (1947) wisst.
b) Besprecht euer Vorwissen gemeinsam in der Klasse.
c) Überarbeitet zu zweit eure Antworten aus Aufgabe 2 c), indem ihr euer Wissen über die historischen Ereignisse nutzt.
d) Besprecht eure Ergebnisse gemeinsam in der Klasse.

4 a) Verfasse mithilfe deiner Vorarbeiten aus Aufgabe 2 und Aufgabe 3 eine kurze Inhaltszusammenfassung (→ S. 165) zur Kurzgeschichte „Die Kirschen".
b) Tauscht eure Inhaltszusammenfassungen zu zweit aus und gebt euch gegenseitig Feedback.
c) Überarbeite deine Inhaltszusammenfassung anhand des Feedbacks.

5 Wähle eine der beiden Aufgaben aus und bearbeite sie. Besprecht anschließend eure Ergebnisse in der Klasse.
a) Schreibe die Kurzgeschichte so um, dass sie in der Gegenwart spielt.
b) Schreibe die Kurzgeschichte so um, dass sie aus der Perspektive des Vaters verfasst ist. Gehe dabei auch auf seine Gedanken und Gefühle ein.

Tipp

zu 5 a)
Denke daran,
- die Sprache an die Gegenwart anzupassen.
- das Glas Kirschen durch etwas zu ersetzen, was heutzutage als wertvoll angesehen wird.

2.1 (2) selbständig recherchiertes Hintergrundwissen zur Interpretation anspruchsvoller Texte nutzen (z. B. biografischer und/oder soziokultureller Hintergrund) · 3.2 (2) kreative und produktive Schreibformen nutzen, um Gefühle auszudrücken, zur Klärung des eigenen Standpunkts sowie zur schriftlichen Auseinandersetzung mit Themen

6 a) Notiere stichpunktartig, was du schon darüber weißt, wie man eine Textanalyse verfasst.
b) Tauscht euch zu zweit über eure Stichpunkte aus.
c) Vergleicht eure Stichpunkte mit der *Lernbox*.
d) Besprecht in der Klasse den Aufbau einer Textanalyse und klärt bei Bedarf noch offene Fragen.

7 a) Erstelle mithilfe der *Lernbox* einen Schreibplan für eine Textanalyse zur Kurzgeschichte „Die Kirschen“.
b) Notiere mithilfe deiner Vorarbeiten aus Aufgabe 2 bis Aufgabe 5 Stichpunkte zu den einzelnen Punkten deines Schreibplans.
c) Notiere im Verlauf der folgenden Aufgaben weitere Stichpunkte.

8 a) Beschreibe den Jungen und belege mit Zitaten.
b) Schreibe eine Charakteristik des Jungen (→ *Lernbox* S. 54).
c) Besprecht eure Ergebnisse zu zweit.

9 a) Gestalte ein Beziehungsdiagramm zum Verhältnis zwischen dem Jungen und seinem Vater. Hinweise dazu findest du auf Seite 124.
b) Präsentiert eure Beziehungsdiagramme in der Klasse.

10 a) Untersuche die Erzählperspektive der Kurzgeschichte (→ *Lernbox* S. 159). Belege mit Zitaten.
b) Besprecht zu zweit, welche Wirkung die Erzählperspektive erzeugt.

11 a) Verfasse eine Textanalyse über die Kurzgeschichte. Nutze dafür ggf. deinen Schreibplan aus Aufgabe 7.
b) Tauscht eure Analysen zu zweit aus und gebt euch gegenseitig mithilfe der *Lernbox* Feedback.
c) Überarbeite deine Textanalyse anhand des Feedbacks. Achte dabei auch auf die korrekte Rechtschreibung.

Lernbox

Eine Textanalyse verfassen

1 Einleitung: Nenne am Anfang die Textsorte, den/die Autor/-in, den Titel und das Thema des Textes (**TATT-Formel**).
Beispiel: *In der Kurzgeschichte/ Erzählung/ dem Gedicht „XXX" von XXX geht es um XXX.*

2 Hauptteil: Im Hauptteil der Analyse ...
- fasst du zuerst die **Handlung** des Textes zusammen.
- beschreibst du dann die **Figuren** und ihre **Beziehung** zueinander.
  Beispiel: *Die Hauptfiguren stehen in einem XXX Verhältnis zueinander, weil XXX.*
- gehst du anschließend auf die **sprachliche Gestaltung** und ihre **Wirkung** ein (z. B. sprachliche Besonderheiten, spannungserzeugende Merkmale bei Geschichten oder Reimschemata bei Gedichten).
  Beispiel: *Die Spannung entsteht dadurch, dass XXX. Im Gedicht kommen viele Metaphern vor, wodurch es XXX wirkt.*

3 Schluss: Am Ende schreibst du, welche Botschaft der Text vermittelt, was der Text bei dir bewirkt hat, was du über den Text denkst oder wie du ihn findest.
Beispiel: *Der Text macht deutlich, dass XXX. Für mich wirkt der Text so, als ob XXX. Ich halte den Text für XXX. Ich empfehle den Text, weil XXX.*

3.2 (1) individuelle Planungsübersichten zu komplexen inhaltlichen Zusammenhängen [...] erstellen und die Ergebnisse reflektieren · 3.2 (6) die Ergebnisse einer Textuntersuchung [...] strukturiert darstellen [...] durch geeignete Beispiele belegen · 3.3 (3) eigene Texte inhaltlich und sprachlich überarbeiten [...] und auf eine fehlerfreie Darstellung achten

Textanalysen zu Gedichten verfassen

1 a) Überlege, was *Inventur* bedeutet. Recherchiere bei Bedarf.
b) Besprecht zu zweit anhand des Titels, worum es in dem Gedicht gehen könnte.

2 a) Lies das Gedicht „Inventur".
b) Fasse das Gedicht kurz mit eigenen Worten zusammen. Verfasse auch einen Einleitungssatz.
c) Beantworte folgende Fragen. Belege mit Zitaten und berücksichtige die historischen Hintergründe zur Zeit des Gedichts.
– *In welcher Lebenslage befindet sich das lyrische Ich?*
– *Was ist dem lyrischen Ich wichtig und warum?*
d) Besprecht eure Ergebnisse gemeinsam in der Klasse.

3 a) Notiere sprachliche Mittel, die in dem Gedicht vorkommen, und benenne sie mit Fachbegriffen (→ COPY 26).
b) Besprecht zu zweit, wie die sprachliche Gestaltung den Inhalt untermauert.
c) Besprecht eure Ergebnisse gemeinsam in der Klasse.

4 a) Verfasse eine Textanalyse über das Gedicht „Inventur". Hinweise findest du in der *Lernbox* auf Seite 176.
b) Führt eine Schreibkonferenz zu euren Textanalysen durch (→ S. 262–265).
c) Überarbeite deine Textanalyse anhand des Feedbacks aus der Schreibkonferenz.

Tipp

zu 3 a)

Suche nach Anaphern, Enjambements und Parallelismen. Beachte auch den Satzbau.

Inventur
Günter Eich (1945/46)

Dies ist meine Mütze,
dies ist mein Mantel,
hier mein Rasierzeug
im Beutel aus Leinen.

Konservenbüchse:
Mein Teller, mein Becher,
ich hab in das Weißblech
den Namen geritzt.

Geritzt hier mit diesem
kostbaren Nagel,
den vor begehrlichen
Augen ich berge.

Im Brotbeutel sind
ein Paar wollene Socken
und einiges, was ich
niemand verrate,

so dient es als Kissen
nachts meinem Kopf.
Die Pappe hier liegt
zwischen mir und der Erde.

Die Bleistiftmine
lieb ich am meisten:
Tags schreibt sie mir Verse,
die nachts ich erdacht.

Dies ist mein Notizbuch,
dies meine Zeltbahn,
dies ist mein Handtuch,
dies ist mein Zwirn.

2.1 (2) selbständig recherchiertes Hintergrundwissen zur Interpretation anspruchsvoller Texte nutzen [...] · 3.2 (6) die Ergebnisse einer Textuntersuchung [...] strukturiert darstellen und die Wirkungsweise unterschiedlicher Textsorten durch geeignete Beispiele belegen · 3.3 (3) eigene Texte inhaltlich und sprachlich überarbeiten [...]

Texte einer Epoche miteinander vergleichen

1 a) Betrachte die beiden Bilder.
b) Ordne je ein Bild der Kurzgeschichte „Die Kirschen“ (→ S. 174–175) und ein Bild dem Gedicht „Inventur“ (→ S. 177) zu.
c) Vergleicht zu zweit eure Zuordnung und begründet sie einander.

2 a) Notiere mindestens drei Adjektive, die die Stimmung in der Kurzgeschichte „Die Kirschen“ beschreiben.
b) Kennzeichne positive Adjektive grün und negative rot.
c) Tauscht euch zu zweit über die Stimmung der Kurzgeschichte aus.

3 a) Notiere mindestens drei Adjektive, die die Stimmung in dem Gedicht „Inventur“ beschreiben.
b) Kennzeichne positive Adjektive grün und negative rot.
c) Tauscht euch zu zweit über die Stimmung des Gedichts aus.

4 a) Vergleiche die Kurzgeschichte und das Gedicht in Hinblick auf Gemeinsamkeiten und Unterschiede in der Stimmung miteinander.
b) Besprecht eure Ergebnisse gemeinsam in der Klasse.

5 a) Notiere mindestens zwei Schlagworte (Nomen), die das zentrale Thema der Kurzgeschichte beschreiben.
b) Notiere mindestens zwei Schlagworte (Nomen), die das zentrale Thema des Gedichts beschreiben.
c) Besprecht zu zweit eure Schlagworte.
d) Vergleicht die Schlagworte gemeinsam in der Klasse in Hinblick auf Gemeinsamkeiten und Unterschiede.

6 a) Stell dir vor, die beiden Texte würden von einer Hintergrundmusik begleitet werden. Notiere, wie diese Musik jeweils klingen sollte.
b) Besprecht zu zweit eure Ideen.
c) Sucht zu zweit im Internet Lieder raus, die gut passen würden.
d) Stellt sie der Klasse vor und begründet, warum ihr euch für diese entschieden habt.

7 a) Formuliere schriftlich ein Fazit über die Gemeinsamkeiten und Unterschiede der beiden Texte.
b) Tauscht eure Ergebnisse zu zweit aus und gebt euch gegenseitig Rückmeldung.
c) Besprecht eure Ergebnisse gemeinsam in der Klasse.

2.1 (2) selbstständig recherchiertes Hintergrundwissen zur Interpretation anspruchsvoller Texte nutzen (z. B. biografischer und/ oder soziokultureller Hintergrund) · 3.2 (6) die Ergebnisse einer Textuntersuchung auch im Vergleich mehrerer Texte strukturiert darstellen und die Wirkungsweise unterschiedlicher Textsorten durch geeignete Beispiele belegen

8 a) Notiere stichpunktartig, was du über die Epoche der *Nachkriegsliteratur* weißt.
b) Tauscht euch zu zweit über eure Notizen aus.
c) Besprecht eure Notizen gemeinsam in der Klasse.

9 a) Übertrage folgende Tabelle.

Nachkriegsliteratur (1945–1968)			
Merkmal	**„Die Kirschen“**	**„Inventur“**	**Zeile**
zentrales Thema: Zerstörung	*XXX*	*XXX*	*XXX*
knappe und nüchterne Sprache	*XXX*	*XXX*	*XXX*
XXX	*XXX*	*XXX*	*XXX*

b) Trage die Merkmale der *Nachkriegsliteratur* in die linke Spalte ein. Nutze dafür deine Vorarbeiten aus Aufgabe 8 und recherchiere bei Bedarf.
c) Untersuche die Kurzgeschichte „Die Kirschen“ und das Gedicht „Inventur“ in Hinblick auf die Merkmale der *Nachkriegsliteratur*. Belege auch mit Zeilenangaben.
d) Vergleicht eure Tabellen zu zweit.
e) Besprecht die Tabellen gemeinsam in der Klasse.

10 Wähle eine der folgenden Aufgaben aus:
a Verfasse einen Lexikoneintrag zur Nachkriegsliteratur.
b Gestalte eine Lernlandschaft (→ Seite 251) zur Nachkriegsliteratur. Belege deine Angaben auch mit Beispielen aus der Kurzgeschichte und dem Gedicht.

11 a) Recherchiere weitere Texte der *Nachkriegsliteratur* und wähle einen aus.
b) Vergleiche den Text mit der Kurzgeschichte „Die Kirschen“ oder dem Gedicht „Inventur“ in Hinblick auf folgende Bereiche:
– *Stimmung*
– *Thema*
– *Merkmale der Nachkriegsliteratur*
c) Formuliere schriftlich ein Fazit über die Gemeinsamkeiten und Unterschiede.
d) Präsentiert euer Fazit in der Klasse.

12 a) Wählt zu zweit einen Text aus Aufgabe 11 a) aus und verfasst dazu jeweils eine Textanalyse. Hinweise dazu findet ihr in der *Lernbox* auf Seite 176.
b) Tauscht eure Textanalysen zu zweit aus und gebt euch gegenseitig Feedback.
c) Überarbeite deine Textanalyse anhand des Feedbacks.

2.1 (2) selbstständig recherchiertes Hintergrundwissen zur Interpretation anspruchsvoller Texte nutzen (z. B. biografischer und/oder soziokultureller Hintergrund) · 3.2 (6) die Ergebnisse einer Textuntersuchung auch im Vergleich mehrerer Texte strukturiert darstellen und die Wirkungsweise unterschiedlicher Textsorten durch geeignete Beispiele belegen

Argumente überzeugend formulieren

Ich weiß nicht, ob ich den PKW-Führerschein machen soll. Das kostet viel Geld. Ich habe von meinem Freund gehört, dass man mit 30–60 Euro pro Fahrstunde schon rechnen muss.

Also ich mache auf jeden Fall meinen Führerschein. Damit erhöhe ich meine Einstellungschancen, weil ich z. B. für eine Firma etwas ausfahren kann.

1 a) Notiere, was du zum Thema *Argumentieren und Stellung beziehen* schon weißt.
b) Besprecht zu zweit, was ihr schon wisst.
c) Tauscht euch in der Klasse darüber aus.

2 a) Betrachte das Bild und beschreibe die Situation.
b) Gib wieder, welche Argumente die beiden Jugendlichen zum Thema „Führerschein" nennen.
c) Besprecht zu zweit, wie ihr über das Thema „Führerschein" denkt.

Lernbox

Aufbau eines Arguments

So baust du ein Argument überzeugend auf:
Ein Argument besteht aus einer *Behauptung* und einer *Begründung*. Durch ein konkretes *Beispiel* wirkt ein Argument besonders überzeugend.

1 **Behauptung:** *Der Führerschein ist wichtig, …*
2 **Begründung:** *… weil er in manchen Berufen gebraucht wird.*
3 **Beispiel:** *Zum Beispiel benötigen Pflegekräfte eines ambulanten Pflegedienstes einen Führerschein, um zu den Patienten und Patientinnen fahren zu können.*

3 Wähle eine der folgenden Aufgaben. Hinweise zu diesen findest du in der *Lernbox*.
a Formuliere schriftlich ein vollständiges Argument zum Thema „hohe Kosten".
b Entscheide dich, ob du „für" oder „gegen" den Führerschein bist, und formuliere schriftlich ein vollständiges Argument für deine Position.

4 a) Betrachte das Schaubild.
b) Arbeite eine Aussage des Schaubilds als Begründung und Beispiel für das Argument „hohe Kosten" heraus.

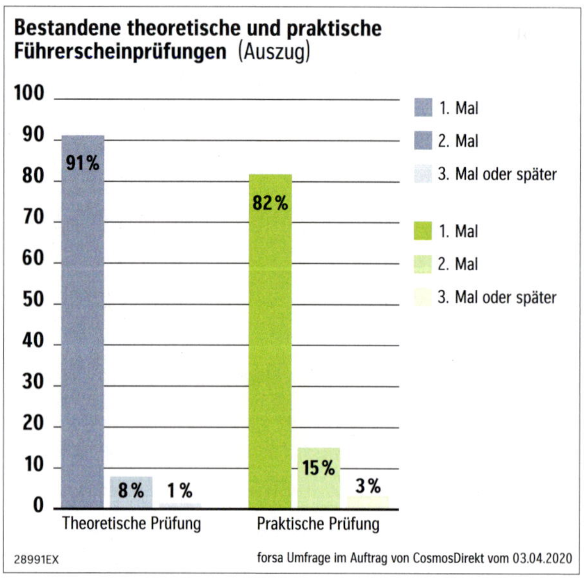

5 a) Lies die Anleitung zur Positionslinie im Kasten.
b) Beziehe im Raum Stellung zur Frage, was bei der Entscheidung für den Führerschein eher zählen sollte: die *hohen Kosten* auf der einen Seite oder die *besseren Einstellungschancen* auf der anderen Seite?

Positionslinie

1 Denkt euch in der Mitte des Klassenzimmers eine Linie. Jeweils ein Ende steht für ein Extrem einer Position.
2 Welcher Meinung bist du? Positioniere dich dementsprechend auf der Linie.
3 Sprecht über eure eingenommene Position. Warum habt ihr euch so aufgestellt?
4 Legt euch Argumente für eure Position zurecht.
5 Diskutiert miteinander.

6 Im Folgenden findest du zwei Argumente, die durcheinandergeraten sind.
a) Lies die Bausteine A–F, ergänze die fehlenden Teile und schreibe sie in der richtigen Reihenfolge auf.
b) Markiere die Bausteine der Argumente in unterschiedlichen Farben (zum Beispiel: *Behauptung* grün, *Begründung* blau, *Beispiel* orange).

A weil *XXX*

B Das Risiko im Straßenverkehr steigt weiter an,

C Für Jugendliche in ländlicheren Gebieten ist durch den Führerschein mehr Mobilität gewährleistet,

D da *XXX*

E Zum Beispiel ist dann auch die Fahrt zum Fußballtraining in die nächste Stadt schneller und unabhängiger möglich.

F *XXX*

7 a) Lege eine Tabelle an wie die abgebildete und trage alle Argumente von dieser Doppelseite ein.
b) Findet zu zweit weitere Argumente zum Thema „Führerschein" und tragt sie in die Tabelle ein.

Führerschein?	
Pro	**Kontra**
XXX	*XXX*

In diesem Kapitel ...

kannst du auf dein Vorwissen aufbauen, wiederholen und üben, wie du ...
- Argumente überzeugend formulierst,
- Argumente sprachlich verknüpfst,
- einen argumentierenden Text sinnvoll gliederst,
- zu einem Thema Stellung beziehst,
- Argumente gegeneinander abwägst und ein Thema erörterst.

3.2 (5) sprachliche und stilistische Mittel des Schreibens zielgerichtet in eigenen Texten einsetzen (z. B. Verstärkung der eigenen Argumentationskette [...]

Argumente sprachlich verknüpfen

1 a) Überlege, warum es wichtig ist, Argumente sprachlich miteinander zu verknüpfen.
b) Besprecht eure Überlegungen zu zweit.
c) Vergleicht eure Überlegungen mit der *Lernbox*.

2 a) Ordne die folgenden Formulierungen den Punkten 1–4 der *Lernbox* zu.
- *Als Grund dafür kann ... angeführt werden.*
- *Hinzu kommt, dass ...*
- *Ein Argument dagegen lautet: ...*
- *Von zentraler Bedeutung ist, dass ...*

b) Vergleicht eure Ergebnisse zu zweit.
c) Tauscht euch in der Klasse über eure Ergebnisse aus.

3 a) Notiere eigene Formulierungen zu den Punkten 1–4 der *Lernbox*.
b) Vergleicht eure Formulierungen zu zweit und ergänzt eure eigenen.
c) Sammelt eure Formulierungen in der Klasse und ergänzt eure eigenen.

4 a) Stellt euch in Kleingruppen (wie auf der Abbildung oben rechts dargestellt) in zwei Reihen auf.
b) Nennt Argumente zum Thema *„Für oder gegen den Führerschein?"* in folgender Reihenfolge und verknüpft diese sprachlich:
- *der Reihe entlang (erst die Pro-Reihe, dann die Kontra-Reihe)*
- *abwechselnd (Pro, Kontra, Pro ...)*

c) Gebt euch gegenseitig Feedback, wie euch die sprachliche Verknüpfung der Argumente gelungen ist.

5 Recherchiere weitere Formulierungen und ergänze deine Notizen aus Aufgabe 3.

Lernbox

Argumente sprachlich verknüpfen

Damit der **Zusammenhang** zwischen einzelnen Argumenten deutlich wird, werden verschiedene Formulierungen genutzt, um Argumente sprachlich miteinander zu verknüpfen.

Mögliche Zusammenhänge zwischen den Argumenten:

1 Das Argument ist gleichwertig zum vorangegangen Argument und soll dieses **ergänzen.**
Ein weiteres Argument lautet: ...

2 Das Argument ist stärker als das vorangegangene und soll dieses **steigern**.
Noch wichtiger dabei ist, dass ...

3 Die Aussage bezieht sich auf das vorangegangene Argument und soll dieses **präzisieren**.
Als Beispiel für mein eben genanntes Argument lässt sich ... nennen.

4 Das Argument ist ein **Gegenargument** zum vorangegangenen Argument und soll diesem widersprechen oder es widerlegen.
Dagegen spricht, dass ...

1.2 (1) [...] die passenden mündlichen Sprachmittel und einen angemessenen Wortschatz einsetzen; die adressatenrelevante Sprachebene wählen und argumentierend [...] präsentieren · 3.2 (5) sprachliche und stilistische Mittel des Schreibens zielgerichtet in eigenen Texten einsetzen (z. B. Verstärkung der eigenen Argumentationskette, Verwendung rhetorischer Figuren)

Eine Stoffsammlung anlegen

1 Betrachtet das Bild und sprecht zu zweit über eure Gedanken dazu.

2 a) Überarbeite die Stoffsammlung rechts und schreibe sie geordnet – wie in der Tabelle – auf (→ COPY 27).

Oberbegriff	Begründung
Sicherheit im Straßenverkehr	frühzeitiges Trainieren der Teilnahme am Straßenverkehr ist nützlich
Gefahr im Straßenverkehr	hohe Unfallhäufigkeit bei Jugendlichen
XXX	*XXX*

b) Wähle besonders überzeugende Oberbegriffe aus und nummeriere sie nach ihrer Wichtigkeit.

3 a) Vergleicht zu zweit eure Stoffsammlungen.
b) Stellt eure Ergebnisse der Klasse vor.

4 a) Positioniere dich zum Thema: *„Sollen Jugendliche den PKW-Führerschein für unbegleitetes Fahren schon ab 16 Jahren machen dürfen?"*
b) Erstelle anhand deiner Stoffsammlung die Gliederung für eine dialektische Erörterung (→ S. 267).
c) Tauscht eure Gliederungen in der Gruppe aus und gebt euch Feedback dazu.

Führerschein ab 16?
- *hohe Kosten*
- *Jugendliche sind mobiler*
- *hohe Unfallhäufigkeit bei Jugendlichen*
- *nicht alle bekommen von den Eltern ein Auto*
- *Sicherheit größer als auf einem Zweirad*
- *ein Auto ist in der Familie meistens vorhanden*
- *Selbstständigkeit der Jugendlichen wird durch Führerscheinbesitz gefördert*
- *wegen der hohen Kosten muss nebenher noch gejobbt werden*
- *es gibt noch mehr Autos und noch mehr Abgase*
- *frühzeitiges Trainieren der Teilnahme am Straßenverkehr ist nützlich*
- *Angeberei mit Autobesitz und Fahrkünsten*
- *Rasereien und leichtsinniges Verhalten durch Gruppenzwang*
- *Unabhängigkeit*
- *Zeitersparnis durch ein Auto*
- *Abhängigkeit von den Eltern, wenn diese alles bezahlen müssen*
- *erhöhtes Verkehrsaufkommen*
- *Spannungen im Freundeskreis, wenn einige schon den Führerschein und ein Auto haben*
- *den Führerschein braucht man sowieso*
- *keine zusätzlichen Kosten für den Rollerführerschein/Roller*
- *Bequemlichkeit*
- *die Umwelt wird verschmutzt*
- *XXX*

Tipp

zu 2 a)
1 Notiere alle deine Gedanken zum Thema.
2 Überlege, welche Stichpunkte zusammengehören, und markiere sie (***farbig, Zeichen …***).
3 Finde passende Oberbegriffe.

Mögliche Oberbegriffe:

Sicherheit – Selbstständigkeit – Kosten – Risiken – Störung sozialer Kontakte – Umweltbelastung

3.2 (1) individuelle Planungsübersichten zu komplexen inhaltlichen Zusammenhängen und aktuellen Ereignissen erstellen und die Ergebnisse reflektieren · 3.2 (5) sprachliche und stilistische Mittel des Schreibens zielgerichtet in eigenen Texten einsetzen (z. B. Verstärkung der eigenen Argumentationskette […]

Zu einem Thema Stellung beziehen

Der Führerschein ab 16 ist unter anderem deswegen keine gute Idee, weil sehr vielen Jugendlichen einfach der Biss und der Ehrgeiz fehlen, das Ganze durchzuziehen. Es gibt viele, die über ein Jahr brauchen, um endlich die Fahrerlaubnis zu bekommen. Das dauert und dauert und wird natürlich für sie auch viel teurer.

1 a) Lies dir die Aussage des Fahrlehrers durch.
b) Besprecht zu zweit, was ihr von dieser Aussage haltet.

2 Die 16-jährige Julia ist der Meinung, dass der Fahrlehrer unrecht hat.
a) Überlege dir drei Argumente, die entweder Julias Meinung stützen oder die des Fahrlehrers. Die Stoffsammlung von Seite 183 kann dir dabei helfen.
b) Schreibe die Argumente auf und achte auf ihre Vollständigkeit (→ siehe *Lernbox* S. 180).

3 a) Diskutiert das Thema *„Führerschein ab 16?"* zu zweit, indem eine/-r von euch die Rolle des Fahrlehrers einnimmt und der/die andere die Rolle von Julia.
b) Tauscht die Rollen und diskutiert erneut.
c) Tauscht euch darüber aus, welcher der beiden Positionen ihr eher zustimmt.

4 Formuliere zwei bis drei Sätze, wie du zu dem Thema stehst.

5 Wähle eine der folgenden Aufgaben zum Thema *„Führerschein ab 16?"*. Hinweise zur Bearbeitung findest du in der *Lernbox*.
a Schreibe eine Stellungnahme aus der Sicht des Fahrlehrers oder aus Julias Sicht.
b Schreibe eine Stellungnahme aus deiner eigenen Sicht.

6 a) Tauscht eure Stellungnahmen aus und notiert mit Bleistift Anmerkungen zur Verbesserung mithilfe der *Lernbox*. Denkt auch an die richtige Rechtschreibung (→ S. 311).
b) Besprecht eure Anmerkungen zu zweit.
c) Überarbeite deine Stellungnahme mithilfe der Anmerkungen und der Besprechung.

Lernbox

Eine Stellungnahme schreiben

Wenn du zu einem Thema Stellung nimmst, dann stellst du deine eigene Meinung dazu ausführlich und begründet dar.

1 Einleitung: Mache deine Leserinnen und Leser neugierig und führe zum Thema hin.

2 Hauptteil: Stelle deinen Standpunkt mithilfe von schlüssigen Argumenten dar. Denke an passende Übergänge, wie z. B.
Erstens …
Daraus ergibt sich …
Als weiteren Grund könnte man anführen, …
Das überzeugendste Argument sollte am Schluss stehen.

3 Schluss: Ziehe ein Fazit und positioniere dich.

3.2 (4) sich argumentativ mit komplexen Texten auseinandersetzen, dabei die Schlussfolgerungen plausibel begründen; stilsicher abwägende wie auch meinungsbildende Texte verfassen […] · 3.2 (5) sprachliche und stilistische Mittel des Schreibens zielgerichtet in eigenen Texten einsetzen (z. B. Verstärkung der eigenen Argumentationskette […]

Eine Einleitung für eine Erörterung verfassen

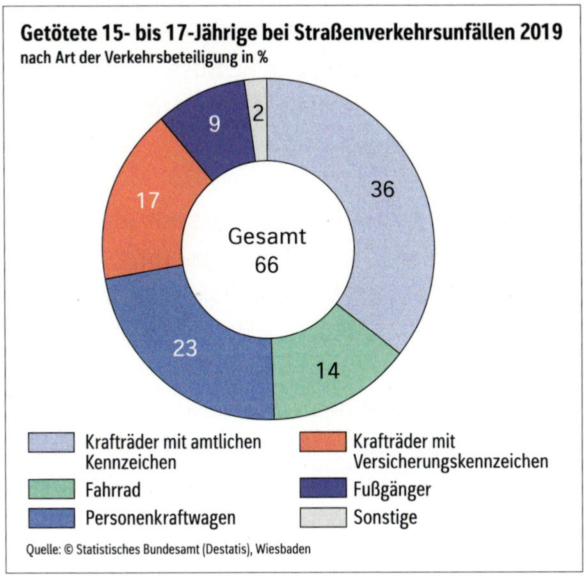

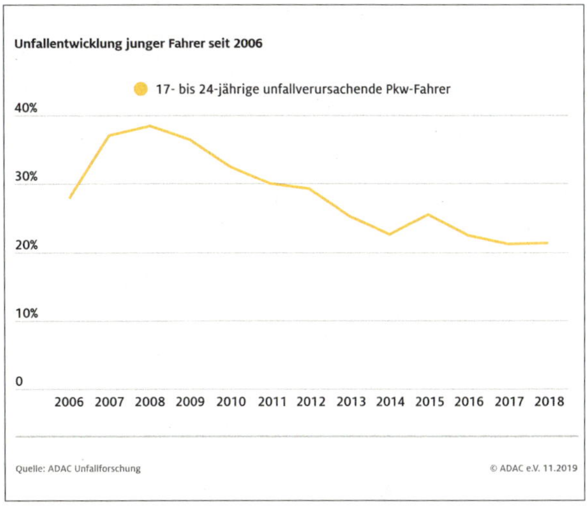

1 a) Betrachte die beiden Schaubilder.
b) Formuliere Aussagen, die du den Schaubildern entnehmen kannst (→ S. 275).
c) Vergleicht zu zweit eure Aussagen.

2 a) Lies die *Lernbox*.
b) Schreibe eine vollständige Einleitung zum Thema *„Sollen Jugendliche den PKW-Führerschein für unbegleitetes Fahren schon ab 16 Jahren machen dürfen?"*.
Nutze dafür als Ausgangspunkt die Aussagen zu den Schaubildern aus Aufgabe 1b).
c) Tauscht eure Einleitungen zu zweit aus und gebt euch anhand der *Lernbox* Feedback zur Verbesserung.
d) Überarbeite deine Einleitung mithilfe des Feedbacks.

3 Wähle eine der folgenden Aufgaben.
a Finde weitere passende Ausgangspunkte zum Thema.
b Schreibe eine weitere Einleitung zum Thema mit einem anderen Ausgangspunkt (siehe *Lernbox*).

Lernbox

Einleitung einer Erörterung

1 Die Einleitung einer Erörterung kann verschiedene **Ausgangspunkte** haben:
- ein aktueller Anlass (z. B. Zeitungsartikel)
- ein Zitat oder eine Redensart
- eine Begriffsklärung
- ein historischer Gesichtspunkt
- ein persönliches Erlebnis
- statistisches Zahlenmaterial

2 Vorgehensweise:
- Zielstrebig und sachlich zum Thema hinführen.
- Argumente aus dem Hauptteil werden noch nicht verwendet.
- Am Ende der Einleitung wird zum Thema der Erörterung übergeleitet. Beispielformulierungen:
In diesem Zusammenhang stellt sich mir die Frage: ...
Im Folgenden soll der Frage nachgegangen werden, ...
Aufgrund dieser Feststellung muss man sich überlegen, ...
Es gibt unterschiedliche Gründe, warum ...

3.2 (4) sich argumentativ mit komplexen Texten auseinandersetzen, dabei die Schlussfolgerungen plausibel begründen; stilsicher abwägende wie auch meinungsbildende Texte verfassen [...] · 3.2 (5) sprachliche und stilistische Mittel des Schreibens zielgerichtet in eigenen Texten einsetzen (z. B. Verstärkung der eigenen Argumentationskette [...]

Einen Hauptteil für eine Erörterung verfassen

1 a) Lies die Kommentare zum Thema *„Führerschein ab 16?"*.
b) Überlege, welche Position die Sprecher/-innen einnehmen.

Der Führerschein für 16-Jährige ändert an dem eigentlichen Mobilitätsproblem nichts – sinnvoller wäre ein Ausbau des öffentlichen Nahverkehrs.

In Zeiten von Rekordspritpreisen wird sich kaum ein 16-Jähriger die tägliche Fahrt zum Ausbildungsplatz im eigenen Auto leisten können.

Dass ein 16-Jähriger besonnen sein und sich auch an ein auferlegtes Tempo-80-Gebot halten soll, ist schwer zu glauben.

Mit 16 ist man anfälliger für Gruppenzwang und Herausforderungen durch die Freunde, um andere zu beeindrucken.

2 a) Lies die *Lernbox*.
b) Erstelle eine Tabelle mit Pro- und Kontra-Argumenten zum Thema *„Führerschein ab 16?"*.
c) Wäge die Argumente gegeneinander ab, indem du sie gewichtest.
d) Positioniere dich kurz schriftlich.

3 Entscheide dich für den Aufbau deiner Erörterung (→ siehe *Lernbox*) und erstelle eine strukturierte Gliederung (→ S. 267).

4 a Schreibe eine dialektische Erörterung ohne Einleitung und Schluss.
b Schreibe eine dialektische Erörterung ohne Schluss.

5 a) Tauscht eure Erörterungen aus und gebt euch Feedback zur Verbesserung. Achtet dabei auf die Vollständigkeit der Argumente (→ S. 180) und deren Verknüpfung (→ S. 182).
b) Überarbeite deine Erörterung mithilfe des Feedbacks und den Rechtschreibstrategien (→ S. 232).

Lernbox

Hauptteil einer Erörterung

1 Bei vielen Themen gibt es gute **Pro-** und gute **Kontra**-Argumente. Erst wenn du sie gegeneinander abgewogen hast, kannst du begründet eine Position einnehmen.
2 Das **Abwägen von Argumenten** nennt man ein **Thema erörtern**. Ein Text, in dem das geschieht, wird auch **Erörterung** genannt.
3 Das Abwägen der Argumente findet in einer Erörterung im **Hauptteil** statt.
4 Der Hauptteil einer Erörterung kann unterschiedlich **gegliedert** sein (→ S. 267):
a) Entweder nennst du erst alle Argumente für die Gegenseite und dann für deine Seite.
b) Oder du ordnest die Argumente abwechselnd an und beziehst sie aufeinander.

Für beide Formen gilt: Die **wichtigsten** Argumente sollten am Schluss stehen, um dem Leser / der Leserin nachhaltig im Gedächtnis zu bleiben!

3.2 (4) sich argumentativ mit komplexen Texten auseinandersetzen, dabei die Schlussfolgerungen plausibel begründen; stilsicher abwägende wie auch meinungsbildende Texte verfassen […] · 3.2 (5) sprachliche und stilistische Mittel des Schreibens zielgerichtet in eigenen Texten einsetzen (z. B. Verstärkung der eigenen Argumentationskette […]

Einen Schluss für eine Erörterung verfassen

1 a) Lies dir die Sprüche oben durch.
b) Sprecht zu zweit über folgende Fragen:
- *Was bedeuten diese Sprüche?*
- *Wie kannst du sie auf den Schluss einer Erörterung anwenden?*

c) Notiert, was ihr schon alles über den Schluss einer Erörterung wisst.
d) Vergleicht mit der *Lernbox*.
e) Tauscht euch in der Klasse darüber aus.

2 a) Lies dir die folgenden Abrundungen der Schlussteile zum Thema *„Führerschein ab 16?"* durch.

> Eine Senkung des Mindestalters von 18 auf 16 Jahre ist nicht nur im Rahmen des Führerscheins diskussionswürdig. Denn auch beim Wahlalter verhält sich die Situation ähnlich in Hinblick auf die zunehmende Reife der 16-Jährigen.

> In den USA können 16-Jährige bereits den Führerschein machen. Da wir bereits viele Trends aus den USA übernommen haben, wäre es nicht verwunderlich, wenn wir in naher Zukunft auch den Führerschein ab 16 Jahren von den Amerikanern übernehmen werden.

b) Ordne die folgenden Möglichkeiten einem der beiden Schlussteilen zu:

persönlicher Wunsch, Befürchtung oder Forderung

Ausblick in die Zukunft

Hinweis auf ein verwandtes Thema

3 a) Eine Möglichkeit aus Aufgabe 2 b) bleibt übrig. Verfasse dazu einen eigenen Schluss.
b) Tauscht eure Schlussteile aus und gebt euch Feedback zur Verbesserung.
c) Überarbeite deinen Schluss mithilfe des Feedbacks.

Lernbox

Schluss einer Erörterung

Aufbau des Schlusses:

1 **Kurze Zusammenfassung** der wichtigsten Punkte des Hauptteils. Hier sollen keine neuen Argumente genannt werden.
2 Eine eigene **begründete Positionierung** auf Grundlage der Argumente aus dem Hauptteil. Beispielformulierungen: *Zusammenfassend stelle ich fest, dass …* *Ich persönlich ziehe daraus das Fazit, dass …*
3 **Abrundung** des Schlusses. Für diese gibt es verschiedene Möglichkeiten:
- Einen Ausblick in die Zukunft geben: *Ich nehme an, dass in Zukunft …*
- Einen persönlichen Wunsch, eine Befürchtung oder Forderung aussprechen: *Es bleibt zu hoffen, …* *Ich fürchte jedoch, dass …*
- Einen einschränkenden Gedanken darstellen.
- Auf ein verwandtes Thema hinweisen.
- Den Einleitungsgedanken aufgreifen.

3.2 (5) sprachliche und stilistische Mittel des Schreibens zielgerichtet in eigenen Texten einsetzen (z. B. Verstärkung der eigenen Argumentationskette […]

Kompetenzcheck

1 a) Lies dir den Text durch.

Traumberuf Fashion-Blogger?
Kira Tolk

Es gibt keine Branche und keinen Beruf, der mehr belächelt wird, als der einer Fashion-Bloggerin. Es steckt aber weitaus mehr dahinter, als ein hübsches Foto hochzuladen. Durch das Bloggen habe ich auf der einen Seite die Möglichkeit, die schönsten Orte der Welt zu bereisen. Ob Dubai, Tokio, Los Angeles oder New York – ich konnte bereits so tolle Länder bereisen, wunderschöne Erinnerungen sammeln und dabei eine Menge Spaß haben. Zudem ist eines der größten Privilegien für mich, selbstständig und frei zu sein. Ich bin meine eigene Chefin und kann selbst bestimmen, wann, wie und wo ich arbeite, solange nur eine gute Internetverbindung besteht. Ein weiterer positiver Punkt sind die vielen Möglichkeiten. Man lernt interessante Menschen kennen und darf aufregende Events besuchen. Auf der anderen Seite gibt es aber auch Nachteile. Der Grat zwischen Privat- und Berufsleben ist so schmal, dass man so gut wie nie eine komplette Auszeit vom Job nehmen kann. Selbst wenn man im privaten Urlaub ist, muss trotzdem Content produziert, der Blog mit Beiträgen gefüttert und die Sozialen Plattformen mit Bildmaterial bespielt werden. Zeit zum Abschalten bleibt kaum, worunter das Privatleben leiden kann. So ergab sich beispielsweise für mich ganz spontan eine wundervolle Tokio-Reise, die ich nie vergessen werde. Dafür habe ich dann aber den Geburtstag meines Freundes verpasst. Außerdem ist die Blogger-Szene eine sehr oberflächliche Branche. Neid, Missgunst und Intrigen sind mit inbegriffen. Obwohl ich viele wahnsinnig liebe Blogger-Freundinnen dazugewinnen konnten, habe ich auch die ein oder andere Freundschaft aufgrund meines Berufes verloren.

(verändert)

2 a) Notiere, welche Meinung die Autorin zur Frage *„Ist Fashion-Blogger ein Traumberuf?"* vertritt.
b) Besprecht zu zweit eure Meinung dazu.

3 a) Formuliere mithilfe des Textes zwei vollständige Argumente, welche die Meinung der Autorin unterstreichen.
b) Formuliere mithilfe des Textes zwei vollständige Gegenargumente.

4 a) Erstelle eine Stoffsammlung zum Thema. Nutze dafür weitere Informationen aus dem Text und eigene Ideen.
b) Gewichte die Punkte deiner Stoffsammlung und wäge sie gegeneinander ab.
c) Positioniere dich kurz schriftlich.
d) Erstelle mithilfe deiner Stoffsammlung eine Gliederung für eine dialektische Erörterung (→ S. 267).

3.2 (4) sich argumentativ mit komplexen Texten auseinandersetzen, dabei die Schlussfolgerungen plausibel begründen; stilsicher abwägende wie auch meinungsbildende Texte verfassen [...] · 3.2 (5) sprachliche und stilistische Mittel des Schreibens zielgerichtet in eigenen Texten einsetzen (z. B. Verstärkung der eigenen Argumentationskette [...]

5 Wähle eine der folgenden Aufgaben zum Thema *„Ist Fashion-Blogger ein Traumberuf?"*:

a Schreibe eine Einleitung zum Thema und nimm als Ausgangspunkt den Blogartikel.

b Schreibe eine Einleitung zum Thema mit einem anderen Ausgangspunkt (→ S. 185).

Tipp

zu 6)
Nutze dafür deine Vorarbeiten aus den Aufgaben 3, 4 und 5 und die Hinweise aus der Checkliste unten.

6 Schreibe eine vollständige dialektische Erörterung zum Thema *„Ist Fashion-Blogger ein Traumberuf?"*.

7 a) Überprüfe deine Erörterung mithilfe der Checkliste (→ COPY E).

b) Tauscht eure Erörterungen zu zweit aus und überprüft gegenseitig eure Texte mithilfe der Checkliste und gebt euch Tipps zur Verbesserung.

c) Arbeitet die Verbesserungsvorschläge in eure Texte ein und gebt eure Ergebnisse der Lehrkraft.

Checkliste – Überprüfe deine Erörterung!

Ich habe / Du hast ...	selbst überprüft	von dem/der Partner/-in überprüft	von der Lehrkraft überprüft	übe weiter	erledigt am
... eine Stoffsammlung zum Thema angelegt (mit Argumenten und Gegenargumenten).	xxxxxxxxx	xxxxxxxxxx	xxxxxxxxx	xxxxxxxxxxxxxxxxxxxxxxxxx	xxxxxxxxxx
... die Stichworte zu vollständigen Argumenten ausformuliert (mit Behauptung, Begründung und Beispiel).	xxxxxxxxx	xxxxxxxxxx	xxxxxxxxx	xxxxxxxxxxxxxxxxxxxxxxxxx	xxxxxxxxxx
... die Argumente nach Überzeugungskraft sortiert (schwache zuerst, die stärksten am Schluss).	xxxxxxxxx	xxxxxxxxxx	xxxxxxxxx	xxxxxxxxxxxxxxxxxxxxxxxxx	xxxxxxxxxx
... eine strukturierte Gliederung für meinen/deinen Text verfasst.	xxxxxxxxx	xxxxxxxxxx	xxxxxxxxx	xxxxxxxxxxxxxxxxxxxxxxxxx	xxxxxxxxxx
... den Text in Einleitung, Hauptteil und Schluss gegliedert.	xxxxxxxxx	xxxxxxxxxx	xxxxxxxxx	xxxxxxxxxxxxxxxxxxxxxxxxx	xxxxxxxxxx
... meine/deine Meinung formuliert und begründet.	xxxxxxxxx	xxxxxxxxxx	xxxxxxxxx	xxxxxxxxxxxxxxxxxxxxxxxxx	xxxxxxxxxx
... adressatenbezogene Sprache verwendet.	xxxxxxxxx	xxxxxxxxxx	xxxxxxxxx	xxxxxxxxxxxxxxxxxxxxxxxxx	xxxxxxxxxx
... passende Überleitungen zwischen den Argumenten verwendet.	xxxxxxxxx	xxxxxxxxxx	xxxxxxxxx	xxxxxxxxxxxxxxxxxxxxxxxxx	xxxxxxxxxx
... alle formalen Vorgaben einer Erörterung eingehalten.	xxxxxxxxx	xxxxxxxxxx	xxxxxxxxx	xxxxxxxxxxxxxxxxxxxxxxxxx	xxxxxxxxxx
... sachlich und knapp formuliert.	xxxxxxxxx	xxxxxxxxxx	xxxxxxxxx	xxxxxxxxxxxxxxxxxxxxxxxxx	xxxxxxxxxx
... abwechslungsreich geschrieben.	xxxxxxxxx	xxxxxxxxxx	xxxxxxxxx	xxxxxxxxxxxxxxxxxxxxxxxxx	xxxxxxxxxx
... auf einen fehlerfreien Text geachtet.	xxxxxxxxx	xxxxxxxxxx	xxxxxxxxx	xxxxxxxxxxxxxxxxxxxxxxxxx	xxxxxxxxxx
Was ich dir noch sagen wollte:	xxxxxxxxx	xxxxxxxxxx	xxxxxxxxx	xxxxxxxxxxxxxxxxxxxxxxxxx	xxxxxxxxxx

Fit für den M-Abschluss

Auf dieser Doppelseite findest du einen Text und Aufgaben, wie sie in der Prüfung zum mittleren Schulabschluss an der Mittelschule vorkommen können. Bearbeite sie zunächst alleine. Besprecht dann die Aufgaben und gebt euch gegenseitig Feedback.

1 Lies den folgenden Text.

Auto oder Miete: Junge Menschen vor der Qual der Wahl

Insbesondere bei jungen Menschen spielen Autos heutzutage eine untergeordnete Rolle. Denn sie wünschen sich umweltschonende Kraftfahrzeuge und Mobilitätsalternativen sowie eine gut vernetzte Infrastruktur im ÖPNV, durch die man dem Geldbeutel und der Umwelt etwas Gutes tut.

Nach Angaben des Statistischen Bundesamtes nimmt die Nutzung privater Autos und Motorräder leicht ab. Gleichzeitig steigen die Fahrgastzahlen von Bus und Bahn seit Jahren kontinuierlich an. Auffällig ist dabei, dass vor allem junge Menschen zwischen 18 und 24 immer seltener den Führerschein machen. Anders sieht es auf dem Land aus. Denn auf dem Land aufzuwachsen, bedeutet für viele vor allem eines: weite Strecken und Busse, die nur im Stundentakt fahren. Der Führerschein und das eigene Auto geben jungen Menschen mehr Freiheit und bedeuten das Ende der eingeschränkten Mobilität durch schlechte oder verspätete Busverbindungen. Oder aber die jungen Menschen wandern aus den ländlichen Regionen in die Städte ab, was bekanntlich kein neuer Trend ist.

Das Angebot an Arbeit, Bildung und die öffentliche Infrastruktur sind in den urbanen Räumen oft attraktiver für junge Menschen. Der meist gut ausgebaute städtische ÖPNV macht ein eigenes Auto hier überflüssig und ist häufig günstiger als ein Auto. Denn die Zahl junger Menschen, die bereits Geld mit einer Arbeit oder einer Berufsausbildung verdienen, sinkt seit Jahren, während sich gleichzeitig immer mehr für ein Studium entscheiden. Aufgrund geringer Studentenlöhne und steigender Mieten bleiben viele Studenten meist länger finanziell von ihren Eltern abhängig. Da dies auch für einige Eltern eine starke finanzielle Belastung bedeutet, wird das Thema Auto gar nicht erst angesprochen. Obwohl laut einer Studie von Shell 65 % der unter 25-Jährigen Angst vor steigender Umweltverschmutzung haben, hat die Entscheidung, keinen Führerschein zu machen, aktuell überwiegend Gründe, die wenig mit Umweltschutzidealen zu tun haben. Stattdessen scheint es vor allem eine Frage der finanziellen Mittel zu sein. Von Finanzierungsmodellen wie Leasing oder Nutzungskonzepten wie Carsharing können sich Autohersteller allerdings wieder eine größere Beliebtheit des Autos in der Generation Z versprechen. Autohersteller müssen den Zeitgeist erkennen und die Chance zur Veränderung wahrnehmen, um wettbewerbsfähig zu bleiben und zukünftig nicht zum alten Eisen zu gehören.

(verändert)

3.2 (4) sich argumentativ mit komplexen Texten auseinandersetzen, dabei die Schlussfolgerungen plausibel begründen; stilsicher abwägende wie auch meinungsbildende Texte verfassen [...] · 3.2 (5) sprachliche und stilistische Mittel des Schreibens zielgerichtet in eigenen Texten einsetzen (z. B. Verstärkung der eigenen Argumentationskette [...]

2 Fasse den Inhalt des Textes „Auto oder Miete: Junge Menschen vor der Qual der Wahl“ in einer knappen Inhaltszusammenfassung zusammen.

3 a) Folgende Begriffe kommen im Text als Fremdwörter vor. Suche diese heraus und ordne sie entsprechend zu.
- *Fortbewegung*
- *gemeinschaftliche Nutzung eines Autos*
- *städtisch*

b) Schlage das Wort *Leasing* nach und erkläre es mit eigenen Worten.

4 a) Betrachte das Schaubild und arbeite mindestens zwei konkrete Aussagen aus dem Schaubild heraus.
b) Notiere mögliche Gründe für die Aussagen des Schaubilds. Beziehe dich dabei auf den Text und nutze eigene Überlegungen.

Führerschein vs. Nahverkehr

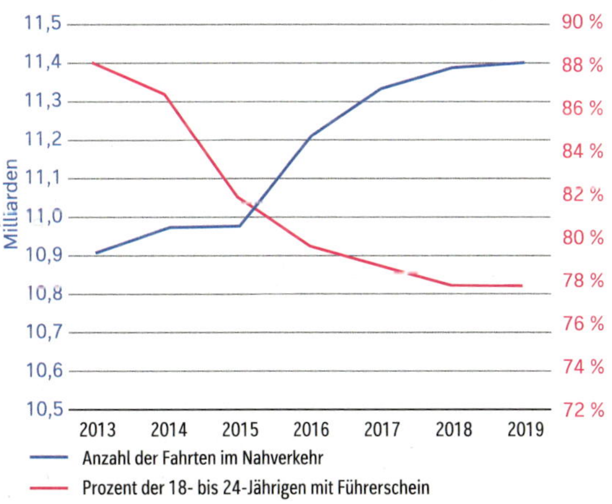

Quelle: Statistisches Bundesamt (Destatis), Wiesbaden

Tipp

zu 2)
1 Text in Sinnabschnitte gliedern
2 Überschriften finden
3 stichpunktartig Notizen aufschreiben

5 Die Überschrift des Textes weist auf die finanzielle Problematik bei der Entscheidung für ein Auto hin. Finde zwei Beispiele dafür im Text und belege diese.

6 Lies den letzten Satz (Z. 53–57) noch einmal bewusst durch.
a) Erkläre den Begriff *Zeitgeist*.
b) Erläutere das Sprachbild *„nicht zum alten Eisen gehören“* und beziehe es auf ein Beispiel aus dem alltäglichen Leben.

7 Deine Eltern planen, auf ihr Auto zu verzichten. Formuliere einen Dialog mit deinen Eltern, in dem du versuchst, sie von diesem Vorhaben abzubringen (Umfang: mindestens eine Seite).

8 Bearbeite die Teilaufgaben zu folgendem Thema: *„Sollten sich junge Menschen ein Auto kaufen?“*.
a) Erstelle eine strukturierte Gliederung (→ S. 267).
b) Verfasse eine dialektische Erörterung anhand deiner Gliederung.

Arbeitsrückschau

1. Du hast den Kompetenzcheck durchgeführt. Schau nun auf deine Arbeit zurück. Was fiel dir leicht, was nicht? Notiere es.
2. Was konntest du schon, was hast du neu dazugelernt?
3. Gelang es dir, Tipps von deinen Mitschülerinnen und Mitschülern anzunehmen und ihnen Tipps zu geben?
4. Wähle aus deinen argumentierenden Texten aus, was du ins Portfolio aufnehmen willst. Entscheide so, dass dein Lernweg für dich und deine Lehrkraft sichtbar wird.
5. Besprich mit deiner Lehrkraft, was du noch üben bzw. wiederholen kannst.

3.2 (4) sich argumentativ mit komplexen Texten auseinandersetzen, dabei die Schlussfolgerungen plausibel begründen; stilsicher abwägende wie auch meinungsbildende Texte verfassen […] · 3.2 (5) sprachliche und stilistische Mittel des Schreibens zielgerichtet in eigenen Texten einsetzen (z. B. Verstärkung der eigenen Argumentationskette […]

Formulare untersuchen

Es heißt nicht umsonst: Von der Wiege bis zur Bahre – Formulare, Formulare!

Anrede*
○ Herr ○ Frau ○ divers

Vorname* XXXXXXXXXXXX
Nachname* XXXXXXXXXXXX

Geburtsdatum (TT.MM.JJJJ)* XXXXXXXXXXXX
Telefonnummer XXXXXXXXXXXX

E-Mail-Adresse* XXXXXXXXXXXX
E-Mail-Adresse wiederholen* XXXXXXXXXXXX

*Pflichtfeld

1 a) Lies das Sprichwort durch.
b) Besprecht zu zweit, was damit gemeint ist.
c) Sammelt in der Klasse eure Erfahrungen, die ihr bereits mit Formularen gemacht habt.

2 a) Erklärt euch zu zweit, was ihr unter einem Formular versteht.
b) Vergleicht eure Erklärungen mit Punkt 1 in der *Lernbox*.

3 a) Lies dir Punkt 2 und 3 der *Lernbox* durch.
b) Erklärt euch zu zweit:
- *Welche Varianten von Formularen gibt es?*
- *Wann ist eine Unterschrift auf Formularen notwendig?*

4 a) Betrachte das Formular oben rechts.
b) Vermute, worum es bei dem Formular geht.
c) Besprecht zu zweit, welche der Angaben ihr tätigen müsst und woran das zu erkennen ist.
d) Tauscht euch in der Klasse darüber aus.

Lernbox

Formulare

1 Ein Formular ist ein (amtlicher) **Vordruck** oder ein **Antrag**, der zur Beantwortung verschiedener Fragen oder für bestimmte Angaben entworfen wurde.

2 Formulare gibt es in unterschiedlichen Varianten:
- Gedruckte Formulare in **Papierform**, die handschriftlich ausgefüllt werden.
- Formulare als **digitale Dateien** im PDF- oder Word-Format. Diese können oftmals direkt am PC ausgefüllt und per E-Mail verschickt werden oder ausgedruckt werden.
- **Onlineformulare**, die direkt auf einer Webseite oder mit bestimmten Programmen und Apps ausgefüllt und elektronisch übermittelt werden.

3 Wichtige Formulare und Anträge müssen oft handschriftlich **unterschrieben** werden, wenn damit rechtlich verbindliche Dinge in Vertragsform geregelt werden (z. B. *Ausbildungsvertrag, Antrag zur Kontoeröffnung, BAföG-Antrag, Onlinebewerbung*).

3.1 (2) unterschiedliche Formulare auch digital selbstständig ausfüllen

Formulare richtig ausfüllen

1 a) Notiere Schwierigkeiten, die beim Ausfüllen eines Formulars auftreten können.
b) Tauscht euch zu zweit darüber aus.
c) Sucht nach möglichen Lösungen.

2 a) Recherchiere im Internet die Begriffe AGB, Widerrufsbelehrung und Datenschutzerklärung.
b) Notiere, welches der beiden unteren Kästchen unter einem Formular angekreuzt werden muss, damit der Antrag gestellt werden kann.
c) Tauscht euch zu zweit darüber aus.
d) Überlegt zu zweit, welche Folgen das Ankreuzen des zweiten Kästchens für dein E-Mail-Postfach haben kann.

☒ Ich erkläre mich mit den AGB einverstanden. Die Widerrufsbelehrung und die Datenschutzerklärung habe ich zur Kenntnis genommen.

☒ Ich möchte regelmäßig per E-Mail über aktuelle, individuell auf meine Interessen zugeschnittene Angebote, neue Produkte, Sonderaktionen und exklusive Sparvorteile informiert werden.

3 a) Betrachte den Personalbogen rechts.
b) Besprecht zu zweit, wann ihr einen Personalbogen ausfüllen werden müsst.
c) Übertrage den Personalbogen in dein Heft oder nutze COPY 28.
d) Fülle den Personalbogen mit deinen Angaben aus.
e) Tauscht euch in der Klasse über unklare Angaben aus (ohne eure Daten zu nennen). Besprecht auch, wie ihr diese herausfinden könnt.

Personalbogen

1. Persönliche Angaben

Name	XXX
Vorname	XXX
Geburtsname	XXX
Geburtsdatum	XXX
Geburtsort	XXX
Staatsangehörigkeit	XXX
Straße/Hausnummer	XXX
Postleitzahl/Ort	XXX
Familienstand	XXX
Telefonnummer	XXX
E-Mail-Adresse	XXX

2. Bankverbindung

Geldinstitut	XXX
IBAN	XXX
BIC	XXX

3. Krankenversicherung

Krankenkasse	XXX

☒ privat krankenversichert
☒ pflichtversichert
☒ familienversichert

4. Sonstige Angaben

Steuer-ID	XXX
Steuerklasse	XXX
Sozialversicherungsnummer	XXX

Sich online bewerben

1 Hast du dich schon einmal online beworben, z. B. für einen Praktikumsplatz oder einen Nebenjob? Berichte von deinen Erfahrungen.

2 a) Lies die E-Mail im Kasten unten genau. Achte auch auf die äußere Form.
b) Notiere alle Fehler, die Alexandros unterlaufen sind, oder markiere sie in COPY 29. Hinweise dazu findest du auch in der *Lernbox* auf der nächsten Seite.
c) Vergleicht eure Ergebnisse zu zweit.
d) Besprecht gemeinsam in der Klasse, was euch aufgefallen ist.

3 a) Besprecht zu zweit, welche Fehler dir selbst in einer Onlinebewerbung hätten unterlaufen können.
b) Schreibe die E-Mail in korrigierter Form ab. Überarbeite dabei alle besprochenen Fehler.
c) Vergleicht zu zweit eure Überarbeitungen.

4 a) Überlegt zu zweit, welche Elemente in jeder Onlinebewerbung enthalten sein müssen.
b) Formuliere eine E-Mail für deine Bewerbung für deinen Wunschberuf. Recherchiere dafür ein konkretes Unternehmen.
c) Sende deine E-Mail zur Übung an eine Mitschülerin oder einen Mitschüler. Lass dir anhand der *Lernbox* und eurer Überlegungen aus Aufgabe 2 ein Feedback geben.

Von: BestGamerEver99@xxx.de

An: Personalstelle@hotelSonnenschein.de

Anhang: *unbenannt_1.docx* *Dok2_docx*

Betreff: Frage

Lieber Personalleiter oder Personalleiterin,
ich will mich bei Ihnen bewerben. Das würde mich interessieren:
Hotel
Büro
Kellner
Wen du mir da eine Stelle anbiten kannst, wär ich ziemlich froh :-) Bisher hab ich noch keineAusbildung.
Ich weiß jetz nich, was ihr so braucht, aber ich hab ma Lebenslauf und Anschreiben hingehängt.
MFG,
Alexandros Hermann

3.2 (7) in Kooperation mit dem Fach Wirtschaft und Beruf und den berufsorientierenden Wahlpflichtfächern formalisierte Texte erstellen (z. B. Geschäftsbrief, Versicherungsantrag) und individuelle aussagekräftige Bewerbungen verfassen, hierzu zweck- und adressatenorientiert das geeignete Medium wählen

5 a) Diskutiert zu zweit, ob es sinnvoll ist, die E-Mail, mit der ihr euch bewerben wollt, „aufzuhübschen“, z. B. durch verschiedene Schriftarten oder Bilder.
b) Tauscht euch in der Klasse darüber aus.

6 a) Ordne die Tipps A–H den Punkten 1–7 der *Lernbox* zu.
b) Besprecht eure Ergebnisse zu zweit und vergleicht sie anschließend in der Klasse.

A Verzichte auf Benennungen wie *Anhang1*. Besser wäre z. B. *Lebenslauf_Nachname*.

B Das Tippen am Computer verleitet schnell zum Schludern. Achte auf sauber ausformulierte Sätze.

C Nur so kannst du verhindern, dass sich beim Öffnen des Dokumentes nichts mehr verschiebt.

D E-Mail-Adressen wie *super-lora@xxx.de* sind unangemessen!

E Achte darauf, Adressaten immer mit „Sie“ anzusprechen und eine passende Begrüßung und Verabschiedung zu formulieren.

F Überprüfe, ob du im Internet den Namen des Ansprechpartners / der Ansprechpartnerin findest bzw. eine E-Mail-Adresse, an die du deine Bewerbung senden kannst.

G Beginne deine E-Mail z. B. mit den Worten „*Sehr geehrte(r) Herr XXX / Frau XXX*“. Lass anschließend eine Zeile frei, bevor du weiterschreibst.

H „Bewerbung“ reicht nicht als Betreff. Nenne die genaue Stelle, um die es geht.

Lernbox

Sich per E-Mail bewerben

1 Sende die E-Mail von einer **neutralen Absender-Adresse**. Beispiel: *alexandros.hermann@beispieladresse.de*; nicht: *BestGamerEver99@xxx.de*.
2 Wähle einen **passenden Betreff**, z. B. *Bewerbung um einen Ausbildungsplatz als Hotelkauffrau*.
3 Recherchiere auf der Internetseite des Unternehmens den **Namen des/der Ansprechpartners/-in.**
4 Formuliere eine **kurze E-Mail**. Lass zwischen Anrede und Text eine Leerzeile, ebenso zwischen den Absätzen. Achte auch auf eine korrekte Rechtschreibung.
5 Nenne unter deinem **Namen** deine **Kontaktdaten** (*Adresse, Telefon, E-Mail*).
6 Verwende **Höflichkeitsformeln** und eine angemessene Sprache. Nutze **keine Sonderzeichen** (z. B. ***Emojis, Smileys***).
7 Füge deine **Bewerbungsunterlagen** in einer PDF-Datei als Anhang bei. Verwende **passende Dateinamen**.

3.2 (7) in Kooperation mit dem Fach Wirtschaft und Beruf und den berufsorientierenden Wahlpflichtfächern formalisierte Texte erstellen (z. B. Geschäftsbrief, Versicherungsantrag) und individuelle aussagekräftige Bewerbungen verfassen, hierzu zweck- und adressatenorientiert das geeignete Medium wählen

Die Bewerbungsunterlagen vorbereiten

1 a) Betrachtet zu zweit das Bild oben und vervollständigt gemeinsam den Satz der Jugendlichen.
b) Besprecht in der Gruppe, was ihr zu der Frage bereits sagen könnt.

2 💡 Recherchiert im Internet, welche Unterlagen bei einer Bewerbung per E-Mail normalerweise mitgeschickt werden sollten.

3 Tobias möchte sich als Einzelhandelskaufmann bewerben.
a) Lies die folgende Liste mit Dokumenten, die er der E-Mail als Anhang beifügen möchte.

– Lebenslauf
– Urkunde vom Sportfest
– Anschreiben
– Praktikumsbescheinigung(en)
– Bestätigung über Mitgliedschaft in der Kirche
– alle Schulzeugnisse
– Kopie des Personalausweises
– Zertifikat eines Sprachkurses
– Foto

b) Überlege, ob die Auswahl der Dokumente passend ist.
c) Sprecht zu zweit über eure Überlegungen und erstellt eine Liste der Dokumente, die einer Bewerbung als Anhang beigefügt werden sollten.
d) Begründet jeweils kurz, warum das jeweilige Dokument für einen Personalleiter/ eine Personalleiterin wichtig ist.

Tipp

💡 **zu 2)**
Du kannst zum Beispiel die Begriffe „Onlinebewerbung Anhänge“ in die Suchmaske eingeben.

3.2 (7) in Kooperation mit dem Fach Wirtschaft und Beruf und den berufsorientierenden Wahlpflichtfächern formalisierte Texte erstellen (z. B. Geschäftsbrief, Versicherungsantrag) und individuelle aussagekräftige Bewerbungen verfassen, hierzu zweck- und adressatenorientiert das geeignete Medium wählen

Lebenslauf

Persönliche Daten:
Name: Sara Schneider
Geburtsdatum: 25. Juni 2007
Geburtsort: Nürnberg
Anschrift: Birkenweg 66
98765 Musterstadt
Telefonnummer: 0123/55 66 77
E-Mail: s.schneider@mail.de

Schulbildung:
Grundschule: 2013– 2017 Sonnen-Grundschule Nürnberg
Mittelschule: seit 2017 Fanatsie-Mittelschule Nürnberg
Abschluss: voraussichtlich Juli 2023, mittlerer Schulabschluss an der Mittelschule

Praktische Erfahrung:
Praktika: 15.04. – 26.04.2021
Arzthelferin, Gemeinschaftspraxis Dr. Meier, Nürnberg
8.11. – 22.11.2022
Zahnarzthelferin, Praxis Dr. Haber, Fürth

Kenntnisse: Englisch – gute Kenntnisse
Textverarbeitung – Grundkenntnisse
Präsentationsprogramm – Grundkenntnisse

Hobbys: Tanzen, Joggen

Nürnberg, 27.01.20XX
Sara Schneider

4 a) Betrachte den Lebenslauf oben und besprecht zu zweit, was Sara unbedingt verbessern sollte.
b) Tauscht euch in der Klasse darüber aus.

5 a) Erstelle selbst einen Lebenslauf am Computer.
b) Tauscht zu zweit eure Lebensläufe und gebt euch gegenseitig Feedback.

6 Deine Online-Bewerbung benötigt neben einer kurzen E-Mail auch ein vollständig ausformuliertes Anschreiben als Anhang.
a) Notiere in der richtigen Reihenfolge, welche Elemente ein gelungenes Bewerbungsanschreiben enthalten muss.
b) Formuliere ein Bewerbungsanschreiben für deinen Wunschberuf aus Aufgabe 4 auf Seite 194.
c) Tauscht eure Anschreiben aus und gebt euch gegenseitig Feedback.

7 a) Erstelle mithilfe deiner bisherigen Vorarbeiten und dem erhaltenen Feedback eine vollständige Onlinebewerbung per E-Mail. Füge deine Unterlagen als PDF-Anhang bei.
b) Sende deine vollständige Onlinebewerbung zur Übung einem Mitschüler / einer Mitschülerin bzw. deiner Lehrkraft und lass dir Tipps zur Verbesserung geben.

8 a) Tauscht euch zu zweit darüber aus, welche weiteren Möglichkeiten es neben der Bewerbung per E-Mail gibt, sich zu bewerben.
b) Begründe, welche dieser Möglichkeiten du bevorzugst bzw. schon selbst genutzt hast.
c) Erkläre, was dir beim Bewerbungsvorgang besonders leicht- bzw. schwerfällt.

Tipp

zu 5 a)
Fotografiere deine Unterschrift und füge sie in das Dokument ein. Du kannst das Dokument auch ausdrucken und mitsamt deiner Unterschrift erneut einscannen.

zu 6 a)
Folgende Elemente müssen enthalten sein:
Unterschrift, Ort und Datum, Kompetenzen für den Beruf, Grußformel (höflich), Betreff (Anliegen/Anlass des Anschreibens), Schulabschluss (mit Zeitpunkt, wann er voraussichtlich erreicht ist), Bewerbung, Berufswunsch und Begründung, Begründung für deine Unternehmenswahl, Adresse (Anschrift des Unternehmens, Name des Ansprechpartners / der Ansprechpartnerin), Anrede (höflich), Absender (= deine Anschrift), Bitte um einen Vorstellungstermin, Liste der Anlagen

3.1 (1) [...] digitale Medien zur eigenen Textproduktion nutzen und spezifische Gestaltungselemente für eine textkohärente Darstellung wählen [...] · 3.2 (7) in Kooperation mit dem Fach Wirtschaft und Beruf und den berufsorientierenden Wahlpflichtfächern formalisierte Texte erstellen [...] und individuelle aussagekräftige Bewerbungen verfassen [...]

Wörter und Sätze – Was kann ich schon?

Auf dieser Doppelseite findet ihr neun Stationen. Mit ihrer Hilfe könnt ihr euer Wissen über Grammatik prüfen. Bearbeitet die Stationen zunächst alleine. Vergleicht anschließend zu zweit eure Lösungen und schätzt mithilfe der Checkliste auf Seite 200 eure Leistung ein. Arbeitet nach dieser Einschätzung alleine oder zu zweit an euren Schwierigkeiten.

1 a) Baut die Stationen im Klassenzimmer auf. Ihr könnt dafür auch COPY 30 nutzen.
b) Erstellt einen Laufzettel nach der Vorlage auf Seite 200 oder nutzt COPY 31.
c) Bearbeitet die Stationen 1–9.

Station 1 — Wortarten erkennen

1 Schreibe die unterstrichenen Wörter auf und notiere, zu welcher Wortart sie gehören.
2 Ordne die Wörter nach *veränderbar* und *nicht veränderbar*.

Mehr als nur ein Turnschuh
Turnschuhe werden häufig getragen, weil sie günstig und bequem sind. Doch mittlerweile sind Turnschuhe mehr als nur das: Sie sind auch ein Statussymbol und Modestatement. Turnschuhe werden zu verschiedenen Anlässen getragen, zum Beispiel im Alltag, zum Sport oder zum Ausgehen. Sogar Prominente tragen sie gerne mal auf dem roten Teppich. Deswegen sind die Preise von beliebten Markenturnschuhen enorm angestiegen und verkaufen sich trotzdem noch gut.

Station 2 — Verben: Zeitformen verwenden

1 Notiere die folgenden Verben in der 3. Pers. Singular im Präsens, Präteritum, Perfekt, Plusquamperfekt, Futur I und Futur II: *tragen, kümmern, vorzeigen, erscheinen*.
2 Notiere, was du über folgende Veränderungen der Verben weißt: *fahren – sie fuhr*; *einkaufen – sie kaufte ein*.

Station 3 — Sätze ins Passiv setzen

1 Wandle die vier Sätze ins Passiv um.
A *Viele Jugendliche lieben Turnschuhe.*
B *Auch der modebewusste Erwachsene trägt mittlerweile Sneaker.*
C *Stilvolle Menschen kombinieren die verschiedenen Ausführungen des Kultschuhs auch zu eleganter Garderobe.*
D *Die Menschen entdecken außerdem den Sportschuh als Freizeitschuh wieder für sich.*

2 Schreibe zwei weitere Sätze im Passiv.

Station 4 — Den richtigen Kasus gebrauchen

1 Schreibe die Sätze auf und setze dabei die Wörter in Klammern in den richtigen Fall.
2 Bestimme jeweils den Fall.

A *Der Sneaker ist zu (das Symbol) der Jugend geworden.*
B *Trotz (viele verschiedene Modelle) fällt die Auswahl schwer.*
C *Wegen (die hohe Nachfrage) bei Sneakern gibt es immer wieder Lieferschwierigkeiten.*
D *Das ist aber (die Jugend) egal, da sie (der Sneaker) als Teil (ihre Kultur) lieben.*

4.2 (3) die bekannten Wortarten unterscheiden und die eigenen Kenntnisse bewusst beim reflektierten Sprachhandeln einsetzen · 4.2 (4) Wörter der bereits bekannten Wortarten sicher flektieren

Station 5 **Verben: Konjunktiv erkennen**

1 Schreibe die Verben, die im Konjunktiv stehen, heraus.

A *Ich glaube, es würde mir gefallen, wenn ich neue Sneaker bekäme.*
B *Ich wüsste schon ein Modell, das mir gefiele.*
C *Moderne Turnschuhe sind aber sehr teuer, wie ich im Internet recherchiert habe.*
D *Außerdem müssten da auch meine Eltern zustimmen.*

2 Bilde den Konjunktiv I und Konjunktiv II zu: *er liest, sie fragen, du kommst.*

Station 6 **Indirekte Rede verwenden**

1 Schreibe die Sätze A und B ab und unterstreiche die indirekte Rede.
2 Setze die Sätze C bis E in die indirekte Rede.
3 In Satz A steht der Konjunktiv I (seien) – in Satz B der Konjunktiv II (besäßen). Notiere in einem Satz, warum unterschiedliche Formen verwendet wurden.

A *Ein Wissenschaftler sagte, Turnschuhe seien eigentlich ein reiner Sportschuh.*
B *Sie besäßen aber auch ein hohes Maß an Bequemlichkeit, führte er weiterhin aus.*
C *Er erklärte: „Turnschuhe fühlen sich gut an."*
D *Er fuhr fort: „Sie verhindern auch Verletzungen, wenn sie über den Knöchel gehen."*
E *„Aufgrund der Gummisohle kann man auch besser abrollen", merkte er noch an.*

Station 7 **Satzglieder bestimmen**

1 Wie heißen die unterstrichenen Satzglieder? Schreibe sie auf und bestimme sie.

A *Der Turnschuh hat eine rasante Entwicklung durchgemacht.*
B *Die verschiedenen Ausführungen lassen sich vielfältig kombinieren.*
C *Zu Hause, beim Sport oder bei der Arbeit ist er das passende Schuhwerk.*
D *Heutzutage passen Sneaker zu jedem Kleidungsstil.*

Station 8 **Satzglieder umformen**

1 Forme die unterstrichenen Satzglieder zu Nebensätzen um.
2 Schreibe diese auf.

A *Beim Kauf eines Turnschuhs muss man viele Faktoren bedenken.*
B *Man sollte beim Aussuchen eines passenden Modells etwas Zeit investieren.*
C *Während einer Einkaufstour in der Stadt kann man Schuhe anprobieren.*
D *Wegen der großen Preisunterschiede lohnt es sich, auch im Internet zu recherchieren.*

Station 9 **Satzreihe und Satzgefüge**

1 Ordne für die folgenden Sätze zu, ob es sich um eine *Satzreihe* oder *Satzgefüge* handelt.

A *Wer Sneaker sammelt, kann damit sogar richtig Geld verdienen.*
B *Ein limitiertes Modell erzielt Höchstpreise, denn es ist ja nur selten zu finden.*

2 Verknüpfe die folgenden Sätze jeweils zu einem Satzgefüge und einer Satzreihe.

C *Sneaker lassen ein Outfit weniger konservativ wirken. Sie vermitteln Lässigkeit.*
D *Leger gekleidete Menschen wirken selbstbewusst. Sie fühlen sich wohler.*

4.2 (4) Wörter der bereits bekannten Wortarten sicher flektieren · 4.2 (5) die indirekte Rede zur distanzierten, berichtenden Wiedergabe von Äußerungen verwenden · 4.2 (6) Kenntnisse über Satzglieder begründet zum variantenreichen Sprachhandeln einsetzen

Mit einer Checkliste den Lernweg planen

Mit der Checkliste auf dieser Seite kannst du dich selbst einschätzen und überprüfen, wie gut du die Aufgaben auf den Seiten 198–199 lösen konntest. Plane dann deine individuelle Weiterarbeit mit den Aufgaben auf den Seiten in der rechten Spalte.

1 a) Besprecht eure Lösungen aus der Stationenarbeit gemeinsam in der Klasse (→ S. 307–310).
b) Schätze mithilfe der Checkliste unten (→ COPY 31) selbst ein, wie gut du die Aufgaben lösen konntest.

2 a) Entscheide mit deiner Lehrkraft, welche der folgenden Seiten du bearbeitest und wie du dabei vorgehst.
b) Bearbeitet die folgenden Seiten entweder alleine oder zu zweit. Eure Lehrkraft berät euch dabei.

Wörter und Sätze untersuchen: Laufzettel und Checkliste (→ COPY 31)

Station	Thema	erl. am	++	+	–	– –	übe auf
1	Ich kann die Wortart verschiedener Wörter bestimmen. Ich weiß, welche Wörter veränderbar bzw. nicht veränderbar sind.	*XXX*	*X*	*X*	*X*	*X*	S. 201
2	Ich kann Verben in allen Zeitformen verwenden.	*XXX*	*X*	*X*	*X*	*X*	S. 202
3	Ich kann Sätze ins Passiv setzen.	*XXX*	*X*	*X*	*X*	*X*	S. 202
4	Ich kann den Konjunktiv in Sätzen erkennen. Ich kann den Konjunktiv I und II bilden.	*XXX*	*X*	*X*	*X*	*X*	S. 203–204
5	Ich kann indirekte Rede in Sätzen erkennen. Ich kann direkte Rede in indirekte Rede umformulieren.	*XXX*	*X*	*X*	*X*	*X*	S. 203
6	Ich kann Satzglieder bestimmen.	*XXX*	*X*	*X*	*X*	*X*	S. 205
7	Ich kann Objekte in den richtigen Kasus setzen. Ich kann den Kasus von Objekten bestimmen.	*XXX*	*X*	*X*	*X*	*X*	S. 205
8	Ich kann Satzreihen und Satzgefüge voneinander unterscheiden.	*XXX*	*X*	*X*	*X*	*X*	S. 206
9	Ich kann den Verbal-/Nominalstil erkennen und anwenden.	*XXX*	*X*	*X*	*X*	*X*	S. 207–208

1.3 (5) Verantwortung für den eigenen Lernprozess übernehmen und ihn im Hinblick auf die Abschlussprüfung kritisch reflektieren und bewerten

Wörter und Wortarten wiederholen

1 a) Lies den Text „Rekord-Versteigerung“.
b) Ersetze die unterstrichenen Wörter durch passende Synonyme.

Rekord-Versteigerung

Bei der ungewöhnlichen Versteigerung wurden zwei unbenutzte Sportschuhe eines bekannten Sprechgesangsängers für 1,5 Millionen Euro versteigert. Dies sei der größte Betrag, der jemals an ihrem Ort vergütet wurde, teilte das Verkaufshaus aus den Vereinigten Staaten mit. Das käme nur bei den seltensten Objekten vor.

c) Vergleicht zu zweit eure Synonyme in Hinblick darauf, ob ihre Bedeutung passt.

2 a) Notiere alle Wörter aus dem Text in einer Tabelle wie der unten abgebildeten.
b) Notiere in der Tabelle, ob die Wörter veränderbar sind (→ S. 307).
c) Bestimmte die Wortart der Wörter und notiere jeweils den korrekten Fachbegriff.
d) Vergleicht eure Ergebnisse zu zweit.
e) Besprecht eure Ergebnisse in der Klasse.

Wort	veränderbar?	Wortart
bei	*nein*	*Präposition*
der	*XXX*	*XXX*

Tipp

zu 2 c)

Wortarten, die vorkommen: Nomen, Verb, Pronomen, Artikel, Präposition, Adjektiv, Adverb, Numeral (= Zahlwort).

3 a) Notiere alles, was du über die Wortart der *Adjektive* weißt.
b) Übertrage folgende Tabelle in dein Heft und trage die Adjektive aus dem Text in die richtige Spalte ein (→ S. 309).
c) Bilde die restlichen Steigerungsformen für die Adjektive und notiere sie in der Tabelle.

Positiv	Komparativ	Superlativ
ungewöhnlich	*XXX*	*XXX*

4 a) Notiere alle *Pronomen* aus dem Text.
b) Ordne sie ihrer Untergruppe zu. Hinweise dazu findest du in der *Lernbox*.

5 a) Notiere alle *Präpositionen* aus dem Text.
b) Notiere den Kasus (= Fall), den sie nach sich ziehen, und das passende Fragewort (→ S. 307). *Beispiel: bei → Wem? → Dativ.*

Lernbox

Pronomen

1 **Personalpronomen** ersetzen Nomen: *ich du, er/sie/es, wir, ihr, sie.*
2 **Reflexivpronomen** (*mich/mir, dich/dir, uns, euch, sich …*) weisen auf das Subjekt zurück: *Ich freue mich.*
3 **Possessivpronomen** geben an, wem etwas gehört: *mein, dein, sein, ihr, unser, euer.*
4 **Relativpronomen** (*der, die, das*) leiten einen Relativsatz ein und beziehen sich auf ein Nomen im Hauptsatz.
5 **Demonstrativpronomen** weisen auf etwas zurück oder voraus: *diese/-r, solche/-r, jene/-r, derjenige/diejenige …*
6 **Indefinitpronomen** verallgemeinern: *jemand, etwas, nichts, man …*

4.2 (3) die bekannten Wortarten unterscheiden und die eigenen Kenntnisse bewusst beim reflektierten Sprachhandeln einsetzen · 4.2 (4) Wörter der bereits bekannten Wortarten sicher flektieren

Verben richtig verwenden

Mode und Jugendliche

Was spielt für Jugendliche eine Rolle beim Kauf von Kleidung?
Über soziale Netzwerke und Modeblogs erfahren Jugendliche, welche Marken und Läden gerade im Trend sind. Um manche Marken ist ein regelrechter „Hype" entstanden.
Früher standen Jugendliche stundenlang an, damit sie Konzertkarten ergattern konnten. Heute tun sie es, um als Erste in einem neuen Modegeschäft einkaufen zu dürfen.
„10, 9, 8 ..." Hunderte von jungen Frauen und Männern, Mädchen und Jungen zählen den Countdown nach unten. Nur noch wenige Sekunden, dann werden sich die weißen Rollläden öffnen. Die Menge schiebt ein bisschen nach vorne. Viele der Fans sind schon im Morgengrauen aufgestanden und haben sich auf den Weg gemacht.

Ein Experte sagt zum Thema Mode:

A „Modeerscheinungen spielen heutzutage eine wichtige Rolle.
B Ein Hype wird häufig im Internet losgetreten.
C Jugendliche mögen bestimmte Marken sehr.
D Sie können mit Kleidung etwas Neues ausprobieren.
E Der Preis wird von Jugendlichen oft ignoriert."

F Er fügte an, die Qualität sei vielen Jugendlichen dabei nicht so wichtig.

1 a) Lies den Text „Mode und Jugendliche".
b) Schreibe alle Verben aus dem Text in eine Tabelle wie die abgebildete.
c) Notiere auch die jeweilige Grundform und die Zeit.
d) Besprecht eure Ergebnisse in der Klasse.

Verb	Grundform	Zeit
spielt	*spielen*	*Präsens*
XXX	*XXX*	*XXX*

2 a) Setze die ersten beiden Verben aus dem Text in folgende Zeiten:
Präteritum, Perfekt, Plusquamperfekt, Futur I und *Futur II* (→ S. 308).
b) Besprecht eure Ergebnisse zu zweit.

3 a) Erkläre, ob die Sätze A und B im Aktiv oder im Passiv stehen.
b) Notiere Satz B in folgenden Zeiten:
Präteritum, Perfekt, Plusquamperfekt, Futur I und *Futur II*.
c) Formuliere Satz C und D so um, dass die Sätze im Passiv stehen (→ S. 308).
d) Setze Satz E ins Aktiv.
e) Vergleicht eure Ergebnisse in der Klasse.

4 a) Überlege, worin sich die Sätze A–E von Satz F unterscheiden.
b) Tauscht euch in der Klasse darüber aus.

4.2 (3) die bekannten Wortarten unterscheiden und die eigenen Kenntnisse bewusst beim reflektierten Sprachhandeln einsetzen · 4.2 (4) Wörter der bereits bekannten Wortarten sicher flektieren

Indirekte Rede im Konjunktiv I verwenden

1 a) Betrachte die Bilder.
b) Sprecht zu zweit darüber, worin sich die Aussage des Lehrers und ihre Wiedergabe durch den Vater unterscheiden.

2 a) Lies dir die Aussagen der Personen durch:
Chefin: „Die Zukunft rückt näher."
Mutter: „Ich ängstige mich vor der Zukunft."
Junge: „Wir schauen gelassen nach vorne."
b) Übertrage die Tabelle und schreibe die drei Verben in den verlangten Formen auf. Recherchiere bei Bedarf die Regeln der Konjunktivbildung.

im Text	Infinitiv	Konjunktiv I	Konjunktiv II
rückt	*rücken*	*rücke*	*rückte*
XXX	*XXX*	*XXX*	*XXX*

c) Schreibe alle drei Sätze in indirekter Rede: „*Die Chefin sagt, XXX*". Hinweise findest du in der *Lernbox*.
d) Markiere die Pronomen, die du in der indirekten Rede verändern musst.
e) Besprecht eure Ergebnisse in der Klasse.

3 a) Lies den Text „Opas Weisheiten".
b) Schreibe den Text ab und fülle die Lücken mit passenden Verben (indirekte Rede).
c) Schreibe die Sätze so um, wie der Opa sie gesagt haben könnte (direkte Rede).
d) Besprecht eure Ergebnisse in der Klasse.

Opas Weisheiten

Opa sagt, ohne einen anständigen Beruf *XXX* im Leben nichts anzufangen. Er selbst *XXX* einen tollen Beruf gelernt. Außerdem meint er, dass man Bewerber/-innen mit guten Noten bei einer Ausbildungsstelle *XXX*. Daher *XXX* man lernen, lernen, lernen. Er denkt aber auch, dass niemand alles wissen *XXX*. Dafür *XXX* ja eine Ausbildung da. Man *XXX* zahlreiche Dinge erst erklärt.

Lernbox

Die indirekte Rede

Das, was jemand gesagt hat (**direkte Rede**), wird in **indirekter Rede** wiedergegeben.

1 Das **Verb** steht dabei im **Konjunktiv I**, welcher mit der Präsensform gebildet wird: *Er sagt, sie kommen.*
2 Wenn der Konjunktiv I und der Indikativ des Verbs identisch sind, dann wird der **Konjunktiv II** verwendet. Dieser wird mit der Präteritumform gebildet: *Er sagt, sie kämen.*
3 **Pronomen** ändern sich in der indirekten Rede, wenn sie in der Ich-/Wir-Form stehen: *„Ich komme." → Er sagt, er käme.*
4 Der Konjunktiv wird überwiegend **schriftlich** verwendet. Mündlich nutzt man meist die **würde-Form**: *Er sagt, er würde kommen.*

4.2 (2) gezielt unterschiedliche Wortbildungsmöglichkeiten bei der Produktion und Analyse von Texten nutzen · 4.2 (5) die indirekte Rede zur distanzierten, berichtenden Wiedergabe von Äußerungen verwenden d) Besprecht eure Ergebnisse in der Klasse.

Konjunktiv II verwenden

1 a) Betrachte die Bilder.
b) Notiere die Verben in den Aussagen der Personen, die im *Konjunktiv II* stehen.
c) Äußert zu zweit Vermutungen, warum die Personen den Konjunktiv II anstelle des Indikativs verwendet haben.
d) Vergleicht eure Überlegungen mit der *Lernbox*.

2 a) Überlege dir mindestens drei Ausreden zu Themen deiner Wahl, z. B.: *Hausaufgaben nicht gemacht, Zimmer nicht aufgeräumt, Termin vergessen.*
b) Formuliere die Ausreden im Konjunktiv II.
c) Vergleicht eure Ausreden zu zweit.

3 a) Überlege dir mindestens drei Wünsche zu Themen deiner Wahl, z. B.: *berufliche Zukunft, Glück in der Liebe.*
b) Formuliere die Wünsche im Konjunktiv II.
c) Vergleicht eure Wünsche zu zweit.

4 Schreibe den Text ab und ergänze die Verben im Konjunktiv II.

Ich *XXX (finden)* es toll, wenn du mir helfen *XXX (können)*. *XXX (sein)* du bitte so freundlich? Wenn wir uns gesund ernähren *(XXX) (werden)*, dann *XXX (sein)* wir fitter. Ich *XXX (wissen)* gerne, wieso wir das nicht längst tun. Das *XXX (dürfen)* ja nicht so schwer sein.

5 a) Schreibe den Text ab und ergänze folgende Verben im Konjunktiv II: *sein, haben.*

Ich *XXX* gerne hingegangen und *XXX* gesagt, dass ich mich anmelden möchte. Dann *XXX* gleich alles erledigt gewesen. Aber der Laden war nicht offen. Naja, *XXX XXX* Fahrradkette!

b) Besprecht eure Ergebnisse aus Aufgabe 4 und 5 in der Klasse.

Lernbox

Konjunktiv II

1 Mit dem Konjunktiv II kann man ausdrücken, wenn etwas **nicht wirklich** eintreten wird: *Am Samstag muss ich arbeiten. Sonst käme ich zur Party.*
2 Man kann auch einen **Wunsch** ausdrücken: *Dieses Wetter! Wäre es doch etwas wärmer.* Der Wunsch wird oft verstärkt durch kleine Wörter wie: *doch, nur, bloß, endlich.*
3 Man kann mit dem Konjunktiv II eine **besonders höfliche Bitte** äußern: *Könnte ich bitte noch ein Brötchen bekommen?*
4 Man kann etwas **vermuten**: *Das Spiel zu gewinnen, dürfte schwierig werden.*
5 Man kann etwas **empfehlen**: *Diese Jacke würde ich nicht kaufen!*
6 Oder man kann über etwas **staunen**: *Ich hätte nicht mehr an den Sieg geglaubt.*

4.2 (2) gezielt unterschiedliche Wortbildungsmöglichkeiten bei der Produktion und Analyse von Texten nutzen

Sätze untersuchen und Satzglieder erkennen

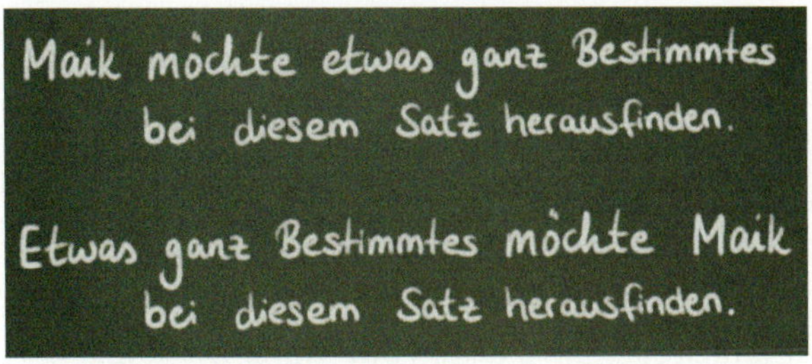

1 a) Sieh dir das Bild oben an.
b) Überlege, was Maik herausfinden möchte und wie er das versucht.
c) Tauscht euch zu zweit darüber aus.
d) Vergleicht eure Überlegungen mit Punkt 1 der *Lernbox*.

2 a) Notiere alle Satzglieder, die du kennst.
b) Beantworte stichpunktartig folgende Fragen zu jedem Satzglied. Nutze dafür bei Bedarf die *Lernboxen* auf Seite 309–310.
– *Wie fragt man nach Satzgliedern?*
– *Wie erkennt man das Satzglied?*
c) Besprecht eure Ergebnisse in der Klasse.

3 a) Ermittle die einzelnen Satzglieder in den unten stehenden Sätzen.
b) Bestimme Subjekt und Prädikat. Hinweise findest du in Punkt 2 der *Lernbox*.
c) Bestimme die restlichen Satzglieder.
d) Besprecht eure Ergebnisse in der Klasse.

Während der Sommerferien treffen einige spaßbegeisterte Jugendliche ihre Freunde und Freundinnen im Freizeitpark. Lena, die sehr gerne Achterbahn fährt, glaubt, dass sie alle zusammen einen tollen Tag haben werden.

4 a) Verfasst zu zweit einen kurzen Text, dessen Sätze nur aus jeweils einem Subjekt und Prädikat bestehen.
Beispiel: *Lisa hustet. Lisa niest.*
b) Überarbeitet euren Text mithilfe von Punkt 3 und 4 der *Lernbox*.
c) Vergleicht, welche eurer beiden Versionen euch sprachlich besser gefällt.
d) Besprecht, inwiefern euch Satzglieder beim Verfassen von Texten helfen können.

Lernbox

Sätze mit Proben untersuchen

1 Die **Umstellprobe** hilft dir, die **Satzglieder** zu bestimmen. Satzglieder können aus einem Wort oder aus mehreren Wörtern bestehen:
Sascha / trainiert / jeden Montag / in der Halle. Jeden Montag / trainiert / Sascha / in der Halle. In der Halle / trainiert / Sascha / jeden Montag.
Die Umstellprobe kann dir helfen, abwechslungsreich zu schreiben, weil das Satzglied am Anfang eines Satzes besonders betont wird.

2 Die **Weglassprobe**: Wenn du in einem Satz alles weglässt, was nicht zwingend nötig ist, damit es ein Satz bleibt, findest du das **Subjekt** und das **Prädikat**:
Laura geht im Herbst am Abend, wenn ihre Freundin mitkommt, gerne ins Kino.
→ Laura geht.

3 Mit der **Ersatzprobe** kannst du Wiederholungen in Texten vermeiden, indem du einzelne Wörter oder Satzglieder durch andere ersetzt:
Laura geht heute ins Kino. Laura freut sich schon aufs Kino.
→ Ersatzprobe: *Laura geht heute ins Kino. Sie freut sich schon darauf.*

4 Mit der **Erweiterungsprobe** kannst du Texte anschaulicher gestalten: *Laura geht ins Kino. → Laura geht heute Nachmittag, weil ein toller Film läuft, ins Kino.*

Komplexe Sätze untersuchen

1 a) Lies den Zeitungsartikel.
b) Tauscht euch zu zweit darüber aus, was euch beim Satzbau des Artikels auffällt.
c) Vergleicht eure Überlegungen mit der *Lernbox*.

2 Beantworte folgende Fragen zum Satzbau mithilfe der *Lernbox*:
- *Woran erkennt man Hauptsätze und Nebensätze?*
- *Was ist der Unterschied zwischen Satzreihen und Satzgefügen?*
- *Wann muss ein Komma bei Satzverknüpfungen gesetzt werden?*

3 a) Schreibe den Zeitungsartikel ab.
b) Kreise alle Konjunktionen ein.
c) Kennzeichne Hauptsätze rot und Nebensätze grün.
d) Kennzeichne Relativsätze blau und Appositionen gelb.
e) Bestimme, ob es sich bei den Satzverknüpfungen um Satzreihen oder Satzgefüge handelt.
f) Besprecht eure Ergebnisse in der Klasse.

4 Besprecht zu zweit, wie euch die Vorgehensweise von Aufgabe 3 bei der Kommasetzung helfen kann.

5 a) Besprecht zu zweit, wofür ihr Satzverknüpfungen beim Verfassen von Texten benötigt.
b) Tauscht euch in der Klasse darüber aus.

6 a) Verfasse eine Fortsetzung des Zeitungsartikels und verknüpfe dabei deine Sätze miteinander.
b) Besprecht eure Texte zu zweit und gebt euch Rückmeldung zu den Verknüpfungen.

Der Überfall, schon der zweite diese Woche, ereignete sich um 4:45 Uhr, als ein bislang Unbekannter eine Tankstelle, die sich am Stadtrand befindet, betrat und dort einen Mitarbeiter mit einer Waffe bedrohte. Weil der Täter mehrere Hundert Euro Bargeld erbeutet hatte, floh er in eine unbekannte Richtung und konnte trotz sofort eingeleiteter Fahndung, obwohl auch Polizeihunde sowie ein Hubschrauber zum Einsatz kamen, entkommen.

Lernbox

Sätze miteinander verknüpfen

Man kann zwei oder mehr Sätze miteinander verknüpfen. So entstehen *Satzreihen* oder *Satzgefüge*.

1 Verknüpft man zwei *Hauptsätze*, entsteht eine **Satzreihe**: *Es ist schon ziemlich kühl, aber wir spielen noch im Freien.* Typische Konjunktionen in einer Satzreihe sind: *aber, und, denn, doch, oder.*

2 Verknüpft man einen Hauptsatz mit einem Nebensatz, entsteht ein **Satzgefüge**: *Es war schon spät, als wir nach Hause kamen.* Typische Konjunktionen im Satzgefüge sind: *da, als, weil, bevor, bis, damit, dass, indem, nachdem, obwohl, sodass, solange, während, wenn.*

3 Weitere Satzteile, die zur Verknüpfung genutzt werden können, sind zum Beispiel **Relativsätze** und **Appositionen**.

4 Verknüpfte Sätze werden fast immer durch ein Komma getrennt. Nur vor *und/oder* muss kein Komma stehen.

3.3 (4) den eigenen Schreibprozess mit Blick auf die Textrevision und das Schreibprodukt reflektieren [...] · 3.2 (5) sprachliche und stilistische Mittel des Schreibens zielgerichtet in eigenen Texten einsetzen [...] · 4.1 (3) gezielt sprachliche Mittel aus dem Sprachwissen auswählen, um sich treffend und differenziert [...] schriftlich auszudrücken

Verbalstil und Nominalstil verwenden

Version 1: Wir verfügen über genug Solarenergie

A Die Sonne ermöglicht es, dass wir saubere Energie gewinnen.
B Wenn wir Sonnenlicht in elektrische Energie umwandeln, erzeugen wir keinen Schadstoffausstoß.
C Im Gegenteil: Solarenergie hilft, Umweltbelastungen zu vermeiden.
D Es ist sichergestellt, dass wir immer über Sonnenlicht verfügen.
E Außerdem ist es wichtig, dass alle Komponenten einer Solarzelle wiederverwertet werden.

Version 2: Verfügbarkeit von Solarenergie

A Die Sonne gewährt uns die Möglichkeit einer sauberen Energiegewinnung.
B Die Umwandlung von Sonnenlicht in elektrische Energie erzeugt keinen Schadstoffausstoß.
C Im Gegenteil: Solarenergie stellt eine Hilfe zur Vermeidung von Umweltbelastungen dar.
D Das Verfügen über Sonnenlicht ist immer sichergestellt.
E Außerdem ist noch die Wiederverwertung aller Komponenten einer Solarzelle wichtig.

1 a) Betrachte das Bild und lies die Überschrift der beiden Textversionen.
b) Notiere Überlegungen, worum es in den Texten gehen könnte.
c) Überfliege die Texte nach schwierigen Begriffen und schlage ihre Bedeutung nach.

2 a) Lies die beiden Textversionen durch.
b) Überlege, wodurch sich die beiden Versionen voneinander unterscheiden.
c) Tauscht euch zu zweit über eure Überlegungen aus.
d) Vergleicht eure Überlegungen mit der *Lernbox*.

Tipp

zu 2 b)
1 Nutze die Unterstreichungen im ersten Satz zur Orientierung.
2 Berücksichtige bei deinem Vergleich die Verständlichkeit der Sätze und ihre Wirkung auf die Leser/-innen.

Lernbox

Verbalstil und Nominalstil

1 Verbalstil
Tätigkeiten und Sachverhalte werden durch Verben ausgedrückt: *Die Baustelle wird abgesperrt.*

2 Nominalstil
Tätigkeiten und Sachverhalte werden durch ...
- Nomen ausgedrückt: *Die Absperrung einer Baustelle.*
- oder durch nominalisierte Verben: *Das Absperren einer Baustelle.*

3 Äußert zu zweit Vermutungen zu folgenden Fragen:
- *Welche Vor-/Nachteile hat der Verbalstil/Nominalstil?*
- *Für welche Textart eignet sich der Verbalstil/Nominalstil am besten?*

4 a) Lies dir den Artikel „Fahrerflucht“ durch.
b) Kläre bei Bedarf schwierige Begriffe.
c) Besprecht zu zweit, worum es in dem Artikel geht.

Fahrerflucht
Am Donnerstagabend, während ein 15-jähriger Junge spazieren ging, lief dessen Hund auf die Fahrbahn. Ein dunkler Pkw erfasste und verletzte den Hund, während er vorbeifuhr. Ohne dass der Fahrzeughalter Hilfe anbot, fuhr er weiter. Weil der Fahrer sich so verhalten hatte, wird er jetzt wegen Fahrerflucht gesucht.

5 a) Überlege, ob der Artikel „Fahrerflucht“ im Verbalstil oder im Nominalstil verfasst worden ist (→ *Lernbox* S. 207).
b) Formuliere den Artikel in den jeweils anderen Stil um: *z. B. Text im Verbalstil → Umformulierung in den Nominalstil.*
c) Vergleicht zu zweit die ursprüngliche Version mit eurer umformulierten Version in Hinblick darauf, welcher Stil besser zum Inhalt passt.

Tipp

zu 3)
Überlege, welchen Zweck die folgenden Textarten haben und ob sich dafür der Verbalstil oder der Nominalstil besser eignet: *Bericht, Beschreibung, Erzählung, literarischer Text, wissenschaftlicher Sachtext, Alltagsgespräch, Zeitungsartikel, bürokratischer Text.*

6 a) Lies dir die „Anordnung der Stadt“ auf dem Bild durch.
b) Kläre bei Bedarf schwierige Begriffe.
c) Besprecht zu zweit, worum es in der Anordnung geht.

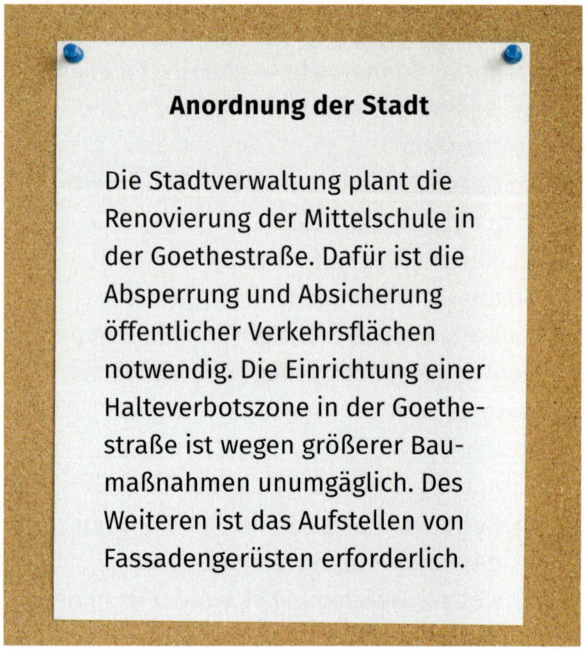
Anordnung der Stadt

Die Stadtverwaltung plant die Renovierung der Mittelschule in der Goethestraße. Dafür ist die Absperrung und Absicherung öffentlicher Verkehrsflächen notwendig. Die Einrichtung einer Halteverbotszone in der Goethestraße ist wegen größerer Baumaßnahmen unumgäglich. Des Weiteren ist das Aufstellen von Fassadengerüsten erforderlich.

7 a) Überlege, ob die „Anordnung der Stadt“ im Verbalstil oder im Nominalstil verfasst worden ist (→ *Lernbox* S. 207).
b) Formuliere den Text in den jeweils anderen Stil um: *z. B. Text im Verbalstil → Umformulierung in den Nominalstil.*
c) Vergleicht zu zweit die ursprüngliche Version mit eurer umformulierten Version in Hinblick darauf, welcher Stil besser zum Inhalt passt.

8 a) Ergänze deine Vermutungen aus Aufgabe 3 anhand deiner Überlegungen aus Aufgabe 5 und 7.
b) Tauscht euch in der Klasse darüber aus.

9 Wähle eine Textart aus der Tippbox und formuliere einen Text im passenden Stil.

4.1 (3) gezielt sprachliche Mittel aus dem Sprachwissen auswählen, um sich treffend und differenziert mündlich und schriftlich auszudrücken · 4.2 (2) gezielt unterschiedliche Wortbildungsmöglichkeiten bei der Produktion und Analyse von Texten nutzen

Grammatische Fachbegriffe wiederholen

1 In den letzten Schuljahren sind dir einige grammatische Fachbegriffe begegnet.
a) Sammle alle grammatischen Fachbegriffe, die du schon kennst.
b) Tauscht euch in der Klasse darüber aus.

2 a) Lies den folgenden Text.
b) Besprecht zu zweit, ob euch Unstimmigkeiten in dem Text auffallen.

Textbeobachtungen
Auffallend im Text ist die große Anzahl von Akkusativen, die häufig einfach hintereinander aufgezählt werden (z. B. *Sie war schön, elegant, sportlich ...*). Etwas ungewöhnlich erscheinen die vielen Nominative, wie z. B. *das Hinsehen, das Stehenbleiben, das Ernstnehmen*, die in einer solch großen Anzahl eher in Gesetzestexten oder Verordnungen vorkommen. Eine weitere Besonderheit sind die zahlreichen Infinitive (z. B. *iss, sieh, wirf*), die vermutlich so häufig auftauchen, weil die Hauptfigur eine dominante Person ist, die es gewohnt ist, Befehle zu erteilen. Der Text ist überwiegend im Pronomen verfasst worden (z. B. *er ging, er traf*). Nur bei den Verben in der indirekten Rede, also beim wörtlich Gesprochenen, ist dies anders. Der Text besteht außerdem fast nur aus einfachen Satzgliedern, die durch Konjunktive, wie z. B. *und, doch* oder *oder*, miteinander verknüpft sind. Komplizierte Satzreihen, die aus mehreren Nebensätzen bestehen, sind kaum vorhanden. Einige Sätze stehen zudem im Plural, um das Geschehen aus Sicht des Betroffenen darzustellen (*Er wurde gedemütigt. Er ist bestohlen worden ...*).

3 a) In dem Text kommen einige Fehler bei den unterstrichenen Wörtern vor. Überlege den richtigen Fachbegriff.
b) Erstelle eine Tabelle und trage die richtigen Begriffe mit Erklärung ein.

Fachbegriff	Erklärung
Adjektive	*– Eigenschaftswörter* *– kann man steigern* *– XXX*
XXX	*XXX*

4 a) Ergänze die Tabelle mit weiteren Fachbegriffen.
b) Erweitert die Tabelle in der Gruppe.
c) Besprecht und vervollständigt sie in der Klasse.

5 Geht in Kleingruppen zusammen.
a Erstellt eine Lernlandschaft (→ S. 251) zu den grammatischen Fachbegriffen.
b Erstellt ein Erklärvideo (→ S. 292) zu den grammatischen Fachbegriffen.

Tipp

zu 3 a)
1 Die Anfangsbuchstaben helfen dir dabei.
2 Du kannst dich auf den Seiten 307–310 unter „Wiederholen und Nachschlagen" noch einmal über die grammatischen Grundbegriffe informieren.

4.2 (1) den erweiterten Fach- und Bildungswortschatz in allen Fächern einsetzen, um sich fachgerecht treffend auszudrücken · 4.3 (1) die Grundregeln der [...] Grammatik sicher beherrschen [...]

Grammatische Fachbegriffe üben

I	M	X	C	C	W	S	O	D	A	R	T	I	K	E	L	D	C	W	M	M	F	H
M	H	I	W	C	Q	Q	G	J	M	B	R	L	B	R	S	C	D	P	W	V	I	C
P	R	N	C	P	X	T	E	M	P	O	R	A	L	A	D	V	E	R	B	I	A	L
E	S	F	L	R	H	C	X	C	C	R	F	N	W	L	C	J	K	E	M	I	X	H
R	H	I	O	Ä	K	G	R	J	G	E	N	I	T	I	V	D	D	G	E	N	U	S
A	T	N	M	D	T	D	S	T	W	W	M	K	A	O	E	H	P	D	R	N	F	T
T	V	I	T	I	S	Q	F	B	K	O	N	J	U	N	K	T	I	O	N	S	F	K
I	K	T	L	K	T	J	U	V	G	S	U	X	E	U	S	U	S	L	W	F	T	J
V	H	I	Q	A	R	N	L	O	K	A	L	A	D	V	E	R	B	I	A	L	D	P
K	I	V	F	T	H	P	S	X	V	O	M	T	C	J	M	B	Y	G	X	P	X	L
H	B	B	O	J	Q	R	C	O	M	O	O	Y	R	Y	D	N	V	L	G	G	Y	U
L	B	P	R	Ä	S	E	N	S	G	S	U	P	E	R	L	A	T	I	V	S	X	R
B	I	Y	V	Y	W	I	N	D	P	A	J	K	N	C	H	J	L	R	J	L	U	A
U	O	F	F	M	M	S	N	C	L	O	K	C	I	D	E	P	F	H	L	Q	B	L
Z	I	N	T	E	R	R	O	G	A	T	I	V	P	R	O	N	O	M	E	N	M	P
Y	W	E	J	U	X	T	Y	L	I	X	N	R	T	F	B	E	G	Y	O	S	P	S
C	W	W	S	C	P	R	Ä	P	O	S	I	T	I	O	N	V	H	S	J	I	U	U
S	V	G	B	R	H	T	M	V	O	Q	G	F	U	U	E	J	S	Y	B	H	W	B
Y	O	C	Q	O	E	U	M	O	D	A	L	A	D	V	E	R	B	I	A	L	V	J
D	V	E	L	Q	W	N	N	W	G	S	P	P	U	B	N	F	U	Y	V	G	E	E
R	D	I	N	D	E	F	I	N	I	T	P	R	O	N	O	M	E	N	N	E	X	K
T	M	T	H	B	Y	G	V	X	S	S	Q	U	R	Z	T	P	N	V	T	C	V	T
X	Q	I	M	P	E	R	F	E	K	T	O	W	S	I	N	G	U	L	A	R	I	L

1 a) Finde lateinische Fachbegriffe im Suchsel und notiere sie oder nutze COPY 32.

b) Lege eine Tabelle wie die abgebildete an und trage die lateinischen Fachbegriffe aus dem Suchsel in der linken Spalte ein.

lateinischer Fachbegriff	deutsche Bezeichnung
Präsens	*Gegenwart*
XXX	*XXX*

c) 💡 Finde für die lateinischen Fachbegriffe die passenden deutschen Bezeichnungen und trage sie in deiner Tabelle ein.

d) Vergleicht zu zweit eure Ergebnisse.

2 a) Besprecht eure Ergebnisse in der Klasse.

b) Besprecht in der Klasse, welche Fachbegriffe besonders schwierig sind und wie ihr sie euch merken könnt.

Tipp

💡 **zu 1c)**

Satzgegenstand – Einzahl – 2. Fall – Vergangenheit – Adverbial des Ortes – Bindewort – fragendes Fürwort – Befehlsform – Satzaussage – Geschlecht – Mehrzahl – Adverbial der Zeit – Grundform des Verbes – höchste Steigerungsform – Verhältniswort – unbestimmtes Fürwort – Adverbial der Art und Weise – Begleiter

4.2 (1) den erweiterten Fach- und Bildungswortschatz in allen Fächern einsetzen, um sich fachgerecht treffend auszudrücken · 4.3 (1) die Grundregeln der [...] Grammatik sicher beherrschen [...]

Check dein Wissen!

1 a) Notiere drei Wortarten, die man verändern kann, und schreibe je zwei Beispiele dazu. (6 P.)
b) Schreibe die folgenden Wörter auf und ordne sie der richtigen Wortart zu. (6 P.)
dieser, und, auf, bei, mein, weil, jemand, unter, sich, welcher, wenn, neben, vor.

2 a) Finde im folgenden Satz alle Adjektive und notiere.
b) Notiere alle dazugehörigen Steigerungsformen der Adjektive mit lateinischem Fachausdruck. (6 P.)

An einem trüben Tag, an dem die Sonne schwächer als sonst schien, machte ich den langweiligsten Spaziergang meines Lebens.

3 a) Setze in den folgenden Sätzen die Ausdrücke in den Klammern in den richtigen Fall und notiere den Satz. (8 P.)
b) Bestimme die Zeitform der Verben aus den Sätzen. (1 P.)
c) Schreibe den 1. Satz im Präsens, Perfekt und Plusquamperfekt auf. (3 P.)
d) Schreibe den 2. Satz im Futur I und Futur II auf. (2 P.)
e) Setze den 3. Satz ins Passiv. (1 P.)

– *Ein XXX trainierte jeden Tag (gut, Sportler).*
– *Die Kleidung XXX musste dafür gut sitzen (dieser, Spieler).*
– *Mit XXX erreichte er Höchstleistungen (die, Unterstützung, sein, Trainer).*

4 Setze die Verben in den Klammern in den Konjunktiv II. (2 P.)
Ich wünschte, es (sein) ruhiger und man (können) sein eigenes Wort verstehen.

5 *Die Lehrerin meint: „Laute Musik in der Öffentlichkeit regt manche Personen auf. Andere finden diese schön und wieder andere lässt sie völlig kalt."*
a) Wende die Umstellungsprobe beim 1. Satz zweimal an und notiere die beiden umgestellten Sätze. (2 P.)
b) Bestimme die Satzglieder im 1. Satz. (4 P.)
c) Bestimme für den 2. Satz, ob es sich um eine Satzreihe oder ein Satzgefüge handelt. (1 P.)
d) Formuliere die Aussage in die indirekte Rede um. (3 P.)

Gesamtzahl der möglichen Punkte: 45
Du kannst anhand deiner Punkte deinen Lernfortschritt selbst einschätzen:

45–41	Super! Du weißt sehr viel!
40–35	Gut! Du weißt schon ziemlich viel.
34–26	Du weißt einiges, musst aber noch üben.
25–18	Du hast noch Lücken. Sprich mit deiner Lehrkraft. Übe mit einem Partner / einer Partnerin.
17–0	Du musst noch mehr üben. Lass dich von deiner Lehrkraft beraten.

4.2 (3) die bekannten Wortarten unterscheiden [...] · 4.2 (4) Wörter der bereits bekannten Wortarten sicher flektieren · 4.2 (5) die indirekte Rede zur distanzierten, berichtenden Wiedergabe von Äußerungen verwenden · 4.2 (6) Kenntnisse über Satzglieder begründet zum variantenreichen Sprachhandeln einsetzen

Fit für den M-Abschluss

Auf dieser Doppelseite findest du Aufgaben, die dir helfen, dich auf die Prüfung zum mittleren Schulabschluss an der Mittelschule vorzubereiten. Am besten löst du wöchentlich eine der zehn Aufgaben und ihr besprecht sie gemeinsam in der Klasse.

1 a) Löst zunächst die folgende Beispielaufgabe aus einer Prüfung für den mittleren Schulabschluss.

Fit für den Abschluss – *Welcher Satz steht sowohl im Passiv als auch im Präteritum?*
- Laut neuer Erkenntnisse wird immer mehr Mikroplastik in Nahrungsmitteln und Lebensmitteln gefunden.
- Heute findet man immer mehr Mikroplastik in Nahrungsmitteln und Lebensmitteln.
- Schon vor Jahren fand man zunehmend mehr Mikroplastik in unserer Umwelt.
- In Fischen und anderen Meerestieren wurde bei zahlreichen Untersuchungen Plastik in den Organen gefunden.

b) Besprecht eure Lösungen in der Klasse und ob euch die Lösung der Aufgabe schwergefallen ist.
c) Vergleicht mit der Musterlösung unten.
d) Gebt für die übrigen Sätze die richtige Zeitform an und ob sie im Aktiv oder Passiv stehen.

2 a) Löst die Prüfungsaufgaben 1–10. Orientiert euch an dem Musterbeispiel.
b) Besprecht eure Lösungen in der Klasse.

X In Fischen und anderen Meerestieren wurde bei zahlreichen Untersuchungen Plastik in den Organen gefunden.

1

Fit für den Abschluss – *Bestimmen Sie die unterstrichenen Satzglieder. Verwenden Sie dazu die lateinischen Fachbegriffe.*

Viele (a) bekommen sofort (b) einen Schnupfen mit typischen Merkmalen wie geschwollenen Schleimhäuten, Kopf- und Gliederschmerzen.

2

Fit für den Abschluss – *Bilden Sie aus beiden Sätzen ein Satzgefüge, indem Sie eine geeignete Konjunktion verwenden. Außer der Konjunktion darf kein weiteres Wort hinzugefügt werden, notwendige Satzumstellungen sind erlaubt.*

Fantasy-Romane werden gerne von Jugendlichen gelesen.
Die jungen Menschen identifizieren sich oft mit ihren Helden.

3

Fit für den Abschluss – *Setzen Sie den Satz in die angegebenen Zeitformen.*

Herr Meier begleicht seine Einkäufe mit dem Smartphone.
a) Präteritum
b) Futur II

4.2 (1) den erweiterten Fach- und Bildungswortschatz in allen Fächern einsetzen, um sich fachgerecht treffend auszudrücken
4.2 (2) gezielt unterschiedliche Wortbildungsmöglichkeiten bei der Produktion und Analyse von Texten nutzen · 4.2 (6) Kenntnisse über Satzglieder begründet zum variantenreichen Sprachhandeln einsetzen

4

Fit für den Abschluss – *Der folgende Satzanfang wird viermal unterschiedlich ergänzt. Setzen Sie ein Komma, wenn es der jeweilige weiterführende Teilsatz erfordert.*

Acht Millionen Tonnen Plastik gelangen jedes Jahr ins Meer ...

Komma	
X	und damit auf direktem Weg in die Nahrungskette.
X	was gravierende Auswirkungen auf die Umwelt hat.
X	weil viele Menschen Plastik gedankenlos wegwerfen.
X	oder in andere Gewässer wie Flüsse und Seen.

5

Fit für den Abschluss – *Im folgenden Satz finden sich zwei umgangssprachliche Ausdrücke. Ersetzen Sie diese durch hochsprachliche Formulierungen und passen Sie den Satz bei Bedarf grammatikalisch korrekt an.*

Obwohl ein Haufen Wissenschaftler auf die Gefahren aufmerksam macht, wird sich die Menge an Mikroplastik brutal erhöhen.

6

Fit für den Abschluss – *Formulieren Sie den Satz so um, dass das markierte Wort als Verb verwendet wird. Der Sinn des Satzes darf dadurch nicht verändert werden.*

Das Lesen von Büchern fördert die Vorstellungskraft vieler Jugendlicher.

7

Fit für den Abschluss – *Unterstreichen Sie in jedem Satz das geforderte Satzglied.*

a) Dativobjekt:
Vielen Lesern würde es schwerfallen, wenn sie sich für einen bestimmten Roman entscheiden müssten.
b) Lokaladverbiale:
Zahlreichen Geschöpfen, die in früheren Jahrhunderten schon bekannt waren, begegnen wir in modernen Romanen noch heute.

8

Fit für den Abschluss – *Bestimmen Sie die Wortart der hervorgehobenen Wörter. Verwenden Sie dabei die lateinischen Fachbegriffe.*

Die (a) **Anfälligkeit** (b) **für** Krankheiten (c) **steigt** bei mehr als (d) **acht** Stunden Schlaf täglich.

9

Fit für den Abschluss – *Wandeln Sie den folgenden Satz in die indirekte Rede um.*

„Einsamkeit ist keine Frage der Quantität, sondern der Qualität von Beziehungen", erläutert die Forscherin May. „Man kann auch inmitten eines belebten Raums einsam sein."

10

Fit für den Abschluss – *Finden Sie im folgenden Satz die Antonyme (= Wörter mit gegensätzlicher Bedeutung). Stellen Sie diese gegenüber.*

Autoren verweben uralte Sagen und Legenden zu modernen Romanen, die den Leser noch immer faszinieren.

4.2 (2) gezielt unterschiedliche Wortbildungsmöglichkeiten bei der Produktion und Analyse von Texten nutzen · 4.2 (3) die bekannten Wortarten unterscheiden […] · 4.2 (4) Wörter der bereits bekannten Wortarten sicher flektieren · 4.2 (5) die indirekte Rede zur distanzierten, berichtenden Wiedergabe von Äußerungen verwenden

Mehrsprachigkeit nutzen

1 Besprecht, was ihr auf dem Bild seht.

2 a) Erstellt gemeinsam als Klasse ein Plakat und schreibt in die Mitte groß das Wort *Freundschaft*.
b) Ergänzt das Plakat, indem ihr das Wort *Freundschaft* in allen Sprachen aufschreibt, die ihr kennt. Ergänzt auch die jeweilige Herkunftssprache des Wortes.
c) Schätzt anhand des Plakats, wie viele verschiedene Sprachen ihr in der Klasse sprecht.

3 Recherchiert weitere Übersetzungen des Wortes *Freundschaft* und notiert sie auf dem Plakat.

4 a) Betrachte das Plakat und notiere, welche Gemeinsamkeiten und welche Unterschiede die Wörter in den unterschiedlichen Sprachen aufweisen.
b) Ergänze deine Überlegungen um allgemeine Gemeinsamkeiten und Unterschiede verschiedener Sprachen, die du kennst.
c) Tauscht euch zu zweit über eure Überlegungen aus.
d) Tauscht euch in der Klasse darüber aus, wieso sich einige Sprachen mehr oder weniger ähneln als andere.

5 a) Notiert zu zweit fremdsprachliche Begriffe, die ihr täglich verwendet. Ergänzt auch die jeweilige Herkunftssprache.
b) Tauscht euch in der Klasse über eure Notizen aus und besprecht, aus welcher Sprache die meisten Begriffe kommen.
c) Diskutiert in der Klasse, wie es dazu kommt, dass fremdsprachliche Begriffe in einer Sprache aufgenommen werden.

6 a) Notiere Vorteile und Nachteile, die sich durch das Sprechen von mehr als einer Sprache (= Mehrsprachigkeit) ergeben.
b) Recherchiere weitere Vorteile und Nachteile mithilfe des Schlagworts *„mehrsprachige Erziehung"*.
c) Besprecht eure Überlegungen gemeinsam in der Klasse.
d) Verfasse eine kurze Stellungnahme dazu, wie du zum Thema „Mehrsprachigkeit" stehst.

7 a) Sprecht zu zweit darüber, ob es wichtig ist, die eigene Sprache zu pflegen, und begründet eure Meinung.
b) Diskutiert eure Meinung in der Klasse.
c) Sammelt gemeinsam Ideen, wie man die eigene Sprache pflegen kann.

8 a) Schreibe ein Gedicht in einer oder mehreren Sprachen.
b) Präsentiere dein Gedicht der Klasse.

Tipp

zu 5 c)
Berücksichtigt bei eurer Diskussion folgende Punkte: *Globalisierung, veränderte Kommunikation, Internet.*

4.1 (2) die Mehrsprachigkeit (andere Erstsprache, Fremdsprachen) sowie Einblicke in die Sprachgeschichte des Deutschen (z. B. Änderungen der Rechtschreibung) zur Entwicklung von Sprachbewusstsein und zum Sprachvergleich nutzen

Die Herkunft von Sprichwörtern kennen

1 a) Betrachtet die Bilder oben und sprecht zu zweit darüber, um welche Redewendung es sich jeweils handelt.
b) Stellt gemeinsam Vermutungen an, wie diese Redewendungen entstanden sein könnten.

2 a) Lies den Zeitungsausschnitt rechts.
b) Finde alle Redewendungen und notiere sie in einer Tabelle. Ergänze stichpunktartig, wie die Redewendungen entstanden sind.

Redewendung	Entstehung
XXX	XXX

c) Sprecht zu zweit darüber, warum viele Redewendungen aus dem Tierreich stammen.

3 a) Finde eigene Redewendungen und recherchiere deren Entstehung im Internet. Notiere sie in der Tabelle aus Aufgabe 2.
b) Sprecht zu zweit darüber, in welchen Situationen ihr diese Redewendungen verwendet.

Tipp

zu 1 a)

– Die Katze aus dem Sack lassen.
– Einem geschenkten Gaul schaut man nicht ins Maul.

Einfach tierisch

Von Christian Sartorius

In unserer Alltagssprache wimmelt es nur so von tierischen Redewendungen. […] „Den Bock, den man zum Gärtner macht" ist so ein Fall. Ziegenböcke mögen zwar ganz liebenswerte Tierchen sein. Im Garten losgelassen allerdings mutieren die Hornträger schnell zu Fressmaschinen. […]
In früheren Zeiten […] war die Verwüstung […] jedem gut bekannt; so haben unsere Vorfahren den Vergleich gewählt. Genauso erklärt sich die Sache mit dem „geschenkten Gaul". […] Pferdenarren werden nämlich schnell zu echten Narren, wenn sie vor dem Kauf nicht das Gebiss des Tieres checken. […] Sicher dürfte sein, dass Pferdeverkäufer auch früher schon ihre Ware über den grünen Klee gelobt haben und der Ausdruck „vom Pferde erzählen" auch in Richtung „Rosstäuschen" gehen könnte. Ist das Pferd nun „unter aller Sau", dann hat das mit den Rüsseltieren allerdings nichts zu tun. Vielmehr leitet sich die „Sau" in diesem Fall vom jiddischen[1] „seo" ab, was so viel wie „Maßstab" bedeutet.
Ähnlich wie der Sau ergeht es auch dem „Frosch im Hals". Dieser entstammt wohl einem Sprachspiel und ist keinesfalls wörtlich zu nehmen. Der Frosch heißt auf lateinisch nämlich rana. Ranula nennt sich die Fröschleingeschwulst und die sitzt, man ahnt es schon, im Hals. Der Frosch ist also kein echter, sondern ein metaphorischer. […] Wichtig ist vor allem, dass man nicht „die Katze im Sack kauft". Wer früher nämlich auf dem Markt ein Ferkel erstand und an einen unseriösen Händler geriet, dem konnte es passieren, dass er daheim eine Katze im zugebundenen Einkaufssack fand.

[1] jiddisch = jüdisch

Sprachliche Gestaltungsmittel wiederholen

Ziel des Kapitels:
In unterschiedlichen Texten sprachliche Gestaltungsmittel erkennen, beschreiben und ihre Wirkung beurteilen.

Ablauf:
1) *Die gesamte Klasse bearbeitet **diese Seite**.*
2) *Bildet Kleingruppen und bearbeitet eine oder zwei Stationen der **Stationen 1–6**. Achtet darauf, dass jede der Stationen von mindestens einer Gruppe bearbeitet wird.*
3) *Die gesamte Klasse bearbeitet die **Stationen 7–8**.*

1 a) Notiere alle sprachlichen Gestaltungsmittel, die du schon kennst.
b) Besprecht eure Notizen zu zweit und ergänzt sie.
c) Besprecht eure Notizen in Kleingruppen und ergänzt sie.

2 a) Lies den Beginn der Kurzgeschichte „Nachts schlafen die Ratten doch“.
b) Fasse stichpunktartig zusammen, worum es darin geht.

Nachts schlafen die Ratten doch
Wolfgang Borchert (1947)

Das hohle Fenster in der vereinsamten Mauer gähnte blaurot voll früher Abendsonne. Staubgewölke flimmerte zwischen den steilgereckten Schornsteinresten. Die Schuttwüste döste.
Er hatte die Augen zu. Mit einmal wurde es noch dunkler. Er merkte, dass jemand gekommen war und nun vor ihm stand, dunkel, leise. Jetzt holen sie mich! dachte er. Aber als er ein bisschen blinzelte, sah er nur zwei etwas ärmlich behoste Beine. Die standen ziemlich krumm vor ihm, dass er zwischen ihnen hindurchblinzeln konnte.

3 a) Notiere, welche *Wortart* in der Kurzgeschichte den stärksten Eindruck bei dir hinterlässt.
b) Nenne Beispiele und begründe deine Wahl.

4 a) Betrachte die *Sätze* und notiere Beobachtungen zu folgenden Punkten:
– *der Länge der Sätze*
– *der Art der Sätze: Satzverknüpfungen (Satzreihe/-gefüge), Hauptsätze ...*
b) Formuliere eine Vermutung, inwiefern deine Beobachtungen zum Inhalt der Kurzgeschichte passen.

5 a) Schreibe *sprachliche Mittel* auf, die in der Kurzgeschichte vorkommen.
b) Beschreibe ihre Wirkung.

6 a) Besprecht eure Ergebnisse der Aufgaben 3 bis 5 in der Think-Pair-Square-Share-Methode (→ S. 295).
b) Formuliere einen Text, in dem du die Wirkung der Wortwahl, des Satzbaus und der sprachlichen Mittel beschreibst.

7 Erstelle eine Lernlandschaft (→ S. 251) zur sprachlichen Gestaltung von Texten mithilfe deiner Vorarbeiten von dieser Seite.

3.2 (2) kreative und produktive Schreibformen nutzen, um Gefühle auszudrücken, zur Klärung des eigenen Standpunkts sowie zur schriftlichen Auseinandersetzung mit Themen · 4.1 (3) gezielt sprachliche Mittel aus dem Sprachwissen auswählen, um sich treffend und differenziert mündlich und schriftlich auszudrücken

Station 1: Wortebene untersuchen

1 Lies die beiden Auszüge aus „Die Nashörner" und „Unterleuten".

Die Nashörner
Eugène Ionesco

Von rechts tritt Hans auf und zur gleichen Zeit von links Behringer. Hans ist sehr sorgfältig gekleidet: brauner Anzug, roter Schlips, gesteifter Anknöpfkragen, brauner Hut. Er ist rotbackig. Er trägt gelbe, gut geputzte Schuhe. Behringer ist unrasiert, hutlos, seine Haare sind ungekämmt, seine Kleider zerknittert. Alles an ihm drückt Nachlässigkeit aus. Er macht einen müden, schläfrigen Eindruck. Von Zeit zu Zeit gähnt er.

Unterleuten
Juli Zeh

Immerhin konnte er bei abnehmender Geschwindigkeit die Anfahrt aufs Dorf genießen. Die Allee mit den schräg nach außen wachsenden Birnbäumen, die satt gelben Weizenfelder, der dunkelgrüne Saum des Waldes und der makellos blaue Himmel darüber, alles sauber abgegrenzt und eingeteilt wie der Bildschirmhintergrund einer alten Windows-Oberfläche.

2 a) Wähle einen der Auszüge aus und schreibe alle Adjektive heraus.
b) Erstelle mithilfe der Adjektive eine farbige Skizze der beschriebenen Szene.
c) Beschreibt in der Gruppe den Einfluss der Adjektive auf eure Skizzen.
d) Notiert, welchen Einfluss Adjektive auf die Vorstellungskraft haben können.

Willkommen heißen

Im August 2015 hießen Tausende von Münchnerinnen und Münchnern die ankommenden Flüchtlinge willkommen. Sie boten den erschöpften Menschen Nahrung, Kleidung und Unterkunft. Viele Ehrenamtliche unterstützten sie auch bei den Behördengängen. Aber heute werden immer wieder auch gut integrierte Menschen in ihre unsicheren Herkunftsländer abgeschoben. Auf ihre Gefährdung wird dabei keine Rücksicht genommen.

3 a) Lies den Text „Willkommen heißen".
b) Fasse in einem Satz zusammen, worum es im Text geht.

4 a) Schreibe alle Verben aus dem Text heraus.
b) Notiere pro Verb mindestens zwei Synonyme.
c) Besprecht und notiert in der Gruppe Vermutungen, wie der/die Leser/-in durch die Wahl der Verben beeinflusst wird.

5 a) Schreibe die ersten drei Sätze im Passiv auf (→ S. 308).
b) Schreibe die letzten beiden Sätze im Aktiv auf.
c) Besprecht und notiert in der Gruppe, welchen Einfluss die Wahl des Aktivs oder Passivs auf den/die Leser/-in haben kann.

Tipp

zu 5 b)
In den Passivsätzen steht nicht, wer etwas tut. Deshalb fehlt für den Aktivsatz das Subjekt. Mit dem Passiv kann man „verbergen", wer etwas tut.

4.2 (3) die bekannten Wortarten unterscheiden und die eigenen Kenntnisse bewusst beim reflektierten Sprachhandeln einsetzen · 4.2 (4) Wörter der bereits bekannten Wortarten sicher flektieren · 4.2 (6) Kenntnisse über Satzglieder begründet zum variantenreichen Sprachhandeln einsetzen

Station 2: Satzebene untersuchen

Der Steppenwolf
Herrmann Hesse

Der Tag war vergangen, wie eben Tage so vergehen; ich hatte ihn herumgebracht, hatte ihn sanft umgebracht, mit meiner primitiven und schüchternen Art von Lebenskunst; ich hatte einige Stunden gearbeitet, alte Bücher gewälzt, ich hatte zwei Stunden lang Schmerzen gehabt, wie ältere Leute sie eben haben, hatte ein Pulver genommen und mich gefreut, dass die Schmerzen sich überlisten ließen, hatte in einem heißen Bad gelegen und die liebe Wärme eingesogen, hatte dreimal die Post empfangen und all die entbehrlichen Briefe und Drucksachen durchgesehen, hatte meine Atemübungen gemacht, die Gedankenübungen aber heut aus Bequemlichkeit weggelassen, war eine Stunde spazieren gewesen und hatte schöne, zarte, kostbare Federwölkchenmuster in den Himmel gezeichnet gefunden.

1 a) Lies den Auszug aus „Der Steppenwolf".
b) Besprecht in der Gruppe, was euch daran auffällt, wie die Sätze verknüpft sind.
c) Schreibe den Text in mehreren Sätzen auf.
d) Vergleiche die beiden Textversionen. Beachte auch folgende Fragen:
- *Wie wirken die beiden Versionen?*
- *Wodurch wird die Wirkung erzeugt?*
- *Welche Version passt besser zum Inhalt?*

Hinter Glas
Julya Rabinowich

Ich hatte noch nie in meinem Leben getanzt. Ich war immer die, die bei Schulfesten in der Ecke stand und unauffällig mitwippte. Ich trank. Ich küsste Niko. Ich trank. Der Raum drehte sich, die Lichter drehten sich, die Menschen um uns herum drehten sich. Ich trank. Wurde eins mit diesem großen Drehen, das sich anfühlte wie das gewaltige, unaufhörliche Drehen eines ganz neuen Universums, und Niko war ein Fixstern, an dem ich mich orientieren konnte. Ich trank. Meine Füße hoben ab. Ich schwebte. Ich flog. Soundwellen. Schatten. Licht. Vom Bauchnabel schwingend bis zum Scheitel. Die Musik schlug über mir zusammen, ich tauchte ab. Meerjungfrau im All. Fliegendes Haar. Hände. Schritte. Echos. Filmriss.

2 a) Lies den Auszug aus „Hinter Glas".
b) Ordne für jeden Satz zu, um welche Satzart es sich handelt (→ COPY 33).
c) Formuliere die drei Sätze aus Zeile 4 ausführlicher.
d) Vergleicht in der Gruppe die Wirkung der umgeschriebenen Sätze mit der ursprünglichen Version.

3 Notiert in der Gruppe verschiedene Gefühle und welcher Satzbau eurer Meinung nach am besten dazu passt. Begründet auch.

Tipp

zu 2 b)
Z. B.: Hauptsatz, Satzverknüpfung (Satzreihe oder Satzgefüge), elliptischer Satz.

4.1 (3) gezielt sprachliche Mittel aus dem Sprachwissen auswählen, um sich treffend und differenziert mündlich und schriftlich auszudrücken · 4.2 (6) Kenntnisse über Satzglieder begründet zum variantenreichen Sprachhandeln einsetzen

Station 3: Sprachvarietäten untersuchen

1 a) Lies den Auszug aus „Der nasse Fisch“.
b) Notiere sprachliche Auffälligkeiten.

Der nasse Fisch
Volker Kutscher

Als Rath das Lokal betrat, saß Franz Krajewski an einem weiß gedeckten Tisch, vor sich eine Tasse Kaffee und ein Glas Weißwein. Der Mann zog nervös an seiner Zigarette. Rath setzte sich zu ihm und legte seinen Hut auf den Tisch. Er hatte nicht vor, lange zu bleiben.
„Schon beim Frühstück?“, fragte er.
Krajewski lächelte gequält. „Immer humorvoll, dein Freund und Helfer!“ Er schwieg einen Moment, bevor er fortfuhr. „Sie können mir 'nen Jefallen tun“, sagte er.
Rath sagte nichts. Sein Schweigen machte Krajewski nervös. Er redete weiter.
„Man hört, det da irjendwat im Busch is. Ihr plant irjendwat Jroßet, hab ick recht?“
Es war erstaunlich, wie gut der Buschfunk in dieser Stadt funktionierte.

2 a) Lies die *Lernbox*.
b) Ordne mithilfe der *Lernbox* dem Auszug zwei Sprachvarietäten zu und belege mit Zitaten.
c) Besprecht und notiert in der Gruppe, wie die Sprachvarietäten in dem Auszug auf euch wirken.

3 Wähle eine der beiden Aufgaben:
a Formuliere den Text in Jugendsprache um.
b Formuliere den Text in einen anderen Dialekt um.

4 Vergleicht eure Texte aus Aufgabe 3 in der Gruppe in Hinblick darauf, wie sie wirken und inwiefern sie zum Inhalt passen.

5 a) Überlege für die Sprachvarietäten aus der *Lernbox*, wie sie in Texten auf den/die Leser/-in wirken.
b) Besprecht und notiert eure Überlegungen in der Gruppe.

Lernbox

Sprachvarietäten

Man spricht und schreibt nicht immer gleich. Je nach Gesprächspartner/-in oder Absicht hat unsere Sprache unterschiedliche Erscheinungsformen: die **Sprachvarietäten**.

1 Die **Standard-** oder **Hochsprache** wird im öffentlichen Sprachgebrauch und in der Schriftsprache verwendet. Sie zeichnet sich durch korrekte Grammatik und einen gewählten Wortschatz aus.
2 Die **Umgangssprache** wird vor allem mündlich und im privaten Umfeld genutzt. Schriftlich wird sie meist nur in den neuen Medien verwendet.
3 **Dialekte** werden überwiegend mündlich genutzt und unterscheiden sich stark voneinander je nach Region.
4 **Fachsprachen** gebrauchen einen speziellen Fachwortschatz und tragen zu genaueren Aussagen bei.
5 **Jugendsprachen** werden von jungen Sprechern/-innen genutzt. Sie unterliegen einem schnellen Wandel.

4.1 (1) die Herkunft und Bedeutung ausgewählter Begriffe aus Fachsprachen aufzeigen und die Merkmale unterschiedlicher Fachsprachen darstellen · 4.1 (3) gezielt sprachliche Mittel aus dem Sprachwissen auswählen, um sich treffend und differenziert mündlich und schriftlich auszudrücken

Station 4: Epische Texte untersuchen

1 a) Lies den Text „Eine Nachtgeschichte – Version 1“.
b) Lies den Text „Eine Nachtgeschichte – Version 2“.
c) Besprecht in der Gruppe in eigenen Worten, worum es in den beiden Texten geht.

2 a) Schreibe alle Textstellen der zweiten Version, die sich von der ersten Version unterscheiden, heraus oder markiere sie auf COPY 34.
b) Beschreibe die Unterschiede der beiden Versionen.
c) Besprecht in der Gruppe, welche der Versionen ihr für gelungener haltet und warum.

Eine Nachtgeschichte – Version 1
Wilhelm Busch

Vor einiger Zeit kehrte spät abends im „Goldenen Löwen“ zu Kassel ein Fremder ein. Aus seinen Zügen sprach Verzweiflung. Er aß nur wenig und ließ sich bald sein Schlafzimmer anweisen.
Es mochte wohl eine Viertelstunde später sein, als der Kellner an Nr. 6, dem Zimmer des Fremden, vorüberkam. Ein lautes Ächzen und Stöhnen drang daraus hervor. Irgendetwas musste da vorgehen. Schleunige Hilfe tat not. Unterdessen hat die Regierungsrätin v. Z., welche in Nr. 7 schläft, dieselbe Entdeckung gemacht und das ganze Wirtshaus in Alarm gebracht. Man dringt nun in das Zimmer des Fremden. Der hatte bereits mit eigener Hand seine – engen Stiefel ausgezogen.

(verändert)

Eine Nachtgeschichte – Version 2
Wilhelm Busch

Vor einiger Zeit kehrte spät abends im „Goldenen Löwen“ zu Kassel ein elegant, aber nachlässig gekleideter Fremder ein, der augenscheinlich eine längere Fußtour gemacht hatte. Aus seinen schmerzlichen Zügen sprach eine stille Verzweiflung, ein heimlicher Kummer musste seine Seele belasten. Er aß nur äußerst wenig und ließ sich bald sein Schlafzimmer anweisen.
Es mochte wohl eine Viertelstunde später und nahezu Mitternacht sein, als der Kellner an Nr. 6, dem Zimmer des Fremden, vorüberkam. Ein lautes, herzzerreißendes Ächzen und Stöhnen drang daraus hervor. Dem erschrockenen Kellner erstarrte das Blut in den Adern. Irgend etwas Entsetzliches musste da vorgehen. Schleunige Hilfe tat not; er stürzte zur Polizei.
Unterdessen hat die Regierungsrätin v. Z., welche in Nr. 7 schläft, dieselbe schreckliche Entdeckung gemacht und bereits das ganze Wirtshaus in Alarm gebracht, bis der Kellner mit der Polizei zurückkommt. Man dringt nun sofort in das Zimmer des Fremden. Aber leider kam die Hilfe zu spät; denn der hatte bereits in Ermanglung eines anderen Instrumentes mit eigener Hand unter Schmerzen und Wehklagen seine – engen Stiefel ausgezogen.

4.1 (3) gezielt sprachliche Mittel aus dem Sprachwissen auswählen, um sich treffend und differenziert mündlich und schriftlich auszudrücken · 4.2 (1) den erweiterten Fach- und Bildungswortschatz in allen Fächern einsetzen, um sich fachgerecht treffend auszudrücken

Station 5: Lyrische Texte untersuchen

1 a) Lies alle Gedichte auf dieser Seite.
b) Besprecht in der Gruppe, worum es in den Gedichten geht.

2 a) Verteilt die Gedichte innerhalb eurer Gruppe.
b) Notiere sprachliche Mittel, die dir in dem Gedicht auffallen (→ COPY 35). Verwende dafür auch Fachbegriffe (→ S. 100).
c) Beantworte folgende Fragen stichpunktartig zu jedem sprachlichen Mittel:
- *Was trägt das sprachliche Mittel zur Wirkung des Gedichts bei?*
- *Inwiefern passt das sprachliche Mittel zum Inhalt des Gedichts?*

d) Besprecht eure Ergebnisse in der Gruppe.

Das Feuer
James Krüss

Hörst du, wie die Flammen flüstern,
Knicken, knacken, krachen, knistern,
Wie das Feuer rauscht und saust,
Brodelt, brutzelt, brennt und braust?

Siehst du, wie die Flammen lecken,
Züngeln und die Zunge blecken,
Wie das Feuer tanzt und zuckt,
Trockne Hölzer schlingt und schluckt?

Riechst du, wie die Flammen rauchen,
Brenzlig, brutzlig, brandig schmauchen,
Wie das Feuer, rot und schwarz,
Duftet, schmeckt nach Pech und Harz?

Ja, Du bist mein!
August Heinrich Hoffmann von Fallersleben

Ja, Du bist mein!
Ich will's dem blauen Himmel sagen,
Ich will's der dunkeln Nacht vertrau'n,
Ich will's als frohe Botschaft tragen
Auf Bergeshöh'n, durch Heid' und Au'n.
Die ganze Welt soll Zeuge sein:
Ja, Du bist mein!
Und ewig mein!

Die blaue Blume
Joseph von Eichendorff

Ich suche die blaue Blume,
Ich suche und finde sie nie,
Mir träumt, dass in der Blume
Mein gutes Glück mir blüh.

3 a) Besprecht und notiert in der Gruppe, welche sprachlichen Mittel nur in lyrischen Texten vorkommen.
b) Diskutiert, inwiefern sich die sprachliche Gestaltung lyrischer Texte von anderen Gattungen unterscheidet.

4 a) Informiert euch im Internet über die Bedeutung der *blauen Blume*.
b) Erstellt eine Liste mit Symbolen, die ihr kennt, z. B.: *Taube = Frieden*.

2.2 (4) ein umfangreiches Repertoire von Fachbegriffen zur Interpretation komplexer literarischer Texte nutzen (z. B. Euphemismus, Retardierung) · 4.1 (3) gezielt sprachliche Mittel aus dem Sprachwissen auswählen, um sich treffend und differenziert mündlich und schriftlich auszudrücken

Station 6: Sachtexte untersuchen

1 a) Lies den Auszug aus der „Shell Jugendstudie" mit der 5-Schritt-Lesemethode.
b) Besprecht in der Gruppe, worum es darin geht.

Shell Jugendstudie (2019)

Bewusste Lebensführung und eigener Gestaltungsanspruch

Die deutlichste Veränderung im Wertekanon von Jugendlichen zeigt sich bei den Wertorientierungen, die für eine bewusste Lebensführung stehen: Gesundheitsbewusstsein ist für vier von fünf Jugendlichen wichtig. Dies ist damit unter Jugendlichen ungefähr gleich wichtig wie der Wunsch nach Unabhängigkeit, die Bedeutung von Fleiß und Ehrgeiz sowie der Lebensgenuss.
Der Schutz der Umwelt liegt 71 % am Herzen und ist damit inzwischen sogar wichtiger als ein eigener hoher Lebensstandard (63 %). Der Trend und die damit verbundenen Veränderungen sind an dieser Stelle klar ersichtlich: Im Jahr 2002 haben noch 60 % der Jugendlichen Umweltbewusstsein als wichtigen Wert benannt, inzwischen trifft dies für fast drei von vier Jugendlichen zu. Das ist ein ungewöhnlich hoher Bedeutungsanstieg [...].

2 a) Notiere mindestens drei zentrale Aussagen, die der Text tätigt.
b) Belege alle Aussagen mit einer Zahlenangabe aus dem Text.
c) Besprecht und notiert in der Gruppe, welche Wirkung die Zahlenangaben bei den Lesern/-innen hervorrufen.
d) Besprecht, inwiefern Zahlenangaben zu Sachtexten passen.

3 a) Untersuche, welcher Sprachstil (Verbalstil oder Nominalstil) in dem Text dominiert (→ S. 207).
b) Besprecht eure Ergebnisse in der Gruppe.
c) Beantwortet folgende Fragen zum dominierenden Sprachstil:
– *Wie wirkt der Sprachstil auf die Leser/-innen?*
– *Passt der Sprachstil zum Inhalt?*

4 a) Besprecht Vermutungen für die Gründe der folgenden Aussage:
„Der Schutz der Umwelt liegt 71 % am Herzen und ist damit inzwischen sogar wichtiger als ein eigener hoher Lebensstandard (63 %)" (Z. 10-12).
b) Formuliere einen eigenen Sachtext, der die Gründe für diese Aussage erläutert. Baue dabei folgende sprachliche Gestaltungsmittel ein:
– *Vergleiche*
– *Zitate*
– *verknüpfende Konjunktionen*

5 a) Vergleicht in der Gruppe eure selbstverfassten Sachtexte.
b) Besprecht und notiert, welche Wirkung die Vergleiche, Zitate und Konjunktionen bei den Lesern/-innen hervorrufen.

6 Erstellt in der Gruppe eine kurze Übersicht zu sprachlichen Gestaltungsmitteln in Sachtexten und ihrer Wirkung.

Tipp

zu 2 c)
Berücksichtigt folgende Punkte: Glaubwürdigkeit, Sachlichkeit, Wissenschaftlichkeit.

2.3 (3) [...] Zusammenhänge zwischen Textmerkmalen, unterschiedlichen Sprachcodes [...] herstellen, aber auch Leseerwartungen und -wirkungen reflektieren, um die Intention eines Textes zu erkennen · 4.1 (3) gezielt sprachliche Mittel aus dem Sprachwissen auswählen, um sich treffend und differenziert mündlich und schriftlich auszudrücken

Station 7: Eigene Texte sprachlich gestalten

1 Betrachte die beiden Bilder.

2 a) Bildet Zweiergruppen und einigt euch, wer welches Bild bearbeitet.
b) Betrachte das von dir gewählte Bild und notiere stichpunktartig, welche Gefühle die Person gerade empfindet.
c) Notiere stichpunktartig mögliche Gründe für die Gefühle der Person.

3 a) Verfasse einen inneren Monolog für die von dir gewählte Person. Hinweise zum Schreiben eines inneren Monologs findest du in der *Lernbox* auf Seite 157.
b) Baue in den inneren Monolog sprachliche Gestaltungsmittel ein, die zum Inhalt und zu den Gefühlen der Person passen.

4 a) Tauscht den inneren Monolog mit eurem Partner / eurer Partnerin und lest sie gegenseitig.
b) Unterstreicht alle sprachlichen Gestaltungsmittel, dir ihr erkennt.
c) Überprüft, ob die sprachlichen Gestaltungsmittel zum Inhalt und den Gefühlen der Person passen.

5 a) Gebt euch gegenseitig Feedback.
b) Überarbeite den inneren Monolog anhand des Feedbacks.

Tipp

zu 3 a)
Ein **innerer Monolog** ist eine Art Selbstgespräch, in dem die Person, die ihn führt, ihre Gedanken und Gefühle ausdrückt.

zu 3 b)
Beachte die sprachlichen Gestaltungsmittel der **Checkliste** auf Seite 225.

Wortebene: Welche Wörter passen am besten zu den Gefühlen der Person und können ihre Situation am besten beschreiben? *Beispiel: Verben der Bewegung bei Aufregung.*

Satzebene: Welcher Satzbau passt am besten zur Situation? *Beispiel: Fragen bei Selbstzweifeln.*
Wie sind die Sätze miteinander verknüpft? *Beispiel: unverknüpfte Hauptsätze bei Stress.*

Textebene: Welche Sprachvarietät passt zur Person?
Welche sprachlichen Mittel können die Gefühle und die Situation am besten vermitteln? *Beispiel: Vergleiche zur höheren Anschaulichkeit.*
Welcher Sprachstil passt zur Situation?

3.2 (2) kreative und produktive Schreibformen nutzen, um Gefühle auszudrücken […] · 3.3 (3) eigene Texte inhaltlich und sprachlich überarbeiten […] · 4.1 (3) gezielt sprachliche Mittel aus dem Sprachwissen auswählen, um sich treffend und differenziert mündlich und schriftlich auszudrücken

Station 8: Reflexion der Stationenarbeit

1 a) Besprecht in eurer Gruppe, wie ihr die Erkenntnisse der Stationen, die ihr bearbeitet habt, der Klasse präsentieren wollt.

b) Bereitet eure Präsentation vor (*z. B. mit Karteikarten, einem Plakat, digitalen Medien oder einem Handout*).

c) Präsentiert eure Erkenntnisse der Klasse. Die Zuhörenden schreiben Notizen mit und stellen bei Bedarf Fragen.

2 a) Vergleiche dein jetziges Wissen zu sprachlichen Gestaltungsmitteln mit deinem Vorwissen aus Aufgabe 1 von Seite 216.

b) Ergänze die Lernlandschaft aus Aufgabe 7 von Seite 216 um dein neu erworbenes Wissen.

3 a) Überlege und notiere, welche sprachlichen Gestaltungsmittel der Checkliste rechts (→ COPY 36) du schon gut beherrschst (= erkennen und ihre Wirkung beschreiben).

b) Überlege und notiere, welche sprachlichen Gestaltungsmittel der Checkliste rechts (→ COPY 36) dir noch Schwierigkeiten bereiten.

4 a) Bildet Gruppen und besprecht eure Stärken und Schwächen aus Aufgabe 3.

b) Überlegt, wie ihr eure Schwächen gemeinsam verbessern könnt.

5 a) Reflektiert die Arbeit in diesem Kapitel:
- *Welche Vor-/Nachteile hat die Stationenarbeit?*
- *Reicht es aus, wichtige Ergebnisse von einer anderen Gruppe zu erfahren?*

b) Überlegt und diskutiert, wie ihr die Stationenarbeit beim nächsten Mal verbessern wollt.

Tipp

zu 4 b)
Ihr könnt zum Beispiel:
- **Tandems** aus Partnern/-innen bilden, die unterschiedliche Stärken und Schwächen haben. Auf diese Weise können sich die Partner/-innen gegenseitig bei ihren Schwächen helfen.
- Anhand der vielen Texte und Gedichte im **Buch** gemeinsam weiter üben.
- **Schreibkonferenzen** zu von euch verfassten Textanalysen durchführen und sie dann überarbeiten (→ S. 262–265).

1.3 (5) Verantwortung für den eigenen Lernprozess übernehmen und ihn im Hinblick auf die Abschlussprüfung kritisch reflektieren und bewerten · 3.2 (3) wesentliche Formen der Informationsverdichtung und -darstellung nutzen, auch für medial gestützte Präsentationen und zur Prüfungsvorbereitung [...]

Checkliste

Checkliste: Die sprachliche Gestaltung eines Textes untersuchen! (→ COPY 36)

So gehst du vor:

1) Lies den Text.
2) Markiere die sprachlichen Gestaltungsmittel, die dir auffallen.
3) Überlege ihre Wirkung im Text: Was wäre anders, wenn sie fehlen würden?

Schätze hier ein, was du schon kannst:			☺	😐	☹
Wortebene	**Adjektive/Partizipien**	ausschmückend wie „ein *glänzendes* Fest" beschreibend wie „der *fahrende* Bus" wertend wie „die *unsinnigen* Zwischenrufe"	xxx	xxx	xxx
	Verben	für Bewegung wie *gehen, hasten* für Ruhe wie *sitzen, liegen, ruhen* für Sinneseindrücke wie *erblicken, fühlen, hören*	xxx	xxx	xxx
Satzebene	**Satzart**	Aussagesätze, Aufforderungssätze, Ausrufe, Fragen, elliptische Sätze	xxx	xxx	xxx
	Satzverknüpfungen	Hauptsatz ohne Verknüpfung, Satzverknüpfung (Satzreihe, Satzgefüge, Relativsatz, Apposition)	xxx	xxx	xxx
Textebene	**Sprachvarietäten**	Standardsprache, Umgangssprache, Dialekt, Fachsprache, Jugendsprache	xxx	xxx	xxx
	sprachliche Mittel	Alliteration (Wörter mit gleichem Anfangsbuchstaben hintereinander), Anapher (gleiche Worte am Anfang eines Satzes/Verses), Enjambement (Zeilensprung in Gedichten), Euphemismus (beschönigende Umschreibungen wie *einschläfern* für *töten*), Lautmalerei (Wörter, die für Geräusche stehen wie *klapp, klapp, summ, summ*), Parallelismus (gleiche Satzstruktur, die sich wiederholt), Personifikation (Vermenschlichung), Retardierung (spannungssteigendes Herauszögern des Höhepunkts), rhetorische Frage (Fragen, die zum Schein gestellt werden), **sprachliche Bilder:** Vergleich (*wie, so, als ob*), Metapher (Ausdrücke mit übertragener Bedeutung), Wiederholung.	xxx	xxx	xxx
	Sprachstil	Nominalstil (Vorgänge werden mit Nomen ausgedrückt.) Verbalstil (Vorgänge werden mit Verben ausgedrückt.)	xxx	xxx	xxx

2.2 (4) ein umfangreiches Repertoire von Fachbegriffen zur Interpretation komplexer literarischer Texte nutzen (z. B. Euphemismus, Retardierung) · 4.1 (3) gezielt sprachliche Mittel aus dem Sprachwissen auswählen, um sich treffend und differenziert mündlich und schriftlich auszudrücken

Fachbegriffe zum Klimawandel verwenden

1 a) Besprecht zu zweit, was auf der Abbildung rechts dargestellt ist und warum die Erde hier sprechen kann.
b) Sprecht darüber, was die Abbildung aussagen könnte.

2 a) Löse das Klimaquiz (→ COPY 37). Die Buchstaben ergeben ein Lösungswort.
b) Erklärt euch zu zweit die Inhalte aus den Quizfragen 1–6. Recherchiert dazu, wenn nötig.

Klimaquiz

1. *Welche Aufgabe erfüllen die Treibhausgase, die sich in der Erdatmosphäre befinden? Sie sorgen dafür, …*
H: dass keine Sonnenstrahlen in die Erdatmosphäre eindringen.
W: dass die Erdatmosphäre Wärme speichern kann.
L: dass es genug Sauerstoff in der Erdatmosphäre gibt.

2. *Warum ist es problematisch, wenn immer mehr Treibhausgase in die Atmosphäre gelangen? Die Temperatur auf der Erde …*
E: steigt.
I: sinkt.
A: bleibt gleich.

3. *Welches dieser Gase trägt aktuell als Treibhausgas am stärksten zum Klimawandel bei?*
T: Kohlendioxid (CO_2)
B: Lachgas (N_2O)
R: Stickstoff (N_2)

4. *Was unterscheidet Erdbeeren im Supermarkt im Juni und im Dezember?*
T: Höhe der CO_2-Emissionen und der grauen Energie
F: Größe
U: Gehalt an Vitamin C

5. *Der Begriff „Nachhaltigkeit“ …*
E: stammt aus der Forstwirtschaft des 17. Jahrhunderts.
O: wurde vom Bundestag bestimmt.
A: stammt aus der Automobilindustrie.

6. *In den letzten einhundert Jahren ist die durchschnittliche Temperatur der Erde um 0,7 Grad Celsius gestiegen. Hat diese kleine Veränderung Auswirkungen?*
R: Ja, Stürme, Überschwemmungen, Dürren und Hitzewellen nehmen zu.
N: Ja, Schwimmbäder müssen oft Wasser auffüllen, weil es schnell verdunstet.
M: Nein, der Anstieg ist gering.

4.1 (1) die Herkunft und Bedeutung ausgewählter Begriffe aus Fachsprachen aufzeigen und die Merkmale unterschiedlicher Fachsprachen darstellen · 4.2 (1) den erweiterten Fach- und Bildungswortschatz in allen Fächern einsetzen, um sich fachgerecht treffend auszudrücken

3 Fertigt zu zweit ein Cluster mit Fachbegriffen an, die ihr zum Thema „Klimawandel“ kennt.

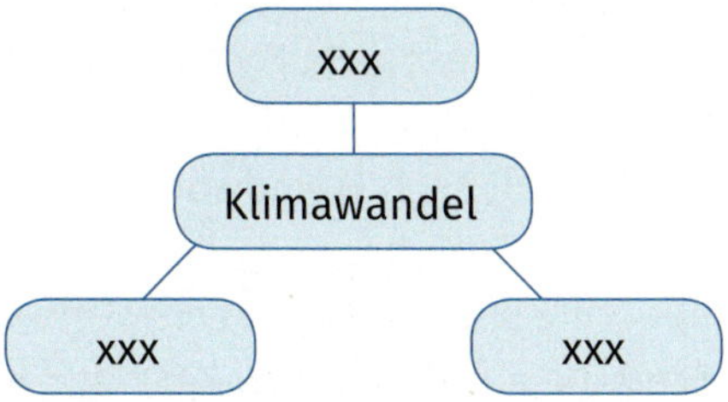

4 a) Betrachte das Schaubild unten. Formuliere mindestens fünf Aussagen, die du zu dem Schaubild treffen kannst (→ S. 275). Nutze dabei Fachbegriffe.

b) Überlege, in welchen Bereichen du am meisten CO_2 verbrauchst.

c) Sprecht zu zweit darüber, welche Bereiche ihr positiv beeinflussen könnt.

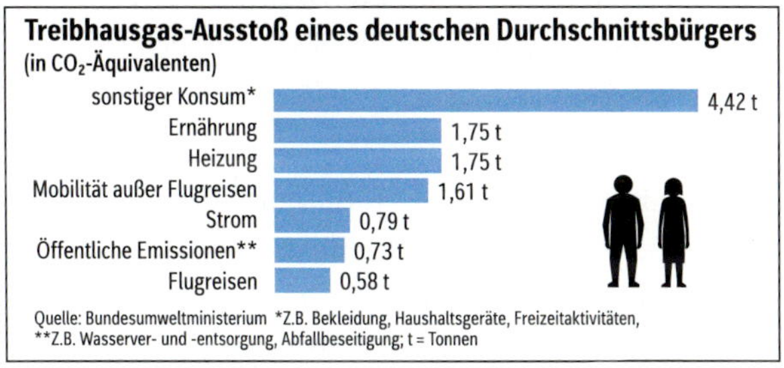

5 a) Lege eine Tabelle an, in der du die Fachbegriffe aus dem Quiz von Seite 226 einträgst und erklärst.

Fachbegriff	**Erklärung**
Treibhausgas	*XXX*

b) Ergänzt die Tabelle zu zweit mit euren Fachbegriffen aus Aufgabe 3 und 4.

Tipp

zu 4 b)
Im Internet findest du „CO_2-Rechner“, die den CO_2-Verbrauch für verschiedene Produkte und Aktivitäten berechnen.

6 Die Erde kann erneut in der Abbildung oben sprechen.

a) Fertigt zu zweit ein Interview mit dieser Erde an. Geht dabei so vor:

- *Eine/-r von euch übernimmt die Rolle des Interviewenden, die/der andere die Rolle der Erde.*
- *Die/Der Interviewende stellt der Erde Fragen, die Erde antwortet darauf. Dabei sollte jede/-r von euch mindestens fünfmal zu Wort kommen.*
- *In jeder Frage und in jeder Antwort muss mindestens ein Fachbegriff eingebaut sein. Das Interview muss aber trotzdem auch für Laien verständlich sein.*
- *Recherchiert weitere Fakten oder verwendet Informationen aus dem Schaubild.*

b) Tragt euch die Interviews gegenseitig in kleinen Gruppen vor und gebt euch Rückmeldung zu Sprache und Inhalt.

c) Überarbeitet eure Interviews und präsentiert sie der Klasse.

Tipp

zu 5 a)
Recherchiere die Erklärungen im Internet, wenn nötig.

4.1 (1) die Herkunft und Bedeutung ausgewählter Begriffe aus Fachsprachen aufzeigen und die Merkmale unterschiedlicher Fachsprachen darstellen · 4.2 (1) den erweiterten Fach- und Bildungswortschatz in allen Fächern einsetzen, um sich fachgerecht treffend auszudrücken

Fachbegriffe zum Klimawandel richtig schreiben

CO_2-Fußabdruck eines Jugendlichen (Beispiel)

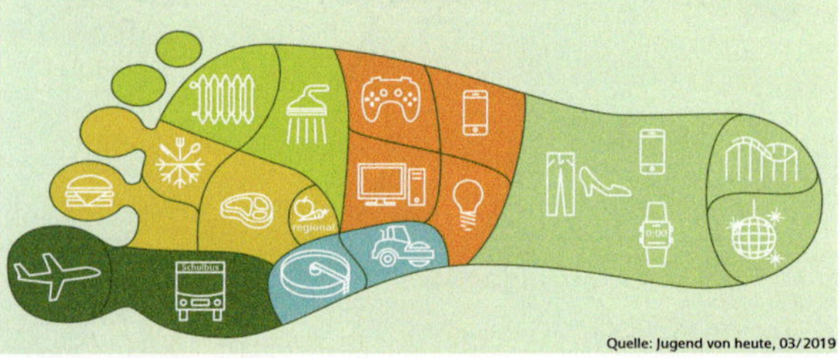

Quelle: Jugend von heute, 03/2019

1 Betrachte die Abbildung oben und lies den folgenden Text.

CO_2-Fußabdruck

Seit Jahren wird notiert, wie viel CO_2 *XXX* Person im Durchschnitt eines Jahres *XXX* wird. Natürlich werden diese *XXX* ebenso *XXX* erfasst. Dadurch können sich die Länder miteinander vergleichen und eine *XXX* oder *XXX* der Verbräuche innerhalb eines Landes feststellen. Jede *XXX* wie Autofahren, Einkaufen usw. sowie jedes *XXX* verursacht einen CO_2-Fußabdruck. Das bedeutet, dass durch die *XXX* oder durch den Verbrauch *XXX* entsteht, das man messen kann. Dies nennt man die CO_2-*XXX* eines Gegenstandes oder einer Handlung. *XXX* doch einmal im *XXX*, wie groß der durchschnittliche CO_2-Fußabdruck eines jeden Menschen in Deutschland *XXX* ist.

2 a) Schreibe den Text sauber ab. Ergänze die Lücken mit passenden Fachbegriffen.
b) Besprecht eure Ergebnisse zunächst zu zweit und dann in der Klasse.

Tipp

zu 2 a)

produziert, global, Maximierung, Aktivität, Produktion, Bilanz, Recherchiere, Internet, aktuell, Daten, CO_2, Produkt, pro, Reduzierung.

3 a) Lest die *Lernbox* und sprecht darüber, warum der Text viele Fachbegriffe enthält.
b) Vermutet, warum alle Fachbegriffe in diesem Fall auch Fremdwörter sind.

4 Fachbegriffe sind meistens Lernwörter.
a) Schreibe aus den Seiten 226 bis 228 mindestens zehn Wörter heraus, deren Schreibung man lernen sollte.
b) Diktiert euch diese Wörter zu zweit gegenseitig und überprüft die richtige Schreibung.
c) Formuliert für mindestens fünf dieser Wörter je einen Satz in einem neuen Inhaltszusammenhang.
d) Sprecht darüber, welche Wörter nicht konkret auf den Klimawandel bezogen sind, sondern allgemein verwendet werden können.

5 Wähle eine der folgenden Aufgaben:
a Schreibe eine einfachere Version des Textes „CO_2-Fußabdruck". Du darfst kürzen, aber die wesentliche Botschaft soll erhalten bleiben.
b Schreibe einen eigenen Informationstext zu einem beliebigen Thema. Dieser Text soll mindestens zehn passende Fachbegriffe enthalten.

Lernbox

Fachsprache verwenden

1 Die **Fachsprache** unterscheidet sich durch **Fachbegriffe** von der Alltagssprache.
2 Viele Fachbegriffe stammen aus anderen Sprachen; sie sind zugleich **Fremdwörter**.
3 Die Fachsprache ist meist eine **Gruppensprache** für Experten, z. B. *Forscher, Mediziner, Musiker ...*

4.2 (1) den erweiterten Fach- und Bildungswortschatz in allen Fächern einsetzen, um sich fachgerecht treffend auszudrücken · 4.3 (2) häufig vorkommende Wörter mit rechtschriftlichen Besonderheiten sowie Fach- und Fremdwörter in unterschiedlichen Verwendungssituationen richtig schreiben

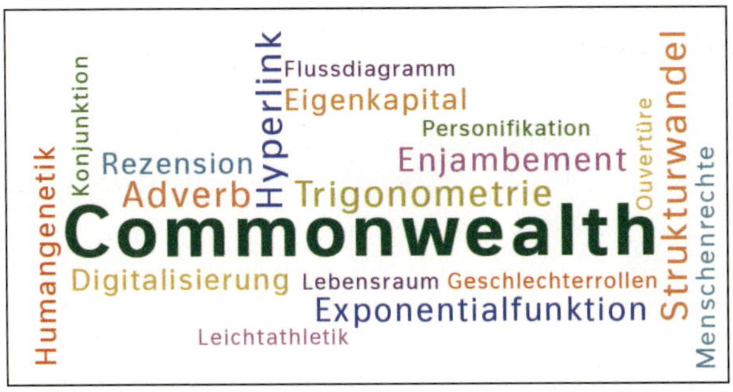

6 a) Betrachte die Wortwolke oben. Überlege, welche Fachbegriffe dir in diesem Schuljahr bereits begegnet sind.
b) Wählt einen der Fachbegriffe aus und besprecht zu zweit, was ihr darüber wisst.

7 Einigt euch zu zweit auf ein allgemeines oder spezielles Thema dieses Schuljahres. Wählt eine der folgenden Aufgaben:

a Erstellt ein Cluster mit Fachbegriffen zu mehreren bereits bekannten Themenbereichen:

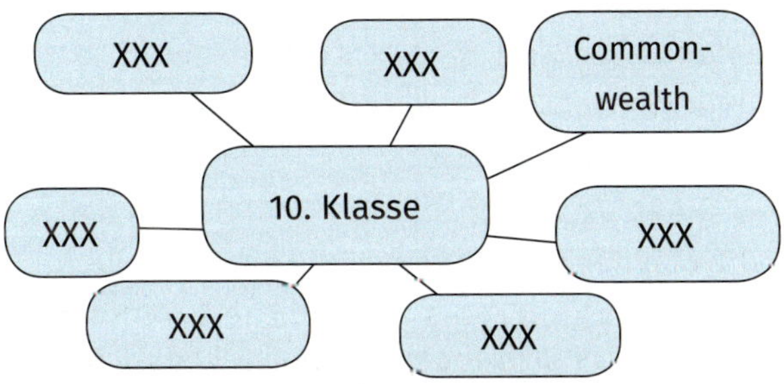

b Erstellt ein Cluster mit Fachbegriffen zu einem speziellen, bereits im Unterricht behandelten Themenbereich.

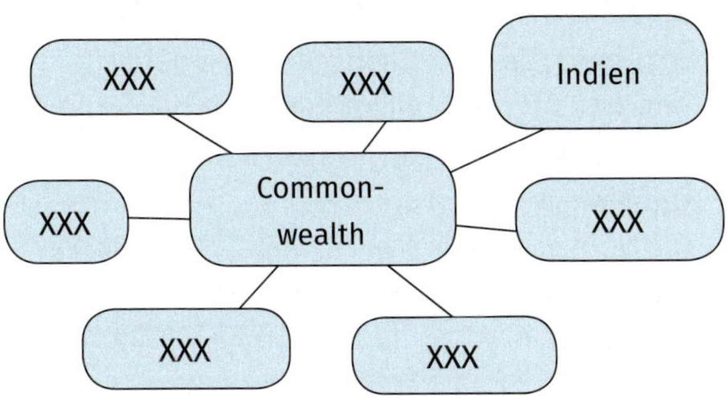

8 a) Lies den folgenden Text.

Fachbegriffe verwenden

Viele Personen formulieren präzise und verwenden Fremdwörter oder Fachbegriffe gekonnt für ihre Prognosen und Charakterisierungen. Massive Veränderungen von Daten sind hierbei ebenso interessant wie Tendenzen in die eine oder andere Richtung.
Dabei ist der drastische Gebrauch von Fremdwörtern nicht immer eine conditio sine qua non, sondern der Autor oder die Autorin will qualifiziert wirken.
Darum ein wichtiger Tipp: Verwendet so viele Fremdwörter wie nötig, aber nicht mehr. Wichtiger als die Quantität ist die Qualität. Man wirkt sonst nicht intelligent, sondern affektiert. In jedem Fall hinterlässt man einen negativen Eindruck.

b) Sprecht zu zweit über den Textinhalt.
c) Notiert zu zweit die Fremdwörter aus dem Text.
d) Legt eine Tabelle an, in der ihr diese Fremdwörter erklärt.
e) Besprecht eure Ergebnisse in Kleingruppen.

Fremdwort	**Bedeutung**
XXX	*XXX*

9 Legt euch ein Heft oder Karteikarten an, in dem / auf denen ihr über das Schuljahr hinweg wichtige Fachbegriffe mit Erklärungen notiert.

4.1 (1) die Herkunft und Bedeutung ausgewählter Begriffe aus Fachsprachen aufzeigen und die Merkmale unterschiedlicher Fachsprachen darstellen · 4.2 (1) den erweiterten Fach- und Bildungswortschatz in allen Fächern einsetzen, um sich fachgerecht treffend auszudrücken

Fehlerquellen erkennen

Ein Wunderbuch

So hat es einmal eine große Wochenzeitschrift genannt. Nein, diesmal geht es nicht um das Lesen von spannenden oder lehrreichen Büchern. Um das Lesen zwar schon, aber es geht um ein ganz besonderes Buch: das Grundgesetz der Bundesrepublik Deutschland.

Es ist nun mehr als 70 Jahre alt. Aber es hat nichts von seiner Aktualität verloren. Und natürlich nichts von seiner Gültigkeit.

Es scheint einfach nicht zu altern. Und seine Grundannahmen sind immer noch gültig. Nicht immer noch, sondern wirklich immer. Dafür sorgt Artikel 19 (2): „In keinem Falle darf ein Grundrecht in seinem Wesensgehalt angetastet werden." Einschränkungen sind möglich, müssen aber gut begründet sein. Freiheit heißt zum Beispiel nicht, dass man alles tun und lassen darf. Grenzen setzt das Recht anderer Menschen, zum Beispiel auf körperliche Unversehrtheit.

Zum ersten Mal sind in einer Verfassung in Deutschland unveräußerliche Grundrechte festgeschrieben worden. Dazu gehören neben vielen anderen das Recht auf Leben, körperliche Unversehrtheit und Freiheit.

Aus der Erfahrung der vorangegangenen nationalsozialistischen Zeit hat eine von den Siegermächten USA, Großbritannien und Frankreich im Jahre 1948 auf der Insel Herrenchiemsee im Chiemsee einberufene Versammlung ein Grundgesetz entworfen, das

es unmöglich machen sollte, dass in Deutschland wieder eine verbrecherische Diktatur entstehen könne.

Deshalb steht ganz am Anfang in Artikel 1 (1): „Die Würde des Menschen ist unantastbar. Sie zu achten und zu schützen ist Verpflichtung aller staatlichen Gewalt."

Wie das umgesetzt werden kann, zeigt Artikel 3:

„(1) Alle Menschen sind vor dem Gesetz gleich.

(2) Männer und Frauen sind gleichberechtigt. Der Staat fördert die tatsächliche Durchsetzung der Gleichberechtigung von Frauen und Männern und wirkt auf die Beseitigung bestehender Nachteile hin.

(3) Niemand darf wegen seines Geschlechtes, seiner Abstammung, seiner Rasse, seiner Sprache, seiner Heimat und Herkunft, seines Glaubens, seiner religiösen oder politischen Anschauungen benachteiligt oder bevorzugt werden. Niemand darf wegen seiner Behinderung benachteiligt werden."

Dieses Grundgesetz wurde am 23. Mai 1949 in Bonn vom Parlamentarischen Rat angenommen.

4.3 (3) gesicherte Rechtschreibstrategien zur individuellen Fehlervermeidung und Fehlerbehebung in selbst verfassten und fremden Texten anwenden (z. B. durch die gezielte Auswahl von Lösungshilfen) · 4.3 (4) eigene Fehlerschwerpunkte erkennen und diese gezielt mithilfe entsprechender Übungen und Programme bearbeiten

1 a) Lies den Text „Ein Wunderbuch".
b) Besprecht zu zweit den Inhalt des Textes.

2 a) In dem Text sind 22 Wörter unterstrichen. Schreibe sie auf.
b) Diskutiert in der Klasse, warum es sich bei den unterstrichenen Wörtern um mögliche Fehlerquellen handelt.

3 Bildet Kleingruppen und wählt aus, ob ihr Aufgabe 4 oder 5 bearbeiten wollt.

4 a Ordnet die unterstrichenen Wörter folgenden Bereichen zu:
- *Groß- und Kleinschreibung*
- *Silbe mit lang gesprochenem Vokal*
- *Silbe mit kurz gesprochenem Vokal*
- *das und dass*
- *Ableitung (z. B. „täglich" von „Tag")*

b Erklärt für je einen Bereich, warum man die jeweiligen Wörter so schreibt. Gebt auch eine geeignete Rechtschreibstrategie an, die ihr kennt.

5 a Verteilt die unterstrichenen Wörter so, dass jede/-r etwa die gleiche Menge zu bearbeiten hat.
b Notiert, was euch zur Schreibung dieser Wörter einfällt. Gebt auch eine geeignete Rechtschreibstrategie an, die ihr kennt.

6 a) Stellt die Ergebnisse der Aufgaben 4 und 5 in der Klasse vor.
b) Haltet gemeinsam wichtiges Wissen, Regeln und Rechtschreibstrategien auf Lernplakaten fest.
c) Vergleicht gemeinsam mit den Strategien auf Seite 232.

7 a) Suche im Text noch weitere Wörter, die sich den Bereichen aus Aufgabe 4 a) zuordnen lassen.
b) Vergleicht zu zweit eure Zuordnung.

8 a) Überlege, in welchen der Bereiche du dich schon sicher fühlst und bei welchen noch Übungsbedarf besteht.
b) Sucht jemanden, der/die in einem anderen Bereich Übungsbedarf hat, und lasst euch die Wörter aus Aufgabe 7 a) aus eurem Bereich erklären.

In diesem Kapitel ...

kannst du auf dein Vorwissen aufbauen, wiederholen und dazulernen, wie du ...
- mögliche Fehlerquellen erkennst,
- Rechtschreibstrategien anwendest,
- an deinen Fehlerschwerpunkten arbeitest,
- Fehler in eigenen und fremden Texten findest und verbesserst.

4.3 (3) gesicherte Rechtschreibstrategien zur individuellen Fehlervermeidung und Fehlerbehebung in selbst verfassten und fremden Texten anwenden (z. B. durch die gezielte Auswahl von Lösungshilfen) · 4.3 (4) eigene Fehlerschwerpunkte erkennen und diese gezielt mithilfe entsprechender Übungen und Programme bearbeiten

Rechtschreibstrategien wiederholen

Strategie „Sprechen und hören" 1
Ich spreche einzelne Wörter deutlich und höre dabei alle Laute und Silben. Die meisten Wörter schreibt man, wie man sie spricht: *fra-gen, Scho-ko-la-de*.
Merke: In jeder Silbe ist ein Vokal.

Strategie „Sprechen, hören und nachdenken" 2
Ich spreche ein Wort und höre, ob der Vokal lang oder kurz gesprochen ist. In schwierigen Fällen hilft eine Probe: *lesen – lessen; Sone – Sonne*.

Strategie „Sprechen, hören und nachdenken" 3
Schreibung nach lang gesprochenem Vokal:
- Viele Wörter werden nach einem lang gesprochenen Vokal geschrieben, wie man sie spricht: *sagen, kleben, toben, kluge*.
- Das lang gesprochene [-i] ist eine Ausnahme, man schreibt meist -ie: *Liebe, siegen*.
- Wörter mit -h lernt man am besten auswendig:
  → Nachdenkwörter mit silbentrennendem -h: *Nä-he, se-hen, zieht* → *zie-hen* (s. Strategie 5).
  Tipp: Wenn du in einem Wort zwei Vokale hintereinander hörst, gehört ein –h dazwischen: *[Ru:e]* → *Ru-he*.
  → Merkwörter mit Dehnungs-h: *neh-men, Lohn*.
- Merkwörter mit Doppelvokal sind selten, man lernt sie am besten auswendig: *Saal, Boot, See*.

Strategie „Sprechen, hören und nachdenken" 4
Schreibung nach kurz gesprochenem Vokal:
- Nach einem kurz gesprochenen Vokal folgen fast immer zwei Konsonanten: *fest, Hemd, Winter*.
- Hört man nur einen Konsonanten, wird er verdoppelt. Das kommt vor allem bei bb, dd, ff, gg, ll, mm, nn, pp, rr, ss, tt vor: *offen, Stelle, Himmel, spannend, Treppe, knurren, Wasser, Kette*.
- Für den k-Laut schreibt man *-ck*: *Decke*.
- Für den z-Laut scheibt man *-tz*: *Hitze*.
- **Tipp:** Vor l, m, n, r, das merke ja,
  steht nie -tz und nie -ck.

Strategie „Die Grundform suchen" 5
Ziele: Ein silbentrennendes -h oder ein -ä im Wort erkennen. Suche ...
→ bei **Verben** den Infinitiv:
steht – ste-hen, blüht – blü-hen,
→ bei **Adjektiven** die Grundform: näher – nah,
→ bei **Nomen** die Grundform: Länder – Land.

Strategie „Das Wort verlängern" 6
Ziele: einen Doppelkonsonanten, ein -h oder b/p, d/t und g/k am Wortende erkennen.
→ Suche bei **Verben** den Infinitiv:
kennt – ken-nen; siegt – sie-gen.
→ Steigere **Adjektive** oder verwende sie mit einem Nomen:
schnell – schnel-ler, nah – nä-her, grob – gro-ber Kies, toll – ein tol-ler Film.
→ Verwende Nomen im Plural:
Hand – Hän-de; Fass – Fäs-ser.

Strategie „Ein verwandtes Wort suchen", die Wortfamilie nutzen 7
Die Wortfamilie hilft bei ...
→ Wörtern mit -ä und -äu: kälter – kalt, ängstlich – Angst; säubern – sauber,
→ Wörtern mit Dehnungs-h: fuhr – fahren – Fahrt,
→ Wörtern mit Doppelkonsonanten: Himmel – himmlisch – jemanden anhimmeln.

Strategie „Ersatzprobe bei das und dass" 8
→ Das **Relativpronomen** *das* kannst du durch *dies*, *dieses* oder *welches* ersetzen: *Das Unfallauto, das am Straßenrand steht, fuhr zu schnell. Das Unfallauto, welches …* → das
→ Bei der **Konjunktion** *dass* ist die Ersatzprobe nicht möglich: *Ich hoffe, dass dem Fahrer nichts Schlimmes passiert ist.*

Strategie „Kleinschreibung prüfen" 9
Prüfe die Wortart und schreibe **außer bei Nomen klein**.

Strategie „Großschreibung prüfen" 10
→ Führe die **Artikelprobe** durch: In unserer (*ü/Ü*)bereinkunft steht (*f/F*)olgendes. → *die* Übereinkunft, *das* Folgende
→ Erkenne ein **Signalwort**, das vorausgeht: Sie freuen sich auf etwas (*n/N*)eues. → *etwas* Neues
Signalwörter können sein: *der, die, das, ein, eines, etwas, nichts, am, ins, vom, zum, mein, ihr, ihres …*
→ Achte auf die **Endung**:
Mit großer Heiter*keit* nahm die Mann*schaft* die Ehr*ung* entgegen.
Die Endungen *-heit, -keit, -ung, -schaft, -tum, -sal, -nis, -ling* weisen auf Nomen hin.

4.3 (3) gesicherte Rechtschreibstrategien zur individuellen Fehlervermeidung und Fehlerbehebung in selbst verfassten und fremden Texten anwenden (z. B. durch die gezielte Auswahl von Lösungshilfen)

Rechtschreibstrategien anwenden

1 a) Lies die folgenden Zweifelsfälle durch.
b) Entscheide dich für eine geeignete Rechtschreibstrategie (→ S. 232), die zur richtigen Schreibweise führt (→ COPY 38).
c) Führt Rechtschreibgespräche über die Zweifelsfälle in Gruppen durch.

1. Dein ständiges (h/H)erumlaufen nervt mich.
A) Ich spreche und höre das Wort deutlich.
B) Ich finde ein Signalwort dazu.
C) Ich bestimme die Wortart.

2. Wo war denn der Großbran(d/t) genau?
A) Ich spreche und höre die Endung deutlich.
B) Ich verlängere das Wort in die Mehrzahl.
C) Nach einem kurz gesprochenen Vokal folgt ein Doppelkonsonant.

3. Es hat in der Altstadt gebra(n/nn)t.
A) Ich bilde die Grundform und trenne Silben.
B) Nach einem kurz gesprochenen Vokal folgt ein Doppelkonsonant.
C) Ich suche Wörter aus der Wortfamilie.

4. Diese Hausaufgaben sind schon l(ä/e)stig.
A) Ich spreche und höre die richtige Schreibung.
B) Ich verlängere das Wort.
C) Ich suche Wörter aus der Wortfamilie.

5. Im Schulbus ist (e/E)ssen nicht erlaubt.
A) Ich bestimme die Wortart.
B) Ich führe die Artikelprobe durch.
C) Essen schreibt man immer groß.

6. Es gesch(ie/ieh)t ihm ganz recht.
A) Das lang gesprochene -i ist meist -ie.
B) Ich suche die Grundform des Wortes.
C) Ich spreche und höre das Wort deutlich.

2 a) Im folgenden Text sind sieben Wörter falsch geschrieben. Schreibe sie heraus.
b) Notiere neben den falschen Wörtern ihre Verbesserung, indem du Rechtschreibstrategien anwendest.
c) Beschreibe und begründe dein Vorgehen.
d) Vergleicht eure Ergebnisse und Vorgehensweisen in der Klasse.

Das Haus der Geschichte
Wer in Bonn an der U-Bahnstation „Heussalle/Museumsmeile“ aussteigt, steht praktisch schon mitten im Haus der Geschichte. In diesem Museum werden etwa eine million Objekte gesamelt und ausgestellt. Sie umfassen den Zeitraum von 1945 bis Heute. Unter Anderem einen Entwurf des Grundgesetzes, aber auch den Sehsack, mit dem Elvis Presley einst seine Dienstzeit in Deutschland angetreten hat. Alles in allem ein gelungenes aufzeigen unserer nahen Vergangenheit durch Dinge des täglichen lebens.

3 a) Erstelle selbst Aufgaben wie in Aufgabe 1 und 2.
b) Tauscht eure Aufgaben zu zweit aus und löst sie.
c) Besprecht zu zweit eure Ergebnisse.

Tipp

zu 1 c)
Ein Rechtschreibgespräch führen
Führt das Rechtschreibgespräch in Gruppen oder in der Klasse durch.
1 Wählt ein Wort aus, das euch schwierig erscheint. Notiert es.
2 Überlegt, was euch alles zur Schreibung einfällt. Greift dabei auf die Rechtschreibstrategien (→ S. 232) zurück.

1.3 (1) sich konstruktiv an Gesprächen beteiligen […] · 4.3 (3) gesicherte Rechtschreibstrategien zur individuellen Fehlervermeidung und Fehlerbehebung in selbst verfassten und fremden Texten anwenden (z. B. durch die gezielte Auswahl von Lösungshilfen)

Eigene Texte auf Rechtschreibfehler überprüfen

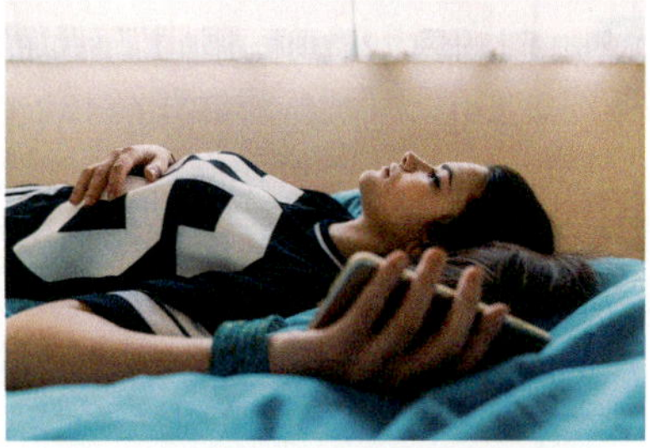

1 a) Sieh dir die drei Bilder an.
b) Mache dir Gedanken dazu, welche Geschichten hinter den Bildern stecken könnten.

2 a) Wähle eine der folgenden Möglichkeiten, zu der du einen Text schreiben möchtest:

Bild 1: Rucksackreise
(1) *Erzähle* eine Geschichte, was den beiden Rucksackreisenden bisher auf ihrer Reise alles passiert ist.
(2) *Beschreibe*, welche Schwierigkeiten bei einer Rucksackreise auftreten können.

Bild 2: Pride Parade
(3) Verfasse aus Sicht einer der beiden Frauen einen *Tagebucheintrag*, in dem sie von ihren Erlebnissen des Tages erzählt.
(4) Verfasse einen *Zeitungsartikel*, in dem die beiden Frauen eine Rolle spielen.

Bild 3: Das Mädchen
(5) Schreibe einen *inneren Monolog* aus Sicht des Mädchens darüber, was sie gerade denkt und fühlt.
(6) Verfasse eine *Erzählung* darüber, was das Mädchen unmittelbar vor der Situation im Bild erlebt hat.

b) Notiere stichpunktartig einen Schreibplan für deinen Text.
c) Schreibe deinen Text auf.

3 a) Besprecht eure Texte in Vierergruppen. Achtet darauf, wie ihr die Schreibaufgabe erfüllt habt. Hinweise dazu findet ihr auf Seite 264.
b) Tauscht eure Texte aus und überprüft sie auf Rechtschreibfehler.

4 a) Ordne deine Fehler nach ...
– *Groß- und Kleinschreibung*
– *Getrennt- und Zusammenschreibung*
– *Zeichensetzung*
– *Sonstige*
b) Prüfe, in welchem Bereich dein Fehlerschwerpunkt liegt.
c) Besprecht zu zweit, wie man diese Fehler vermeiden könnte.

5 a) Schreibe einen weiteren Text wie in Aufgabe 2.
b) Prüfe deinen Text auf Rechtschreibfehler.

Tipp

zu 3 b) und 5 b)
1 Lies den Text und markiere mit Bleistift, wo du einen Fehler erkennst oder vermutest.
2 Lies den Text dann von hinten nach vorne und prüfe Wort für Wort. Wenn du einen Fehler entdeckst oder eine Vermutung hast, prüfe mit den **Strategien** von Seite 232.
3 Schlage bei Bedarf im Wörterbuch nach.

4.3 (3) gesicherte Rechtschreibstrategien [...] anwenden [...] · 4.3 (4) eigene Fehlerschwerpunkte erkennen und diese gezielt mithilfe entsprechender Übungen und Programme bearbeiten · 4.3 (5) Zweifelsfälle der Rechtschreibung selbständig durch Verwendung entsprechender Nachschlagewerke klären

Groß oder klein? – das wisst ihr schon

1 Betrachtet das Bild und äußert zu zweit Vermutungen dazu, was für eine Art von Gespräch die Jugendlichen führen.

2 a) Lies den Text „Können wir noch das Miteinander?“.
b) Besprecht zu zweit, worum es in dem Text geht.

Können wir noch das Miteinander?

In diesem Text steht das Debattieren im Mittelpunkt. Im Kapitel „Diskutieren – debattieren – Gespräche leiten“ findet ihr Ausführliches dazu. Dort geht es um Grundsätzliches und um die Durchführung.
An dieser Stelle dagegen sollen allgemeinere Gedanken ergänzt werden.
Gespräche sind ein wichtiger Bestandteil des menschlichen Lebens. In der heutigen Zeit wird allerdings häufig die gängige Gesprächskultur beklagt. Und zwar verlaufen viele Gespräche nicht gewinnbringend. Anstelle des Erkenntnisgewinns steht heutzutage eher im Vordergrund, auf dem eigenen Standpunkt zu beharren und ihn weitmöglichst durchzusetzen. Als Folge dessen wird nicht mehr miteinander gesprochen, sondern aneinander vorbei.
Das Problem dabei ist, dass so die Chance vertan wird, Gegenpositionen kennenzulernen und gegebenfalls auch die eigene Sichtweise zu ändern. Dabei ist gerade diese Fähigkeit sehr wichtig für das menschliche Zusammenleben.
Menschen tauschen in Gesprächen Argumente aus, die dann zu Kompromissen und Entscheidungen führen. Das Ergebnis dieses Aushandelns: Ein Miteinander entsteht.

3 a) Notiere, welche Regeln zur Groß- und Kleinschreibung du schon kennst.
b) Tauscht euch zu zweit darüber aus.
c) Informiere dich über weitere Regeln. Nutze dafür zum Beispiel das Internet oder ein Nachschlagewerk.
d) Besprecht die Regeln in der Klasse.

4 Gestaltet in Gruppen Plakate zu den Regeln, die ihr im Klassenzimmer aufhängen könnt.

5 a) In dem Text sind mehrere Wörter gelb markiert. Bestimmt zu zweit jeweils die Wortart der markierten Wörter.
b) Prüft, ob ihr ihre Groß- oder Kleinschreibung mit euren Regeln aus Aufgabe 3 und 4 erklären könnt.
c) Vergleicht und ergänzt eure Ergebnisse mit den Regeln auf der folgenden Seite.

In diesem Kapitel ...

kannst du auf dein Vorwissen aufbauen, wiederholen und dazulernen, wie du ...
- Rechtschreibstrategien auf die Groß- und Kleinschreibung anwendest,
- die Groß- und Kleinschreibung von Wörtern mithilfe von Regeln prüfst,
- Wörter selbst korrekt groß- oder kleinschreibst.

4.3 (1) die Grundregeln der Rechtschreibung, Zeichensetzung und Grammatik sicher beherrschen (u. a. Nominalisierungen von Pronomen, Präpositionen und Konjunktionen), um eigene Texte fehlerfrei zu verfassen und fremde zu überarbeiten · 4.3 (5) Zweifelsfälle der Rechtschreibung selbständig durch Verwendung entsprechender Nachschlagewerke klären

Groß oder klein? – richtig schreiben

Großschreibung: Satzanfänge und Weiteres **1**

1. Im Deutschen schreibt man Überschriften, Werktitel und Satzanfänge groß.
   Im Kapitel „Literarische Epochen" steht der Roman „Über Menschen" im Mittelpunkt.
2. Folgt nach einem Doppelpunkt ein ganzer Satz, schreibt man auch diesen Satzanfang groß.
   Für die Abschlussprüfung gilt: Während der Prüfungszeit entfällt der normale Unterricht.
3. Das erste Wort einer wörtlichen Rede schreibt man groß.
   Er fragte: „Kommst du heute mit ins Kino?"

Großschreibung: Nomen **2**

1. Nomen werden großgeschrieben: *Europäer, Lob*
2. Viele Nomen kann man an **Endungen** erkennen: *-heit, -keit, -ung, -schaft, -tum, -sal, -nis, -ling* wie bei *Klarheit, Einigkeit, Landschaft …*
3. Nomen kann man mit der **Artikelprobe** erkennen: Artikel sind z. B. *der, die, das, ein, eine, eines* → *die Elektrizität, ein Ereignis, der Wasserstoff*
4. Nomen kann man an **Signalwörtern** erkennen:
   Präpositionen mit verstecktem Artikel: *am, beim, im, ins, vom, zum* → *ins* Kino, *vom* Bäcker
   Pronomen wie *mein, dein, unser, euer, jeder, dieser* → *dein* Handy, *diese* Blütenpracht

Großschreibung: andere Wortarten **3**

1. Wörter anderer Wortarten, die als Nomen gebraucht werden, schreibt man groß. *Dem Zuhören folgt das Beantworten der Fragen. Sie hat ein gewisses Etwas.*
2. Oft helfen **Signalwörter**, dies zu erkennen:
   Artikel: *der, die, das, ein, eine* → *das Schöne*
   Präpositionen mit verstecktem Artikel: *am, beim, im, ins, vom, zum* → *beim* Nachdenken
   Unbestimmte Zahlwörter: *ein paar, viel, wenig, etwas, nichts, alles* → *alles* Gute, *wenig* Neues
   Pronomen: *mein, dein, sein, ihr, unser, euer, jeder, dieser* → *sein* Jammern, *dieses* Zarte

Großschreibung: Höflichkeitsanreden **4**

1. **Höflichkeitsanreden** werden großgeschrieben: *Ich danke Ihnen. Ich denke an Sie und wünsche Ihrer Arbeit viel Erfolg.*
2. In Briefen oder E-Mails kann man die **Du-Anrede** groß- oder kleinschreiben: *Ich danke dir/Dir.* Es muss aber einheitlich sein.

1 a) Lies den folgenden Text.

der klimawandel

der klimawandel beschäftigt uns schon seit einiger zeit. getan hat sich bisher aber noch nichts weltbewegendes. mittlerweile bemerkt man schon überall, dass das klima nicht mehr so ist wie früher. das führt zu einer kuriosen, aber gefährlichen umkehrung. während die menschheit bisher sehr viel energie zum heizen verbraucht hat, wird künftig mehr gekühlt werden müssen. und das kühlen verbraucht nun mehr energie als das heizen. das kann einem schon angst machen.

b) Schreibe den Text in korrekter Groß- und Kleinschreibung auf. Hinweise dazu findest du links in den Regeln.
c) Vergleicht eure Ergebnisse zu zweit und erklärt euch gegenseitig, warum ihr groß- oder kleingeschrieben habt.
d) Diskutiert in der Klasse die Fälle, die euch Schwierigkeiten bereitet haben.

Tipp

zu 1 b)
Wende **Rechtschreibstrategien** an! Nutze dafür die Übersicht auf Seite 232 oder schlage die Wörter nach.

4.3 (1) die Grundregeln der Rechtschreibung, Zeichensetzung und Grammatik sicher beherrschen […], um eigene Texte fehlerfrei zu verfassen und fremde zu überarbeiten · 4.3 (3) gesicherte Rechtschreibstrategien zur individuellen Fehlervermeidung und Fehlerbehebung in selbst verfassten und fremden Texten anwenden […]

2 a) Finde für die Groß- oder Kleinschreibung der fett gedruckten und unterstrichenen Wörter eine Erklärung. Hinweise dazu findest du rechts in den Regeln.
b) Besprecht zu zweit eure Erklärungen.
c) Besprecht eure Erklärungen in der Klasse.

1 Die Impfzentren schleusten täglich **Hunderte** von Impfwilligen durch.
2 Du erreichst **Zu den Drei Linden** vom Bahnhof aus in fünf Minuten zu Fuß. Das Hotel **Altstadtblick** ist auf der linken Seite.
3 Die **einen** halten es für eine gute Lage zum **Erkunden** der Altstadt, die **anderen** ziehen etwas **Ruhigeres** vor.
4 In der **Forchheimer Straße** kriegst du **irisches** Essen, aber keine **Nürnberger Bratwürste**.
5 Dafür liebe ich die **Forellen Müllerin Art** in der **Fränkischen Schweiz**.
6 Die Nationalmannschaftsspieler sind alle sehr jung, aber Devon Johnson ist der **jüngste**.
7 Die **deutsche** Nationalmannschaft spielt **morgen Abend** in unserer Halle. Sie reist erst am **Morgen** an. Die **Schweizer** Mannschaft ist übrigens schon da.
8 Etwas **anderes**: **Ich** hab für dieses Spiel zwei Karten. Die **zweite** ist noch übrig.
9 Geht nicht. Frag doch am **besten** mal Franzi.
10 Viele Zuschauer kommen von **nah** und **fern**. Obwohl ein **Drittel** der Karten erst **gestern** in den Verkauf ging, waren sie **abends** schon verkauft.

3 a) Überlege und notiere selbst Sätze mit schwieriger Groß- und Kleinschreibung.
b) Tauscht eure Aufgaben zu zweit aus und löst sie.
c) Besprecht eure Ergebnisse.

Großschreibung: Zahlen **5**
1. Werden Zahlen wie Nomen gebraucht, schreibt man sie groß: *eine Sechs würfeln, eine Zwei schreiben, die Linie Neun nehmen, sie hat fünf Einsen im Zeugnis, die Drei ist richtig.*
2. Die Wörter **„hundert“** oder **„tausend“** schreibt man groß, wenn sie unbestimmte Angaben wiedergeben: *Vor der Halle warteten noch Tausende.*
Aber: *In die Halle durften tausend Zuschauer.*
3. **Ordnungszahlen**, die alleine stehen (ohne Nomen), werden großgeschrieben: *Maja wurde Erste. Am Dreizehnten ist mein Glückstag.*
Aber: *Am dreizehnten August ist mein Glückstag.*

Großschreibung: Eigennamen **6**
Eigennamen werden großgeschrieben. Dazu zählen
1. Personennamen: *Johann Wolfgang von Goethe*
2. Geografische Bezeichnungen: *die Hohe Tatra*
3. Namen von Institutionen und Organisationen: *das Olympische Komitee, der Deutsche Bundestag*
4. Titel oder Ehrenbezeichnungen: *der Regierende Bürgermeister von Berlin, der Heilige Vater*
5. Fachbegriffe aus der Tier- und Pflanzenwelt: *die Schwarze Mamba, das Fleißige Lieschen*
6. Besondere Kalendertage: *der Heilige Abend*
7. Historische Bezeichnungen: *der Zweite Weltkrieg, die Französische Revolution*

Großschreibung: Geografische Bezeichnungen **7**
Wörter, die von geografischen Namen abgeleitet sind und auf -er enden, schreibt man groß: *Nürnberger Bratwürste, eine Bamberger Firma, das Münchner Kindl, Schweizer Uhren.*

Großschreibung: Tageszeiten nach Adverbien **8**
Tageszeiten nach Adverbien schreibt man groß: *gestern Abend, jeden Nachmittag, heute Morgen.*

Großschreibung: Straßennamen **9**
1. Das erste Wort eines Straßennamens wird großgeschrieben, ebenso alle zum Namen gehörenden Adjektive und Zahlwörter: *Am Loh, An den Vier Buchen, Im Neuen Quartier.*
2. Zusammengesetzte Namen bilden ein Wort: *Kilianstraße, Altgasse, Hochmoorweg*.
3. Ableitungen von Ortsnamen auf -er, werden getrennt: *Hallstadter Straße, Münchner Platz*.
4. Straßennamen aus mehreren Teilen schreibt man mit Bindestrichen: *Bürgermeister-Lang-Straße, E.-T.-A.-Hoffmann-Platz*.

4.3 (1) die Grundregeln der Rechtschreibung, Zeichensetzung und Grammatik sicher beherrschen [...], um eigene Texte fehlerfrei zu verfassen und fremde zu überarbeiten · 4.3 (2) häufig vorkommende Wörter mit rechtschriftlichen Besonderheiten sowie Fach- und Fremdwörter in unterschiedlichen Verwendungssituationen richtig schreiben

Klein oder groß? – richtig schreiben

Kleinschreibung: Der Normalfall **1**
Im Deutschen schreibt man normalerweise klein. Die Großschreibung ist durch Regeln bestimmt.

Kleinschreibung: Besonderheit im Prädikat **2**
Wörter, die zusammen mit „*bleiben*“, „*sein*“ oder „*werden*“ das Prädikat bilden, werden kleingeschrieben: *Der Verein ist schon wieder pleite. Seine Wurfbewegung beim Dreier bleibt einfach klasse. Dem Täter wird angst und bange. Kein Zweifel, er ist schuld daran.*

Kleinschreibung: die Endung -s **3**
Adverbien, Präpositionen und Konjunktionen, die auf -s enden, schreibt man klein: *abends, montags, abseits, mangels, seitens, falls.*
Das Training findet immer montags statt. Heute fällt es mangels Teilnehmer/-innen aus.

Kleinschreibung: Feste Begriffe **4**
1. Feste Begriffe aus Adjektiv und Nomen, die keine Eigennamen sind, schreibt man klein: *der rote Teppich, der blinde Passagier.*
2. Beachte: Als Namensbestandteil werden die Adjektive großgeschrieben: *der Erste Mai.*

Kleinschreibung: Wendungen **5**
Klein schreibt man folgende Wendungen aus Präposition und nicht dekliniertem Adjektiv ohne vorangehendem Artikel: *von fern, gegen bar, durch dick und dünn, über kurz oder lang, von klein auf, schwarz auf weiß, von vornherein.*
Er übte von klein auf das Dribbeln.
Über kurz oder lang wird er im Verein spielen.

Kleinschreibung: Bezug zu Nomen **6**
1. Adjektive oder Zahlwörter, die sich in einem Satz auf ein Nomen beziehen, schreibt man klein. Sie können vor oder nach dem Nomen stehen. *Alle Läufer kamen ins Ziel, selbst die langsamen.*
2. Dies gilt auch, wenn die Wörter erst im folgenden Satz stehen. *Der schlaueste unter den Schülern meiner Klasse war er nicht. Aber später wurde er der erfolgreichste.*

1 a) Betrachte das Bild.
b) Vervollständigt zu zweit den Satz der Jugendlichen.
c) Findet Beispiele, in denen eine Farbe groß- oder kleingeschrieben wird. Hinweise dazu findet ihr in den Regeln auf der nächsten Seite.
d) Besprecht eure Beispiele in der Klasse.

2 Notiere die folgenden Sätze mit richtiger Groß-/Kleinschreibung. Hinweise dazu findest du links in den Regeln.

1. *In der Gemeinderatssitzung gab es das übliche (für/Für) und (wider/Wider).*
2. *Das Boot wog (hin/Hin) und (her/Her).*
3. *Der Spieler ist gut im (dribbeln/Dribbeln), doch (werfen/Werfen) kann er nicht.*
4. *Sein Trainer hatte ihm das richtige (werfen/Werfen) wohl nicht beigebracht.*
5. *Dieses ständige (auf/Auf) und (ab/Ab) im Spielverlauf kostet ziemlich Nerven.*
6. *Wir verfolgen auch den (laufenden/Laufenden) Spielstand. Dieses (hin/Hin) und (her/Her) ist ja kaum auszuhalten.*
7. *Die Gruppe hat eine gute Präsentation gehalten. Die (vier/Vier) hoffen sogar auf eine (eins/Eins).*
8. *In (englisch/Englisch) waren die schon immer gut. Aber keine Fehler zu haben, kommt mir (spanisch/Spanisch) vor.*

4.3 (1) die Grundregeln der Rechtschreibung, Zeichensetzung und Grammatik sicher beherrschen […], um eigene Texte fehlerfrei zu verfassen und fremde zu überarbeiten · 4.3 (2) häufig vorkommende Wörter mit rechtschriftlichen Besonderheiten sowie Fach- und Fremdwörter in unterschiedlichen Verwendungssituationen richtig schreiben

3 Erklärt euch zu zweit, warum die unterstrichenen Wörter groß- oder kleingeschrieben wurden. Hinweise dazu findet ihr rechts in den Regeln.

1. Ey **Mann**, du nervst am **laufenden** Band.
2. Aus der **Bamberger** Gärtnerflur kommt das **beste fränkische** Gemüse.
3. Du hast ja schon wieder das **neueste** Smartphone. Das ist das **beste**, was **zurzeit** auf dem Markt ist. Und dieses metallische **Pink** ist echt cool. Nicht wie das **silberne** Handy.
4. Ich komme am **Mittwoch** in die Stadt. Das ist **morgen**. Dann kann ich dir **übermorgen Nachmittag** mein neues Handy zeigen.
5. Eigentlich mag ich ja die **koreanischen** Smartphones weniger, aber die kriegt **man** schon für ein **Fünftel** der üblichen Preise.
6. Und die sind ohne **Wenn** und **Aber** genauso gut. Wie findest du übrigens die neue Referendarin? Ich denke, sie ist die **netteste**.

4 a) Besprecht die Lösungen der Aufgaben 1 bis 3 zunächst in Gruppen.
b) Besprecht eure Ergebnisse in der Klasse.
c) Führt bei schwierigen Fällen ein Rechtschreibgespräch durch. Schlagt zur Vorbereitung in Wörterbüchern mit Regeln oder im Internet nach.

Tipp

zu 4 c)
Verlässliche Quellen zum Nachschlagen im Internet sind der **Rat für deutsche Rechtschreibung** und die Website des **Duden**.

Groß- oder Kleinschreibung: Sprachen/Farben 1

1. **Sprachbezeichnungen** und **Farben** werden großgeschrieben,
   a) wenn man sie mit „was" erfragen kann:
   Sie sagt es auf Türkisch. → Auf „was"? → groß
   Die Ampel zeigt Rot. → Sie zeigt „was"? → groß
   b) wenn man sie mit einem Adjektiv ergänzen kann:
   Sie sagt es in klarem Türkisch.
   Die Ampel leuchtete in grellem Rot.
2. Wenn man Sprachbezeichnungen und Farben mit „wie" erfragen kann, schreibt man sie klein:
   Die Schlange sieht so giftgrün aus. → „Wie" sieht sie aus? → giftgrün. Das kommt mir spanisch vor. → Das kommt mir „wie" vor? → spanisch.

Groß- oder Kleinschreibung: Geografische Bezeichnungen auf -isch 2

1. Von geografischen Namen abgeleitete Wörter auf -isch schreibt man klein: *bayrisch, fränkisch, schwäbisch, schwedisch.*
2. Das gilt auch, wenn sie als Adjektive gebraucht werden: *die fränkische Landschaft, die schwedische Schärenküste.*
3. Werden sie aber als Bestandteil eines Namens gebraucht, schreibt man sie groß: *die Fränkische Schweiz, die Schwäbische Alb.*

Groß- oder Kleinschreibung: Superlativ 3

1. Superlative mit „am" schreibt man klein, wenn man sie mit *„wie"* erfragen kann:
   Die letzte Aufgabe war am schwersten. → Wie?
2. Superlative mit „am" schreibt man groß, wenn man sie mit *„woran, worauf"* erfragen kann:
   Du solltest dich beim Marathon nicht am Besten orientieren. → Woran? = an dem Besten.

Groß- oder Kleinschreibung: unbestimmte Zahlwörter 4

1. Diese Zahladjektive schreibt man klein: *viel, wenig; (der, die, das) eine, (der, die, das) andere.*
   Die einen treiben Sport, die anderen lesen.
2. Will man das Wort aber als Nomen ausdrücken, kann man es auch großschreiben:
   Die Einen sagen dies, die Anderen das.

Groß- oder Kleinschreibung: Ausdrücke 5

Einige Ausdrücke wie *seit Längerem / seit längerem, ohne Weiteres / ohne weiteres, von Weitem / von weitem* können groß- oder kleingeschrieben werden.

4.3 (1) die Grundregeln der Rechtschreibung, Zeichensetzung und Grammatik sicher beherrschen [...], um eigene Texte fehlerfrei zu verfassen und fremde zu überarbeiten · 4.3 (5) Zweifelsfälle der Rechtschreibung selbständig durch Verwendung entsprechender Nachschlagewerke klären

Getrennt oder zusammen? – das wisst ihr schon

1 a) Notiere, was du schon über die Regeln zur Getrennt- und Zusammenschreibung weißt.
b) Tauscht euch zu zweit darüber aus.
c) Tauscht euch in der Klasse darüber aus.

Getrennt- und Zusammenschreibung: Verb + Verb oder andere Wortarten **1**

1. Kombinationen aus einem Verb mit anderen Verben oder Wörtern anderer Wortarten schreibt man in der Regel auseinander.
   Verb + Verb: *schwimmen gehen, lesen üben.*
   Verb + Partizip: *treffend ausdrücken, spielend lernen, geschenkt bekommen*
   Verb + Adjektiv: *schön schreiben, gut essen*
   Verb + Nomen: *Rad fahren, Geld wechseln*
2. Werden diese Kombinationen **als Nomen gebraucht**, schreibt man sie zusammen und groß: z. B. *beim Schwimmengehen, beim Lesenüben, zum Radfahren, beim Geldwechseln.*

Getrennt- und Zusammenschreibung: Adjektiv + Verb **2**

1. Ausdrücke aus einem **Adjektiv** und einem **Verb** schreibt man in der Regel dann getrennt, wenn sie wörtlich gemeint sind: *Auf dem Schild steht: Die Ausfahrt bitte frei halten*.
2. Bekommt der Ausdruck eine andere Bedeutung, schreibt man ihn zusammen: *Ich lade euch ein und werde euch heute Abend freihalten.*
3. Oft hilft die Betonungsprobe: Betont man die erste Silbe (*freihalten*), schreibt man zusammen.
4. Verbindungen aus *sein* und einem *Adjektiv* schreibt man immer getrennt: *fertig sein*.

Getrennt- und Zusammenschreibung: Kleine Wörter + Verb **3**

1. Bilden kleine Wörter (*da-, dabei-, zu-, wieder-, zusammen-, an-, vorher- …*) mit Verben eine Verbindung, schreibt man zusammen: *wiederholen, dabeibleiben, vorhersagen. Kannst du das bitte noch einmal wiederholen? Die Ergebnisse zusammentragen (sammeln).*
2. Je nach Sinn kann es aber auch getrenntgeschrieben werden: *Ich werde den Schlüssel wieder holen. Den schweren Tisch zusammen (gemeinsam) tragen.*

2 a) Besprecht zu zweit, warum das Wort *„Schönschreiben"* in der Sprechblase im Bild zusammengeschrieben wurde.
b) Lies die Regeln links und suche nach einer geeigneten Regel, um die Schreibung von *„Schönschreiben"* zu erklären.

3 Lies den folgenden Text und begründe die Schreibung der markierten Wörter. Nutze dafür die Regeln links.

Von Giftstacheln bedroht

Die aufsehenerregende Meldung, dass der Tierfilmer Steve Irwin, bekannt als „The Crocodile Hunter", von einem Stachelrochen ins Herz gestochen wurde und daran verstarb, ist nun schon mehr als 15 Jahre alt.
Man muss aber gar nicht so weit gehen. Erst kürzlich wurde ein Angler in der Ostsee von einem Petermännchen gestochen. Petermännchen kommen in der Nord- und Ostsee vor. An den Rückenflossen haben sie giftige Stacheln. Da sie sich gerne in den Sand eingraben, können Badegäste die auf Beute lauernden Fische übersehen und darauf steigen. Die Folgen können schwerwiegend bis lebensbedrohlich sein. Der Angler jedenfalls wurde von der Seenotrettung an Land und in Behandlung gebracht, es ging ihm bald so weit wieder gut.

4.3 (1) die Grundregeln der Rechtschreibung, Zeichensetzung und Grammatik sicher beherrschen (u. a. Nominalisierungen von Pronomen, Präpositionen und Konjunktionen), um eigene Texte fehlerfrei zu verfassen und fremde zu überarbeiten

Getrennt oder zusammen? – richtig schreiben

1 a) Schreibe die folgenden Sätze ab und trage die Ausdrücke richtig ein. Nutze dafür die Regeln auf Seite 240–242.
b) Beachte auch die korrekte Groß- und Kleinschreibung.
c) Besprecht eure Ergebnisse in der Klasse.

1. (*gitarre / spielen*) Sabine kann mittlerweile recht gut *XXX*. Sie hat das *XXX* bei ihrem Onkel gelernt.
2. (*selbst / gekocht*) Hast du die Soße wirklich *XXX*? Ja, ich liebe *XXX* Pastasoßen. Und das *XXX* schmeckt immer besser als das Gekaufte.
3. (*zusammen / kommen*) Die Schüler aus der 10a sind heute *XXX*, um ihre Abschlussfeier zu planen. Die meisten sind ja einzeln eingetrudelt, aber Tom und Mia sind *XXX*.
4. (*heim / gehen*) Nach der Besprechung werden sie nicht gleich *XXX*.
5. (*gut / gemeint*) Sei nicht beleidigt, Hans hat es doch *XXX*. Aber seine *XXX* Ratschläge sind halt auch manchmal heftig.
6. (*vorher / sagen*) Muss man die Bedingungen nicht *XXX*? Er kann wirklich nicht *XXX*, wie das Wetter bei dem Ausflug sein wird.

2 a) Schreibe selbst Sätze oder kurze Texte, in denen schwierige Fälle der Getrennt- und Zusammenschreibung vorkommen.
b) Tauscht eure Texte zu zweit aus und überprüft sie gegenseitig.
c) Diskutiert die Fälle, die euch Schwierigkeiten bereiten, in der Klasse.

Getrennt- und Zusammenschreibung: Nomen und Partizip 4

1. Die meisten Ausdrücke aus **Nomen** und **Partizip** können getrennt oder zusammengeschrieben werden: *ein Angst erzeugendes Geräusch / ein angsterzeugendes Geräusch.*
2. Einige Ausdrücke werden nur zusammengeschrieben: *eine freudestrahlende Schülerin.* Bei der Umformungsprobe musst du ein Wort ergänzen: *freudestrahlend – vor Freude strahlend, mondbeschienen – vom Mond beschienen, sagenumwoben – von Sagen umwoben.*
3. Im Zweifelsfall schreibe Ausdrücke aus Nomen plus Partizip zusammen.

Getrennt- und Zusammenschreibung: Verbindungen von Verben 5

mit *heim-, irre-, kund-, preis-, stand-, statt-, teil- und wett-* werden immer zusammengeschrieben: *heimfahren, irrewerden, kundtun, preisgeben, standhalten, stattgeben, teilnehmen, wetteifern.*

Getrennt- und Zusammenschreibung: Verbindungen von selbst + Verb/Partizip 6

1. Die Verbindung von *selbst* mit einem Verb schreibt man getrennt: *selbst backen, selbst machen, selbst verdienen.*
2. Die Verbindung *selbst* mit einem Partizip schreibt man getrennt oder zusammen: *ein selbst gebackener Kuchen / ein selbstgebackener Kuchen.*

Getrennt- und Zusammenschreibung: -ander + Verb oder Partizip 7

1. Wörter mit *-ander* und einem Verb werden zusammengeschrieben, wenn der Wortbestandteil *-ander* betont ist: *aufeinanderfolgen, durcheinanderreden.*
2. Liegt die Betonung auf dem Verb, werden sie getrennt geschrieben: *miteinander lernen.*
3. Das gilt auch für die Partizipien: *aufeinanderfolgend, miteinander lernend, gegeneinander gespielt.*

Getrennt- und Zusammenschreibung: Verbindungen mit irgend- 8

werden immer zusammengeschrieben: *irgendetwas, irgendjemand, irgendwo.*

4.3 (1) die Grundregeln der Rechtschreibung, Zeichensetzung und Grammatik sicher beherrschen (u. a. Nominalisierungen von Pronomen, Präpositionen und Konjunktionen), um eigene Texte fehlerfrei zu verfassen und fremde zu überarbeiten

Getrennt- und Zusammenschreibung: Verben mit abtrennbaren Vorsilben **9**

1. Viele Verben verändern ihre Bedeutung durch Vorsilben: *fahren – fortfahren*. Diese neuen Verben schreibt man zusammen.
2. Das gilt auch für ihre gebeugten Formen: *fortgefahren, fortzufahren.*
3. Wenn die **Vorsilbe betont** ist, wie bei *fortfahren, ausschlafen*, wird sie im Satz **abgetrennt**: *Morgen schlafe ich einmal aus.*
4. Solche Vorsilben sind: *ab-, an-, auf-, aus-, auseinander-, fort-, durch-, entgegen-, gegenüber-, heraus-, herum-, hin-, hinein-, hinüber-, los-, mit-, nach-, nebenher-, nieder-, rückwärts-, umher-, unter-, vornüber-, vorüber-, vorwärts-, weg-, zurück-.*

Getrennt- und Zusammenschreibung: Verben mit nicht abtrennbaren Vorsilben **10**

1. Verben werden auch mit **unbetonten Silben** gebildet: *laufen – entlaufen.*
2. Diese werden im Satz nicht abgetrennt: *Der Hund entläuft immer wieder. Er ist heute Morgen schon einmal entlaufen.*
3. Unbetonte Vorsilben sind unter anderen: *be-, ent-, er-, ge-, ver-, zer-.*

Getrennt- und Zusammenschreibung: Verbindungen von Wörtern **11**

wie *oft, wenig, viel* + **„zu"** werden getrennt geschrieben: *zu viel, zu wenig, zu oft.*

Getrennt- und Zusammenschreibung **12**

1. Werden Wörter *wie indem, nachdem, obgleich, sobald, sofern, solange, sooft, sosehr, soviel, soweit, sowie* als **Konjunktionen** gebraucht, die **Nebensätze** einleiten, schreibt man sie zusammen: *Sie schmeckte die Salsa ab, nachdem sie sie gewürzt hatte.*
2. In allen anderen Fällen werden sie getrennt geschrieben: *Er kam erst nach dem Sprungball in die Halle.*

Getrennt- und Zusammenschreibung: Untrennbare Zusammensetzungen **13**

Nomen, Adjektive und kleine Wörter können mit Verben untrennbare Zusammensetzungen bilden: *handhaben, frohlocken, durchlaufen.*

3 a) Schreibe die folgenden Sätze ab (→ COPY 39) und trage die Ausdrücke richtig ein. Nutze dafür die Regeln auf Seite 240 – 242.
b) Beachte auch die korrekte Groß- und Kleinschreibung.
c) Besprecht eure Ergebnisse in der Klasse.

1. Muss man „beim (*gemeinsam / feiern*)" (*zusammen / schreiben*) oder nicht?
2. Ich (*denke / mal*) nach.
3. Lynn wüsste es. Sie ist (*wieder / mal*) (*kuchen / kaufen*).
4. Beim (*letzten / mal*) hat sie gesagt, sie hilft mit, (*so / bald*) sie wieder da ist.
5. Sie wollte mit dem (*rad / fahren*), dann kommt sie schneller wieder zurück.
6. Dann könnten wir den Brief an die Schulleitung ja (*zusammen / schreiben*).
7. Das (*briefe / schreiben*) liegt Lynn, (*so / fern*) sie Lust hat, uns zu helfen.
8. Wir brauchen aber erst (*ein / mal*) einen Termin für die Abschlussfeier.
9. Die sollte auch nicht (*so / bald*) beginnen.
10. Schau mal, kannst du das Bild (*scharf / stellen*)?
11. Auf das Plakat muss noch: Die Plätze der ersten Reihe bitte (*frei / halten*).
12. Lynn hat angerufen: Ein Unfall hat den Verkehr (*lahm / gelegt*).
13. Wenn du im Leben (*weiter / kommen*) willst, musst du dir über deine Ziele (*klar / werden*).
14. Die Ruhebänke auf dem Pausenhof werden zur Feier alle (*bunt / angestrichen*).
15. Bunt? Das kann richtig (*schön / sein*).

4 a) Überlegt, welche Regeln zur Getrennt-/Zusammenschreibung euch schwergefallen sind.
b) Bearbeitet zu zweit Aufgaben zu diesen Regeln, die der jeweils andere erstellt.
c) Besprecht eure Ergebnisse.

4.3 (1) die Grundregeln der Rechtschreibung, Zeichensetzung und Grammatik sicher beherrschen (u. a. Nominalisierungen von Pronomen, Präpositionen und Konjunktionen), um eigene Texte fehlerfrei zu verfassen und fremde zu überarbeiten · 4.3 (4) eigene Fehlerschwerpunkte erkennen und diese gezielt mithilfe entsprechender Übungen und Programme bearbeiten

Kommas richtig setzen – das wisst ihr schon

1 a) Sammelt euer Vorwissen über die Regeln zur Kommasetzung, indem ihr die Placemat-Methode anwendet (→ S. 46).
b) Präsentiert eure Ergebnisse in der Klasse.
c) Ergänzt eure Ergebnisse.

2 a) Lies den Regelkasten 1 „*Kommas trennen Aufzählungen*".
b) Verfasst zu zweit mindestens drei eigene Beispiele zu Aufzählungen und setzt die jeweiligen Kommas.

3 a) Lies die Regelkästen 2–4.
b) Notiere die beiden nachfolgenden Sätze
- als Satzreihe ohne Konjunktion,
- als Satzreihe mit Konjunktion,
- als Satzgefüge,
- als Hauptsatz mit einem Relativsatz.

Beim Sportfest glänzte Selma aus unserer Klasse. Sie war die schnellste Läuferin.

4 Besprecht eure Ergebnisse aus Aufgabe 2 und 3 gemeinsam in der Klasse.

Kommas trennen Aufzählungen 1

Sie mag besonders *Pizza*, *Spaghetti*, *Salat*, *Lasagne* und dazu ein *Glas Rotwein*.
Sie *wandert* in Italien gerne in den Bergen Südtirols, *treibt* Wassersport auf dem Gardasee, *besucht* die Sehenswürdigkeiten Roms und *genießt* das neapolitanische Dolce Vita.

Das Komma bei Satzreihen 2

1. **Satzreihen** sind die Verknüpfung von zwei oder mehr Hauptsätzen: *Harry kam gerade vom Training. Seine Mutter machte ihm ein Schnitzel warm. Er hatte aber nur wenig Hunger.*
2. Wenn man diese als Satzreihe zu einem Satz verbindet, steht zwischen ihnen ein Komma: *Harry kam gerade vom Training, seine Mutter machte ihm ein Schnitzel warm, aber er hatte nur wenig Hunger.*
3. **Konjunktionen** für Satzreihen sind z. B. *daher, aber, denn, dennoch, doch, oder, sondern, und.*
4. Bei den Konjunktionen *und/oder* muss kein Komma stehen: *Die Wanderer ruhen im Garten(,) oder sie gehen noch ins Schwimmbad.*

Das Komma bei Satzgefügen 3

1. **Satzgefüge** sind die Verknüpfung von einem Hauptsatz mit einem Nebensatz: *Der Fernsehfilm ist schon zu Ende, obwohl der Kriminalfall noch nicht gelöst ist.*
2. Im **Nebensatz** steht das **Prädikat am Ende**.
3. Zwischen Haupt- und Nebensatz steht immer ein Komma.
4. **Konjunktionen** für Satzgefüge sind *als, bevor, bis, da, damit, dass, indem, nachdem, obwohl, solange, sodass, während, weil, wenn.*

Das Komma bei Relativsätzen 4

1. **Relativsätze** sind eine Form von Nebensätzen. Sie werden mit einem Relativpronomen eingeleitet: z. B. *der, die, das, welcher, welche, welches.*
2. Sie beziehen sich auf ein vorausgehendes Nomen: *Maja besucht heute Abend das Live-Konzert, das wegen Corona verschoben war.*

Wichtig: Achte bei eingeschobenen Relativsätzen darauf, ein Komma zu Beginn und am Ende des Relativsatzes zu setzen: *Auf unser Schulhaus, das kürzlich renoviert worden war, sind wir stolz.*

4.3 (1) die Grundregeln der Rechtschreibung, Zeichensetzung und Grammatik sicher beherrschen (u. a. Nominalisierungen von Pronomen, Präpositionen und Konjunktionen), um eigene Texte fehlerfrei zu verfassen und fremde zu überarbeiten

Kommas richtig setzen

Ich mag meine Oma kochen und Fußball spielen.

Ich mag meine Oma, kochen und Fußball spielen.

Das Komma bei Nebensätzen mit *dass* **5**

1. Haupt- und Nebensatz werden durch ein Komma getrennt.
2. Die Konjunktion *dass* leitet Nebensätze ein. Diese ergänzen den Hauptsatz: *Ich glaube, dass ich die Regeln verstanden habe.*
3. Nebensätze mit *dass* folgen häufig auf Verben des Denkens, Sagens oder Fühlens.

Das Komma bei Appositionen **6**

1. Eine **Apposition** ist eine nachgestellte Beifügung, die aus einem Nomen oder einer Wortgruppe mit Nomen besteht. Das Nomen steht im selben Fall wie das Bezugswort: *Ich kenne Frau Müller, eure Klassenlehrerin. Ich habe das Handy, eine echte Neuheit, gekauft.*
2. Die Apposition ist durch Kommas abgetrennt.

Tipp: Verwechsle sie nicht mit einem Relativsatz!

Das Komma bei Infinitivgruppen **7**

1. In **Infinitivgruppen** stehen das **Verb im Infinitiv + zu**: *Er versprach, zu lernen.* Die Infinitivgruppe kann auch aus mehreren Wörtern bestehen: *Sie ließ ausrichten, heute Abend pünktlich zu kommen.*
2. Die Infinitivgruppe wird durch **Kommas** abgetrennt. Auch wenn es manchmal nicht stehen müsste, kann es dennoch stehen.
3. Wird die Infinitivgruppe mit *um, ohne, statt, anstatt, außer, als* eingeleitet, **muss ein Komma** stehen: *Sie rief an, anstatt zu schreiben.*
4. Hängt die Infinitivgruppe von einem **Nomen** ab, muss ein Komma stehen: *Ulis Vorschlag, nach der Prüfung zu feiern, wurde angenommen.*
5. Bezieht sich die Infinitivgruppe auf ein **hinweisendes Wort**, muss ein Komma stehen: *Der Aufbauspieler war schon immer gut darin, den Ball sicher nach vorne zu bringen.*

Die Forscher, tätig am Alfred-Wegener-Institut in Bremerhaven, erklären die Ergebnisse ihrer Polarfahrt, die ein halbes Jahr gedauert hat.

1 a) Schreibe den Satz auf.
b) Unterstreiche alles farbig, was zum Hauptsatz gehört.
c) Analysiere und kennzeichne anschließend, worum es sich bei den verbleibenden Teilsätzen handelt. Hinweise dazu findest du in den Regeln auf Seite 243 bis 245.
d) Besprecht eure Ergebnisse in der Klasse.
e) Diskutiert, inwiefern diese Vorgehensweise bei der Kommasetzung helfen kann.

2 a) Schreibe die folgenden Sätze auf.
b) Analysiere sie wie in Aufgabe 1b) und c).
c) Begründet zu zweit auf Grundlage eurer Analyse die gesetzten Kommas.

1. Er versichert, dass er die Ware, die er in seiner Tasche hat, bezahlt hat.
2. Ich kenne Herrn Maier, den Trainer der Mannschaft unserer Tochter, schon länger.
3. Er hat als Ziel angegeben, in diesem Jahr die Meisterschaft zu gewinnen.
4. Die Fußgängerin, verletzt ins Krankenhaus gebracht, hat den Unfall selbst verschuldet.

3 a) Schreibe die Sätze auf und setze jeweils die fehlenden Kommas richtig ein.
b) Vergleicht eure Ergebnisse in der Klasse.

1. Bei der Klassenfahrt die vor einer Woche war besuchten wir eine Gedenkstätte.
2. Die Schulbusse nehmen zurzeit einen Umweg weil eine Baustelle die kürzlich eingerichtet wurde den direkten Weg versperrt.
3. Er wollte anstatt uns um Hilfe zu bitten alleine mit seinem Problem fertig werden.

4.3 (1) die Grundregeln der Rechtschreibung, Zeichensetzung und Grammatik sicher beherrschen [...], um eigene Texte fehlerfrei zu verfassen und fremde zu überarbeiten · 4.3 (3) gesicherte Rechtschreibstrategien zur individuellen Fehlervermeidung und Fehlerbehebung in selbst verfassten und fremden Texten anwenden [...]

4 a) Lies den folgenden Text.
b) Erklärt euch gegenseitig, mithilfe der Regeln rechts, warum die Kommas stehen.
c) Besprecht eure Erklärungen in der Klasse.

Im letzten Herbst, einem regenreichen, musste ich einmal mit dem Bus in die Schule fahren, weil es kräftig geregnet hatte. An der Haltestelle angelangt, stellte ich fest, dass viele Leute den gleichen Gedanken gehabt hatten. Der Bus, der natürlich Verspätung hatte, war übervoll, sodass ich nur einen Stehplatz bekam, was mich nicht weiter störte.

5 a) Schreibe den folgenden Text ab.
b) Setze Kommas an die richtige Stellen.
c) Besprecht gemeinsam eure Ergebnisse.

Im Sommer 2020 als die Coronawelle am Abklingen war fuhren viele Menschen wieder in den Urlaub den sie allerdings in Deutschland verbrachten.
Besonders Ziele am Meer und in den Bergen aus Statistiken entnommen waren so beliebt dass sie wochenlang ausgebucht waren. Wie von Experten erwartet stieg danach die Zahl der Erkrankungen wieder stark an.

6 a) Überlegt, welche Regeln zur Kommasetzung euch noch schwerfallen.
b) Sucht euch einen Partner / eine Partnerin, dem/der andere Regeln als euch schwerfallen.
c) Erstelle Aufgaben zu den Regeln, die dem/der jeweils anderen schwerfallen.
d) Tauscht die Aufgaben aus und löst sie.
e) Besprecht eure Ergebnisse.

Das Komma bei Partizipgruppen **8**

1. In **Partizipgruppen** bildet ein **Partizip** (*lachend, gelungen*) zusammen mit mehreren Wörtern eine Fügung: *Vor dem Bild, eine Blumenwiese darstellend, stehen viele Betrachter.*
2. Kommas **müssen** stehen, wenn die Partizipgruppe **im Satz** (*siehe Punkt 1*) oder am Ende steht: *Nach der Wanderung schlief er erschöpft ein, nach kurzer Zeit laut schnarchend.*
3. Ein Komma **kann** stehen, wenn die Partizipgruppe am Satzanfang steht: *Bald laut schnarchend(,) schlief er nach der Wanderung ein.*

Das Komma in komplexen Satzverknüpfungen **9**

1. In Gesprächen oder Texten werden oft mehrere Teilsätze aneinandergereiht:

Die Klimaforscher, Fachleute verschiedener
Hauptsatz Teil 1 — Apposition

Disziplinen, nennen die Klimaerwärmung,
Hauptsatz Teil 2

die gerade viele Menschen beschäftigt, eine
Relativsatz

große Gefahr für die nahe Zukunft, weil damit
Hauptsatz Teil 3

zum Beispiel viele Gebiete so trocken werden,
Nebensatz mit Konjunktion

dass es dort zu Ernteausfällen kommen wird.
Nebensatz mit *dass*

2. Gehe so vor:
a) Suche Subjekt und Prädikat des Hauptsatzes.
b) Markiere den gesamten Hauptsatz.
c) Suche, was als Sinneinheit zusammengehört, trenne die einzelnen Teilsätze durch Kommas.

4.3 (1) die Grundregeln der Rechtschreibung, Zeichensetzung und Grammatik sicher beherrschen (u. a. Nominalisierungen von Pronomen, Präpositionen und Konjunktionen), um eigene Texte fehlerfrei zu verfassen und fremde zu überarbeiten · 4.3 (4) eigene Fehlerschwerpunkte erkennen und diese gezielt mithilfe entsprechender Übungen und Programme bearbeiten

Fit für den M-Abschluss

Auf dieser Doppelseite findest du Aufgaben, die dir helfen, dich auf die Prüfung zum mittleren Schulabschluss an der Mittelschule vorzubereiten. Bearbeite sie zunächst alleine und tausche dich dann mit Mitschülerinnen und Mitschülern darüber aus. Gebt euch gegenseitig Feedback.

Klima und Eisbären

Ob die jetzige die letzte Generation ist, die Eisbären in freier Wildbahn beobachten kann? Die Besatzung der „Polarstern“ konnte noch die Nahrung suchenden Tiere fotografieren. In „Mit eigenen Worten“ werden immer wieder Themen zum Klimawandel und zur Umweltverschmutzung, zwei drängenden Problemen der Gegenwart, aufgegriffen. Auch das Forschungsschiff „Polarstern“, welches ein Jahr lang im Eis eingeschlossen zum Nordpol driftete und das Klima der Arktis, meist in dunkler Nacht, erforschte, wurde schon erwähnt. Was von hier aus so fern anmutet, ist doch von großer Bedeutung. Das Auswerten der gesammelten Daten wird zwar einige Jahre dauern, aber etwas Bedrückendes steht jetzt schon fest: Das Eis der Arktis und auch der Antarktis schmilzt schneller als gedacht. Das Ziel, das Klima zu schützen, wird immer schwieriger zu erreichen. Das Verhalten der Menschen ist schuld daran. Am Nordpol kann es schon bald Sommer geben, die völlig eisfrei sind, wie die Wissenschaftler schlussfolgern. Hitzesommer bei uns sind die Folge. Da kann einem angst und bange werden, sofern diese Prognosen eintreten. Und zusätzlich schwindet am Nordpol das Ozon, das die Lebewesen vor der Sonneneinstrahlung schützt. All das ist für die Eisbären, die Fleisch fressenden Riesen der Arktis, kein gutes Omen.

1 a) Lies den Text „Klima und Eisbären“.
b) Begründe die Schreibung der farbig markierten Teile schriftlich: Groß- und Kleinschreibung, Getrennt- und Zusammenschreibung und die Kommasetzung.

2 Schreibe einen kurzen Text zum Thema *Klimawandel*. Wähle dafür eine der folgenden Möglichkeiten aus:

- *Berichte von einem (fikitven) Erlebnis, das mit dem Klimawandel zu tun hat.*
- *Erzähle, wie du dir die zukünftige Welt infolge des Klimawandels vorstellst.*
- *Verfasse einen Brief an einen Freund / eine Freundin, in dem du ihm/ihr Tipps dazu gibst, wie er/sie klimafreundlicher leben kann.*
- *Verfasse einen Aufruf für mehr Klimaschutz.*

3 a) Lies deinen Text selbst Korrektur. Wende dafür Rechtschreibstrategien an (→ siehe S. 232).
b) Tauscht eure Texte zu zweit aus und lest den Text des/der anderen Korrektur.

4 a) Ordne deine Fehler aus Aufgabe 3 den Bereichen *Groß- und Kleinschreibung*, *Getrennt- und Zusammenschreibung* und *Kommasetzung* zu.
b) Bearbeite Übungen in diesem Buch zu dem Bereich, in dem du die meisten Fehler hattest.

4.3 (1) die Grundregeln der Rechtschreibung, Zeichensetzung und Grammatik sicher beherrschen […], um eigene Texte fehlerfrei zu verfassen und fremde zu überarbeiten · 4.3 (3) gesicherte Rechtschreibstrategien […] anwenden […] · 4.3 (4) eigene Fehlerschwerpunkte erkennen und diese gezielt mithilfe entsprechender Übungen und Programme bearbeiten

5 Notiere das in Klammern angegebene Wort in der richtigen Groß- bzw. Kleinschreibung.

a) Der ideenlose Angriff der Heimmannschaft gibt sich der Lächerlichkeit (preis/Preis).
b) Der Bus ist leider (schuld/Schuld) an meinem (zuspätkommen/Zuspätkommen).
c) Ok, aber du kommst zum wiederholten (male/Male) zu spät. Dein (entschuldigen/Entschuldigen) macht es auch nicht besser.
d) Ich sag dir (mal/Mal) was (anderes/Anderes): (hast/Hast) du schon mal daran gedacht, einen Bus (früher/Früher) zu fahren?

6 Schreibe den Satz in richtiger Rechtschreibung und mit richtiger Zeichensetzung auf.

a) WENNWIRBEIMDEBATTIERENAUFEINAN DERZUGEHENWIRDDASFINDENUNDAKZEP TIERENGEMEINSAMERLÖSUNGENAMWAH RSCHEINLICHSTEN
b) OHNEWENNUNDABERAUCHOHNEZUZÖGE RNENTSCHIEDDERSCHIEDSRICHTERAUFE LFMETERUNDGABDAZUDIEROTEKARTE

7 a) Nur einer der nachfolgenden Sätze ist richtig geschrieben. Notiere ihn.

1 Wir waren in den letzten Tagen an der Friesischen Küste, wo man schon von Fern das Meer sehen konnte.
2 Ich mag gerne Rote Beete wie es sie heute abend als Salat gibt, als Beilage zum Steak.
3 Im Dreißigjährigen Krieg wurden weite Landstriche, selbst unwegsame wie auf der Schwäbischen Alb, von schwedischen Truppen besetzt.

b) In den anderen beiden Sätzen sind insgesamt vier Fehler. Finde sie und notiere den Satz richtig.
c) Begründe die richtige Schreibung.

8 Begründe die Kommasetzung in folgendem Satz.

Das Grundgesetz der Bundesrepublik Deutschland, einst erstellt am bayerischen Chiemsee, wirkt durch die festgeschriebenen Grundrechte stets so zeitgemäß, dass es als Wegweiser für das Miteinander von Staat und Bürgern/Bürgerinnen gelten kann.

9 Notiere für die gekennzeichneten Rechtschreibfälle je eine geeignete Rechtschreibstrategie.

1 Der Radfahrer qu**ä**lt sich den Berg hoch.
2 Noch tre**nn**t ihn ein letzter Anstieg vom Pass.
3 Er sie**h**t schon die Markierung: 2100 m.
4 Oben angekommen, schaut er auf das weite Lan**d**.
5 So hat sich das mühevolle **A**bschuften doch delo**h**nt.
6 Es folgt noch ein **B**ergabfahren, bevor er an seiner Pension angekommen ist.

10 Im folgenden Text befinden sich fünf Fehler. Schreibe den Text fehlerfrei auf.

Selbst der beste Rechtschreiber stöst manchmal an seine Grenzen, wenn zum Beispiel ungewönliche Wörter oder Wentungen in einem Text vorkommen. Aber die Hauptsache ist doch dass er sich zu helfen weiß: er schlägt in einem Wörterbuch, auch online, nach.

4.3 (1) die Grundregeln der Rechtschreibung, Zeichensetzung und Grammatik sicher beherrschen […], um eigene Texte fehlerfrei zu verfassen und fremde zu überarbeiten · 4.3 (3) gesicherte Rechtschreibstrategien zur individuellen Fehlervermeidung und Fehlerbehebung in selbst verfassten und fremden Texten anwenden […]

Sprache ändert sich

1 a) Betrachte das Bild und besprecht zu zweit, was darauf zu sehen ist.
b) Versucht zu zweit mithilfe des Bildes die Bedeutung des Wortes *Bandsalat* zu erklären.
c) Sucht noch weitere Wörter, die heutzutage nicht mehr genutzt werden.
d) Besprecht eure Ergebnisse in der Klasse.

2 a) Lies den folgenden Text.

Corona und Sprache
Der Distanzunterricht der vergangenen Pandemie-Zeit hat nicht wirklich begeistern können. Beim Homeschooling im Lockdown hat so mancher die Schule und die Freunde vermisst. Wer hätte das gedacht?
Die Corona-Pandemie hat aber auch anderweitig in unserer Sprache Einzug gefunden. In Teststationen wurden Abstrichzentren eingerichtet, während der schlimmsten Zeit gab es ein Beherbergungsverbot. In vielen Orten fanden Balkonkonzerte statt. Nur Querdenker hielten sich nicht an die Regeln und verweigerten die Alltagsmaske. Inzidenzwerte spielten eine Rolle. Erkannte Superspreader wurden in Quarantäne geschickt und das Termin-Shopping nannte man auch „Click and Meet“ oder „Click and Collect“.

b) Suche im Text Wörter, die im Laufe der Corona-Pandemie neu entstanden sind, und notiere sie.
c) Ergänze deine Notizen um weitere neu entstandene Wörter, die du kennst.
d) Diskutiert, warum neue Wörter entstehen.

3 a) Besprecht, welche Schwierigkeiten sich bei der Schreibung dieser neuen Wörter ergeben können.
b) Besprecht, wie ihr mit diesen Schwierigkeiten umgehen könnt.

4 a) Lies die Sätze und finde die Schreibung vor der Rechtschreibreform heraus. Stelle die heute richtige gegenüber.
b) Diskutiert, welchen Zweck die Rechtschreibreform hatte.

1 Sie parkte ein und schloß den Wagen ab.
2 Die Schiffahrt war schön.
3 Der Schlußstand des Finales ist 89 : 75.
4 Wer hätte gedacht, daß wir gewinnen.

Tipp

zu 4 a)
1902 wurden in Deutschland die Rechtschreibregeln von **Konrad Duden** für verbindlich erklärt. Diese Regeln wurden ab **1996** überarbeitet (**Rechtschreibreform**). Seither legt der **Rat für Rechtschreibung** die Regeln fest.

Änderungen gab es vor allem bei der Schreibung des -ß nach kurz gesprochenem Vokal: aus *Schloß* wurde *Schloss*. Und bei Wortzusammensetzungen werden alle Buchstaben beibehalten: *Schrittempo* → *Schritt* + *Tempo* = *Schritttempo*.

4.1 (2) die Mehrsprachigkeit (andere Erstsprache, Fremdsprachen) sowie Einblicke in die Sprachgeschichte des Deutschen (z. B. Änderungen der Rechtschreibung) zur Entwicklung von Sprachbewusstsein und zum Sprachvergleich nutzen · 4.3 (2) häufig vorkommende Wörter mit rechtschriftlichen Besonderheiten sowie Fach- und Fremdwörter […] richtig schreiben

Sich gleichberechtigt ausdrücken

1 a) Skizziere die folgende Szene:
Bei meiner Entlassung aus dem Krankenhaus verabschiedeten sich die Ärzte von mir.

b) Skizziere die folgende Szene:
Bei meiner Entlassung aus dem Krankenhaus verabschiedeten sich die Ärzte und Ärztinnen von mir.

c) Besprecht zu zweit für eure Skizzen, worin sich die Versionen aus a) und b) unterscheiden.
d) Diskutiert, ob beide Schreibweisen geeignet sind, wenn männliche und weibliche Personen gemeint sind.

2 a) Lies die Sätze und entscheide, welche der Formen nicht zugelassen sind. Hinweise dazu findest du in der *Lernbox*.

1 Alle angemeldeten *Bewohner*innen* dürfen in ihrem Wahllokal an der Wahl teilnehmen.
2 Die *Lehrer_innen* verabschieden ihre Klassen.
3 Die *VerkäuferInnen* treffen sich zu einer Betriebsversammlung.
4 Für die *Buchhändler/-innen* ist die Messe ein wichtiger Termin.
5 Sie treffen dort viele *Kolleg/innen.*
6 Viele *Schriftsteller_innen* sind anwesend.
7 Auch *Politiker:innen* lassen sich dort sehen.
8 Am letzten Tag ist die Buchmesse für *Käuferinnen und Käufer* geöffnet.
9 Viele *Leser/Leserinnen* nutzen das Angebot.

b) Notiere die nicht zugelassenen Formen in einer Schreibweise, die zugelassen ist.
c) Besprecht eure Ergebnisse.

3 Diskutiert, ob eurer Meinung nach geschlechterübergreifende Formen, wie in Aufgabe 1b), verwendet werden sollten.

4 a) Besprecht zu zweit die Vor- und Nachteile folgender Alternativen für einige der Sätze aus Aufgabe 2:
Wer im Einzugsgebiet des Wahllokals wohnt, …
Für diejenigen, die im Buchhandel tätig sind, …
Viele, die gerne lesen, nutzen …
b) Sucht nach weiteren Umschreibungen.
c) Diskutiert, ob solche Umschreibungen eine geeignete Alternative darstellen.

Lernbox

Sprache und Rechtschreiben im Wandel

Im Deutschen werden viele Bezeichnungen mit dem **generischen Maskulinum** ausgedrückt. Wir sagen „*Ich gehe heute zum Arzt*“, auch wenn dieser eine Ärztin ist. Dabei wird aber nicht deutlich, ob nur männliche Personen gemeint sind oder auch weibliche. Deswegen wurden folgende Alternativen eingeführt:

1 Beim **Sprechen** wird eine winzige Pause eingelegt, z. B. alle *Bewohner[|]innen.* Das Zeichen *[|]* steht für eine kurze Pause. Man nennt das den **Glottisschlag**.

2 Beim **Schreiben** sind vom Rat für Rechtschreibung zugelassen:
a) Die **Doppelnennung**: *Bürgerinnen und Bürger*; *Bürgerinnen/Bürger*.
b) **Schrägstrich und Ergänzungsstrich oder Klammern:** *Bewohner/-in*, *Bewohner(in)*; auch in der Kurzform: *Kolleg/-innen.*
c) Wenn sich der Vokal ändert, gibt es keine Verkürzung: *Arzt/Ärztin.*

3 Alle anderen manchmal gebrauchten Formen, z. B. mit dem *Asterisk ** in *Schüler*in*, sind nicht zulässig.

Allerdings kann und wird sich die Sprache weiterhin verändern – und damit auch ihre Regeln.

4.1 (2) […] Einblicke in die Sprachgeschichte des Deutschen (z. B. Änderungen der Rechtschreibung) zur Entwicklung von Sprachbewusstsein und zum Sprachvergleich nutzen · 4.3 (2) häufig vorkommende Wörter mit rechtschriftlichen Besonderheiten sowie Fach- und Fremdwörter in unterschiedlichen Verwendungssituationen richtig schreiben

Eine Lernlandschaft erstellen

1 a) Lies den Text und betrachte die Bilder.
b) Mache dir Notizen zum Text.

2 Besprecht zu zweit, was ihr über das Thema „Barock“ im Text erfahren habt und was ihr bereits wusstet.

3 a) Tauscht euch zu zweit darüber aus, welche barocken Gebäude (Schlösser, Kirchen, Gärten etc.) ihr kennt.
b) Tauscht euch gemeinsam in der Klasse darüber aus.

König Ludwig XIV.

Residenz Würzburg

Spiegelsaal im Schloss Linderhof

Wieskirche

Der Barock

Dem Barock voraus ging die Kunst der Renaissance. Der Begriff „*Barock*“ bezeichnet einen Stil, der sich in der Zeit von 1600 bis 1750 in der Kunst, in der Literatur, aber auch in der Musik durchgesetzt hat und diese Zeit wesentlich prägte. Als die Zeit des Barock begann, wütete der Dreißigjährige Krieg (1618–1648) in Europa.

Wenn du vor einer prachtvollen Kirche oder einem prunkvollen Schloss stehst, ist das wahrscheinlich eine Barockkirche oder ein Barockschloss.

Mit allen Verzierungen kann dieser Stil auch ziemlich überladen wirken. Aber genau das hat eben vielen Menschen der Barockzeit gefallen. Die Kunst des Barock entstand in der Zeit des Absolutismus. Nach Vorbild des französischen Königs Ludwigs XIV. wollten alle bedeutenden kleinen und großen Fürsten ihrer Zeit ihre Macht mittels prachtvoller Bauten zeigen. So bauten sie ein prunkvolles Schloss nach dem anderen. Die meisten konnten sich das allerdings gar nicht leisten. Diese Schlösser besaßen oft große Innenhöfe und es schlossen sich prachtvolle Parkanlagen und wunderschöne Gärten an die Schlossbauten an. Das Innere der Räume wurde mit fantasievollen Gemälden ausgestattet.

Die bekanntesten Komponisten der Barockzeit sind unter anderem Johann Sebastian Bach und Antonio Vivaldi.

In der Literatur geht es oft um die Vergänglichkeit, die Nichtigkeit des Lebens und im Gegensatz dazu aber auch um die Freude am Leben. Berühmte Vertreter der Barock-Literatur sind zum Beispiel Andreas Gryphius und Martin Opitz.

(verändert)

3.2 (3) wesentliche Formen der Informationsverdichtung und -darstellung nutzen, auch für medial gestützte Präsentationen und zur Prüfungsvorbereitung (z. B. Abstract, Inhaltszusammenfassung)

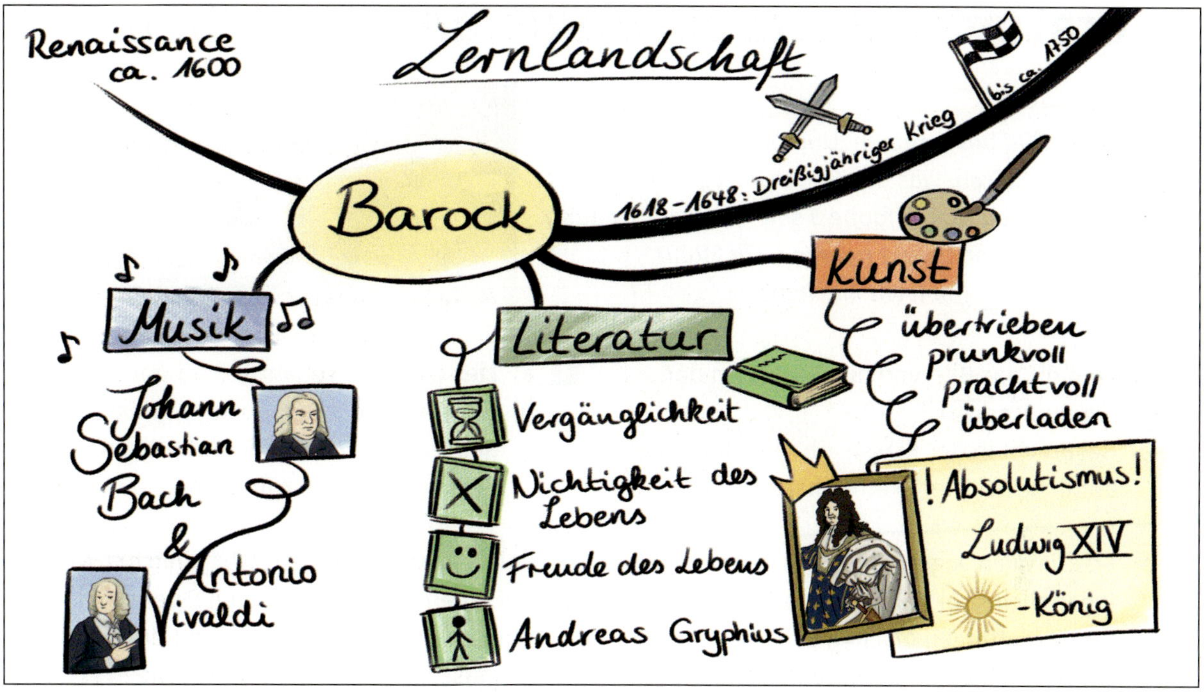

4 a) Sieh dir die Lernlandschaft oben an.
b) Finde die Begriffe aus der Lernlandschaft im Text auf der vorigen Seite wieder und markiere sie auf COPY 40 oder schreibe sie heraus.

5 Überprüft zu zweit, ob die Lernlandschaft alle wichtigen Informationen aus dem Text enthält.

6 a) Lies die *Lernbox.*
b) Besprecht mithilfe des Bildes oben, was ihr zur Erstellung einer Lernlandschaft nutzen könnt.

7 Erkläre mit eigenen Worten, wie du bei der Erstellung einer Lernlandschaft vorgehst.

8 a) Präsentiere mithilfe der Lernlandschaft oben das Thema „Barock".
b) Besprecht, wie euch die Lernlandschaft bei der Präsentation geholfen hat.

9 Erstelle eine Lernlandschaft zu einem der folgenden Themen:
– *Text aus der Zeit des Barock*
– *barocke Bauten (Schloss, Kirche, Gartenanlage …)*
– *Autor/-in oder Komponist/-in aus der Zeit des Barock*

Lernbox

Lernlandschaft

Mithilfe einer **Lernlandschaft** verschaffst du dir einen **Überblick** über ein **Thema** oder einen **Text**.
Dabei gehst du folgendermaßen vor:
1 **Lies** den Text und **markiere** die wichtigsten **Informationen**.
2 Nimm ein leeres **Blatt** und schreibe das **Thema** deiner Lernlandschaft an eine beliebige Stelle.
3 Notiere alle **wichtigen Informationen** aus dem Text auf dem Blatt. Nutze dafür zum Beispiel: *Stichpunkte, Zeichnungen, Überbegriffe und Bilder.*

3.2 (1) individuelle Planungsübersichten zu komplexen inhaltlichen Zusammenhängen und aktuellen Ereignissen erstellen und die Ergebnisse reflektieren · 3.2 (3) wesentliche Formen der Informationsverdichtung und -darstellung nutzen, auch für medial gestützte Präsentationen und zur Prüfungsvorbereitung (z. B. Abstract, Inhaltszusammenfassung)

Operatoren und Arbeitsaufträge verstehen

*Ich soll das Bild **beschreiben**. Und dann auch noch **erklären**, was das Sprichwort **„Sport ist Mord“** bedeutet. Bei Aufgabe 3 soll ich dann **Stellung** zu diesem Sprichwort **nehmen**. Oh Mann – was soll ich machen?*

1 a) Sieh dir das Bild und die Gedanken der Jugendlichen an.
b) Besprecht in der Klasse, ob ihr schon mal ähnliche Schwierigkeiten hattet.

2 a) Erklärt euch gegenseitig, was genau die Jugendliche bei den einzelnen Arbeitsaufträgen machen soll.
b) Vergleicht eure Ergebnisse in der Klasse.

3 a) Lies die *Lernbox*.
b) Überprüft zu zweit, ob eure Erklärungen aus Aufgabe 2 a) für die Arbeitsaufträge der Jugendlichen zutreffen.

4 Spielt in Kleingruppen „Wer bin ich?“. Notiert auf einem Klebezettel einen Operator, klebt ihn jemandem an die Stirn und der-/diejenige muss ihn durch geschickte Fragen erraten.

Lernbox

Operatoren verstehen

Operatoren (= handlungsanzeigende Verben) sind **Signalwörter**, die in Aufgaben darüber Auskunft geben, was bei der jeweiligen Aufgabe zu tun ist. Hier findest du eine Auswahl an Operatoren.

Operator	Erklärung	Beispiel
nennen/ notieren	Geforderte Informationen aufzählen, ohne sie dabei zu erklären oder zu bewerten.	*„**Notiere** die Hauptfiguren des Textes.“*
beschreiben/ darlegen	Genaue, umfassende und sachliche Informationen zusammenhängend und wertungsfrei wiedergeben.	*„**Beschreibe** das Bild.“*
erklären/ erläutern	Einen Sachverhalt (z. B. Ursachen, Folgen) in einen Zusammenhang einordnen und begründen.	*„**Erkläre**, was der Spruch ‚Sport ist Mord‘ bedeutet.“*
begründen	Eine Aussage oder einen Sachverhalt durch nachvollziehbare Argumente untermauern.	*„**Begründe** die Farbwahl deines Plakats.“*
bewerten/ beurteilen	Kriterienorientiert ein Urteil zu einem Sachverhalt, einer Aussage, Maßnahme oder Behauptung fällen und wertend kommentieren.	*„**Bewerte** die Maßnahmen zur Verringerung von Plastikmüll.“*
überprüfen/ prüfen	Vorgegebene Sachverhalte oder Behauptungen anhand des eigenen Wissens oder Materials auf ihre Richtigkeit oder Logik untersuchen.	*„**Prüfe** die Wirksamkeit der Maßnahmen anhand des Textes.“*

1.1 (1) Gesprächsbeiträge anderer sinnerfassend und vernetzend verfolgen, um daraus Informationen aufzunehmen und kritisch zu bewerten · 4.1 (1) die Herkunft und Bedeutung ausgewählter Begriffe aus Fachsprachen aufzeigen [...]

- Informationen begründet und überlegt sortieren
- analysieren
- Informationen grafisch darstellen (Fließschema, Diagramm, Mindmap etc.)
- gliedern, abgrenzen
- erstellen
- Gemeinsamkeiten und Unterschiede gewichtend gegenüberstellen und ein Ergebnis formulieren
- vergleichen
- Materialien und Informationen systematisch untersuchen und auswerten
- ein- oder zuordnen
- nach Ordnungsmerkmalen sortieren und in eine logische Reihenfolge bringen

5 Schüler/-innen haben Operatoren und ihre Erklärungen auf Wortkarten notiert. Doch leider ist alles durcheinandergeraten.
a) Schreibe die Operatoren auf.
b) Ordne ihnen die passende Erklärung zu.
c) Vergleicht gemeinsam eure Lösungen.

6 Wähle eine der folgenden Aufgaben aus:
a Sucht zu zweit im Buch nach Aufgaben mit den Operatoren aus der Abbildung und erklärt euch abwechselnd den Arbeitsauftrag.
b Überlegt euch zu zweit eigene Arbeitsaufträge zu den Operatoren aus der Abbildung und erklärt euch abwechselnd den Arbeitsauftrag.

7 a) Lies die *Lernbox*.
b) Lege eine Tabelle wie die abgebildete an.
c) Suche fünf verschiedene Operatoren im Buch und fülle die Tabelle aus. Hinweise dazu findest du in der *Lernbox*.

Operator	Ich soll ...
nennen	... geforderte Informationen aufzählen, ohne sie dabei zu erklären oder zu bewerten.
XXX	XXX

d) Vergleicht in Kleingruppen.

8 Lege eine Liste mit allen besprochenen Operatoren an und notiere dazu, was sie bedeuten. Ergänze die Liste im Laufe des Schuljahres.

Lernbox

Arbeitsaufträge verstehen

Beispielaufgabe:
Erkläre die Schreibweise des Wortes „Mäuse".

1 Lies den Arbeitsauftrag genau.
2 Markiere den Operator (das Verb).
Erkläre die Schreibweise des Wortes „Mäuse".
3 Verdeutliche, was der Operator bedeutet.
Erkläre = Ich soll einen Sachverhalt (= Schreibweise mit „äu") in einen Zusammenhang einordnen und begründen.
4 Suche die **Antwort** im Text oder denke über die Antwort nach.
Das Wort „Mäuse" wird mit „äu" geschrieben, weil Mäuse der Plural von Maus ist. Dabei wird ein „au" zu „äu". Herausfinden kann man das durch den Singular „Maus".
5 Überprüfe deine Antwort, indem du die Aufgabe und deine Lösung nochmals liest.

Einen Prüfungsvorschlag auswählen

Auf den Seiten 255–258 findest du zwei Prüfungsvorschläge (A und B), wie sie in der Prüfung zum mittleren Schulabschluss an der Mittelschule vorkommen können. Der eine Prüfungsvorschlag basiert auf einem Sachtext (A), der andere auf einem literarischen Text (B). In der Prüfung wirst du einen von zwei Prüfungsvorschlägen auswählen dürfen.

1 a) Verschaffe dir einen groben Überblick über die Texte und Aufgaben der beiden Prüfungsvorschläge auf den Seiten 255–258.
b) Lies die Texte und Aufgaben der beiden Prüfungsvorschläge aufmerksam durch.
c) Entscheide dich für einen der beiden Prüfungsvorschläge.

2 a) Lies die Bearbeitungshinweise aufmerksam durch.
b) Besprecht gemeinsam in der Klasse, was die einzelnen Bearbeitungshinweise im Detail für euch bedeuten.

3 Bearbeite deinen ausgewählten Prüfungsvorschlag alleine.

Tipp

zu 1b)
Achte beim Lesen jeder Aufgabe darauf, um welchen Operator es sich handelt und was dieser bedeutet.

zu 1c)
1 Lass dir genügend Zeit beim Treffen deiner Entscheidung.
2 Berücksichtige bei deiner Entscheidung besonders, wie gut du den jeweiligen Text verstanden hast, auf dem der Prüfungsvorschlag basiert.
3 Sobald du dich für einen Prüfungsvorschlag entschieden hast, konzentriere dich auf diesen und lege den anderen beiseite.

Bearbeitungshinweise

- Bearbeiten Sie die Aufgaben möglichst in der angegebenen Reihenfolge auf einem gesonderten Blatt.
- Schreiben Sie grundsätzlich in ganzen Sätzen, außer in der Aufgabe wird etwas anderes gefordert.
- Achten Sie auf eine saubere äußere Form. (→ Abzug von insgesamt bis zu 2 Punkten möglich)
- Achten Sie auf eine korrekte Rechtschreibung*. (→ Abzug von insgesamt bis zu 3 Punkten bei den Aufgaben 1 bis 6 möglich)
- Ein deutschsprachiges Wörterbuch in Printform ist **erlaubt**.

* Bei Schülerinnen und Schülern mit einer anerkannten Rechtschreibstörung führen Rechtschreibfehler nicht zu Punktabzug (vgl. § 34 Abs. 7 BaySchO). Grammatik und Zeichensetzung fließen in die Bewertung ein.

4 a) Prüfe, nachdem du deinen Prüfungsvorschlag bearbeitet hast, ob du alle Bearbeitungshinweise berücksichtigt hast.
b) Überarbeite deine Aufgaben, wenn nötig.

5 a) Besprecht die Aufgaben gemeinsam.
b) Besprecht gemeinsam, was euch bei der Bearbeitung leicht-/schwergefallen ist.
c) Überlege still für dich, was du beim nächsten Mal anders machen würdest.

Einen Prüfungsvorschlag (A) bearbeiten

Globaler Wandel
Von Martina Frietsch

Die Erde wandelt sich ständig – ein natürlicher Prozess, langsam, für uns Menschen kaum zu spüren. Doch seit Beginn der Industrialisierung vor rund 150 Jahren beschleunigt sich der Wandel. Ein Wandel, den der Mensch verursacht und den die Natur nicht verkraftet. [...]

Sichtbar von oben

Wer die Erde von oben betrachtet, kann den globalen Wandel sehen: Seen trocknen aus, Gletscher schmelzen ab, riesige Waldflächen sind gerodet, Wüsten greifen um sich und Städte ufern aus. Der globale, also weltweite Wandel wird oft nur unter dem Umweltgesichtspunkt betrachtet, doch er bedeutet wesentlich mehr.

Seit den 1980er-Jahren steht der Begriff für die tiefgreifenden Veränderungen auf unserem Planeten. Er umfasst Klimaänderungen, geänderte Landnutzung, globale Umweltschäden, die Bevölkerungsentwicklung der Erde und den Verlust von Artenvielfalt. Kurzum: alles, was zum System Erde gehört, sich gegenseitig beeinflusst und voneinander abhängig ist. [...]

Ungebremstes Wachstum der Städte

Die Menschheit ernährt sich von dem, was in ländlichen Regionen produziert wird. Doch zum Leben zieht es viele in die Städte. Mehr als die Hälfte der Weltbevölkerung wohnt heute in Städten, in den USA sind es gar 79 Prozent der Bevölkerung. Zur gleichen Zeit wächst die Weltbevölkerung rasant: 1950 gab es weltweit rund 2,5 Milliarden Menschen, im Jahr 2019 waren es 7,7 Milliarden.

Mit der Weltbevölkerung wachsen auch die Städte, neue urbane Gebiete entstehen. Die Städte sind sicher die radikalste Umgestaltung der Erde, ihr Flächenverbrauch ist aber nicht das eigentliche Problem. [...] Oft kann die Infrastruktur – beispielsweise Versorgung mit Wasser und Energie, Müll- und Abwasserentsorgung – mit der steigenden Bewohnerzahl nicht mithalten. Die Folge sind riesige Slums mit unzureichender Hygiene und Einwohnern, die oft unter dem Existenzminimum leben. Dennoch ist in vielen Ländern die Landflucht ungebrochen. [...]

Neben den Problemen, die von Menschen verursacht sind, drohen großen Städten jedoch auch Gefahren aus der Natur: Dazu gehören Hitze- und Dürrewellen, Hurrikane, Überflutungen, Erdbeben. Solche Ereignisse richten [...] verheerende Schäden an und wirken sich besonders dort stark aus, wo viele Menschen auf einem Raum leben.

Den Ballungsräumen droht eine weitere Gefahr, die durch die Globalisierung noch beschleunigt wird: Infektionskrankheiten. Sie können sich heute binnen weniger Wochen rund um den Erdball verbreiten und dort zuschlagen, wo sich besonders viele Menschen auf engem Raum befinden: in den Städten.

2.3 (2) selbständig, sicher und kritisch den Informationsgehalt komplexer kontinuierlicher und diskontinuierlicher Texte auch unter Einbeziehung ihrer Funktion (z. B. Informationstexte, Appelltexte, Deklarationstexte) werten und begründete Schlussfolgerungen daraus ziehen

1 Autoren/-innen verfolgen mit ihren Texten eine bestimmte Absicht und wählen dementsprechend die Textsorte aus.

a) Bestimmen Sie die Textsorte des Textes „Globaler Wandel“ und notieren Sie ein typisches Merkmal dieser Textsorte. (1 P.)

b) Stellen Sie die Absicht der Autorin dar. Zitieren Sie dafür auch zwei Textstellen, die diese verdeutlichen. Achten Sie auf eine korrekte Zitierweise. (2 P.)

2 Die Autorin verwendet das Stilmittel der Verallgemeinerung.

a) Zitieren Sie zwei Beispiele für Verallgemeinerungen aus dem Text. (1 P.)

b) Erläutern Sie die Wirkung des Stilmittels im Text. (1 P.)

3 Erklären Sie die Bedeutung der unterstrichenen Ausdrücke in den folgenden beiden Sätzen mit eigenen Worten.

a) „Die Städte sind sicher die radikalste Umgestaltung der Erde“ (Z. 36–38). (1 P.)

b) „Dennoch ist in vielen Ländern die Landflucht ungebrochen“ (Z. 46 f.). (1 P.)

4 „Die Erde wandelt sich ständig“ (Z. 1). Erläutern Sie diese Aussage ausführlich in einem zusammenhängenden Text mit eigenen Worten. Zitieren Sie dafür auch zwei Textstellen, die Ihre Erläuterung belegen. Achten Sie auf eine korrekte Zitierweise. (3 P.)

5 Verfassen Sie eine kurze Inhaltszusammenfassung des Textes. (4 P.)

6 a) Beschreiben Sie das Schaubild M 1. (3 P.)

b) Stellen Sie einen Zusammenhang zwischen dem Schaubild und dem Text her. Schreiben Sie einen zusammenhängenden Text. (3 P.)

7 Erörtern Sie die Vor- und Nachteile der Verstädterung der Welt und legen Sie ihre eigene Position dar. Verwenden Sie dafür auch Informationen aus dem Text und M1. Erstellen Sie vorab eine strukturierte Gliederung zum Thema.
Achten Sie auf einen grammatisch und rechtschriftlich korrekten Text. (Umfang ca. 600 Wörter/3 Seiten bei mittlerer Schriftgröße) (22 P.)

8 Schreiben Sie sich selbst einen Brief aus der Zukunft und erzählen Sie sich, wie sich die Welt in den letzten 50 Jahren gewandelt hat. Setzen Sie dabei sprachliche und stilistische Mittel des erzählenden Schreibens ein.
Achten Sie auf einen grammatisch und rechtschriftlich korrekten Text. (Umfang ca. 200 Wörter/1 Seite bei mittlerer Schriftgröße) (8 P.)

M 1

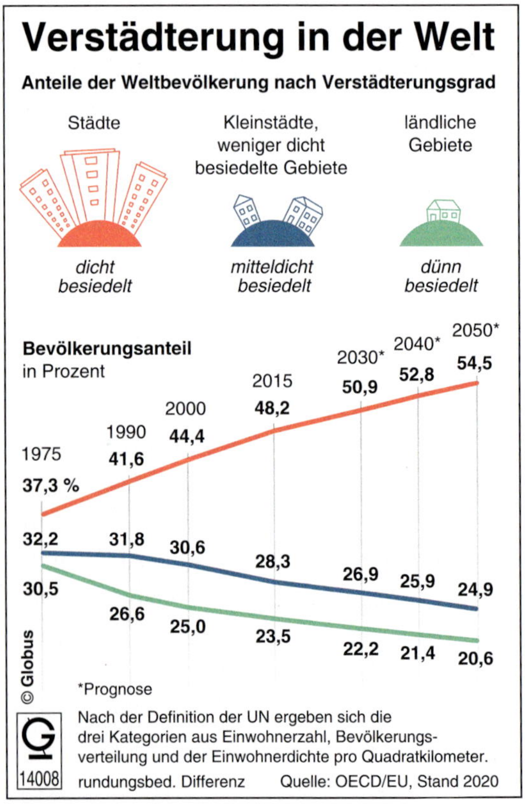

2.3 (1) komplexe pragmatische Texte aus unterschiedlichen Medien zur Entwicklung von Standpunkten [...] nutzen [...] · 2.3 (3) zwischen Information und Wertung unterscheiden, Zusammenhänge zwischen Textmerkmalen, unterschiedlichen Sprachcodes [...], um die Intention eines Textes zu erkennen

Einen Prüfungsvorschlag (B) bearbeiten

Die Erde spricht !!!!!
Von Hilde Philippi

Ihr habt mir großen Schmerz bereitet,
habt mich verletzt und ausgebeutet.
Seit ewig hab ich euch gegeben,
was alles ihr gebraucht zum Leben.

Ich gab euch Wasser, Nahrung, Licht,
lang hieltet ihr das Gleichgewicht,
habt urbar mich gemacht, gepflegt,
was ich euch bot, betreut, gehegt.

Doch in den letzten hundert Jahren
ist Satan wohl in euch gefahren.
Was in mir schlummert, wird geraubt,
weil ihr es zu besitzen glaubt.

Ihr bohrt nach Öl an tausend Stellen,
verschmutzt die Meere, Flüsse, Quellen,
umkreist mich sinnlos Tag und Nacht,
seid stolz, wie weit ihr es gebracht.

Habt furchtbar mich im Krieg versehrt,
kostbaren Lebensraum zerstört,
habt Pflanzen, Tiere ausgerottet,
wer mahnt, der wird von euch verspottet –
kennt Habgier, Geiz und Hochmut nur
und respektiert nicht die Natur.
Drum werde ich jetzt Zeichen setzen
und euch, so wie ihr mich, verletzen.

Ich werde keine Ruhe geben,
an allen meinen Teilen beben,
schick euch Tsunamiwellen hin,
die eure Strände überziehn.
Vulkane werden Asche spein,
verdunkelt wird die Sonne sein.
Ich bringe Wirbelstürme, Regen,
bald werden Berge sich bewegen,

was himmelhoch ihr habt errichtet,
mit einem Schlag wird es vernichtet,
und Blitze, wie ihr sie nicht kennt,
lass fahren ich vom Firmament.

Ich kann es noch viel ärger treiben,
drum lasst den Wahnsinn endlich bleiben!
Hört, Menschen, was die Erde spricht –
denn ihr braucht sie, sie braucht euch nicht!

M1

2.3 (2) selbständig, sicher und kritisch den Informationsgehalt komplexer kontinuierlicher und diskontinuierlicher Texte auch unter Einbeziehung ihrer Funktion (z. B. Informationstexte, Appelltexte, Deklarationstexte) werten und begründete Schlussfolgerungen daraus ziehen

1 Autoren/-innen verfolgen mit ihren Texten eine bestimmte Absicht und wählen dementsprechend die Textsorte aus.

a) Bestimmen Sie die Textsorte des Textes „Die Erde spricht !!!!!" und notieren Sie ein typisches Merkmal dieser Textsorte. (1 P.)

b) Beschreiben Sie die Absicht der Autorin. Zitieren Sie dafür auch eine Textstelle, die dies verdeutlicht. Achten Sie auf eine korrekte Zitierweise. (1 P.)

2 a) Schreiben Sie zwei Beispiele für Personifikationen aus dem Text heraus. (1 P.)

b) Erläutern Sie die Wirkung des Stilmittels der Personifikation im Text. (1 P.)

c) Benennen Sie ein weiteres Stilmittel, das im Text verwendet wird, und belegen es mit einem Beispiel aus dem Text. (1 P.)

d) Erläutern Sie die Wirkung des Stilmittels aus Aufgabe 2 c). (1 P.)

3 Erklären Sie die Bedeutung der unterstrichenen Ausdrücke in den folgenden beiden Sätzen mit eigenen Worten.

a) „wer mahnt, der wird von euch verspottet" (Z. 20). (1 P.)

b) „und Blitze, wie ihr sie nicht kennt, lass fahren ich vom Firmament" (Z. 35 f.). (1 P.)

4 **Wahlaufgabe**

Der Text kann unterschiedlich interpretiert werden. Wählen Sie zur Bearbeitung **entweder** A) **oder** B) aus.

A) ***Deutungsansatz:*** *Die Erde ist verletzt vom Verhalten der Menschen, weil sie viel für die Menschen getan hat, die Menschen das aber nicht wertschätzen.*

Begründen Sie diese Deutung ausführlich und belegen Sie sie mit zwei passenden Textstellen. (4 P.)

oder:

B) **Deutungsansatz:** *Die Erde ist wütend auf die Menschen, weil die Menschen sie schlecht behandelt haben.*

Begründen Sie diese Deutung ausführlich und belegen Sie sie mit zwei passenden Textstellen. (4 P.)

5 Verfassen Sie eine kurze Inhaltszusammenfassung des Textes. (3 P.)

6 a) Beschreiben Sie die Karikatur M 1. (3 P.)

b) Schreiben Sie einen kurzen Tagebucheintrag aus Sicht der Erde in M 1 über ihren Gesundheitszustand. (2 P.)

7 Eine Zeit lang sind jeden Freitag Schülerinnen und Schüler zu den Demonstrationen der „Fridays for Future"-Bewegung gegen den Klimawandel gegangen.
Erörtern Sie kritisch, welche Chancen sich aus der „Fridays for Future"-Bewegung ergeben. Zeigen Sie anderseits aber auch auf, wo diese an Grenzen stößt. Kommen Sie schließlich zu einer eigenen Position.
Erstellen Sie vorab eine strukturierte Gliederung zum Thema.
Achten Sie auf einen grammatisch und rechtschriftlich korrekten Text. (Umfang ca. 600 Wörter/3 Seiten bei mittlerer Schriftgröße) (22 P.)

8 Verfassen Sie eine Antwort an die Erde aus dem Text, in der Sie sich stellvertretend für die Menschheit bei ihr entschuldigen.
Achten Sie auf einen grammatisch und rechtschriftlich korrekten Text. (Umfang ca. 200 Wörter/1 Seite bei mittlerer Schriftgröße) (8 P.)

2.2 (1) lyrische, epische und dramatische Werke aus dem Zeitraum vom Sturm und Drang bis zum 21. Jahrhundert auf der Basis erworbener literarischer Kategorien fachgerecht interpretieren · 3.2 (4) sich argumentativ mit komplexen Texten auseinandersetzen, dabei die Schlussfolgerungen plausibel begründen; stilsicher abwägende wie auch meinungsbildende Texte [...]

Eigene Texte planen und strukturieren

1 Betrachte das Bild rechts und lies die Sprechblase. Hat der Lehrer recht? Begründe deine Meinung.

2 Unten und auf der nächsten Seite findest du Ideen, um deine Gedanken zu strukturieren und deinen Text zu planen.

a) Notiere in Stichpunkten, wie deine Texte in der Regel aufgebaut sein sollten.

b) Ergänze, wodurch sich die einzelnen Teile (Einleitung, Hauptteil und Schluss) unterscheiden.

c) Tauscht euch zu zweit über eure Notizen aus und vergleicht eure Überlegungen mit der *Lernbox* auf der nächsten Seite.

3 Begründe, welche der Ideen 1–3 (→ Seiten 259–260) du am geeignetsten findest, um deinen eigenen Text zu planen.

4 Findet zu zweit passende Überpunkte aus der *Lernbox* zu den Punkten in der Mindmap zum Thema „Onlineshopping“ unten.

Bevor ihr mit dem Schreiben eines Textes anfangt, ist es immer wichtig, sich einen Plan zurechtzulegen.

5 Entscheide dich für eine der folgenden Aufgaben:

a Erstelle zu einem der folgenden Themen einen Schreibplan:
- *Aufruf gegen Onlineshopping und für Einkauf in den Geschäften.*
- *E-Mail an einen Freund / eine Freundin, in welcher du ihm/ihr den Kauf von Produkten online nahelegen möchtest.*

b Erstelle zu einem beliebigen Text, den du schreiben sollst, einen Schreibplan mithilfe einer der aufgeführten Ideen 1–3.

Texte mit einer Mindmap planen **1**

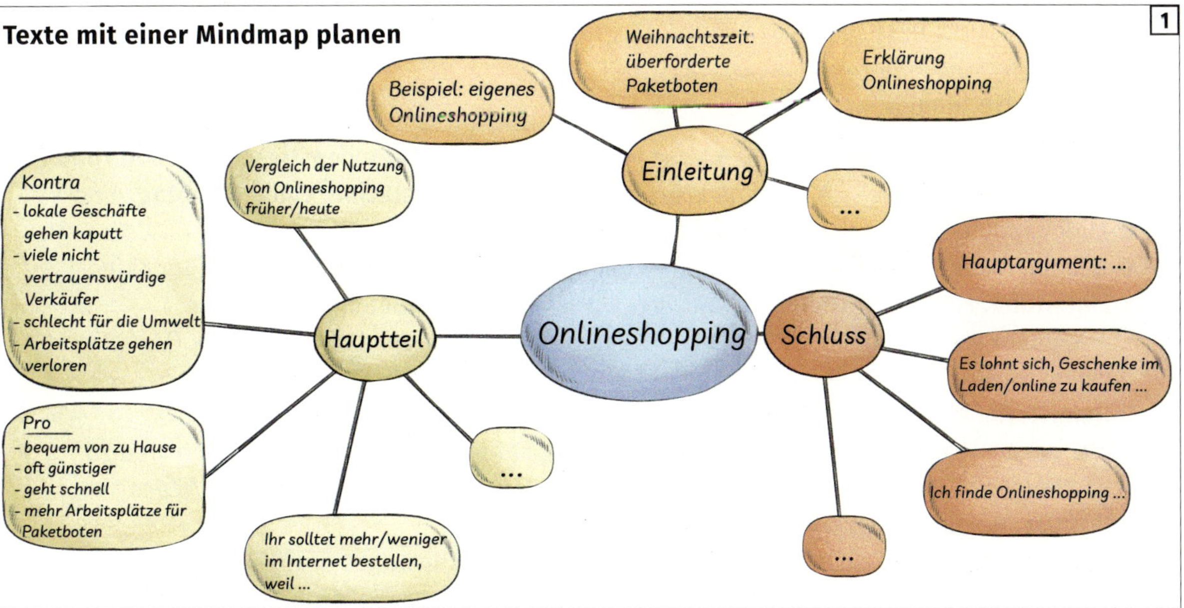

Texte mit einer Tabelle planen 2

Thema:	*XXX*
Einleitung	Je nach Textart, z. B.: • aktuellen Bezug herstellen, • eigene Erfahrungen einbeziehen, • Thema/Inhalt vorstellen.
Hauptteil	Je nach Textart, z. B.: • Argumente aufführen, • Inhalte/Bilder interpretieren, • eigene Meinung darlegen, • zwei Sachverhalte vergleichen.
Schluss	Je nach Textart, z. B.: • Schlussgedanken/Fazit formulieren, • Wichtiges noch einmal zusammenfassen, • Rückbezug zur Einleitung herstellen.

Texte mit einer Gliederung planen 3

A Einleitung:
aktuellen Bezug herstellen, eigene Erfahrungen einbeziehen, Thema/Inhalt vorstellen.

B Hauptteil:
Argumente aufführen, Inhalte/Bilder interpretieren, eigene Meinung darlegen, verschiedene Sachverhalte vergleichen.

→ *Tipp: Inhalte des Hauptteils erneut untergliedern*
1. …
2. …

C Schluss:
Schlussgedanken/Fazit formulieren, Wichtiges noch einmal zusammenfassen, Rückbezug zur Einleitung herstellen.

Lernbox

Eigene Texte planen

Die meisten Texte, die du in der 10. Klasse verfasst, folgen immer einem **bestimmten Aufbau**. Dabei ist es egal, ob es sich um eine **Erörterung**, eine **Interpretation**, einen **Monolog**, eine **E-Mail** handelt oder du ein **Schaubild** beschreiben sollst.
→ Behalte die folgende Einteilung auch bei deiner Planung bei. Formuliere in Stichpunkten.

1 Einleitung: Führe zum Thema hin und/oder mache auf ein Problem aufmerksam:
z. B. durch einen aktuellen Bezug, eigene Erfahrungen, eine spezielle Situation, Bezug zu einem Bild/Schaubild.

2 Hauptteil: Behandle das Thema:
z. B. durch Abwägen verschiedener Positionen, Aufführen von Argumenten, Aufrufen zu bestimmtem Verhalten, Vergleich zweier Inhalte, Interpretation eines Textes/Bildes.

3 Schluss: Runde deinen Text ab:
z. B. durch ein Fazit, einen eigenen Schlussgedanken, nochmaliges Betonen deines Standpunktes, eine kurze Zusammenfassung, Rückbezug zur Einleitung.

3.2 (1) individuelle Planungsübersichten zu komplexen inhaltlichen Zusammenhängen und aktuellen Ereignissen erstellen und die Ergebnisse reflektieren

Einen Aufruf planen und verfassen

1 a) Lies Tayos Aufruf durch.
b) Besprecht gemeinsam, was Tayo mit seinem Aufruf erreichen möchte.
c) Besprecht zu zweit, wie Tayo versucht, sein Ziel zu erreichen. Geht dabei auch auf folgende Fragen ein:
- *Wen spricht er an?*
- *Wie beginnt er seinen Aufruf?*
- *Was schlägt er vor?*

Meine lieben Mitschüler und Mitschülerinnen, liebe Lehrkräfte,

jeder von uns kauft ab und zu etwas beim Pausenverkauf. Manchmal schaffen wir es nicht, das Gekaufte aufzuessen, und bekommen deswegen extra eine Tüte für später mit, die zur Hälfte aus Plastik besteht. Wie ihr aber sicher alle wisst, ist Plastikmüll sehr umweltschädlich.
Findet ihr nicht auch, dass wir diesen Müll reduzieren sollten? Es wäre doch so einfach, eine wiederverwendbare Brotdose mitzubringen! So könnten wir alle Müll reduzieren und damit einen kleinen Beitrag zum Umweltschutz leisten!

Euer Tayo

2 a) Erklärt euch gegenseitig, was man unter einem Aufruf versteht. Hinweise dazu findet ihr in der *Lernbox*.
b) Erstellt zu zweit eine Checkliste, was einen überzeugenden Aufruf ausmacht.
c) Besprecht eure Checklisten in der Klasse.

3 a) Überprüft, welche Punkte eurer Checkliste Tayo bereits erfüllt und welche noch nicht.
b) Überarbeite Tayos Aufruf so, dass er alle Punkte eurer Checkliste erfüllt.
c) Präsentiert eure überarbeiteten Aufrufe in Gruppen.

4 Wähle eines der Themen aus und verfasse dazu einen Aufruf. Erstelle dafür zunächst einen Schreibplan (→ S. 260).
a Vermeidung von Plastikmüll.
b Ein Thema deiner Wahl, das wichtig für deine Schule ist.

5 a) Tauscht eure Aufrufe gegenseitig aus.
b) Gebt euch mithilfe der *Lernbox* und eurer Checkliste gegenseitig Feedback.
c) Überarbeitet eure Aufrufe mithilfe des Feedbacks.

Lernbox

Einen Aufruf verfassen

1 Ein Aufruf enthält eine **Aufforderung**: Die Leser/-innen (oder Zuhörer/-innen) sollen etwas tun oder lassen. Einen Aufruf nennt man auch *Appell*.

2 Mit einem Aufruf willst du ...
- die Lesenden auf ein Problem aufmerksam machen,
- ihre Gefühle ansprechen und sie in eine bestimmte Richtung lenken,
- die Lesenden zum Handeln aufrufen.

3 Beim Verfassen eines Aufrufs musst du dir klarmachen, wen du erreichen willst: Wer ist der/die **Adressat/-in**? Gestalte deinen Appell dann *adressatenbezogen*. Wähle den *Inhalt*, die *Sprache* und das *Layout* entsprechend aus.

4 Einen Aufruf kannst du z. B. als Flyer, Plakat oder mit einem Zeitungsartikel verbreiten.

3.2 (4) [...] stilsicher abwägende wie auch meinungsbildende Texte verfassen [...] · 3.3 (1) fremde sowie eigene Texte kritisch überprüfen und auf Angemessenheit und Wirksamkeit sprachlicher Gestaltungsmittel mit Blick auf Situations- und Adressatenbezug achten; bei Rückmeldungen [...] auf einen respektvollen Umgang miteinander achten

Eine Schreibkonferenz planen und durchführen

Mit einer Schreibkonferenz überarbeitet ihr in Gruppen von euch selbst geschriebene Texte. Dafür benötigt ihr Prüflisten zu verschiedenen Kategorien von Texten, die ihr auf den folgenden Seiten findet (→ COPY 41, COPY 42 und COPY 43).

1 a) Notiere dein Vorwissen zu Schreibkonferenzen.
b) Tauscht euch zu zweit über eure Notizen aus.
c) Vergleicht eure Notizen mit der *Lernbox* und ergänzt fehlende Punkte.
d) Besprecht die Planung und Durchführung von Schreibkonferenzen in der Klasse. Klärt bei Bedarf noch offene Fragen.

2 a) Bildet Gruppen und plant Schreibkonferenzen zu von euch verfassten Texten.
b) Führt nun die Schreibkonferenzen durch.
c) Reflektiert in der Gruppe, was euch gut gelungen ist und was man noch verbessern könnte.

3 Überarbeite deinen eigenen Text mithilfe der Ergebnisse der Schreibkonferenz.

Lernbox

Schreibkonferenz

Mit einer Schreibkonferenz könnt ihr selbstgeschriebene Texte in der Gruppe überarbeiten.

1 Vorbereitung
Bildet Dreier- bis Sechsergruppen und kopiert die zu bearbeitenden Texte in der Anzahl der Gruppenmitglieder.
Kopiert auch die benötigten Prüflisten A, B und C (→ 263–265) und teilt ein, wer die Listen A und B bearbeitet.

2 Durchführung
Jedes Gruppenmitglied bekommt eine Kopie des Textes. Der/Die Verfasser/-in liest diesen vor. Die Zuhörenden äußern sich spontan positiv:
– Wie hat ihm/ihr der Text insgesamt gefallen?
– Welche Einzelheiten sind positiv aufgefallen?
Die Gruppenmitglieder bearbeiten dann einzeln oder zu zweit den Text. Sie gehen dabei die einzelnen Punkte ihrer Prüflisten durch und notieren ...
– was schon gut gelungen ist,
– was man noch verbessern müsste oder könnte.

3 Weiterarbeit
Alle Gruppenmitglieder besprechen ihre Ergebnisse mit dem/der Verfasser/-in. Er/Sie entscheidet zum Schluss, welche Verbesserungsvorschläge er/sie annehmen möchte und wie er/sie den Text überarbeitet.

3.3 (1) fremde sowie eigene Texte kritisch überprüfen [...]; bei Rückmeldungen an Mitschülerinnen und Mitschüler auf einen respektvollen Umgang miteinander achten · 3.3 (3) eigene Texte inhaltlich und sprachlich überarbeiten [...] · 3.3 (4) den eigenen Schreibprozess mit Blick auf die Textrevision und das Schreibprodukt reflektieren und bewerten [...]

Schreibkonferenz: Sachliche Texte

Sachlich geschriebene Texte (→ COPY 41)
Prüfliste A: Inhalt und Aufbau des Textes

→ *Einleitung*

1. Gibt es eine Hinführung zum Thema, eine erste Information? ☺ ☹

→ *Hauptteil*

2. Steht das Thema *(ein Ereignis, ein Vorgang, ein Anliegen)* im Mittelpunkt? ☺ ☹
3. Ist der Text auf dieses Ereignis, den Vorgang oder das Anliegen beschränkt? ☺ ☹
4. Wird alles Wichtige aufgeführt (*z. B. alle W-Fragen beantwortet, alle Arbeitsmittel, Materialien und Arbeitsschritte genannt, das Anliegen beschrieben*)? ☺ ☹
5. Wird nichts Unnötiges oder Falsches hinzugefügt (*z. B. Vermutungen*)? ☺ ☹
6. Stimmt der Aufbau des Textes (*z. B. ist das Ereignis richtig im Ablauf, sind die einzelnen Schritte des Vorgangs in der richtigen Reihenfolge, Argumente nach Wichtigkeit sortiert*)? ☺ ☹
7. Sind die Argumente schlüssig und aussagekräftig? ☺ ☹

→ *Schluss*

8. Gibt es einen zusammenfassenden Satz, eine sachliche Bewertung? ☺ ☹

→ *Gesamteindruck*

9. Ist der Text vollständig? Wurde das Anliegen klar benannt und erfüllt? ☺ ☹

Sachlich geschriebene Texte (→ COPY 41)
Prüfliste B: Stilmittel und Sprache

1. Ist der Text sachlich und ohne Ausschmückungen geschrieben? ☺ ☹
2. Werden passende Verben, Adjektive und Fachbegriffe verwendet? ☺ ☹
3. Wird die richtige Zeitform eingehalten (*Beschreibung: Präsens, Bericht: Präteritum*)? ☺ ☹
4. Werden Wortwiederholungen vermieden? ☺ ☹
5. Sind die Sätze abwechslungsreich gestaltet? ☺ ☹
6. Werden, wo nötig, Aussage- und Aufforderungs-/Befehlssätze verwendet? ☺ ☹
7. Werden Aussagen von Personen korrekt in indirekter Rede wiedergegeben? ☺ ☹
8. Wird die Anrede (*Du-Form, Man-Form*) durchgehend beibehalten? ☺ ☹
9. Bei Briefen: Werden die äußere Form und eine höfliche Sprache eingehalten? ☺ ☹

Sachlich geschriebene Texte (→ COPY 41)
Prüfliste C: Rechtschreibung und Form

1. Ist der Text gut leserlich und mit passenden Absätzen geschrieben? ☺ ☹
2. Sind die Sätze vollständig? ☺ ☹
3. Fehlen keine Buchstaben, ä-, ö- und ü-Striche oder i-Punkte? ☺ ☹
4. Sind alle Wörter richtig klein- oder großgeschrieben? ☺ ☹
5. Sind alle schwierigen Stellen in den Wörtern richtig geschrieben? ☺ ☹
6. Stimmen alle Satzzeichen (*Kommas, Anführungszeichen*)? ☺ ☹

3.3 (1) fremde sowie eigene Texte kritisch überprüfen […]; bei Rückmeldungen an Mitschülerinnen und Mitschüler auf einen respektvollen Umgang miteinander achten · 3.3 (2) zur Textrevision situationsabhängig bekannte Feedbackmethoden nutzen · 3.3 (3) eigene Texte inhaltlich und sprachlich überarbeiten […]

Schreibkonferenz: Erzählende Texte

Erzählende Texte (→ COPY 42)
Prüfliste A: Inhalt und Aufbau der Geschichte

→ Anfang

1. Ist die Überschrift gelungen? ☺ ☹
2. Erfährt der/die Leser/-in zu Beginn ...
   - die Ausgangssituation? ☺ ☹
   - wer in der Geschichte auftritt? ☺ ☹
   - wann und wo die Geschichte spielt? ☺ ☹
3. Beginnt die Geschichte mit einem Satz, der den/die Leser/-in neugierig macht? ☺ ☹

→ Hauptteil

4. Passt der Hauptteil der Geschichte gut zum Anfang der Geschichte? ☺ ☹
5. Wird die Geschichte in der richtigen, logischen Reihenfolge erzählt? ☺ ☹
6. Ist die Handlung verständlich erzählt? ☺ ☹
7. Wird nichts für die Geschichte Überflüssiges eingebaut? ☺ ☹
8. Hat die Geschichte einen klar erkennbaren Spannungsverlauf mit Höhepunkt? ☺ ☹

→ Schluss

9. Erfährt der/die Leser/-in, wie die Geschichte ausgeht oder gibt es ein offenes Ende? ☺ ☹

→ Sonstiges

10. Sind, wenn gefordert, die Merkmale von Kurzgeschichten, Märchen u.Ä. eingehalten? ☺ ☹

Erzählende Texte (→ COPY 42)
Prüfliste B: Stilmittel und Sprache

1. Wird die Er-/Sie-Form oder die Ich-Form eingehalten? ☺ ☹
2. Wird die Zeitform Präteritum oder Präsens eingehalten? ☺ ☹
3. Werden Fragen, Ausrufe und wörtliche Reden sinnvoll verwendet? ☺ ☹
4. Werden Gedanken und Gefühle an passender Stelle beschrieben? ☺ ☹
5. Werden geeignete Konjunktionen zur Verknüpfung verwendet? ☺ ☹
6. Werden passende Verben und anschauliche Adjektive verwendet? ☺ ☹
7. Werden Wortwiederholungen vermieden? ☺ ☹
8. Sind die Sätze abwechslungsreich gestaltet? ☺ ☹

Erzählende Texte (→ COPY 42)
Prüfliste C: Rechtschreibung und Form

1. Ist der Text gut leserlich und mit passenden Absätzen geschrieben? ☺ ☹
2. Sind die Sätze vollständig? ☺ ☹
3. Fehlen keine Buchstaben, ä-, ö- und ü-Striche oder i-Punkte? ☺ ☹
4. Sind alle Wörter richtig klein- oder großgeschrieben? ☺ ☹
5. Sind alle schwierigen Stellen in den Wörtern richtig geschrieben? ☺ ☹
6. Stimmen alle Satzzeichen (*Kommas, Anführungszeichen*)? ☺ ☹

3.3 (1) fremde sowie eigene Texte kritisch überprüfen […]; bei Rückmeldungen an Mitschülerinnen und Mitschüler auf einen respektvollen Umgang miteinander achten · 3.3 (2) zur Textrevision situationsabhängig bekannte Feedbackmethoden nutzen · 3.3 (3) eigene Texte inhaltlich und sprachlich überarbeiten […]

Schreibkonferenz: Textanalysen

Textanalysen (→ COPY 43)
Prüfliste A: Inhalt und Aufbau des Textes
→ Einleitung

1. Werden in einem Einleitungssatz Titel, Autor, Textsorte und Thema (TATT-Formel) des Werkes genannt? ☺ ☹

→ Hauptteil

2. Fasst der Text den **Inhalt** des Werks zusammen (*Handlung, Figuren, Figurenkonstellationen*)? ☺ ☹
3. Geht der Text auf die **sprachlichen Besonderheiten** des Werkes ein? ☺ ☹
   - Wird etwas über die Wortwahl ausgesagt? ☺ ☹
   - Werden Besonderheiten der Sprachvarietät beschrieben? ☺ ☹
   - Wird auf den Satzbau eingegangen (*z. B. Satzreihen, Satzgefüge*)? ☺ ☹
   - Werden sprachliche Mittel in ihrer Wirkung für das Werk beschrieben? ☺ ☹

Ergänzung für epische Werke:

4. *Werden die Erzählform und Erzählperspektive genannt?* ☺ ☹
5. *Werden Aussagen über die Zeit (erzählte Zeit und Erzählzeit) getroffen?* ☺ ☹

Ergänzung für lyrische Werke:

6. *Werden Aussagen über die Zahl der Strophen/Verse getroffen?* ☺ ☹
7. *Werden Aussagen über das Reimschema getroffen?* ☺ ☹

→ Schluss

8. Wird beschrieben, wie das Werk auf den/die Leser/-in wirkt? ☺ ☹

Textanalysen (→ COPY 43)
Prüfliste B: Stilmittel und Sprache

1. Ist der Text sachlich und ohne Ausschmückungen geschrieben? ☺ ☹
2. Werden passende Verben, Adjektive und entsprechende Fachbegriffe (*z. B. Protagonist*) verwendet? ☺ ☹
3. Wird die Zeitform Präsens eingehalten? ☺ ☹
4. Werden Wortwiederholungen vermieden? ☺ ☹
5. Sind die Sätze abwechslungsreich gestaltet? ☺ ☹

Textanalysen (→ COPY 43)
Prüfliste C: Rechtschreibung und Form

1. Ist der Text gut leserlich und mit passenden Absätzen geschrieben? ☺ ☹
2. Sind die Sätze vollständig? ☺ ☹
3. Fehlen keine Buchstaben, ä-, ö- und ü-Striche oder i-Punkte? ☺ ☹
4. Sind alle Wörter richtig klein- oder großgeschrieben? ☺ ☹
5. Sind alle schwierigen Stellen in den Wörtern richtig geschrieben? ☺ ☹
6. Stimmen alle Satzzeichen *(Kommas, Anführungszeichen)*? ☺ ☹

3.3 (1) fremde sowie eigene Texte kritisch überprüfen [...]; bei Rückmeldungen an Mitschülerinnen und Mitschüler auf einen respektvollen Umgang miteinander achten · 3.3 (2) zur Textrevision situationsabhängig bekannte Feedbackmethoden nutzen · 3.3 (3) eigene Texte inhaltlich und sprachlich überarbeiten [...]

Eine Gliederung für eine Erörterung erstellen

1 a) Betrachte das Bild rechts. Notiere stichpunktartig alles, was du schon über das Erstellen einer Gliederung weißt.
b) Besprecht zu zweit eure Notizen.
c) Sprecht in der Klasse darüber, wann und wofür eine Gliederung nützlich sein kann.

2 a) Teilt den Inhalt der *Lernbox* auf der nächsten Seite zu zweit untereinander auf. Eine/-r liest den Teil zur *linearen Erörterung*, die/der andere den Teil zur *dialektischen Erörterung*.
b) Erklärt euch gegenseitig „eure“ jeweilige Form der Erörterung.
c) Besprecht gemeinsam, worin der Unterschied zwischen den beiden Erörterungsformen besteht.

3 Immer häufiger fehlt es den Krankenhäusern an Blutkonserven. Ein Gesundheitsexperte fordert deshalb:
„Alle Bürger/-innen sollten einmal im Jahr zum Blutspenden verpflichtet werden."
a) Finde je drei Argumente, die für oder gegen diese Forderung sprechen. Notiere sie in einer Tabelle.

Pro	Kontra
• *Rettung von Menschenleben*	• *Eingriff in die Menschenrechte*
• *XXX*	• *XXX*
• *XXX*	• *XXX*

b) Vergleicht zu zweit eure Argumente und ergänzt euch gegenseitig.
c) Nummeriere deine Pro- und Kontra-Argumente nach Überzeugungskraft von schwach (1) über mittel (2) nach stark (3).

4 a) Erstelle zu der Forderung aus Aufgabe 3 eine übersichtliche Gliederung für eine lineare Erörterung.
b) Erstelle zu der Forderung aus Aufgabe 3 eine übersichtliche Gliederung für eine dialektische Erörterung.

Tipp

zu 4 b)
Vorschlag für eine Gliederung für eine dialektische Erörterung:

1. Blutkonserven werden knapp, Forderung einer Spendepflicht

2. Blutspendepflicht ja oder nein?
2.1 Argumente gegen die Blutspendepflicht
2.1.1 Eingriff in die Menschenrechte
2.1.2 XXX
2.1.3 XXX
2.2 Argumente für die Blutspendepflicht
2.2.1 XXX
2.2.2 XXX
2.2.3 Rettung von Menschenleben

3. Die Blutspendepflicht sollte (nicht) eingeführt werden, da …

3.2 (1) individuelle Planungsübersichten zu komplexen inhaltlichen Zusammenhängen und aktuellen Ereignissen erstellen und die Ergebnisse reflektieren

Lernbox

Eine Gliederung für eine Erörterung erstellen

Lineare Erörterung

1 Einleitung: Hinführung zum Thema, Bezug auf aktuelle Ereignisse, eigenes Erlebnis, Überleitungssatz

2 Hauptteil: Aufführen der Argumente nach dem Pyramidenprinzip

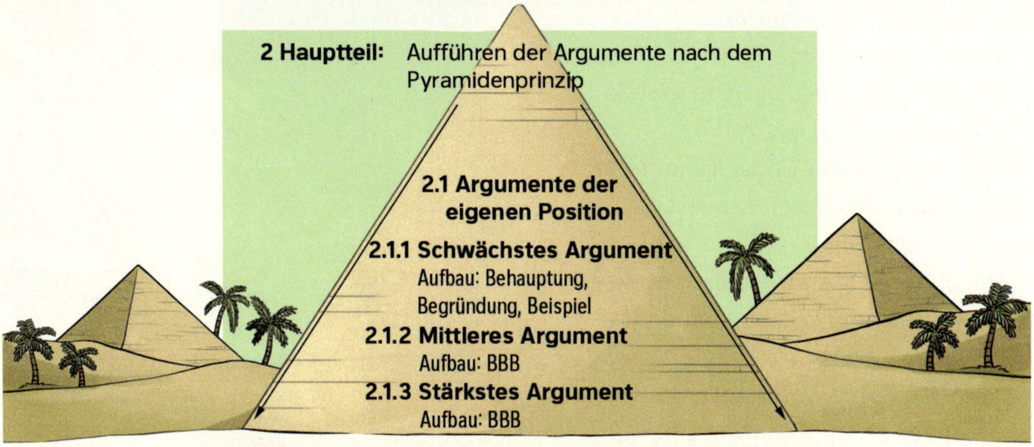

3 Schluss: Eigenen Standpunkt verdeutlichen, Rückbezug auf Einleitung, Fazit

Dialektische Erörterung

1 Einleitung: Hinführung zum Thema, Bezug auf aktuelle Ereignisse, eigenes Erlebnis, Überleitungssatz

2 Hauptteil: Aufführen der Argumente nach dem Sanduhrprinzip

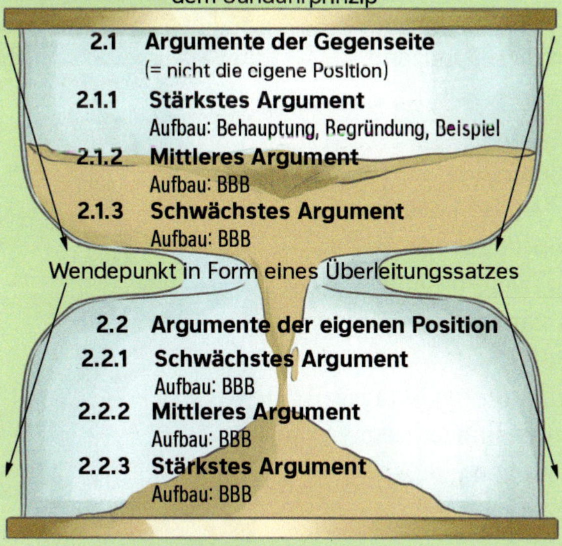

3 Schluss: Eigenen Standpunkt verdeutlichen, Rückbezug auf Einleitung, Fazit

Mitschreiben und Notizen machen

1 a) Bildet Paare und überlegt euch eine Tätigkeit, die ihr gut könnt, der/die andere aber nicht *(z. B. einen Apfelkuchen backen, Basketball spielen ...)*.
b) Erklärt euch gegenseitig, wie man diese Tätigkeit durchführt. Der/Die jeweils andere macht sich Notizen.
c) Gebt mithilfe eurer Notizen wieder, wie die Tätigkeit des jeweils anderen durchgeführt wird.
d) Sprecht in der Klasse darüber, was euch dabei leicht- und schwergefallen ist.

2 a) Höre dir die folgenden Audiodateien an: „*Situation 1*“, „*Situation 2*“ und „*Situation 3*“.
b) Besprecht zu zweit, um welche Situationen es jeweils geht.
c) Ordne die Situationen den passenden Bildern zu.
d) Besprecht zu zweit eure Zuordnungen.

3 In allen drei Situationen machen sich die Jugendlichen Notizen. Besprecht zu zweit, warum die Jugendlichen diese Notizen benötigen könnten.

4 a) Höre dir die drei Audiodateien erneut an. Mache dir dieses Mal Notizen aus Sicht der/des jeweiligen Jugendlichen.
b) Prüft eure Notizen zu zweit in Hinblick darauf, ob wichtige Informationen fehlen.

5 a) Erstelle ein Cluster zu weiteren Alltagssituationen, in denen es sinnvoll sein kann, Dinge mitzuschreiben.
b) Umkreise schulische Situationen rot und private blau.
c) Besprecht eure Cluster zu zweit und ergänzt sie.

1.1 (1) Gesprächsbeiträge anderer sinnerfassend und vernetzend verfolgen, um daraus Informationen aufzunehmen und kritisch zu bewerten · 1.1 (2) Inhalt und Gehalt längerer Ausführungen selbständig sichern (z. B. durch Notizen); dies zur Reproduktion des Gehörten nutzen und dabei sachlogische sprachliche Verknüpfungen herstellen

Impfstoffe – Wie sie wirken und wovor sie schützen

Gegen viele Krankheitserreger kann sich das menschliche Immunsystem eigentlich wehren. Es stellt unter anderem Antikörper her und vermehrt bestimmte Immunzellen, die gezielt gegen den eingedrungenen Keim vorgehen. Diese bleiben noch lange nach der Infektion erhalten, sodass ein lang andauernder Schutz entsteht, eine Immunität.
Aber bei einigen Erregern gelingt dem Körper diese Verteidigung schlecht, wenn es diesem Keim noch nie zuvor begegnet ist. Impfen bedeutet, das Immunsystem präventiv durch Impfstoffe mit den Merkmalen eines Erregers bekannt zu machen, ehe es zu einer echten Infektion kommt. Das Immunsystem reagiert wie bei einer echten Infektion und schafft Immunität. Im Fall einer späteren Ansteckung bricht die Krankheit gar nicht aus oder nimmt zumindest einen milderen Verlauf. [...]
Impfstoffe werden auch Vakzine genannt. Der Name leitet sich von vaccinus – lateinisch für „von der Kuh“ – her. Denn mit Flüssigkeiten, die Kuhpockenviren enthielten, wurde in England ab 1796 wirksam gegen die Pocken geimpft oder „vaccinated“, wie man es dort nannte. Das war eine der ersten Impfmethoden der Geschichte.

6 a) Schlage dein Buch zu und höre dir den Hörtext „Impfstoffe – Wie sie wirken und wovor sie schützen“ an.
Notiere dabei möglichst alle wichtigen Informationen.
b) Vergleicht zu zweit eure Notizen.
c) Sprecht in der Klasse darüber, was euch beim Notizen machen leicht- und was euch schwergefallen ist.

7 a) Notiere drei Tipps, wie man wichtige Informationen möglichst schnell notieren kann.
b) Vergleicht eure Tipps zu zweit.

8 a) Lies die *Lernbox*.
b) Sprecht zu zweit darüber, welche der Punkte aus der *Lernbox* ihr hilfreich findet.
c) Findet zu zweit noch weitere Beispiele für Abkürzungen, Kurzwörter und Symbole (Punkt 4 und 5 der *Lernbox*).

Lernbox

Genau zuhören und Stichpunkte notieren

1 **Konzentriere** dich auf das, was du hörst (oder siehst).

2 Mache dir **Stichpunkte**. Schreibe nur die wichtigsten Schlagwörter auf.
Beispiel: *„Morgen treffen sich die wichtigsten Regierungschefs der EU in Brüssel.“*
→ *Regierungschefs EU: Treffen in Brüssel*

3 **Markiere**, wo ein neues Thema beginnt (z. B. durch Linien, Absätze oder Spiegelstriche).

4 Verwende **Abkürzungen** und **Kurzwörter**:
zum Beispiel → *z. B.*, *das heißt* → *d. h.*
-ung → *-g.* (*Versammlung* → *Versammlg.*)
-lich → *-l.* (*gefährlich* → *gefährl.*)

5 Verwende **Symbole**:
+ gut – schlecht ! wichtig ? nicht verstanden
→ daraus folgt ↑ steigt ↓ fällt
= bedeutet ↔ im Gegensatz zu
Ø Durchschnitt ∑ Summe/Anzahl

1.1 (1) Gesprächsbeiträge anderer sinnerfassend und vernetzend verfolgen, um daraus Informationen aufzunehmen und kritisch zu bewerten · 1.1 (2) Inhalt und Gehalt längerer Ausführungen selbständig sichern (z. B. durch Notizen); dies zur Reproduktion des Gehörten nutzen und dabei sachlogische sprachliche Verknüpfungen herstellen

Zuhören und mitschreiben

1 a) Schau dir den Notizzettel aus einer Unterrichtsstunde an.
b) Sprecht zu zweit darüber, um was es in der Unterrichtsstunde, in der der Notizzettel entstand, ging.

NuT: Schalenmodell

Bestandteile eines Atoms
- *Protonen (+)*
- *Elektronen (-)*
- *Neutronen (neutral)*
- *Anzahl der Protonen im Atomkern bestimmt das Element*
- *Anzahl Protonen = Anzahl Elektronen*
- *Elektronen sind auf Schalen angeordnet (4 Schalen)*

Aufbau

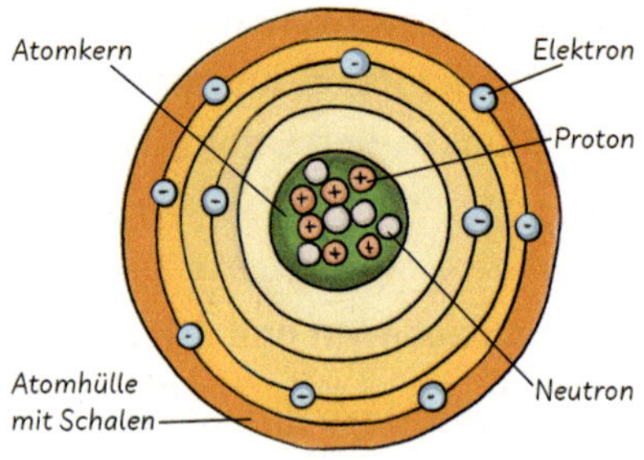

Schalenmodell
- *Elektronen in bestimmten Abständen vom Atomkern auf Schalen*
- *zwischen Schalen leerer Raum*
- *Elektronen nur auf Schalen, nicht im Raum dazwischen*

→ *Wie viele Elektronen sind auf den Schalen erlaubt?*
→ *Können sich die Elektronen auf andere Schalen bewegen?*

2 a) Notiere, was du an dem Notizzettel gelungen und was du verbesserungswürdig findest.
b) Vergleiche diesen Notizzettel mit deinem von Aufgabe 6a) auf Seite 269.
c) Besprecht zu zweit, welche Gemeinsamkeiten und welche Unterschiede euch auffallen.

3 a) Lies die *Lernbox*.
b) Erklärt euch gegenseitig die Cornell-Methode.
c) Sprecht in der Klasse darüber, ob ihr die Methode sinnvoll findet und in Zukunft nutzen wollt.

Lernbox

Cornell-Methode

Die Cornell-Methode ist eine einfache Art, um Notizen zu strukturieren.

Vorteile:
- Übersichtlichkeit und Strukturierung werden einfach erreicht.
- Das Notieren wird mit dem Herausarbeiten der wichtigsten Punkte verbunden.
- Im Nachhinein können Ergänzungen eingefügt werden, ohne dass die Notizen unübersichtlich werden.

Funktionsweise:
Sie funktioniert mit einer festen Vorlage mit drei Feldern.

Nachbearbeitung: zusammenfassende Stichworte	Notizen
Nachbearbeitung: weiterführende Gedanken/Fragen	

1.1 (2) Inhalt und Gehalt längerer Ausführungen selbständig sichern (z. B. durch Notizen); dies zur Reproduktion des Gehörten nutzen und dabei sachlogische sprachliche Verknüpfungen herstellen

Mitschreiben und präsentieren

1 a) Betrachte das Bild.
b) Notiere, welche Tipps du der Schülerin geben würdest, um ihre Präsentation zu verbessern.
c) Tauscht euch zu zweit über eure Tipps aus.

2 a) Notiere, was du bereits darüber weißt, wie man eine gelungene Präsentation hält.
b) Tauscht euch zu zweit darüber aus.
c) Besprecht euer Vorwissen in der Klasse.

3 Gestaltet gemeinsam ein Plakat mit Tipps für eine gelungene Präsentation und hängt es im Klassenzimmer auf.

4 Bearbeite eine der folgenden Aufgaben. Verwende dabei die Cornell-Methode. Hinweise dazu findest du in der *Lernbox* auf der vorherigen Seite.
a) Sieh dir die Nachrichten auf einem seriösen Fernsehsender an und notiere wichtige Ereignisse und Hintergründe.
b) Suche einen Podcast, der dich interessiert. Höre ihn dir an und notiere wichtige Informationen.

5 a) Besprecht zu zweit eure Notizen aus Aufgabe 4 und gebt euch gegenseitig Feedback zur Verbesserung.
b) Überarbeite deine Notizen anhand des Feedbacks.

6 a) Besprecht zu zweit eure Erfahrungen mit der Cornell-Methode.
b) Tauscht euch in der Klasse darüber aus.

7 a) Bereite auf Grundlage deiner Notizen aus Aufgabe 4 eine Präsentation (2–5 Min.) vor.
b) Haltet eure Präsentation vor der Klasse.
c) Gebt euch gegenseitig Feedback zu euren Präsentationen. Berücksichtigt dabei die Fragen im roten Kasten.
d) Ergänzt in der Fragenliste gegebenenfalls gemeinsam weitere Feedbackkriterien.

Feedback zur Präsentation – Leitfragen
- *Ist die Präsentation klar strukturiert?*
- *Hat der Vortrag eine angemessene Länge?*
- *Werden alle W-Fragen beantwortet?*
- *Werden unbekannte und schwierige Begriffe geklärt?*
- *Ist die Sprache verständlich?*
- *Werden die Zuhörerinnen und Zuhörer direkt angesprochen?*
- *Können die Zuhörerinnen und Zuhörer Fragen stellen und kann der/die Präsentierende sie beantworten?*

Tipp

zu 7 b)
Achte beim Präsentieren auf deine **Stimme** (abwechslungsreich), deine **Körperhaltung** (entspannt) und ausreichend **Blickkontakt**.

1.1 (1) Gesprächsbeiträge anderer sinnerfassend und vernetzend verfolgen, um daraus Informationen aufzunehmen und kritisch zu bewerten · 1.1 (2) Inhalt und Gehalt längerer Ausführungen selbständig sichern [...]; dies zur Reproduktion des Gehörten nutzen [...] · 1.2 (3) Feedbackmethoden gezielt nutzen [...], um [...] fremdes Vortragsverhalten zu beurteilen und zu bewerten

5-Schritt-Lesemethode

Mit der 5-Schritt-Lesemethode kannst du einen Text erschließen, indem du wichtige Informationen erkennst und herausschreibst.
Nach dieser Vorbereitung erstellst du eine Zusammenfassung mit eigenen Worten. Bearbeite den Text auf der nächsten Seite mithilfe der folgenden Anleitung (Schritte 1–5).

Schritt 1: Feststellen, wovon der Text handelt

1 a) Lies die Überschrift und sieh dir das Bild an. Überlege dir, worum es in diesem Text gehen könnte und was du schon zu dem Thema weißt.
b) Notiere dir auf Grundlage deiner Überlegungen Fragen zum Text.
c) Lies dir den Text aufmerksam durch und beantworte deine Fragen, soweit möglich.

Schritt 2: Unbekannte Wörter klären

2 a) Schreibe dir unbekannte Wörter aus dem Text heraus oder unterstreiche sie auf einer Kopie des Textes (→ COPY 44).
b) Versuche, die Bedeutung der Wörter aus dem Textzusammenhang zu erklären: *Konsument = Verbraucher*.
c) Schlage die Wörter, die du dir noch nicht erklären konntest, im Wörterbuch nach oder nutze dafür das Internet.
d) Notiere die Erklärung.

Schritt 3: Schlüsselstellen im Text markieren

3 Schlüsselstellen sind die Stellen im Text, die dir deine Fragen beantworten oder besonders wichtige Informationen enthalten. Markiere nur die wichtigsten Wörter (→ COPY 44).

Schritt 4: Den Text in Sinnabschnitte gliedern

4 Ein Sinnabschnitt ist ein Abschnitt des Textes, der inhaltlich zusammengehört.
a) Lies dazu deine markierten Schlüsselstellen und gehe den Text erneut durch.
b) Lege dann eine Tabelle nach folgendem Muster an und ergänze sie.

Sinnabschnitt	Zeilen	Überschrift
1	*X – X*	*Süßigkeiten immer noch im Trend*
2	*X – X*	*XXX*

c) Überlege dir zu jedem Sinnabschnitt eine Überschrift und trage sie in die Tabelle ein.

Schritt 5: Die Information zusammenfassen

5 Fasse den Text mithilfe der Schritte 1–4 in eigenen Worten zusammen. Fachbegriffe darfst du aus dem Text übernehmen.

In dem Text „Deutsche essen 31 Kilo Süßigkeiten im Jahr" geht es darum, wie viel Zucker die Deutschen durch Süßigkeiten zu sich nehmen …

2.1 (1) erworbene Lese- und Texterschließungstechniken eigenständig in komplexen kontinuierlichen und diskontinuierlichen Texten anwenden und dabei z. B. Textmuster erfassen

Deutsche essen 31 Kilo Süßigkeiten im Jahr

Immer mehr Kinder und Erwachsene sind übergewichtig, die Lust auf Schokolade, Knabbereien oder Eis ist hierzulande dennoch ungebrochen: Jeder Deutsche hat 2019 knapp 31 Kilogramm Naschereien verspeist – knapp ein Prozent mehr als im Vorjahr. Das berichtet der Bundesverband der Deutschen Süßwarenindustrie (BDSI) am Dienstag in Köln. Demnach gibt jeder Bundesbürger im Durchschnitt gut 100 Euro jährlich für Süßigkeiten aus. Zucker steht zwar in der Kritik, aber offenbar will kaum ein Verbraucher darauf verzichten. „Der Konsument möchte keinen Verzicht", sagt BDSI-Vorsitzender Bastian Fassin. Nur auf Märkten wie Hustenbonbons oder Kaugummi lägen zuckerfreie Produkte derzeit vorne, sagt Fassin. Ansonsten seien Süßwaren nun mal Genussmittel: „Der Konsument isst am Ende die zuckerhaltigen Schokoladen, weil sie besser schmecken." [...]

[Ein US-Konzern bekannter Süßigkeitenmarken] befindet in der selbst erstellten „ersten globalen Konsumentenstudie" unter dem Titel „So snacken die Deutschen", Snacks würden zum Wohlbefinden beitragen. Und mehr noch: „Sie übernehmen zunehmend die Rolle der klassischen Mahlzeiten."
Hiesige Supermärkte und Discounter nehmen fast jeden zehnten Euro mit Süßwaren und Knabber-Artikeln ein, berichtet der Handelsverband Deutschland (HDE). HDE-Geschäftsführer Stefan Genth zufolge gingen viele Konsumenten zwar bewusster einkaufen. So seien etwa vegetarische, vegane oder zuckerreduzierte Süßwaren zunehmend beliebt. Geschäft bricht den Händlern aber nicht weg. Der Umsatz mit Süßem stieg laut HDE 2019 um gut drei Prozent.

Genth erwartet, dass sich der Konsum von „normalen Süßwaren" hin zu gesünderen und nachhaltigeren Snacks verschieben werde. So hätten im vergangenen Jahr vor allem salzige Snacks und Nussmischungen das Wachstum gebracht. Allerdings sei auch die Nachfrage nach Eis, Schokolade oder Pralinen stabil geblieben. Frucht- und Weingummi hätten sich gar positiv abgesetzt.

Braucht es eine Ampel-Kennzeichnung oder den sogenannten Nutri-Score auf Verpackungen, um die Menschen auf hohe Zucker- oder Fettanteile hinzuweisen? Der internationale Süßwarenverband Sweets Global Network bezweifelt das. Er hat eigens eine Online-Umfrage in Auftrag gegeben, um dem etwas entgegenzusetzen. In mehreren europäischen Staaten ließ der Verband jeweils Hunderte Menschen fragen, ob beispielsweise eine rote Lebensmittelampel oder ein schlechter Score den Süßwareneinkauf beeinflussen würde. Das Ergebnis: Gut die Hälfte der Befragten in Deutschland hätte mit „wahrscheinlich nicht" geantwortet, heißt es von Sweets Global, elf Prozent hätten derlei Kennzeichnungen gar kein Gewicht beigemessen. Allerdings sind solche Umfragen mit Vorsicht zu genießen.

2.1 (1) erworbene Lese- und Texterschließungstechniken eigenständig in komplexen kontinuierlichen und diskontinuierlichen Texten anwenden und dabei z. B. Textmuster erfassen

Ein Schaubild auswerten

1 Betrachte das Schaubild unten und notiere in einem Satz, worum es darin geht.

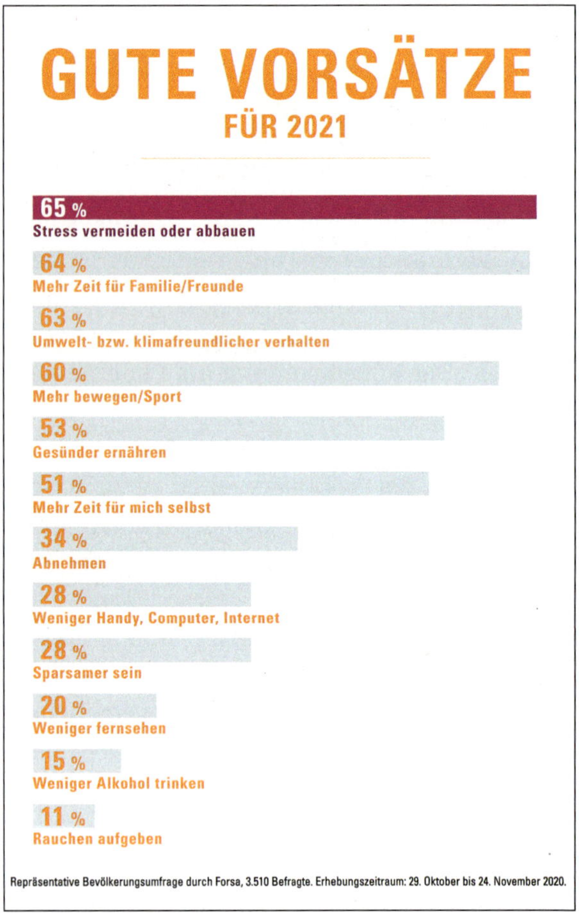

Tipp

zu 1)

So kannst du beginnen:

– *Das Schaubild „(Titel)" gibt Auskunft über …*
– *Das Schaubild „(Titel)" zeigt …*

zu 2 a)

So kannst du beginnen:

– *Die Zahlen legte … (Quelle) vor.*
– *Das Schaubild wurde von … (Quelle) herausgegeben.*

2 a) Gib die Quelle des Schaubilds an.
b) Recherchiere die Quelle im Internet. Begründe, ob es sich dabei um eine seriöse oder unseriöse Quelle handelt.

3 a) Erkläre, um welche Art von Diagramm es sich bei dem Schaubild handelt. Hinweise dazu findest du in der *Lernbox*.
b) Besprecht in der Klasse, in welcher anderen Diagrammart die Daten ebenfalls dargestellt werden könnten.

Lernbox

Auswahl verschiedener Diagrammarten

Schaubilder bestehen oft aus Diagrammen, die statistische Daten, Zahlen oder Prozentangaben grafisch darstellen. Man unterscheidet unter anderem zwischen den folgenden Diagrammarten:

1 Säulen-/Balkendiagramme: eignen sich, um eine Entwicklung abzubilden oder Daten im Vergleich zu zeigen.

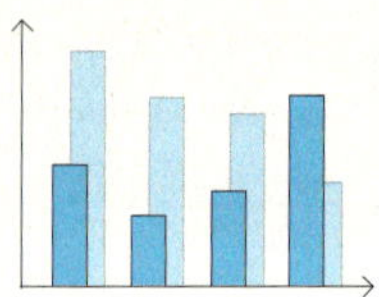

Beispiel: *Notenverteilung einer Probe.*

2 Linien-/Kurvendiagramme: eignen sich, um Entwicklungen über einen längeren Zeitraum zu veranschaulichen.

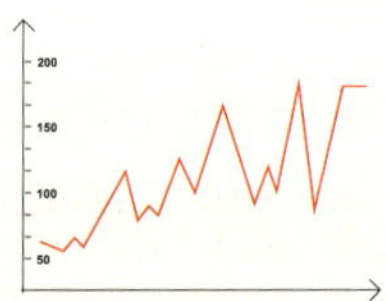

Beispiel: *Bevölkerungsentwicklung.*

3 Streifendiagramme: zeigen die Häufigkeitsverteilung in Prozent auf einem Streifen an. **Beispiel:** *Geschlechterverteilung in der Klasse.*

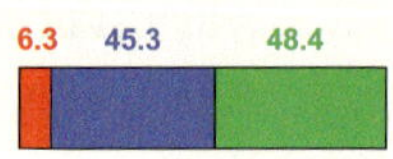

4 Kreis-/Tortendiagramme: zeigen meist prozentuale Anteile von Elementen an. **Beispiel:** *Wahlergebnisse.*

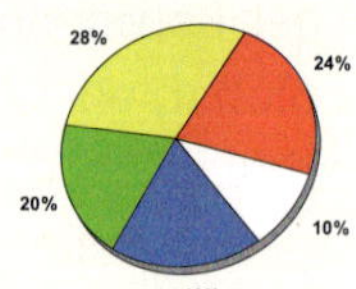

2.3 (2) selbständig, sicher und kritisch den Informationsgehalt komplexer kontinuierlicher und diskontinuierlicher Texte auch unter Einbeziehung ihrer Funktion (z. B. Informationstexte, Appelltexte, Deklarationstexte) werten und begründete Schlussfolgerungen daraus ziehen

4 a) Erstelle das Diagramm in einer anderen Diagrammart.
b) Begründe, warum nicht jede Diagrammart dafür geeignet ist, die Daten darzustellen.

5 a) Beschreibe die optische Darstellung des Schaubilds. Beachte dabei zum Beispiel Farben, Bilder und Symbole.
b) Äußert zu zweit Vermutungen, warum das Schaubild so gestaltet worden ist.

6 a) Entscheide bei den Aussagen A–D, ob sie wahr (w) oder falsch (f) sind. Schreibe richtige Aussagen ab, stelle falsche Aussagen richtig.

		w	f
A	60 % der Befragten haben Neujahrsvorsätze.	*X*	*X*
B	Fast jede/-r Dritte möchte abnehmen.	*X*	*X*
C	Nur 6 % wollen weniger Alkohol trinken.	*X*	*X*
D	Bei den meisten Vorsätzen geht es um ein gesünderes Leben.	*X*	*X*

b) Notiere weitere Sätze, die den Inhalt des Schaubilds wiedergeben. Hinweise dazu findest du in der *Lernbox*.
c) Notiere die zentrale Aussage des Schaubilds mit deinen eigenen Worten.

7 Schaubilder verfolgen eine bestimmte Absicht.
a) Entscheide dich für eine der Absichten A–E.
Das Schaubild „Gute Vorsätze für 2021" soll …
A. informieren.
B. appellieren (zu etwas aufrufen).
C. vor etwas warnen.
D. eine Verhaltensänderung erreichen.
E. Mitgefühl hervorrufen.
b) Begründe deine Entscheidung.

8 a) Recherchiere ein Schaubild deiner Wahl und werte es mithilfe der *Lernbox* Schritt für Schritt aus.
b) Vergleicht zu zweit eure Ergebnisse und gebt einander Tipps zur Verbesserung.

Lernbox

Ein Schaubild auswerten

Schaubilder bieten Informationen zu einem Thema, ähnlich wie ein Sachtext. Oft enthalten sie Daten und Zahlen (z. B. aus einer Umfrage).

So wertest du ein Schaubild aus:

1 Lies zunächst die **Überschrift**. Sie verrät dir das Thema:
- *Das Schaubild „(Titel)" zeigt …*
- *Das Schaubild „(Titel)" gibt Auskunft über …*

2 Suche die **Quelle des Schaubilds**. Prüfe, ob der/die Herausgeber/-in mit der Veröffentlichung ein bestimmtes Ziel verfolgt:
- *Die Daten stammen aus …*
- *Die Zahlen legte … vor.*
- *Das Schaubild wurde von … herausgegeben.*

3 Sieh dir an, wie das Schaubild aufgebaut ist und welche **Farben** und **Beschriftungen** es gibt. Was zeigen die Achsen, Flächen oder Balken (z. B. *Prozente, Jahre, Personen*)?

4 Formuliere Sätze, die den **Inhalt des Schaubilds** wiedergeben:
- *Jeder Dritte gab an …*
- *39 % der Deutschen …*
- *Besonders auffallend ist …*
- *Überraschend ist …*

5 Fasse die **zentrale Aussage** zusammen:
- *Aus dem Schaubild geht hervor, …*
- *Insgesamt kann festgestellt werden …*

6 Formuliere die **Absicht** des Schaubilds:
- *Das Schaubild soll dazu aufrufen …*

2.3 (2) selbständig, sicher und kritisch den Informationsgehalt komplexer […] diskontinuierlicher Texte auch unter Einbeziehung ihrer Funktion […] werten und begründete Schlussfolgerungen daraus ziehen · 2.3 (3) zwischen Information und Wertung unterscheiden, Zusammenhänge zwischen Textmerkmalen […] reflektieren, um die Intention eines Textes zu erkennen

Eine Karikatur interpretieren

1

1 a) Sieh dir die Karikatur oben genau an und beschreibe, was darauf zu sehen ist.
b) Formuliere zwei bis drei Sätze dazu, was du gesehen und gelesen hast.

2 a) Sprecht zu zweit darüber, was eurer Meinung nach an der Karikatur übertrieben oder unrealistisch dargestellt ist und worin der Witz / die Pointe der Karikatur besteht.
b) Überlegt, auf welches Problem die Karikatur aufmerksam machen soll. Formuliert das Thema in wenigen Worten.

Tipp

zu 1 b)
So kannst du beginnen:
– *Die Karikatur zeigt …*
– *Auf dem Bild ist … zu sehen.*
– *Auf der rechten/linken Seite …*

3 Findest du die Art und Weise, wie der Zeichner auf das Problem aufmerksam macht, gelungen?
Begründe deine Meinung.

4 Interpretiere die Karikatur mithilfe deiner Vorarbeiten schriftlich.
Hinweise dazu findest du in der *Lernbox*.

Lernbox

Eine Karikatur interpretieren

Eine **Karikatur** ist eine lustige Zeichnung, mit der der Zeichner/die Zeichnerin ein aktuelles Thema kommentiert und dazu Stellung nimmt. Meist macht eine Karikatur auf einen **Missstand** aufmerksam oder möchte jemanden oder etwas **kritisieren**. Karikaturen stellen Personen oder Situationen oft lustig dar, obwohl sie einen ernsten Hintergrund haben, z. B.: Klimawandel, Arbeitslosigkeit oder Kriege.

Aufbau einer Karikaturinterpretation:
1 Beschreibe genau, was du siehst: Welche Figuren sind zu sehen? Wo befinden sie sich? Was tun sie? Wie sehen sie aus?
2 Überlege, worin **der Witz/die Pointe** der Karikatur besteht.
Beispiel (Bild 1): *Haie haben keine Kamera XXX.*
3 Erkläre die **zentrale Aussage** der Karikatur mit eigenen Worten. Mögliche Satzanfänge: *Die Karikatur macht auf das Problem XXX aufmerksam. Die Karikatur kritisiert XXX.*
4 Nimm selbst Stellung und **bewerte die Aussage** der Karikatur kritisch: *Ich bin einer Meinung/nicht einer Meinung mit der Aussage der Karikatur, weil XXX.*

2.3 (1) komplexe pragmatische Texte aus unterschiedlichen Medien zur Entwicklung von Standpunkten und zur interessengeleiteten Ausweitung von Kenntnissen nutzen […] · 2.3 (2) selbständig, sicher und kritisch den Informationsgehalt komplexer kontinuierlicher und diskontinuierlicher Texte […] werten und begründete Schlussfolgerungen daraus ziehen

2

5 a) Wähle eine der Karikaturen 2–4 aus und erläutere, auf welches Problem sie aufmerksam machen möchte.

b) Besprecht in der Klasse, was euch spontan zu diesem Thema einfällt. Habt ihr selbst schon einmal etwas Ähnliches erlebt bzw. etwas darüber gehört/gelesen?

6 a) Teilt die Karikaturen 2 und 3 zu zweit untereinander auf.

b) Interpretiert eure Karikaturen. Bearbeitet dazu abwechselnd die folgenden Aufgaben und gebt einander Tipps zur Verbesserung.

- *Beschreibt euch gegenseitig eure Karikatur.*
- *Erklärt, worin eurer Meinung nach der Witz / die Pointe eurer Karikatur besteht.*
- *Erläutert, worauf der Zeichner / die Zeichnerin mit der Karikatur aufmerksam machen möchte bzw. was er/sie kritisiert.*

c) Diskutiert zu zweit eure Meinung zu den Themen der beiden Karikaturen.

3

7 a) Sieh dir die Karikatur 4 genau an und interpretiere sie vollständig schriftlich.

b) Tauscht eure Texte untereinander aus und gebt einander Tipps zur Verbesserung.

4

8 Erkläre mit eigenen Worten, wie sich eine Karikatur von einem Witz unterscheidet.

Tipp

zu 6 a)
Wenn ihr möchtet, könnt ihr im Internet nach zwei anderen Karikaturen suchen und dabei Themen auswählen, die euch interessieren / euch wichtig sind.

2.3 (1) komplexe pragmatische Texte aus unterschiedlichen Medien zur Entwicklung von Standpunkten und zur interessengeleiteten Ausweitung von Kenntnissen nutzen [...] · 2.3 (2) selbständig, sicher und kritisch den Informationsgehalt komplexer kontinuierlicher und diskontinuierlicher Texte [...] werten und begründete Schlussfolgerungen daraus ziehen

Sprachliche Besonderheiten erkennen

1 a) Lies die Überschrift des folgenden Textes. Erstelle eine Mindmap und schreibe stichpunktartig alles auf, was dir dazu einfällt.
b) Stelle dein Ergebnis der Klasse vor.

2 a) Lies die Kurzgeschichte.

Auf dem Kriegspfad
Von Hermann-Josef Schüren

Er bekommt, was er will. Das ist ihm zuviel. In seinem Zimmer haben sie nichts zu suchen. Das ist sein Reich. Er allein entscheidet, wann aufgeräumt wird. Er streicht es in den Farben, die ihm gefallen. Er kleidet sich selbst ein. Sie finanzieren seine Wünsche. Sie haben nichts dagegen einzuwenden, dass Ilona die Nacht über bleibt. Sie stören nicht. Sie klopfen nicht. Sie nehmen Rücksicht. Schließlich sind sie ja auch einmal jung gewesen. Und mit Ilona. Das ist etwas anderes. Sie gefällt ihnen. Sie macht einen vernünftigen Eindruck und kommt aus gutem Hause. Für ihr Alter ist sie auch schon ziemlich erwachsen. Ihren Sohn haben sie in den unterschiedlichsten Erscheinungsformen gesehen. Beinahe täglich wechselt er Aussehen, Gehabe, seinen Umgangston. Sie haben einiges mitmachen müssen. Er scheint sich allmählich zu fangen. Und jetzt die Geschichte mit Ilona. Das wird bestimmt was Festes. Als sie zum Frühstück erscheinen, steht ein Irokese vor ihnen, schmiert sich im Stehen ein Marmeladenbrot und begibt sich erneut auf den Kriegspfad.

b) Notiere den Inhalt der Kurzgeschichte in Stichpunkten.
c) Vergleicht zu zweit eure Stichpunkte.

3 a) Notiere sprachliche Besonderheiten aus der Kurzgeschichte oder markiere sie in unterschiedlichen Farben (→ COPY 45).
b) Lies die *Lernbox* und suche mit ihrer Hilfe weitere sprachliche Besonderheiten.
c) Sammelt in der Klasse alle sprachlichen Besonderheiten, die ihr gefunden habt.

4 a) Formuliere den Anfang der Kurzgeschichte (Z. 1–9) mit deinen eigenen Worten so um, dass er abwechslungsreicher gestaltet ist.
b) Tauscht eure Texte zu zweit aus und vergleicht sie jeweils mit der Kurzgeschichte. Welche Fassung gefällt euch besser? Begründet eure Meinung.
c) Diskutiert in der Gruppe Vermutungen, warum der Autor den Text so verfasst hat.

5 Schreibe eine Inhaltszusammenfassung zu der Kurzgeschichte (→ S. 165). Gehe nach dem Hauptteil auch kurz auf die sprachliche Gestaltung des Textes ein (→ *Lernbox*).

Lernbox

Die sprachliche Gestaltung eines Textes untersuchen

Um die **Aussage** eines Texte zu **verstehen**, ist es wichtig, auch seine **sprachliche Gestaltung** zu untersuchen. Der Autor / Die Autorin setzt sprachliche Besonderheiten bewusst ein, um **Aussagen hervorzuheben** oder **anschaulicher zu machen**. Achte dabei auf folgende Aspekte:

1 **Wortwahl:** Welche Wortarten werden häufig verwendet? Stammen die Ausdrücke aus einem bestimmten Wortfeld?
2 **Satzbau:** Enthält der Text eher kurze oder lange Sätze?
3 **Sprachliche Mittel:** Gibt es im Text z. B. Metaphern oder Personifikationen?

2.2 (4) ein umfangreiches Repertoire von Fachbegriffen zur Interpretation komplexer literarischer Texte nutzen (z. B. Euphemismus, Retardierung) · 3.2 (5) sprachliche und stilistische Mittel des Schreibens zielgerichtet in eigenen Texten einsetzen (z. B. Verstärkung der eigenen Argumentationskette, Verwendung rhetorischer Figuren)

Sprachliche Mittel verwenden

1 a) Lest euch die folgenden Sätze (A–M) zu zweit gegenseitig vor.

A. Alle Achtung!
B. Es schüttet wie aus Eimern.
C. Du Smombie!
D. Er ist stark wie ein Bär.
E. Ich werde ihm auf den Zahn fühlen.
F. Der schlaue Fuchs.
G. Ich überlegte und überlegte.
H. Die Bienen summen.
I. Erst die Arbeit, dann das Vergnügen.
J. Milch macht mich munter.
K. Die Sonne lacht.
L. Ich habe es hundertmal versucht.
M. Sein Herz brach.

b) Überlegt gemeinsam, warum einige Sätze in der gleichen Farbe abgedruckt sind.

2 a) Erstelle eine Tabelle, in der du die Sätze A–M notierst. Ergänze mithilfe der *Lernbox* rechts auch den Fachbegriff für das jeweilige sprachliche Mittel.

Beispiel	Sprachliches Mittel
Alle Achtung!	*Alliteration*
XXX	*XXX*

b) Ergänze für jedes sprachliche Mittel ein weiteres Beispiel.
c) Vergleicht zu zweit eure Tabellen.

3 a) Sprecht in der Klasse darüber, in welchen Situationen ihr selbst sprachliche Mittel verwendet.
b) Welche Wirkung wird durch die Verwendung der sprachlichen Mittel jeweils erreicht?

4 Bearbeite eine der folgenden Aufgaben.
a Schreibe einen kurzen Text, in dem du eines der sprachlichen Mittel verwendest.
b Schreibe einen Text mit fünf oder mehr sprachlichen Mitteln.

Lernbox

Sprachliche Mittel

Mit sprachlichen Mitteln kann man Teile eines Textes hervorheben oder besonders anschaulich und einprägsam formulieren.

1 **Alliteration:** Aufeinanderfolgende Wörter beginnen mit dem gleichen Buchstaben.
2 **Anapher:** Wörter am Satzanfang werden wiederholt.
3 **Ellipse:** Wörter oder Satzteile werden weggelassen.
4 **Hyperbel:** Übertreibung.
5 **Lautmalerei:** Geräusche werden durch Wörter hörbar gemacht.
6 **Metapher:** Ein Ausdruck ist nicht wörtlich gemeint, die Bedeutung wird übertragen.
7 **Neologismus:** Erfindung eines neuen Wortes.
8 **Personifikation:** Tiere oder Dinge werden vermenschlicht.
9 **Symbol:** Ein konkretes Ding steht als Zeichen für eine Idee oder eine komplexe Bedeutung.
10 **Vergleich:** Dinge werden miteinander verglichen.
11 **Wiederholung:** Wörter werden mehrmals hintereinander genannt.

2.2 (4) ein umfangreiches Repertoire von Fachbegriffen zur Interpretation komplexer literarischer Texte nutzen (z. B. Euphemismus, Retardierung) · 4.1 (3) gezielt sprachliche Mittel aus dem Sprachwissen auswählen, um sich treffend und differenziert mündlich und schriftlich auszudrücken

Die sprachliche Gestaltung von Texten untersuchen

1 a) Betrachte das Bild oben und notiere deine Gedanken dazu.
b) Sprecht zu zweit über eure Gedanken.
c) Überlegt gemeinsam, inwiefern der Begriff „Nacht" und das Bild zusammenpassen.

2 a) Lies die folgende Kurzgeschichte.

Nacht
Von Sibylle Berg

Sie waren mit Tausenden aus unterschiedlichen Türen in den Abend geschoben. Es war eng auf den Straßen, zu viele Menschen müde und sich zu dicht, der Himmel war rosa. Die Menschen würden den Himmel ignorieren, den Abend und würden nach Hause gehen. Säßen dann auf der Couch, würden Gurken essen und mit einem kleinen Schmerz den Himmel ansehen, der vom Rosa ins Hellblaue wechseln würde, dann lila, bevor er unterginge. Eine Nacht wie geschaffen, alles hinter sich zu lassen, aber wofür? Sie funktionierten in dem, was ihnen Halt schien, die Menschen in der Stadt, und Halt kennt keine Pausen, Regeln, keine stille Zeit, in der Unbekanntes Raum hätte zu verunsichern mit dummen Fragen. Das Mädchen und der Junge gingen nicht nach Hause. Sie waren jung, da hat man manchmal noch Mut. Etwas ganz Verrücktes müsste man heute tun, dachten beide unabhängig voneinander, doch das ist kein Wunder, denn bei so vielen Menschen auf der Welt kann es leicht vorkommen, dass sich Gedanken gleichen. Sie gingen auf einen Berg, der die Stadt beschützte. Dort stand ein hoher Aussichtsturm, bis zu den Alpen konnte man schauen und konnte ihnen Namen geben, den Alpen. Die hörten dann darauf, wenn man sie rief. Die beiden kannten sich nicht, wollten auch niemanden kennen in dieser Nacht, stiegen die 400 Stufen zum Aussichtsturm hinauf. Saßen an entgegengesetzten Enden, mürrisch zuerst, dass da noch einer war. So sind die Menschen, Revierverletzung nennt man das. Doch dann vergaßen sie die Anwesenheit und dachten in die Nacht. Vom Fliegen, vom Weggehen und Niemals-Zurückkommen handelten die Gedanken, und ohne dass es ihnen bewusst gewesen wäre, saßen sie bald nebeneinander und sagten die Gedanken laut.
Die Gedanken ähnelten sich, was nicht verwundert, bei so vielen Menschen auf der Welt, und doch ist es wie Schicksal, einen zu treffen, der spricht, was du gerade sagen möchtest. Und die Worte wurden weich, in der Nacht, klare Sätze wichen dem süßen Brei, den Verliebte aus ihren Mündern lassen, um sich darauf zum Schlafen zu legen. Sie hielten sich an der Hand, die ganze Nacht, und wussten nicht, was schöner war. Die Geräusche, die der Wind machte, die Tiere, die sangen, oder der Geruch des anderen. Dabei ist es so einfach, sagte der Junge, man muss nur ab und zu mal nicht nach Hause gehen, sondern in den Wald. Und das Mädchen sagte, wir werden es wieder vergessen, das ist das Schlimme. Alles vergisst man, das einem

2.2 (1) lyrische, epische und dramatische Werke aus dem Zeitraum vom Sturm und Drang bis zum 21. Jahrhundert auf der Basis erworbener literarischer Kategorien fachgerecht interpretieren · 2.2 (4) ein umfangreiches Repertoire von Fachbegriffen zur Interpretation komplexer literarischer Texte nutzen (z. B. Euphemismus, Retardierung)

gut tut, und dann steigt man wieder in die Straßenbahn, morgens, geht ins Büro, nach Hause, fragt sich, wo das Leben bleibt. Und sie saßen immer noch, als der Morgen kam, als die Stadt zu atmen begann. Tausende aus ihren Häusern, die Autos geschäftig geputzt, und die beiden erkannten, dass es das Ende von ihnen wäre, hinunterzugehen ins Leben. Ich wollte, es gäbe nur noch uns, sagte der Junge. Das Mädchen nickte, sie dachte kurz: So soll das sein, und im gleichen Moment verschwand die Welt. Nur noch ein Aussichtsturm, ein Wald, ein paar Berge blieben auf einem kleinen Stern.

b) Fasse den Inhalt der Kurzgeschichte in Stichpunkten zusammen.

c) Beantworte die folgenden Fragen zur Kurzgeschichte schriftlich:
- *Wie wird die Situation in der Stadt beschrieben?*
- *Warum gehen das Mädchen und der Junge auf den Aussichtsturm?*
- *Über was denken sie nach?*

d) Tauscht euch zu zweit über eure Ergebnisse aus.

3 a) Lies die folgenden Aussagen A und B über die Kurzgeschichte.

b) Entscheide dich für eine der beiden Aussagen und erläutere, warum diese für dich passend erscheint. Nutze dazu deine Vorarbeiten.

A. *Die Kurzgeschichte soll uns dazu anhalten, wenigstens ab und zu aus dem Alltag auszubrechen und unseren Träumen nachzuhängen.*

B. *Die Kurzgeschichte soll uns Mut machen, weit weg zu gehen, unsere Träume zu verwirklichen und uns nicht den bestehenden Strukturen zu unterwerfen.*

4 Untersuche die sprachliche Gestaltung des Textes und notiere mindestens zwei sprachliche Besonderheiten inklusive der Zeilenangaben (→ COPY 46). Die *Lernboxen* auf den Seiten 278 und 279 helfen dir dabei.

5 a) Die Kurzgeschichte „Nacht“ enthält einige sprachliche Mittel, die eine bestimmte Wirkung erzeugen sollen. Schreibe die folgende Tabelle ab und ergänze sie.

Textbeispiel	*sprachliches Mittel*	*Wirkung*
XXX	*Alliteration*	*Die Alliteration vermittelt die romantische Stimmung zwischen den beiden Figuren.*
„… klare Sätze wichen dem süßen Brei …“	*Metapher*	*XXX*
„… die Tiere, die sangen, …“	*XXX*	*XXX*

b) Ergänze die Tabelle um noch mindestens zwei weitere Textbeispiele.

6 Schreibe eine Inhaltszusammenfassung (→ S. 165) zu der Kurzgeschichte. Gehe nach dem Hauptteil auch kurz auf die sprachliche Gestaltung des Textes sowie einzelne sprachliche Mittel und deren Wirkung ein.

2.2 (1) lyrische, epische und dramatische Werke aus dem Zeitraum vom Sturm und Drang bis zum 21. Jahrhundert auf der Basis erworbener literarischer Kategorien fachgerecht interpretieren · 2.2 (4) ein umfangreiches Repertoire von Fachbegriffen zur Interpretation komplexer literarischer Texte nutzen (z. B. Euphemismus, Retardierung)

Richtig zitieren

1 Besprecht folgende Fragen in der Klasse:
- *Was ist ein Plagiat?*
- *In welchem Zusammenhang stehen Plagiate, korrekte Zitate und Quellenangaben?*

2 Lies den Text.

Plastination

Seit Jahrtausenden wünscht sich der Mensch, der Vergänglichkeit zu entkommen und die sterbliche Hülle über den Tod hinaus zu konservieren. Standen zunächst religiöse Motive im Vordergrund, waren es ab der Renaissance wissenschaftliche Gründe, die zu Präparationen ganzer Körper führten. Eine Lösung verspricht heute die Plastination: In einem Vakuumprozess werden ganze Körperteile mit speziell für diese Technik entwickelten Kunststoffen imprägniert. [...] Grundlage für die Plastination ist der Austausch des Gewebswassers und Fetts durch einen aktiven Kunststoff wie Silikon oder Polyester.

3 a) Lies Punkt 1 der *Lernbox*. Zitiere dann den Satz in den Zeilen 11–14 wörtlich.
b) Prüft zu zweit, ob ihr richtig zitiert habt.

4 a) Vergleiche den Text mit dem folgenden Zitat und benenne die Unterschiede: *„Seit Jahrtausenden wünscht sich der Mensch, […] die sterbliche Hülle […] zu konservieren" (Z. 1–4).*
b) Überlegt zu zweit, was die eckigen Klammern bedeuten könnten.
c) Vergleicht eure Überlegungen mit Punkt 2 der *Lernbox*.

5 a) Lies Punkt 3 der *Lernbox*.
b) Zitiere einen Satz aus dem Text und ergänze oder entferne dabei einen Teil. Achte darauf, dass der Satz noch Sinn ergibt.
c) Prüft zu zweit, ob ihr richtig gekürzt und zitiert habt.

6 a) Zitiere mindestens fünf Sätze aus einem Text deiner Wahl (z. B. aus dem Internet oder aus dem Schulbuch).
b) Prüft zu zweit, ob ihr richtig zitiert habt. Vergleicht dafür mit dem Originaltext.
c) Besprecht eure Ergebnisse in der Klasse.

Lernbox

Richtig zitieren

Wenn du wichtige Formulierungen oder ganze Sätze wörtlich aus einem Text übernimmst, musst du sie als Zitat kennzeichnen. Beachte dabei folgende Punkte:

1 Wenn du aus einem Text zitierst, setzt du die Stelle, die du übernimmst in **Anführungszeichen** und notierst dahinter die abgekürzte Zeilenangabe. Beispiel: *„Eine Lösung verspricht heute die Plastination" (Z. 7–8).*

2 Wenn du wörtlich aus einem Text zitierst, aber Wörter, Sätze oder ganze Abschnitte weglässt, musst du diese **Auslassungen** mit [...] markieren. Beispiel: *„In einem Vakuumprozess werden ganze Körperteile mit […] Kunststoffen imprägniert" (Z. 8–11).*

3 Wenn du eine Textstelle wörtlich zitierst, aber Wörter hinzufügst oder den Satzbau umstellst, stehen die **Ergänzungen** in eckigen Klammern. Beispiel: *„[G]anze Körperteile [werden] mit speziell für diese Technik entwickelten Kunststoffen imprägniert" (Z. 9–11).*

3.1 (3) Zitate formal und syntaktisch korrekt sowie sachlogisch in eigene Texte integrieren und auch Quellen formgerecht in den Textfluss einfügen

Beleglesen

Körperwelten

Entwickelt wurde das Verfahren [Plastination] von Gunther von Hagens. Zunächst fanden seine Plastinate nur in der Lehre Anwendung, bis der Anatom 1988 begann, ausgewählte Präparate der Öffentlichkeit zugänglich zu machen. Seine Ausstellung „Körperwelten“ wurde Ende 1997 erstmals in Mannheim gezeigt. Neben Quer- und Längsschnitten von Organen umfasste die Ausstellung auch 15 Ganzkörperpräparate in lebensnaher Haltung. Im Februar 2005 begann von Hagens, Elefanten zu plastinieren, die zuvor im Zoo Neunkirchen gelebt hatten. Fünf Jahre später wurden die Körper der verstorbenen Elefantenweibchen Samba und Chiana erstmals im Rahmen der „Körperwelten der Tiere“ ausgestellt. Sie gelten als die größten Plastinate weltweit. [...] Die Ausstellung ist umstritten. Es sind die Leichen und Körperteile von echten Menschen, die dort ausgestellt sind. Während die einen von Geschmacklosigkeit, Gruselkabinett und skandalöser Geschäftemacherei sprachen, feierten die anderen die Ausstellung als gelungen. [...] Bis heute ist das Interesse des Publikums enorm: Mehr als 36 Millionen Besucherinnen und Besucher haben die Wanderausstellung bereits gesehen.

1 Lies den Text „Körperwelten“.

2 a) Erkläre, was mit den Wörtern *skandalös (Z. 22)* und *enorm (Z. 25)* gemeint ist.
b) Notiere für beide Begriffe ein Synonym (= anderes Wort mit gleicher Bedeutung).

3 a) Beantworte die folgenden Fragen und belege deine Antworten mithilfe des Textes. Hinweise dazu findest du in der *Lernbox*.
- *Welchen Beruf übt Gunther von Hagens aus?*
- *Was zeigt die Ausstellung „Körperwelten"?*
- *Wie findet das Publikum die Ausstellung?*

b) Vergleicht zu zweit eure Ergebnisse.

4 Belege die folgenden Aussagen (A–D) mithilfe des Textes.
A) *Die Ausstellung „Körperwelten" gefällt nicht allen.*
B) *Die Ausstellung ist sehr erfolgreich.*
C) *Es werden echte Menschen gezeigt.*
D) *Plastinate dienen vor allem dazu, mehr über Körper zu lernen.*

Lernbox

Beleglesen

1 Beim Beleglesen suchst du in einem Text die Antworten auf bestimmte Fragen. Du gibst eine Textaussage **mit eigenen Worten** wieder und nennst als Beleg die Zeilen im Text:
Frage: *Wie viele Besucher/-innen konnte die Ausstellung schon begrüßen?*
Antwort: *Mehr als 36 Millionen Menschen (vgl. Z. 25–26).*

2 Um deine Antworten zu belegen, kannst du die Zeilen auch wörtlich zitieren.

3.1 (3) Zitate formal und syntaktisch korrekt sowie sachlogisch in eigene Texte integrieren und auch Quellen formgerecht in den Textfluss einfügen

Phänomene im Netz erkennen

1 a) Überfliege den folgenden Text und betrachte das Bild.
b) Überlege dir mindestens drei Fragen an den Text.
c) Sprecht zu zweit darüber, welche Challenges und viralen Phänomene ihr kennt.

2 Lies den Text genau.

Challenges und virale Phänomene

Beteiligung findet in Social Media, wie der Name schon sagt, in großem Ausmaß statt. Das zeigt sich auch in immer wiederkehrenden Challenges (engl.: „Herausforderungen") [...]. Diese Netzphänomene werden auch „virale" Phänomene genannt, da sie sich wie ein Virus von Seite zu Seite und Dienst zu Dienst ausbreiten. Eine bekannte Challenge der letzten Jahre war die „Ice Bucket Challenge", die ursprünglich auf die Nervenkrankheit ALS aufmerksam machen und zu Spenden aufrufen sollte. Der Ursprung der Aktion ist nicht genau bekannt, die Verbreitung verlief aber weltweit rasend schnell. Teilnehmer sollten sich bei der Challenge einen Eimer Eiswasser (den „Ice Bucket") über dem Kopf ausschütten, sich dabei filmen und in ihrem Post drei weitere Personen nominieren, es ihnen gleich zu tun. Verbreitet wurden die Videos über Soziale Netzwerke [...]. Nachdem zahlreiche Prominente daran teilnahmen, beteiligten sich auch viele Vereine, Freundesgruppen und Einzelpersonen. Das Gefühl, für einen guten Zweck dabei zu sein, und ein weltweites Gemeinschaftsgefühl führten zur weiten Verbreitung dieser besonderen Form der Selbstdarstellung im Netz. Auch die Spendensummen für die beteiligten Organisationen gingen durch die Decke.

3 a) Suche die drei bis fünf wichtigsten Stichpunkte aus dem Text heraus.
b) Formuliere mit diesen Stichpunkten eine Inhaltszusammenfassung zum Text.
c) Vergleicht zu zweit eure Inhaltszusammenfassungen.

4 Entscheide bei den Aussagen A–H, ob sie wahr oder falsch sind. Schreibe richtige Aussagen ab, stelle falsche Aussagen richtig.

A	Im Text geht es um Herausforderungen im Internet.
B	Diese Herausforderungen nennt man virile Phänomene.
C	Phänomen heißt auf englisch „Challenge".
D	Die Idee zur „Ice Bucket Challenge" war eine Spendenaktion.
E	Die Verbreitung erfolgt so schnell, weil jeder Nominierte vier weitere Personen nominieren soll.
F	Weil häufig ein guter Zweck dabei ist, geht es nie um Selbstdarstellung.
G	Beteiligte Organisationen bekommen immerhin zahlreiche Spenden.
H	Einzelpersonen und Gruppen nehmen an den Challenges teil.

2.3 (2) selbständig, sicher und kritisch den Informationsgehalt komplexer kontinuierlicher und diskontinuierlicher Texte [...] werten und begründete Schlussfolgerungen daraus ziehen · 2.4 (6) die aktuellen digitalen Medien und sozialen Netzwerke kritisch und verantwortungsbewusst, unter Beachtung wesentlicher rechtlicher und sozialer Grundlagen, beurteilen [...]

5 a) Sprecht in der Klasse darüber, welche Gefahren Challenges eurer Meinung nach bergen können.
b) Lies den folgenden Textausschnitt.

Risiken von Challenges

Allerdings können digitale Challenges [...] auch Risiken bergen, seien es gesundheitliche Risiken bspw. beim Konsum von schädlichen Nahrungsmitteln („Cinnamon Challenge"), Magersucht-Challenges [...] („SkinnyCheck"), Unfallrisiken beim sogenannten Planking (Liegen-Challenge) oder generell eine Anregung sein für selbstverletzendes Verhalten vor Publikum. Wer online für eine Challenge nominiert wird, steht unter dem Druck, sich der Herausforderung zu stellen. Der soziale Druck darf aber nicht dazu führen, ein gesundheitsschädliches oder selbstverletzendes Verhalten in Kauf zu nehmen.

6 a) Sprecht zu zweit über den Unterschied zwischen einem „Prank" und einer „Challenge".
b) Notiere mindestens drei vollständige Argumente dafür, dass viele „Challenges" riskant sind.
c) Vergleicht zu zweit eure Argumente.

7 a) Notiere stichpunktartig alle gefährlichen Challenges, welche im Textausschnitt aufgeführt werden.
b) Begründe jeweils, warum diese Challenges gefährlich sind. Du kannst dazu im Internet recherchieren.
c) Erkläre mithilfe des Textausschnittes, weshalb diese Challenges trotz allem von vielen Menschen angenommen werden. Ergänze gegebenenfalls eigene Informationen.

8 Finde in den beiden Texte auf dieser Doppelseite Fremdwörter aus dem Englischen und erkläre sie. Übertrage dazu die folgende Tabelle in dein Heft.

Fremdwort	**Zeile**	**Erklärung**
XXX	*Z. XX*	*XXX*

9 a) Betrachte die Abbildung oben. Was könnte in dem Jugendlichen vorgehen?
b) Überlege, wie du herausfinden kannst, ob eine Challenge harmlos oder risikoreich ist.
c) Tauscht euch in der Klasse über eure Überlegungen aus.

10 Bearbeite eine der folgenden Aufgaben:
a Schreibe einen Aufruf, in dem du deine Mitschülerinnen und Mitschüler dazu aufforderst, sich nicht auf gefährliche Challenges im Netz einzulassen.
b Recherchiere eine ungefährliche Challenge im Netz, die sich gemeinschaftlich ausführen lässt. Schreibe einen Aufruf, in dem du deine Lehrkraft und deine Klasse dazu aufforderst, an dieser Challenge teilzunehmen.

2.3 (2) selbständig, sicher und kritisch den Informationsgehalt komplexer kontinuierlicher und diskontinuierlicher Texte [...] werten und begründete Schlussfolgerungen daraus ziehen · 2.4 (6) die aktuellen digitalen Medien und sozialen Netzwerke kritisch und verantwortungsbewusst, unter Beachtung wesentlicher rechtlicher und sozialer Grundlagen, beurteilen [...]

Zum Fach Deutsch recherchieren

1 a) Notiere fünf Dinge, die du für das Fach Deutsch im Internet recherchieren kannst.
b) Tauscht euch zu zweit darüber aus. Auf wie viele Ideen kommt ihr gemeinsam?

2 a) Suche mindestens fünf der folgenden Rechercheaufträge aus. Führe sie durch.
b) Sprecht zu zweit über eure Ergebnisse.

Rechercheauftrag 1: Schreibweise
Finde die richtige Schreibung dieser Wörter:
Prepariert, regelmäsig, bekomen, experimentel, Symtome, Wirklichkeid, grosse, eingeschrenkt

Rechercheauftrag 2: Gegenteile
Finde die Gegenteile dieser Wörter:
Anstand, schaden, Fantasie, Tempo, Verbraucher

Rechercheauftrag 3: Plural
Finde die richtigen Pluralformen dieser Wörter:
Rhythmus, Pronomen, Dialog, Handy, Praxis

Rechercheauftrag 4: Synonyme
Finde die Synonyme mit den gleichen Bedeutungen zu folgenden Wörtern:
normal, Futur, Start-up, murmeln, Hype, Experte

Rechercheauftrag 5: Fremdwörter-Bedeutung
Finde die Bedeutung der Fremdwörter heraus:
geografisch, dehydriert, Fantasie, explodieren, Komplikation, Respekt, Tempo, Autor, Konflikt

Rechercheauftrag 6: Fremdwörter-Herkunft
Finde die Herkunftssprache dieser Wörter:
Ozean, Quarantäne, Trend, international, Distanz

Rechercheauftrag 7: Sprachliche Bilder
Finde die Bedeutung dieser sprachlichen Bilder:
„in ein schwarzes Loch fallen", „die bekennende Couch-Potato", „ich trage die Maske der Gruppe"

3 Bearbeite eine der folgenden Aufgaben:
a Suche zu einzelnen Rechercheaufträgen eigene Wörter im Internet. Stellt euch dann zu zweit eure Aufgaben.
b Überlege dir eigene Aufgabenstellungen. Stellt euch dann zu zweit eure Aufgaben.

Tipp

zu 2 a)
- Nutze verschiedene Suchmaschinen.
- Nimm nicht einfach immer das erste Rechercheergebnis, sondern überfliege mehrere Ergebnisse und wähle dann eine vertrauenswürdige Website aus.

4.3 (5) Zweifelsfälle der Rechtschreibung selbständig durch Verwendung entsprechender Nachschlagewerke klären · 2.4 (6) die aktuellen digitalen Medien und sozialen Netzwerke kritisch und verantwortungsbewusst, unter Beachtung wesentlicher rechtlicher und sozialer Grundlagen, beurteilen, und deren spezifische Sprache bewusst und adressatenbezogen nutzen

Personen und Zitate richtig zuordnen

1 Auf dieser Seite siehst du Bilder und Zitate von bekannten Personen. Immer ein Zitat und ein Bild gehören zusammen.
a) Lies die Texte und betrachte die Bilder.
b) Notiere Vermutungen, wer die Personen sind und welches Zitat zu ihnen passt.

2 Recherchiere im Internet und ordne die Zitate und Bilder einander richtig zu. Notiere die Lösung folgendermaßen:
Person C – Sigmund Freud – Zitat 7

3 Besprecht die Lösungen in der Klasse.

A

5 „We look at the world once, in childhood. The rest is memory."

B

3 „To make progress, we must stop treating our opponents as our enemy."

7 „Wenn jemand spricht, wird es hell."

G

2 „Niemand rettet uns außer wir selbst!"

F

D

C

6 „Niemand mag bewaffnete Missionare."

1 „Die Unschuld hat im Himmel einen Freund."

E

4 „Ich habe gelernt, dass man nie zu klein dafür ist, einen Unterschied zu machen."

Tipp

zu 2)
- Namen suchst du mit Anführungszeichen oder Plus: *„Sigmund Freud"* oder *Sigmund+Freud*
- Zitate suchst du immer mit Anführungszeichen: *„Wenn jemand spricht, wird es hell."*

Einen Flyer mit einem Textverarbeitungs-programm erstellen

1 a) Besprecht zu zweit, welche Textverarbeitungsprogramme ihr kennt.
b) Besprecht, wofür sich welche Textverarbeitungsprogramme am besten eignen.

2 a) Überlegt euch zu zweit eine Definition für den Begriff Flyer.
b) Überlegt gemeinsam, welche Funktion Flyer erfüllen sollen.
c) Vergleicht eure Überlegungen mit der *Lernbox*.

3 a) Betrachte den abgebildeten Flyer.
b) Überlege, zu welchem Zweck der Flyer erstellt wurde.
c) Notiere, was dir am Flyer gefällt und was du für verbesserungswürdig hältst. Orientiere dich dabei auch an der *Lernbox*.
d) Besprecht eure Ergebnisse zu zweit.

Tipp

zu 4 a)
- viele Bilder
- Text gegliedert in Oberthemen
- Aufzählungen, um die Lesbarkeit zu erleichtern (meist Stichpunkte)

4 a) Macht euch in der Gruppe Gedanken, worauf es bei der Gestaltung eines Flyers ankommt.
b) Haltet eure Ergebnisse auf einem Plakat fest.

5 Gestaltet gemeinsam einen Flyer über eure Schule für zukünftige Schüler/-innen. Nutzt dafür ein Textverarbeitungsprogramm und berücksichtigt die Anforderungen auf der nächsten Seite.

Tipp

zu 5)
- Notiert wichtige Informationen zu eurer Schule. Fragt gegebenenfalls bei Lehrkräften oder der Schulleitung nach.
- Macht Fotos von wichtigen Orten und Personen.

Lernbox

Flyer erstellen

Ein Flyer ist ein mit Informationen bedrucktes Stück Papier, das oft an öffentlichen Orten verteilt wird.

Gestaltung:
- Aufwendig und bunt, um das **Interesse** der Leser/-innen zu wecken.
- **Wenig Text**, der nur die wichtigsten Informationen enthält. Die Leser/-innen widmen einem Flyer in der Regel nicht viel Zeit.
- Viele **Bilder**, weil diese schnell Informationen übermitteln und sehr ansprechend sind.

2.4 (2) selbständig Informations- und Wahrheitsgehalt unterschiedlicher medialer Darstellungsformen […] beurteilen und deren Intention und Wirkung werten · 3.1 (1) zielgerichtet und situationsangemessen neben der gut lesbaren Handschrift digitale Medien zur eigenen Textproduktion nutzen und spezifische Gestaltungselemente für eine textkohärente Darstellung wählen

Anforderungen für die Gestaltung des Flyers:

1. Ausrichtung Querformat

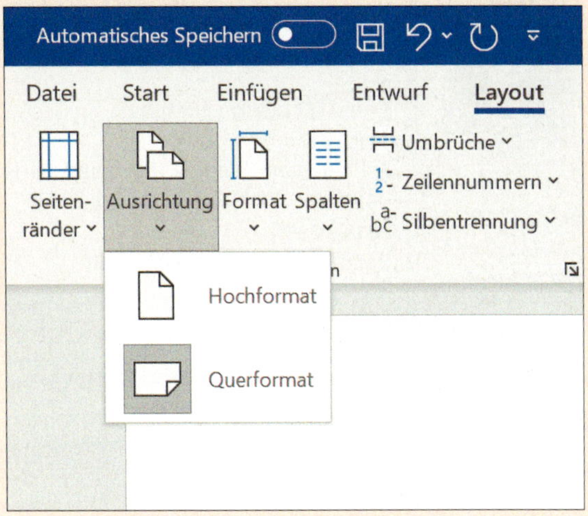

2. Blatt in drei Spalten einteilen

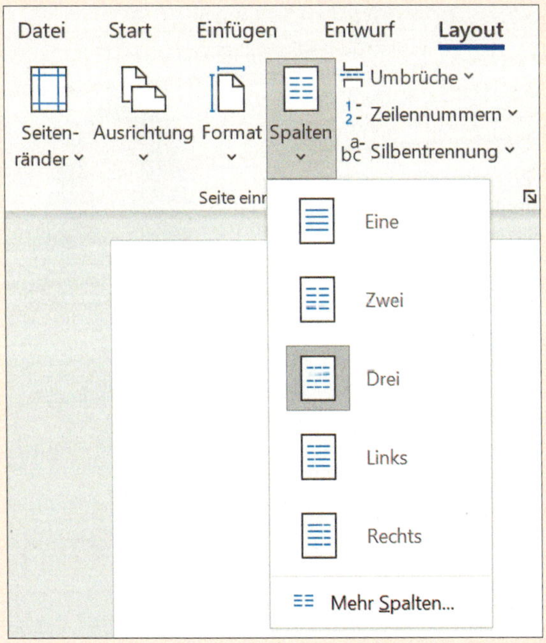

3. Bild mit Textumbruch einfügen

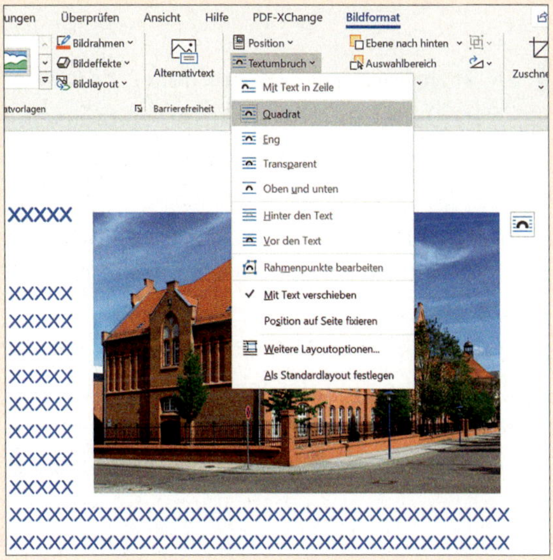

4. Geeignete Aufzählungssymbole auswählen

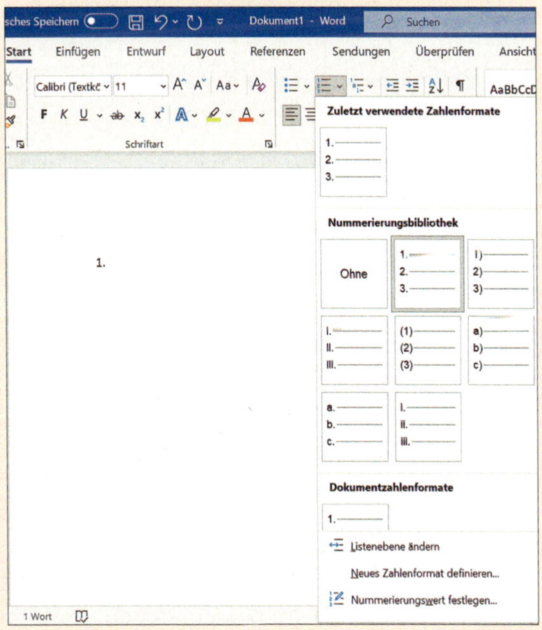

6 a) Hängt eure Flyer im Klassenzimmer auf.
b) Gebt euch gegenseitig Feedback, indem ihr Klebezettel mit eurem Feedback daneben klebt.

7 Wählt drei Favoriten aus den Flyern aus und legt sie eurer Schulleitung für den nächsten Tag der offenen Tür vor.

2.4 (2) selbständig Informations- und Wahrheitsgehalt unterschiedlicher medialer Darstellungsformen [...] beurteilen und deren Intention und Wirkung werten · 3.1 (1) zielgerichtet und situationsangemessen neben der gut lesbaren Handschrift digitale Medien zur eigenen Textproduktion nutzen und spezifische Gestaltungselemente für eine textkohärente Darstellung wählen

Textverarbeitungsprogramme zur Gestaltung nutzen

1 a) Notiere, aus welchen Teilen deine Bewerbungsunterlagen bestehen müssen.
b) Besprecht eure Ergebnisse zu zweit.

2 a) Überlege, welche der folgenden Aussagen zu Lebensläufen richtig sind und welche falsch.
b) Schreibe die richtigen Aussagen auf.
c) Schreibe die falschen Aussagen korrigiert auf.
d) Besprecht eure Ergebnisse in der Klasse.

- *In einem Lebenslauf sollten die Informationen als Auflistung formatiert sein.*
- *Der Text sollte im Blocksatz formatiert sein.*
- *Der Text sollte in Schriftgröße 20 verfasst werden.*
- *Der Zeilenabstand sollte zwischen 1 cm und 1,5 cm liegen.*

ANSCHRIFT:
Steinweg 66
98765, Fürth

TELEFON:
0123/55 66 77

MAIL:
musterfrau@
mail.de

HOBBYS:
Tanzen, Joggen

NALA SCHNEIDER

GEBURTSDATUM
25. Juni 2007

SCHULBILDUNG
Seit 2017
Freiherr-vom-Stein-Mittelschule, Fürth
(mittlerer Schulabschluss: Juli 2023)
2013 – 2017
Bonifatius-Grundschule, Fürth

PRAKTIKUM
12.04. – 30.04.2021
Zahnarzthelferin, Praxis Dr. Haber,
Fürth

KENNTNISSE
Englisch – gute Kenntnisse
Textverarbeitung – Grundkenntnisse

Fürth, 27.01.20XX
Nala Schneider

Nala Schneider,
geboren am 25. Juni 2007

Von 2013 – 2017 war ich an der Bonifatius-Grundschule in Fürth. Seit 2017 besuche ich nun die Freiherr-vom-Stein-Mittelschule in Fürth. Meinen Abschluss werde ich im Juli 2023 machen – nämlich den mittleren Schulabschluss an der Mittelschule.
Für mein Praktikum als Zahnarzthelferin war ich in der Praxis von Dr. Haber in Fürth vom 12.04. – 30.04.2021.
In Englisch habe ich gute Kenntnisse, in der Textverarbeitung habe ich Grundkenntnisse.

Fürth, 27.01.20XX
Nala Schneider

3 a) Schaue dir beide Lebensläufe an.
b) Notiere, was du gelungen und was du verbesserungswürdig findest.

4 a) Notiere, was bei der Formatierung eines Lebenslaufs in einem Textverarbeitungsprogramm beachtet werden sollte.
b) Vergleicht eure Notizen zu zweit und erstellt daraus eine Checkliste für die Formatierung von Lebensläufen.
c) Besprecht eure Ergebnisse in der Klasse.

Tipp

zu 1a)

Anschreiben, Lebenslauf, Zeugnisse,
Urkunden, Zertifikate …

5 a) Gestalte deinen eigenen Lebenslauf mit einem Textverarbeitungsprogramm.
b) Gebt euch in Gruppen Feedback zu euren Lebensläufen.
c) Überarbeite deinen Lebenslauf mithilfe des Feedbacks.

3.1 (1) […] digitale Medien zur eigenen Textproduktion nutzen und spezifische Gestaltungselemente für eine textkohärente Darstellung wählen […] · 3.2 (7) […] formalisierte Texte erstellen (z. B. Geschäftsbrief, Versicherungsantrag) und individuelle aussagekräftige Bewerbungen verfassen, hierzu zweck- und adressatenorientiert das geeignete Medium wählen

Textverarbeitungsprogramme zur Überprüfung der Rechtschreibung nutzen

1 a) Lies den Text „Bewerbungen richtig schreiben“.
b) Tauscht euch zu zweit über den Inhalt des Textes aus.

Bewerbungen richtig schreiben

Der Inhalt der Bewerbung alleine reicht nicht aus, damit deine Bewerpungsunterlagen überzeugen. Das Format der Bewerbung muss auch stimmen. Die richtige Form struckturiert die Bewerbung und macht sie so angenehmer zu lesen. Arbeitgeber schätzen leserfreundlich formatierte Bewerbungen sehr, denn sie erleichtern ihre Arbeit. Mit dem richtigen Vormat kannst du auf den ersten Blick beeindrucken.
Die Bewerbung ist die erste Arbeitsprope, die du vorlegst. Der Arbeitgeber erkennt anhand des Leyouts deiner Bewerbung, wie sorgfältig du arbeitest. Das Formatt der Bewerbungsunterlagen sorgt dafür, dass die Inhalte übersichtlich und gut erfassbar dargestellt sind. Eine einheidliche Gestaltung, richtig formatierte Seitenränder, Zeilenabstände, Schriftgrößen und -arten lassen deine Bewerbung profesionell erscheinen. Besonders beim Anschreiben ist eine korekte Form und Gliederung wichtig, da es die erste Seite der Bewerbung ist.

(verändert)

2 a) Schreibe den Text genauso mit einem Textverarbeitungsprogramm ab.
b) Besprecht zu zweit, woran ihr in einem Textverarbeitungsprogramm Rechtschreibfehler erkennt.
c) Verbessere die Fehler im Text.

3 a) Ersetze mithilfe des Thesaurus einige Wörter aus dem Text mit den angezeigten Synonymen und markiere deine Änderungen gelb.
b) Tauscht eure Texte aus.
c) Besprecht zu zweit, ob die gewählten Synonyme jeweils passend sind.
d) Besprecht in der Klasse, was ihr bei der Verwendung der Thesaurus-Funktion beachten müsst.

4 a) Betrachte das Bild und überlege, was die blauen Unterstreichungen bedeuten.

Es ist sehr verwunderlich dass die unvollständigen Bewerbungsunterlagen dennoch beim Personaler gelandet sind.
Den Sekretärin ist nichts aufgefallen.

b) Schreibe die Sätze richtig auf.

5 Diskutiert folgende Aussage:
Wenn Textverarbeitungsprogramme Rechtschreib- und Grammatikfehler anzeigen, dann brauche ich meinen Text gar nicht mehr Korrektur zu lesen!

Tipp

zu 3 a)
Gib das Wort, zu dem du ein Synonym finden möchtest, in das Textverarbeitungsprogramm ein. Markiere das Wort und wähle in der Menüleiste oben unter *„Überprüfen“* **„Thesaurus“** aus. Anschließend werden dir bedeutungsgleiche Wörter (= **Synonyme**) angezeigt.

3.1 (1) […] digitale Medien zur eigenen Textproduktion nutzen und spezifische Gestaltungselemente für eine textkohärente Darstellung wählen […] · 3.2 (7) […] formalisierte Texte erstellen (z. B. Geschäftsbrief, Versicherungsantrag) und individuelle aussagekräftige Bewerbungen verfassen, hierzu zweck- und adressatenorientiert das geeignete Medium wählen

Ein Erklärvideo aufnehmen

1 a) Seht euch im Internet drei bis fünf verschiedene Erklärvideos an.
b) Notiert, was ihr bei der Aufnahme eines Erklärvideos beachten müsst.

2 a) Überlegt euch ein Thema, zu dem ihr ein Erklärvideo erstellen wollt.
b) Sammelt Informationen zu eurem Thema im Internet.

3 Erstellt ein Erklärvideo. Beachtet dabei die folgenden Arbeitsschritte und die *Lernbox*.

Schritt 1: Überlegt euch, wie ihr euer Erklärvideo gestalten wollt. Soll man euch z. B. als Sprecher/-innen sehen oder soll eine Stimme aus dem Off eingeschobene Bilder, Symbole und Wortkarten kommentieren?

Schritt 2: Ordnet die gesammelten Informationen aus Aufgabe 2 b). Entscheidet, was wichtig ist, und bringt alles in eine sinnvolle Reihenfolge.

Schritt 3: Schreibt ein Drehbuch, in dem ihr den Ablauf übersichtlich festhaltet, z. B. in einer Tabelle: Figur A kommt von rechts ins Bild und Sprecher/-in sagt: „ …“.

Schritt 4: Teilt die Aufgaben untereinander auf. Besprecht, wer was übernimmt und vorbereitet.

Schritt 5: Lernt jeweils euren Text und prägt euch den Ablauf genau ein. Überlegt euch außerdem, ob ihr Geräusche und Musik einbauen wollt, und wenn ja, an welcher Stelle.

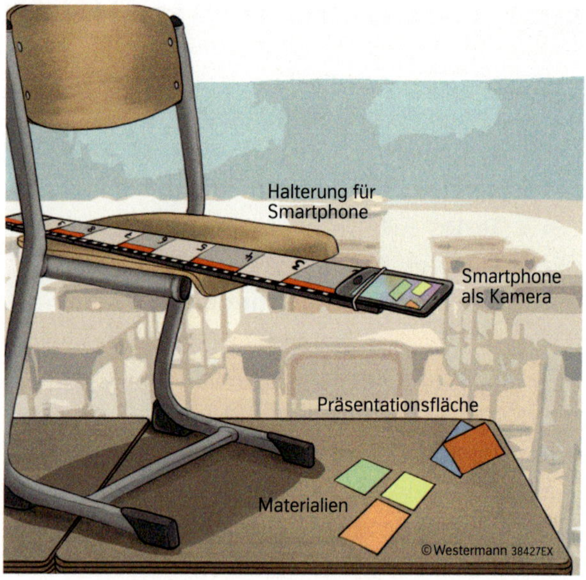

Schritt 6: Probt den Ablauf mehrmals. Nehmt dann euer Erklärvideo auf.

Lernbox

Erklärvideos aufnehmen

Ein Erklärvideo informiert in sachlicher und unterhaltsamer Form.

1 Ein Sprecher oder eine Sprecherin **erläutert** (vor der Kamera oder aus dem Off) wichtige Informationen.

2 Meist erfolgt die Erklärung anhand von **Wortkarten, Grafiken, Symbolen** und **Bildern**.
Bespiel: Bei der sogenannten „Legetrick-Technik“ wird immer die gleiche Stelle (z. B. ein Tisch als Präsentationsfläche) gefilmt.
Bilder, Symbole und andere Materialien werden ins Bild geschoben.

3 Erklärvideos können zusätzlich mit **Musik** oder mit **Geräuschen** unterlegt sein.

4 Alle Informationen müssen gut **recherchiert** sein.

2.4 (7) digitale Medien selbstständig und zielorientiert zur Präsentation von komplexen Sachverhalten und anspruchsvollen literarischen Themen sowie zur ästhetischen Produktion nutzen

Eine Audiofassung aufnehmen

1 a) Hört euch im Internet verschiedene Audiofassungen (z. B. Gedichtvorträge, Hörbücher, Hörspiele) an.
b) Notiert, was ihr bei der Aufnahme einer Audiofassung beachten müsst.

2 a) Sucht euch einen Text (z. B. ein Gedicht oder einen literarischen Text aus diesem Schulbuch) aus, den ihr als Audiofassung aufnehmen wollt.
b) Lest euch den Text gegenseitig laut vor. Achtet darauf, flüssig zu sprechen.

3 Plant und erstellt nun eure Audiofassung. Beachtet dabei die folgenden Arbeitsschritte und Tipps.

Schritt 1: Einigt euch darauf, wie ihr den Text sprechen und aufnehmen wollt: als Geschichte mit einer Erzählerstimme oder als Rollenspiel mit verteilten Rollen? Überarbeitet den Text, ergänzt oder verändert ihn entsprechend.

Schritt 2: Geht den Text gemeinsam durch und überlegt, wo ihr Geräusche einbauen wollt.

Schritt 3: Teilt die Arbeit so auf, dass alle einen Abschnitt oder eine Aufgabe übernehmen.

Schritt 4: Markiert wichtige Textstellen und Wörter, die besonders betont werden sollen. Übt dann jeweils eure Rolle oder euren Textabschnitt allein, jede/-r für sich.

Schritt 5: Sorgt dafür, dass ihr alle Hilfsmittel oder Materialien für die Geräusche zur Verfügung habt. Nehmt Hintergrundgeräusche oder Effekte gegebenenfalls einzeln vorab auf.

Schritt 6: Übt den Text gemeinsam und baut alle Geräusche ein. Gebt euch gegenseitig Rückmeldung und Hilfestellungen, wie ihr bestimmte Wörter und Sätze betonen könnt.

Schritt 7: Nehmt einzelne Abschnitte oder den gesamten Text am Stück auf. Falls die Zeit reicht, wiederholt die Aufnahme mehrfach. So könnt ihr euch am Ende für die beste Version entscheiden.

Tipp

zu Schritt 2
Geräusche machen die Aufnahme lebendig

Besonders spannend und wirkungsvoll wird eine Audioaufnahme durch die Geräusche: Sie erzeugen Bilder im Kopf und sorgen für Gänsehaut. Viele könnt ihr selbst aufnehmen: Reiskörner in einer Blechdose klingen wie Hagel, mit einer Schüssel voll Wasser kann man Schwimmgeräusche imitieren und durch eine Klopapierrolle klingt die Stimme gleich ganz anders. Probiert einfach aus, was passt und was den besten Effekt hat!

2.4 (7) digitale Medien selbstständig und zielorientiert zur Präsentation von komplexen Sachverhalten und anspruchsvollen literarischen Themen sowie zur ästhetischen Produktion nutzen

Wichtige Begriffe und Arbeitstechniken

Miteinander arbeiten und lernen

Im Gruppenpuzzle arbeiten – die StEx-Methode

Mit der StEx-Methode könnt ihr in kurzer Zeit gemeinsam viele Informationen erarbeiten.

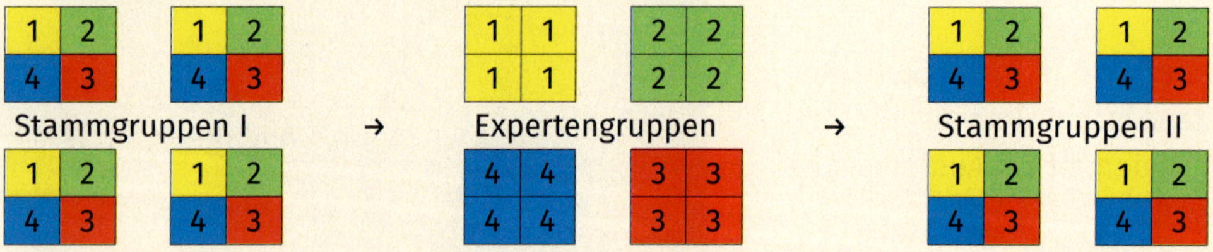

In diesem Beispiel-Diagramm gibt es zu einem Thema 4 unterschiedliche Teilaufgaben. Jeder Gruppe liegen diese vier Teilaufgaben vor. Die Gruppenarbeit läuft nun in drei Phasen ab:

1 In der **Stammgruppe** beschäftigt sich jedes Mitglied alleine mit einer der Teilaufgaben 1, 2, 3 oder 4 und trägt Informationen und Material zusammen.
2 In der **Expertengruppe** diskutieren alle die gleiche Teilaufgabe: Hier werden Informationen ausgetauscht, ergänzt, erweitert und zum Präsentieren in der Stammgruppe vorbereitet.
3 Zurück in der **Stammgruppe** stellt jedes Gruppenmitglied die Ergebnisse seiner/ihrer Teilaufgabe vor, sodass alle Gruppenmitglieder das gesamte Thema erfahren. Durch Fragen und eine gemeinsame Diskussion wird das Thema so besprochen, dass jedes Mitglied umfassend Bescheid weiß.
4 Besprecht abschließend in der Klasse die Ergebnisse und eure Erfahrungen mit der Methode.
5 In einer **Kurzform** kann man mit der Expertengruppe beginnen und anschließend in den Stammgruppen die Ergebnisse austauschen.

Ein Projekt planen und durchführen

Bei einem Projekt bearbeitet ihr über längere Zeit in Gruppen eigenständig ein Thema. Am Schluss stellt ihr die Ergebnisse der Klasse vor.

1 Schritt 1: Wählt ein Thema aus.
2 Schritt 2: Plant nun gemeinsam. Legt fest,
- was das Ziel eures Projektes ist,
- welche Fragen und Aufgaben zu bearbeiten sind,
- wie viel Zeit ihr dazu braucht,
- welche Informationen ihr von wo und von wem einholen müsst,
- welche Materialien ihr braucht,
- wie das Ergebnis aussehen soll und
- wie ihr das Ergebnis präsentiert (*Beispiele: eine Aktion, ein Lernplakat, eine Zeitung, ein Hörspiel, eine Aufführung*).

3 Schritt 3:
- Bildet Gruppen und legt fest, wer mit wem zu welchem (Unter-)Thema arbeitet.
- Teilt die Arbeit in der Gruppe untereinander auf und führt sie wie geplant durch.
- Besprecht und prüft regelmäßig, ob ihr im Zeitplan seid und ob eure Arbeiten zum Ziel führen.

4 Schritt 4: Stellt die Ergebnisse der Klasse vor.
5 Schritt 5: Überlegt und bewertet eure Arbeit. Überlegt im Rückblick,
- was eure Fragen waren,
- wie ihr vorgegangen seid,
- was euch gut gelungen ist,
- wo es Schwierigkeiten gab und
- womit ihr noch nicht ganz zufrieden seid.

Cluster und Mindmaps anlegen

1 In einem **Cluster** sammelst du spontane Ideen. Schreibe das Thema in die Mitte und notiere ringsherum alles, was dir dazu einfällt.

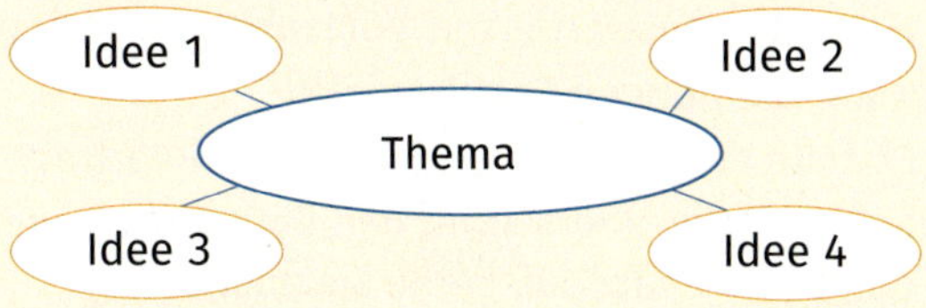

2 In einer **Mindmap** kannst du deine Gedanken zu einem Thema ordnen. Notiere deine Gedanken, Ideen und Informationen in Stichworten. Ordne sie dabei Oberbegriffen zu.

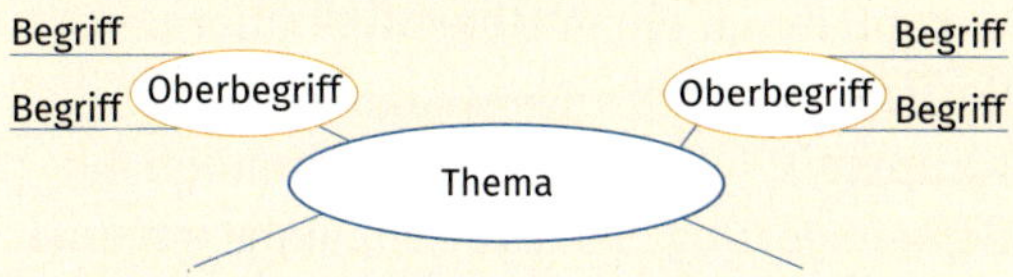

3 Eine **Mindmap** kann auch helfen, den Inhalt eines Textes übersichtlich zusammenzufassen. Schreibe dafür die Überschrift in die Mitte. Jeder Hauptast steht für einen Sinnabschnitt. Notiere daran zentrale Schlüsselbegriffe.

Think – Pair – Square – Share
Ich – Du – Wir – Alle

1 Think/Ich: Ich erarbeite meine Aufgaben und mache mir Notizen. Niemand spricht.

2 Pair/Du: Ich bespreche das Ergebnis mit einem Partner oder einer Partnerin. Wir prüfen, ergänzen, verbessern und einigen uns auf eine Lösung.

3 Square/Wir: Wir gehen in eine (Vierer-) Gruppe, vergleichen unsere Ergebnisse und erstellen eine gemeinsame Lösung für die Präsentation vor der Klasse.

4 Share/Alle: Wir stellen die Ergebnisse der Klasse vor, diskutieren darüber und kommen zu einem gemeinsamen Ergebnis.

Die Schritte **3** und **4** können auch zusammengefasst werden (**Think – Pair – Share**).

Mündlich kommunizieren

Einem Hörtext Informationen entnehmen

Über Tonträger, Radio, Internet kannst du viele verschiedene Texte hören, z. B. einen literarischen Text, ein Hörspiel, ein Gespräch im Podcast oder einen Sachtext. Um daraus **Informationen zu entnehmen**, gehe so vor:

1 Vor dem ersten Hören:
- Sieh dir Überschriften und Bilder an, wenn es welche gibt.
- Überlege, was du schon über das Thema weißt.
- Sieh dir die Aufgabentypen an. Was wird verlangt (*Multiple Choice, ganze Sätze ...*)?
- Welche Informationen/Schlüsselbegriffe werden gesucht?

2 Globale Informationen entnehmen:
- Um welche Textsorte handelt es sich (*Interview, Nachricht, Durchsage ...*)?
- Mach dir beim ersten Hören nur allgemeine Notizen (noch keine Details) zum Inhalt.

3 Detaillierte Informationen entnehmen:
- Versuche, möglichst viele W-Fragen zu beantworten (*Wer? Was? Wann? Wo? ...*).
- Achte auf zentrale Begriffe in den Aufgaben.
- Überprüfe deine Antworten, während du den Text ein weiteres Mal anhörst.

Feedback geben

1 Beobachtungen in der Ich-Form beschreiben:
Ich finde, dass ... Ich erkenne, dass ...

2 Konkrete und wertschätzende Verbesserungsvorschläge machen (in der Du-Form):
Gut ist ... Du könntest ... Das nächste Mal ...

3 Einander ausreden lassen und zuhören.

4 Verallgemeinerungen vermeiden:
Das ganze Plakat ist hässlich.

5 „Killerphrasen“ vermeiden. Sie beenden ein Gespräch, ohne zu einer Lösung zu führen.
So wird das morgen nichts!

Eine Umfrage durchführen

1 Den Rahmen festlegen
- In welchem **Zeitraum** und an welchem **Ort** soll die Umfrage stattfinden?
- Wie viele **Personen** sollen befragt werden?
- Soll eine bestimmte Gruppe befragt werden (z. B. Schüler/-innen, Eltern)? Oder sind Alter, Geschlecht, Beruf usw. egal?

2 Einen Fragenkatalog anlegen
- Verwende vor allem **geschlossene Fragen**. Das erleichtert dir später die Auswertung. Du kannst *„Ja"*, *„Nein"* oder *„Ich weiß nicht"* als mögliche Antworten vorgeben oder Antworten zur Auswahl stellen, z. B. *täglich, manchmal, mehrmals pro Woche*.
- **Offene Fragen** (oft W-Fragen) geben mehr Informationen, lassen sich aber auch schwerer auswerten.

3 Die Durchführung
Stelle dich vor und erkläre dein Vorhaben. Macht die Umfrage zu zweit: Eine/-r stellt die Fragen, die/der andere notiert die Antworten. Bedanke und verabschiede dich am Ende.

Genau zuhören – Stichpunkte notieren

1 **Konzentriere** dich auf das, was du hörst (oder siehst).
2 Mache dir **Stichpunkte**. Schreibe nur die wichtigsten Schlagwörter auf.
Beispiel: *„Morgen treffen sich die wichtigsten Regierungschefs der EU in Brüssel."*
→ Regierungschefs EU: Treffen in Brüssel
3 **Markiere**, wo ein neues Thema beginnt (z. B. durch Linien, Absätze oder Spiegelstriche).
4 Verwende **Abkürzungen** und **Kurzwörter**:
zum Beispiel → z. B., das heißt → d. h.
ung → -g. (Versammlung → Versammlg.)
lich → -l. (gefährlich → gefährl.)
5 **Verwende Symbole:** *+ gut – schlecht*
! wichtig ? nicht verstanden → daraus folgt
↑ steigt ↓ fällt = bedeutet ↔ im Gegensatz zu
Ø Durchschnitt Σ Summe/Anzahl

Einen Kurzvortrag halten

Den Vortrag vorbereiten
1 Suche ein **Thema** aus, stelle dir Fragen dazu.
2 Hole die nötigen **Informationen** ein.
3 Halte Wissenswertes auf **Vortragskarten** fest. Kläre die nötigen **Fachbegriffe**.
4 Erstelle eine **Gliederung** für deinen Vortrag.
5 Schreibe die Überschrift, den Einleitungs- und den Schlusssatz auf. Lerne sie auswendig.
6 **Übe** den Vortrag.

Den Ablauf strukturieren
1 **Einstieg:** Mache die Zuhörenden **neugierig** und gib ihnen einen **Überblick** über den Vortrag.
2 **Hauptteil:** Informiere die Zuhörenden mit deinem Vortrag. Setze Anschauungsmaterial ein.
3 **Schluss:** Beende deinen Vortrag mit einem eigenen Gedanken, z. B. einem Fazit.
4 Gib die **Quellen** an, die du verwendet hast (*Bücher, Medien, Internetseiten*).
5 Lass **Fragen** zu und beantworte sie.

Medien für die Präsentation nutzen
1 Überlege dir, welche Überschrift, Stichpunkte und Bilder du zeigen willst.
2 Überlege dir, wie du die Teile anordnen willst. Du kannst dazu eine Skizze anfertigen.
3 Gestalte ein Plakat (DIN A2), Folien oder eine Präsentation am Computer. Schreibe groß, arbeite mit Farben und Unterstreichungen.

Den Kurzvortrag halten
1 Stell dich vor die Klasse, halte **Blickkontakt**.
2 Nimm **Vortragskarten** und eine **Gliederung** dazu.
3 Sprich möglichst **frei**, ohne abzulesen.
4 Sprich **langsam**, **laut** und **deutlich**.
5 Lege Sprechpausen ein, blicke die Zuhörenden regelmäßig an.
6 Verweise an passender Stelle auf deine **Bilder** und **Materialien**.

Medien verstehen und nutzen

Soziale Medien

1 Der Begriff **„soziale Medien“** oder **„Social Media“** umfasst Technologien und Möglichkeiten zur Vernetzung und Kommunikation im Internet.

2 Soziale Medien werden genutzt, um ...
- sich **auszutauschen** (*z. B. Meinungen, Erlebnisse ...*),
- Inhalte zu **erstellen** und zu **verbreiten** (*z. B. Bilder, Videos oder Textbeiträge*),
- zu **manipulieren**.

3 **Kategorien** sozialer Medien können z. B. *Foren, Sharing-Plattformen, soziale Netzwerke, Videoportale* oder *Blogs* sein.

Fake News

1 **Fake News** sind falsche Informationen, die vor allem in sozialen Netzwerken als Nachrichten verbreitet werden.

2 Fake News sind manchmal komplett **erfunden**, oft aber auch Meldungen, die **aus dem Kontext gerissen** oder **manipuliert** wurden.

3 Wer Fake News verbreitet, verfolgt damit meist einen **Zweck**, zum Beispiel:
- *Klickzahlen erhöhen (um mehr Geld mit Werbung auf der Seite zu verdienen),*
- *Aufmerksamkeit erzeugen (für ein Thema),*
- *Stimmung machen gegen jemanden/etwas.*

4 **Wahr oder falsch? Nachrichten prüfen:**
- Wer ist der/die **Verfasser/-in**? Verfolgt er/sie womöglich einen bestimmten Zweck?
- Ist die **Quelle** seriös, beispielsweise öffentlich-rechtlich oder eine bekannte Nachrichtenagentur (z. B. *dpa*)?
- Findest du diese Nachricht noch in anderen vertrauenswürdigen Quellen?
- Wenn ein **Bild** dabei ist: Gibt es auch dazu eine verlässliche Quellenangabe? Nutze die Möglichkeit der **Rückwärts-Bildersuche**.

Sachtexte erschließen

Sachtexte unterscheiden

Sachtexte (pragmatische Texte) lassen sich nach ihrer **Intention** (nach ihrem Ziel) unterscheiden.

1 **Informierende Texte** behandeln ein Thema und vermitteln Fakten. Sie stellen **Wissen** und **Argumente sachlich** dar, damit sich die Leser/-innen eine eigene Meinung bilden können.

2 **Appellative Texte** formulieren eine **Bitte**, einen **Wunsch**, einen **Befehl** oder eine **Aufforderung**. Typische appellative Texte sind Werbeanzeigen für ein Produkt oder für eine Idee (*Klimaschutz*), aber auch Verordnungen (*Schulhausordnung*) oder Gesetze.
Gute **Argumente** verstärken die Wirkung.

3 **Instruktive Texte** geben den Lesern/-innen eine **Anleitung**. Instruktive Texte sind z. B. *Rezepte*, *Gebrauchsanweisungen zu einem Gerät*, *Bastelanleitungen* oder eine *Anleitung zum Lösen einer Aufgabe*. Die Leser/-innen sollen damit eine Handlung nachmachen oder selbst ausführen können.

Nachrichten in der Zeitung

1 **Nachrichten** sind die wichtigsten Beiträge in Zeitungen. Sie informieren über Neuigkeiten.

2 Das Wichtigste steht am Anfang der Nachricht. Schon die **Überschrift** weist darauf hin.

3 Nachrichten müssen die **W-Fragen** beantworten: *Wer? Wo? Wie? Was? Wann? Warum? Woher kommt die Information? Wer ist für den Artikel, das Bild verantwortlich?*

4 Nachrichten folgen einem bestimmten **Aufbau**:
1. **Kern der Nachricht:** *Worum geht es?*
2. **Quelle:** *Von wem stammt die Information?*
3. **Einzelheiten:** *Was sind die wichtigsten Fakten zu dem Thema?*
4. **Weiterführende Informationen** *und Hintergrundrecherche: Was ist darüber hinaus noch wissenswert?*

Reportage

1 Es gibt Reportagen in **Zeitungen** und **Zeitschriften**, aber auch Filmreportagen im Fernsehen und Radioreportagen (Sport).
2 Eine **Reportage in der Zeitung** ist ein informativer Text, der das Gefühl vermittelt, ein **Ereignis selbst mitzuerleben**. Dabei stehen im Text auch **persönliche Eindrücke** und **Meinungen** des Autors / der Autorin.
3 Die Reportage beantwortet die **W-Fragen**: *Was (ist geschehen)? Wer (ist beteiligt)? Wo (ist es geschehen)? Wann (ist es geschehen)? Wie (kam es dazu)? Warum (kam es dazu)? Welche Folgen (hat das Geschehene)?*
4 Eine **Reportage** hat eine **Schlagzeile**, die Interesse weckt. Ein **Lead/Vorspann** gibt eine kurze Information zum Thema, eine **Einleitung** „packt" die Leser/-innen. Im **Hauptteil** sind informierende Abschnitte, Eindrücke und Anmerkungen gemischt. Der **Schluss** gibt einen letzten Höhepunkt und einen Ausblick.
5 Die **Sprache der Reportage** ist informierend und fängt erzählend die Atmosphäre ein. Das gelingt durch **bildhafte Sprache** (*treffende Verben, anschauliche Adjektive, Vergleiche*), die Beschreibung von **Sinneseindrücken**, wörtliche **Zitate** und die Zeitform **Präsens**.

Kommentar

1 Ein **Kommentar** informiert nicht in erster Linie, sondern gibt die **Meinung des/der Autors/-in** wieder. In Zeitungen steht deshalb stets der Name und meist auch ein Bild dabei.
2 Ein **Kommentar bezieht sich** meist auf eine **Nachricht** oder eine **Reportage**, die in der Zeitung auf derselben Seite steht.
3 **Der Autor / Die Autorin** des Kommentars schreibt, worum es geht (**Thema**), gibt die **eigene Meinung** dazu wieder und nennt **Gründe** für seine/ihre Meinung.
4 Oft werden im Text auch mögliche **Gegenargumente** genannt und **entkräftet**.

Einen Sachtext erschließen (5-Schritt-Lesemethode)

1 **Schritt 1:** Schaue dir **Überschrift**, **Bilder** und **Grafiken** an. Vermute, worum es geht, und notiere dir Fragen dazu. Lies dann den Text.
2 **Schritt 2:** Kläre **unbekannte Wörter** aus dem Zusammenhang oder schlage nach.
3 **Schritt 3:** Finde **Schlüsselstellen** im Text, die dir Antworten auf deine Fragen geben.
4 **Schritt 4:** Finde **Sinnabschnitte** im Text, meist helfen die Absätze. Gib jedem Abschnitt eine Überschrift; notiere die Fachbegriffe dazu.
5 **Schritt 5:** Schreibe eine **Zusammenfassung**.
- Verwende dazu deine Notizen.
- Nenne in der Einleitung den Titel des Textes und den/die Verfasser/-in. Notiere auch, woher der Text stammt.
- Gib den Inhalt des Textes in der Reihenfolge der Sinnabschnitte mit eigenen Worten wieder.
- Schreibe sachlich, ohne persönliche Wertungen und im Präsens.

Aus einem Text zitieren

1 Beim Zitieren gibst du wörtlich eine Textstelle wieder und setzt sie in Anführungszeichen.
2 Dazu nennst du die Zeile, in der das Zitat steht: *„Die Erdatmosphäre hat die Wirkung einer Schutzhülle" (Z. 1–2).*
3 Du kannst ein Zitat auch in die Antwort einfügen: *Die zentrale Aussage steht in Zeile 1–2: „Die Erdatmosphäre hat die Wirkung einer Schutzhülle".*
4 Wenn du beim Zitieren etwas weglässt, machst du die **Auslassung** mit [...] kenntlich: *„Nur ein Teil der Wärmeenergie wird [...] ins Weltall zurückgeworfen" (Z. 4–5).*
5 Wenn du etwas hinzufügst oder den Satzbau umstellst, stehen die Ergänzungen in eckigen Klammern. *Die Folge ist: „[A]uf der Erde [herrschen] relativ warme Temperaturen" (Z. 4– 5).*

Einen Sachtext zusammenfassen

1 Nenne in der Einleitung den **Titel**, den/die **Autor/-in**, die **Quelle**, die **Textsorte** (z. B. Reportage, Interview, Zeitungsnachricht), **das Erscheinungsjahr** und das **Thema**. (Mit „Thema“ ist gemeint, womit sich der Text insgesamt auseinandersetzt, z. B. *Ausgrenzung von Minderheiten.)*
Der/Die/Das ... (Textsorte) „...“ (Titel) von ... (Autor/-in) wurde im ... (Jahr) in ... (Quelle) veröffentlicht.
In dem Text geht es um ... (Thema).

2 **Fasse im Hauptteil** den Text **abschnittsweise zusammen**. Nutze deine Notizen.

3 Formuliere **mit eigenen Worten**, schreibe sachlich und vermeide persönliche Kommentare. **Zahlen, Fachbegriffe** und **Namen** darfst du aus dem Text übernehmen.

4 Schreibe im **Präsens**.

5 Schreibe am Schluss deine **Meinung** zum Text. Du kannst zum Beispiel schreiben, was der Text bei dir bewirkt hat, was du über ihn denkst oder wie du ihn findest.

Auswahl verschiedener Diagrammarten

Schaubilder bestehen oft aus Diagrammen, die statistische Daten, Zahlen oder Prozentangaben grafisch darstellen. Man unterscheidet unter anderem zwischen den folgenden Diagrammarten:

1 **Säulen-/Balkendiagramme:** eignen sich, um eine Entwicklung abzubilden oder Daten im Vergleich zu zeigen. **Beispiel:** *Notenverteilung einer Probe.*

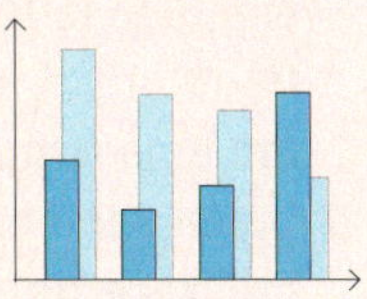

2 **Linien-/Kurvendiagramme:** eignen sich, um Entwicklungen über einen längeren Zeiraum zu veranschaulichen. **Beispiel:** *Bevölkerungsentwicklung.*

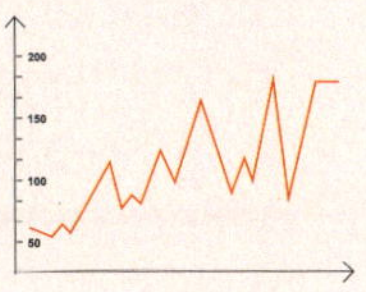

3 **Streifendiagramme:** zeigen die Häufigkeitsverteilung in Prozent auf einem Streifen an.

Beispiel: *Geschlechterverteilung in der Klasse.*

4 **Kreis-/Tortendiagramme:** zeigen meist prozentuale Anteile von Elementen an. **Beispiel:** *Wahlergebnisse.*

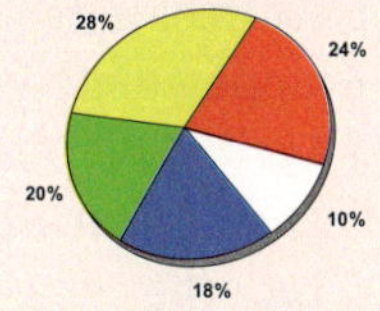

Ein Schaubild auswerten

Schaubilder bieten Informationen zu einem Thema, ähnlich wie ein Sachtext. Oft enthalten sie Daten und Zahlen (z. B. aus einer Umfrage).
So wertest du ein Schaubild aus:

1 Lies zunächst die **Überschrift**. Sie verrät dir das Thema:
– *Das Schaubild „(Titel)“ zeigt ...*
– *Das Schaubild „(Titel)“ gibt Auskunft über ...*

2 Suche die **Quelle des Schaubilds**. Prüfe, ob der/die Herausgeber/-in mit der Veröffentlichung ein bestimmtes Ziel verfolgt:
– *Das Schaubild stammt aus ...*
– *Die Zahlen legte ... vor.*
– *Die Daten wurden von ... herausgegeben.*

3 Sieh dir an, wie das Schaubild aufgebaut ist und welche **Farben** und **Beschriftungen** es gibt. Was zeigen die Achsen, Flächen oder Balken (z. B. *Prozente, Jahre, Personen*)?

4 Formuliere Sätze, die den **Inhalt des Schaubilds** wiedergeben:
– *Jeder Dritte gab an ...*
– *39 % der Deutschen ...*
– *Besonders auffallend ist ...*
– *Überrascht hat mich ...*

5 Fasse die **zentrale Aussage** zusammen:
– *Aus dem Schaubild geht hervor, ...*
– *Insgesamt kann festgestellt werden ...*

6 Formuliere die **Absicht** des Schaubilds:
– *Das Schaubild soll dazu aufrufen ...*

Literarische Texte untersuchen

Literarische Gattungen unterscheiden

Literarische Texte kann man in drei große Gruppen einteilen. Man nennt sie Gattungen.

1. **Lyrik:** Gedichte, Balladen und Lieder bestehen aus **Versen**, die häufig **Strophen** bilden. Lyrische Texte **reimen sich häufig**, haben einen regelmäßigen **Rhythmus** (Versmaß) und enthalten viele **sprachliche Bilder**.
2. **Epik:** Ein **fortlaufender Text in ganzen Sätzen** (das nennt man **Prosa**) erzählt, was die **Hauptfigur** erlebt, denkt, fühlt und tut. Beispiele für epische Texte sind Märchen, Sagen, Fabeln, Erzählungen und Romane.
3. **Dramatik:** Theaterstücke (Dramen) bestehen vor allem aus **wörtlicher Rede**. **Regieanweisungen** beschreiben das Bühnenbild und geben den Schauspielern/-innen Hinweise, wie sie den Text sprechen sollen.

Gedichte

1. Gedichte bestehen manchmal aus einer, oft aber aus mehreren **Strophen**.
2. Jede Strophe hat mehrere Verse (= Zeilen).
3. Verse können sich **reimen**.
4. Verse im Gedicht haben oft einen bestimmten Rhythmus. Der **Rhythmus** entsteht durch den Wechsel von betonten und unbetonten Silben: *„Ich reime mich auf Zuckerbäcker", sagt der alte Rasselwecker.*
5. Viele Gedichte haben ein klares Reimschema. Es gibt zum Beispiel den ...

Paarreim	**Kreuzreim**	**umarmenden Reim**
a sechs	*a Dingen*	*a beschritten*
a Hex	*b fort*	*b Mineral*
b sieben	*a singen*	*b allemal*
b Rüben	*b Zauberwort*	*a verbitten*

Balladen

Eine Ballade erzählt eine dramatische Handlung in Versform. Balladen gelten als Gedichte, sind aber eigentlich eine **Mischung aus Gedicht, Erzählung und Theaterstück**. Balladen vereinen also Merkmale aller *drei Literaturgattungen*:

1. Balladen sind in **Strophen** eingeteilt, die einzelnen **Verse reimen sich**. → *Lyrik*
2. Balladen **erzählen** eine spannende **Geschichte**. Ein außergewöhnliches Ereignis und eine **(heldenhafte) Hauptfigur** stehen im Mittelpunkt. → *Epik*
3. Balladen enthalten **Dialoge** zwischen den Figuren in wörtlicher Rede. Die Handlung läuft auf einen **Höhepunkt** zu. → *Dramatik*

Erzählungen

Eine Erzählung ist eine **Geschichte** – ähnlich wie der Roman, nur kürzer und nicht so verschachtelt. Es gibt meist nur eine Handlung, die zeitlich nacheinander abläuft (ohne Rückblenden, Erinnerungen, Nebenhandlungen). Der Erzähler nutzt die **Ich-Form** oder die **Er-/Sie-Form**.

Romane

1. Romane sind Bücher, die eine Geschichte erzählen (z. B. Kinder- und Jugendbücher). Die Handlung dreht sich um eine **Hauptfigur** oder um eine **Gruppe von Menschen**, z. B. Freunde.
2. Dabei kann es im Verlauf der Geschichte **mehrere Nebenhandlungen** geben sowie **Rückblicke** in die Vergangenheit und den überraschenden Einbezug neuer Figuren.
3. Das Geschehen im Roman umfasst eine größere **Zeitspanne**, geht oft über Tage oder Wochen.

Kurzgeschichten

1 **Umfang:** Kurzgeschichten sind recht kurz, die Handlung beschränkt sich auf das Wesentliche.
2 **Anfang und Ende:** Statt mit einer Einleitung zu beginnen, „springt“ eine Kurzgeschichte mitten ins Geschehen. Das Ende ist meist offen und manchmal überraschend.
3 **Erzählte Zeit:** Die erzählte Handlung dauert oft nur Minuten oder wenige Stunden.
4 **Themen und Figuren:** Es geht um Menschen und Themen aus dem Alltag.
5 **Orte und Figuren:** Handlungsorte und Figuren werden meist nicht genauer beschrieben oder vorgestellt.
6 **Ein besonderes Ereignis:** Im Mittelpunkt steht ein Ereignis, das das Leben der Hauptfigur verändert / verändern kann.
7 **Sprache:** In einer Kurzgeschichte gibt es meist viele Dialoge. Die Sätze sind kurz und einfach. Es gibt nur wenige Beschreibungen.

Theaterstück (Drama)

Dramen bestehen meist aus diesen Elementen:
1 **Dialoge:** In wörtlicher Rede steht der Text, den die Schauspieler/-innen sprechen.
2 **Regieanweisungen:** Regieanweisungen sind meist kursiv gedruckt und geben Hinweise für die Inszenierung auf der Bühne.
3 **Akte:** Was im Roman ein Kapitel ist, heißt bei Theaterstücken Akt. Am Ende eines Aktes schließt sich meist der Bühnenvorhang.
4 **Szenen:** Eine Szene ist kürzer als ein Akt. Mehrere Szenen ergeben einen Akt.

Ellipse

Die Ellipse ist ein grammatikalisch unvollständiger Satz. Obwohl das Prädikat meist fehlt, bleibt der Satz verständlich. Ellipsen kommen häufig im Mündlichen oder in Überschriften vor. Als rhetorisches Mittel können sie das **Tempo des Geschehens** erhöhen. Beispiel: *Alles klar?*

Einen literarischen Text erschließen

1 Lies die **Überschrift** und schaue dir die Bilder an, wenn welche dabei sind. Mache dir **erste Gedanken** über die Geschichte.
2 Lies den **Text** und überlege, **worum es geht**. Gehe ihn in Gedanken noch einmal durch.
3 Kläre **unbekannte Begriffe** und Textstellen.
4 Beantworte die **W-Fragen**:
- **Wer** spielt in der Geschichte mit? *(Hauptfiguren)*
- **Wann** und **wo** spielt die Geschichte? *(Zeit/Ort)*
- **Was** geschieht? (*Ausgangssituation, Problem/Aufgabe/Wunsch, Lösungswege*)
- **Wie endet** die Geschichte?

5 Bilde dir eine Meinung zu der Geschichte.

Eine literarische Figur beschreiben

1 Einen Text, der eine literarische Figur genau beschreibt, nennt man **Charakterisierung**.
2 Du beschreibst darin das **Aussehen**, das **Verhalten** und die **Gefühle**, **Gedanken** und **Absichten** einer Figur, so wie man sie der Geschichte entnehmen kann.
3 Beim Lesen musst du also darauf achten, was über die Figur gesagt wird und wie sie sich verhält. Oft kannst du auch die Gefühle einer Figur aus ihrem Verhalten erschließen.

Die Erzählform untersuchen

Man unterscheidet zwei Erzählformen:
1 **Ich-Erzähler:** Die Erzählung ist in der Ich-Form geschrieben. Beispiel: *Wenn ich es nicht mache, schlagen sie mich wieder zusammen [...].*
2 **Er-/Sie-Erzähler:** Der Text steht in der Er- oder Sie-Form: *Rolf kniet auf dem Boden des Klassenzimmers, unbeweglich, erstarrt.*

Außer der Erzählform kann man auch die **Erzählperspektive** bestimmen (Innensicht/Außensicht): Wird das Geschehen nur *von außen* beschrieben oder wird auch deutlich, was *in den Figuren* vorgeht (Gefühle und Gedanken)?

Sprachliche Mittel

Mit sprachlichen Mitteln kann man Teile eines Textes hervorheben oder besonders anschaulich und einprägsam formulieren.

1 **Alliteration:** Aufeinanderfolgende Wörter beginnen mit dem gleichen Buchstaben: *Sport – Spiel – Spannung.*

2 **Anapher:** Wörter am Satzanfang werden wiederholt: *Dieses Spiel wogt hin und her. Dieses Spiel ist noch nicht entschieden.*

3 **Ellipse:** Wörter oder Satzteile werden weggelassen: *Ende gut, alles gut. Sonst noch was?*

4 **Enjambement**, auch Zeilensprung: Der Satz wird über das Versende hinaus fortgeführt:
Jeder weiß, was so ein Mai-
käfer für ein Vogel sei.

5 **Epipher:** Wörter am Satzende werden wiederholt: *Dein Benehmen überrascht mich nicht. Deine Drohung erschreckt mich nicht.*

5 **Hyperbel:** Stilmittel der Übertreibung, oft in der Werbung: *Wäscht weiß wie Schnee.*

6 **Lautmalerei:** Geräusche werden durch Wörter hörbar gemacht; z. B. Verben wie *summen, knistern*; Wörter wie *peng, zack, kikeriki*.

7 **Metapher:** Ein Ausdruck ist nicht wörtlich gemeint, die Bedeutung wird übertragen: *Baumkrone, Wüstenschiff (Kamel), noch ein Glas trinken.*

8 **Neologismus:** Erfindung eines neuen Wortes: *simsen von SMS, Handy.*

9 **Parallelismus:** Gleiche Satzmuster werden wiederholt: *Blitze zuckten. Donner grollten. Der Regen prasselte.*

10 **Personifikation:** Dinge werden vermenschlicht: *Die Sonne lacht. Der Himmel weint.*

11 **Symbol:** Ein konkretes Ding steht für eine übertragene Bedeutung: *Weiße Taube für Frieden; vierblättriges Kleeblatt für Glück.*

12 **Vergleich:** Dinge werden miteinander verglichen (mit *wie, so, als ob*): *Er isst wie ein hungriger Wolf.*

13 **Wiederholung:** Wörter werden mehrmals hintereinander genannt: *Magst du Pizza? Pizza mag doch jeder.*

Literarische Texte fachgerecht interpretieren

Schritt 1: Beginne mit der **TATT-Formel** (Titel, Autor/-in, Textsorte und das Thema).
Beispiel:
In „(Titel)“, einer Kurzgeschichte (Textsorte) von (Autor/-in), geht es um ... (Thema).

Schritt 2: Im Hauptteil fasst du zunächst den Inhalt (die Handlung) zusammen.

Schritt 3: Dann schreibst du über die **(Haupt-)Figuren** und ihre **Beziehungen** zueinander.
Die Hauptfiguren stehen ... zueinander.
Das Verhältnis der Hauptfiguren ist ... geprägt.

Schritt 4: Schließlich führst du auf, was dir an dem **Erzählaufbau** der Geschichte und der **Erzähltechnik** auffällt. Dazu gehören auch die Sprache und ihre Wirkung im Text.
Die Spannung entsteht dadurch, dass ...
Die kurzen Sätze passen zum Tempo der Handlung, weil ...

Schritt 5: Beziehe auch über das Werk hinaus **Autor/-in** und **Zeitgeschichte** mit ein, ebenso Rezensionen, wenn du welche kennst.

Schritt 6: Mit der eigenen Meinung abschließen: Was hat der Text bei dir bewirkt? Wie findest du ihn? *Der Text macht deutlich, dass ...*
Ich verstehe den Text so, als ob ...
Ich halte den Text für ...
Ich empfehle den Text, weil ...

Fachbegriffe zur Textanalyse verwenden

1 Die wichtigsten handelnden Figuren in einer Geschichte nennt man **Protagonisten** (oder auch: Hauptfiguren).

2 Die Zeit, die nötig ist, um einen Text zu lesen, nennt man **Erzählzeit** (z. B. zehn Minuten).

3 Der Zeitraum, über den sich die Handlung der Geschichte erstreckt, nennt man **erzählte Zeit**. Das können Minuten, Stunden, Tage, Wochen, Monate, Jahre oder sogar Jahrhunderte sein.

Figuren und ihre Beziehungen analysieren

Im Text wird manchmal etwas **direkt** über eine Figur ausgesagt (z. B. der Erzähler beschreibt sie, eine andere Figur sagt etwas über sie). Manchmal musst du aber **indirekt** aus Handlungen, Gedanken oder Gesprächen auf die Figur schließen.

Gehe so vor:

1 Finde im Text Aussagen über die Figur und beachte zunächst ihr **Äußeres**: das Aussehen, Kleidung oder Ähnliches.
2 Suche dann Textstellen, die etwas über ihren **Charakter** aussagen: ihre Einstellungen, ihr Verhalten oder die Motive für ihr Verhalten.
   a) Das können Situationen sein, in denen sie etwas tut.
   b) Das können aber auch Gespräche, Gedanken, Selbstgespräche, innere Monologe oder Tagebucheinträge sein.
3 **Bewerte** das Gefundene aus deiner Sicht.

Ein Gedicht interpretieren

1 Beginne in der **Einleitung** mit einem **Einleitungsssatz**, in dem du Textsorte, Titel, Autor/-in, Jahr und Thema nennst. Formuliere dann eine **Vermutung**, was das Gedicht aussagen will. Diese kann individuell unterschiedlich sein, muss aber zum Gedicht passen.
2 Fasse im **Hauptteil** den Inhalt und die dargestellten Gefühle und Gedanken Strophe für Strophe in eigenen Worten zusammen.
   Das Thema ...
   Dabei bedeutet der Titel ...
   Die Zeit, in der das Gedicht entstand, ...
   Die monotone Sprache bewirkt, dass ...
3 Beschreibe im **Schluss**, wie das Gedicht wirkt und wie du es findest: *Ich finde das Gedicht ..., weil es ...*
4 Schreibe im **Präsens**.

Eine Karikatur interpretieren

Eine **Karikatur** ist eine lustige Zeichnung, mit der der Zeichner / die Zeichnerin ein aktuelles Thema kommentiert und dazu Stellung nimmt. Meist macht eine Karikatur auf einen **Missstand** aufmerksam oder möchte jemanden oder etwas **kritisieren**. Karikaturen stellen Personen oder Situationen oft lustig dar, obwohl sie einen ernsten Hintergrund haben, z. B.: Klimawandel, Arbeitslosigkeit oder Kriege.

Aufbau einer Karikaturinterpretation:

1 Beschreibe genau, was du siehst: Welche Figuren sind zu sehen? Wo befinden sie sich? Was tun sie? Wie sehen sie aus?
2 Überlege, worin **der Witz / die Pointe** der Karikatur besteht.
   Beispiel: *Haie haben keine Kamera XXX.*
3 Erkläre die **zentrale Aussage** der Karikatur mit eigenen Worten. Mögliche Satzanfänge: *Die Karikatur macht auf das Problem XXX aufmerksam. Die Karikatur kritisiert XXX.*
4 Nimm selbst Stellung und **bewerte die Aussage** der Karikatur kritisch: *Ich bin einer Meinung / nicht einer Meinung mit der Aussage der Karikatur, weil XXX.*

Graphic Novel

Eine Graphic Novel (oder auf deutsch: grafischer Roman) ist eine Untergattung des **Comics**. Eine Graphic Novel hat folgende Merkmale:

1 Sie erscheint im **Buchformat** und ist – im Unterschied zu den meisten Comics, die oft als Serie angelegt werden – eine in **sich abgeschlossene Geschichte**.
2 Graphic Novels lassen sich wie Bücher in **verschiedene Genres** unterteilen, z. B. *Thriller, Biografie ...*
3 Sie sind aufgrund ihrer Komplexität oft für **Erwachsene** verfasst.

Texte verfassen

Erzählen

1 **Bevor du anfängst:** Entscheide, ob die Geschichte in der Ich-Form oder in der Er-/Sie-Form geschrieben wird.
2 **Einleitung:** Die Einleitung führt zur Geschichte hin. Sie nennt die Hauptfigur(en) und wann und wo die Geschichte spielt. Beginne mit einem Satz, der die Leser/-innen neugierig macht und zum Lesen „verführt".
3 **Hauptteil:** Erzähle Schritt für Schritt die Geschichte bis zum Höhepunkt. Achte auf eine logische Reihenfolge. Baue Spannung auf durch treffende Verben, anschauliche Adjektive, wörtliche Reden, Gedanken und Gefühle. Lass am Höhepunkt etwas Außergewöhnliches oder Überraschendes passieren.
4 **Schluss:** Der Schluss rundet die Geschichte ab. *Wie geht es nun der Hauptfigur? Was hat sie aus der Geschichte gelernt?*
5 **Zeitform:** Entscheide dich für Präsens oder Präteritum und halte dies dann ein. Wenn du im Präteritum schreibst, kannst du den Höhepunkt zur Steigerung der Spannung im Präsens schreiben.

Berichten

1 **Einleitung:** Die Einleitung beantwortet bereits die wichtigsten Fragen und gibt den Lesern/-innen einen Überblick über das Geschehen: *Was?, Wo?, Wer?, Wann?*
2 **Hauptteil:** Der Hauptteil informiert nun ausführlich darüber, was passiert ist. Er beantwortet die W-Fragen (*Was ist passiert? Wer ist beteiligt? Wann und wo ist es geschehen? Wie und warum ist es passiert? Welche Folgen hat es?*). Wichtig ist, dass dabei die zeitliche Abfolge des Geschehens eingehalten wird.
3 **Schluss:** Der Schluss zeigt auf, welche Folgen das Ereignis hatte und ob das Problem am Ende gelöst wurde.
4 **Merkmale:** Berichte nur von einem Ereignis, beachte die zeitliche Reihenfolge, Zeitstufe ist das Präteritum, berichte wahrheitsgemäß, kommentiere und werte nicht, gib Reden in indirekter Rede oder mit dass-Sätzen wieder.

Einen literarischen Text oder einen Sachtext zusammenfassen

1 Nenne in der **Einleitung** den **Titel**, die **Textsorte** (z. B. Kurzgeschichte, Zeitungsnachricht), den/die **Autor/-in**, das **Erscheinungsjahr** und das **Thema**. Mit „Thema" ist gemeint, worum es in dem Text insgesamt geht (z. B. um die Bedeutung von Sprache für das Miteinander der Menschen).
Der/Die/Das (Textsorte) „..." (Titel) von ... (Autor/-in) wurde ... (Jahr) veröffentlicht. In dem Text geht es um ... (Thema).
2 Fasse im **Hauptteil** den Text abschnittsweise zusammen. Nutze deine Notizen.
3 Formuliere **mit eigenen Worten**, schreibe sachlich und vermeide persönliche Kommentare. **Zahlen, Fachbegriffe** und **Namen** darfst du aus dem Text übernehmen.
4 Schreibe im **Präsens**.
5 Schreibe am Schluss deine **Meinung** zum Text.
Der Text macht deutlich, dass ...
Ich verstehe den Text so, dass ...

Eine Textanalyse verfassen

1 **Einleitung:** Einleitungssatz (**TATT-Formel**).
2 **Hauptteil:** Im Hauptteil fasst du zuerst die **Handlung** des Textes zusammen. Dann beschreibst du die **Figuren** und ihre Beziehungen zueinander und gehst auf die sprachliche **Gestaltung** und ihre Wirkung ein.
3 **Schluss:** Am Ende schreibst du, welche Botschaft der Text vermittelt, was der Text bei dir bewirkt hat, was du über den Text denkst oder wie du ihn findest.

Eine Kurzgeschichte schreiben

1 **Ein Thema finden:** Halte deine Gedanken z. B. in einer Mindmap fest.
2 **Einen Schreibplan erstellen:** Unterteile deinen Schreibplan in Einleitung, Hauptteil und Schluss. Formuliere nie ganze Sätze, sondern ausschließlich Stichpunkte.
3 Aufbau
Einleitung: unmittelbarer Einstieg
Hauptteil: Formulierung, dann Wendung der Situation
Schluss: plötzliches oder offenes Ende
4 **Spannend und anschaulich schreiben:** z. B. durch die Wahl einer passenden Zeitform, den Einsatz treffender Verben und Adjektive sowie sprachlicher Mittel.
5 **Eine passende Überschrift finden:** Sie sollte Neugier wecken, aber nicht zu viel verraten.

Die Erzählperspektive

Epische Texte (Geschichten) haben einen Erzähler, also eine Stimme, die die Geschichte erzählt. Der Erzähler kann dabei unterschiedliche Perspektiven einnehmen:

1 **Der auktoriale (allwissende) Erzähler:** Er/Sie **weiß alles**. Er/Sie verfolgt die Situation von einem übergeordneten Standpunkt aus und kann in die Figur(en) hineinblicken und ihre **Gedanken**, **Gefühle** sowie den **inneren Zustand** beschreiben.
2 **Der personale Erzähler:** Er/Sie **weiß nicht alles**. Er/Sie schlüpft in die Rolle einzelner Figuren und erzählt das Geschehen aus seiner/ihrer Sicht in der **Er/Sie-Form**. Der personale Erzähler weiß nur das, was die Figur, aus deren Sicht erzählt wird, weiß.
3 **Der Ich-Erzähler:** Er/Sie befindet sich mitten im Geschehen und erzählt aus **seiner/ihrer Sicht** in der **Ich-Form**. Erzählt wird also, was **er/sie denkt oder fühlt**.
Wichtig: Der Ich-Erzähler ist nicht der/die Autor/-in!

Der innere Monolog

In einem inneren Monolog führt eine Figur ein „Gedankengespräch“, in dem sie ...
- über ihre Probleme und Beziehungen zu anderen Figuren nachdenkt,
- ihr Verhalten kritisch hinterfragt und sich ggf. Vorwürfe macht,
- Fragen an sich selbst stellt,
- Bedenken, Ängste und Hoffnungen äußert,
- Entscheidungen trifft,
- Pläne für die Zukunft schmiedet.

Einen inneren Monolog schreiben

1 Beschreibe kurz die Ausgangssituation: *Manuel und Sandra haben sich erneut gestritten.*
2 Lass die Figur ihre Situation erzählen. Achte dabei auf die **Reihenfolge** der Handlung und schildere **anschaulich** die **Gedanken und Gefühle der Figur**: *Ich bin ihr völlig egal! Das macht mich wütend.*
3 Nutze sprachliche Bilder (z. B. Metaphern): *Wie vom Donner gerührt stand ich da.*
4 Schreibe in der **Ich-Form** und übernimm die Denk- und Sprechweise der Figur, z. B. kurze abgehackte Satze, Wiederholungen, mündliche Sprache: *Was für eine doofe Kuh! Was soll ich nur tun?*
5 Verwende **passende Satzzeichen**: *Fragen* = ?, *Gefühle* = !, *Denkpausen* = –, *abbrechende Gedanken* = ...
6 Schließe mit einer **Schlussfolgerung** ab, indem du z. B. einen Entschluss fasst, einen Plan schmiedest ...

Ein Exzerpt schreiben

Exzerpieren heißt: wichtige Informationen aus einem Text herausschreiben. So gehst du vor:

1 Bearbeite den Text mit der **5-Schritt-Lese-Methode**.

2 Das Exzerpt notieren:
- Schreibe die Überschrift auf.
- Notiere kurz, worum es geht.
- Halte die **wichtigsten Informationen** in Stichpunkten fest. Du kannst auch **eigene Gedanken** und **deine Meinung** notieren.
- Schreibe die **Quelle** dazu.
- Schreibe nur **sehr wichtige Informationen wortwörtlich** ab. Kennzeichne sie mit **Anführungsstrichen**.
- Verwende **Abkürzungen**.

Einen Aufruf verfassen

1 Ein Aufruf (Appell) enthält eine **Aufforderung**.

2 Mit einem Aufruf willst du ...
- auf etwas aufmerksam machen,
- die Gefühle der Lesenden ansprechen und sie in eine bestimmte Richtung lenken,
- die Lesenden zum Handeln aufrufen.

3 Überlege zuerst, wen du erreichen willst: Wer ist der/die **Adressat/-in**?
Wähle den Inhalt, die Sprache und das Layout entsprechend adressatenbezogen aus.

4 Führe in das Thema ein, informiere sachlich über Hintergründe und überzeuge durch Fakten und Zahlen.

5 Fasse deine Forderungen in kurze und prägnante Sätze.

6 Sprich den Lesenden direkt an (du/ihr).

7 Verwende Verben, die deine Aufforderung unterstreichen, zum Beispiel: *müssen, sollen, fordern, verlangen, raten, darauf bestehen*.

8 Verwende den Imperativ: *verzichten → verzichte!, geben → gib!*

9 Einen Aufruf kannst du z. B. als Flyer, Plakat oder mit einem Zeitungsartikel verbreiten. Nutze Bilder, Symbole und Slogans, damit der Aufruf einprägsam und verständlich wird.

Eine Stellungnahme schreiben

Wenn du zu einem Thema Stellung nimmst, dann stellst du deine eigene Meinung dazu ausführlich und begründet dar.

1 **Einleitung:** Mache deine Leserinnen und Leser neugierig und führe zum Thema hin.

2 **Hauptteil:** Stelle deinen Standpunkt mithilfe von schlüssigen Argumenten dar.
Denke an passende Übergange, wie z. B.
Erstens ... Daraus ergibt sich ...
Als weiteren Grund könnte man anführen, ...
Das überzeugendste Argument sollte am Schluss stehen.

3 **Schluss:** Ziehe ein Fazit und bekräftige damit deinen Standpunkt.

Argumente verfassen

A) Ein Argument überzeugend aufbauen:
Ein Argument besteht aus einer *Behauptung* und einer *Begründung*. Durch ein konkretes *Beispiel* wirkt ein Argument besonders überzeugend.

1 **Behauptung:** *Der Führerschein ist wichtig, ...*

2 **Begründung:** *... weil er in manchen Berufen gebraucht wird.*

3 **Beispiel:** *Zum Beispiel werden Jugendliche, die einen Führerschein besitzen, im Polizeidienst und auch in Logistikunternehmen gerne genommen.*

B) Argumente sprachlich verknüpfen
Der **Zusammenhang** der einzelnen Argumente wird durch die sprachliche Verknüpfung deutlich.

1 Das Argument ist **gleichwertig** zum vorangegangenen Argument und soll dieses **ergänzen**.
Ein weiteres Argument lautet: ...

2 Das Argument ist stärker als das vorangegangene Argument und soll dieses **steigern**.
Noch wichtiger dabei ist, dass ...

3 Die Aussage bezieht sich auf das vorangegangene Argument und soll dieses **präzisieren**.
Dies kann man noch dadurch bekräftigen ...

4 Das Argument ist ein **Gegenargument** zum vorangegangenen Argument und soll dieses widerlegen. *Dagegen spricht, dass ...*

Ein Thema erörtern

1 Einleitung
- Die Einleitung kann ein aktueller Anlass (z. B. ein Zeitungsartikel), ein Zitat, eine Redensart, eine Begriffsklärung oder ein persönliches Erlebnis sein.
- Gehe schon auf das Thema ein, verwende aber noch keine Argumente.
- Leite mit einem Überleitungssatz zum Hauptteil über: *Daher stelle ich mir die Frage, ob …*

2 Im **Hauptteil** gibt es **zwei Möglichkeiten**:
- **Lineare Erörterung:** Du schreibst nur die Argumente für deine Meinung auf. Beginne mit dem schwächsten, ende mit dem stärksten Argument.
- **Die dialektische Erörterung:** Du wägst Pro- und Kontra-Argumente gegeneinander ab. Dafür gibt es **zwei Möglichkeiten**:
  Sanduhrprinzip:
  Zuerst nennst du Gegenargumente zu deiner Meinung (vom stärksten zum schwächsten). Dann entkräftest du diese mit Argumenten für deinen Standpunkt wie in der linearen Erörterung.
  Pingpong-Prinzip:
  Du nennst abwechselnd Argumente gegen deine Position und entkräftest diese direkt mit Argumenten für deine Position.

3 Schluss
A) Fasse die wichtigsten Punkte zusammen und stelle deine Meinung noch einmal abschließend heraus.
Ich persönlich ziehe daraus das Fazit, dass …
B) Danach kannst du eine Anmerkung schreiben, die das Thema abrundet:
- Einen Ausblick in die Zukunft geben: *Ich nehme an, dass in Zukunft …*
- Einen persönlichen Wunsch, eine Befürchtung oder Forderung aussprechen: *Es bleibt zu hoffen, dass … Ich fürchte jedoch, dass …*
- Einen einschränkenden Gedanken bringen.
- Auf ein verwandtes Thema hinweisen.
- Den Einleitungsgedanken aufgreifen.

Über Sprache nachdenken

Wortarten erkennen

1 Es gibt **Wörter**, die man **verändern**, also **flektieren** kann. Sie können z. B. im Singular (Einzahl) und im Plural (Mehrzahl) stehen:
a) **Nomen:** *der Tag, die Ärztin, das Spiel*
b) **Artikel:** bestimmte Artikel (*der, die, das*) und unbestimmte Artikel (*ein, eine*)
c) **Verben:** *rennen, spielen, schreiben*
d) **Pronomen:** *ich, du, wir, mein, dein*
e) **Adjektive:** *klug, schwach, mutig, ehrlich*

2 Es gibt **nicht veränderbare Wörter**:
a) **Konjunktionen:** Sie verbinden Wörter oder Sätze, z. B. *und*, *weil*, *da*, *denn*, *damit*, *sodass*, *falls*, *wenn* …
b) **Präpositionen** weisen auf den Ort (*auf, in*), die Zeit (*während, bis*), den Grund (*wegen, dank*) oder die Art und Weise (*ohne, wider*) hin. Sie fordern oft einen bestimmten Fall: *trotz des Regens, mit dem Auto.*
c) **Adverbien** beschreiben, wo (*dort, links*), wann (*gestern, abends*), wie (*gerne, so*), warum (*darum, deshalb*) etwas geschieht.

Nomen

1 **Nomen** stehen für Lebewesen, konkrete und abstrakte Dinge.
2 Es gibt meist eine **Singular**- und eine **Pluralform**: *das Buch – die Bücher*.
3 Nomen werden in den **vier Fällen** gebraucht: Nominativ (*Wer oder Was?*), Genitiv (*Wessen?*), Dativ (*Wem?*) und Akkusativ (*Wen oder Was?*).
4 Nomen schreibt man groß.
5 Man erkennt Nomen z. B.
- mit der **Artikelprobe**: *das/ein Buch*
- an **Signalwörtern** wie:
  a) Präpositionen mit verstecktem Artikel: *am Abend = an dem Abend*
  b) Zahlwörtern: *drei Spieler, viele Bälle*
  c) Pronomen: *dein Fahrrad, unsere Klasse*
  d) Adjektiven: *frische Salate, feines Tuch*

Verben

1 Verben bezeichnen **Tätigkeiten** (*laufen, lesen*), **Vorgänge** (*wachsen, einschlafen*) oder **Zustände** (*liegen, wohnen*).

2 Sie bilden für die 1., 2. und 3. Person Singular und Plural **Personalformen** (*ich lese, du liest, er/sie/es liest, wir lesen, ihr lest, sie lesen*).

3 Sie bilden verschiedene **Zeitformen**:
- **Präsens:** was gerade geschieht: *Ich lese.* Das Präsens kann auch die Zukunft ausdrücken: *Was machst du heute Abend? Ich lese.*
- **Präteritum:** wird vor allem im schriftlichen Gebrauch verwendet: *Ich las. Er redete.*
- **Perfekt:** wird vor allem im Mündlichen gebraucht: *Ich habe gelesen. Ich bin gerannt.*
- **Plusquamperfekt:** wenn etwas noch vor einem Ereignis stattfand: *Ich hatte gelesen. Ich war schon angekommen, als es regnete.*
- **Futur I:** bezeichnet die Zukunft: *Ich werde lesen.*
- **Futur II:** bezeichnet ein Ereignis, das in der Zukunft abgeschlossen sein wird: *Ich werde morgen das Buch gelesen haben.*

4 Viele Verben werden mit einer Vorsilbe gebildet: *ver-lieren, mit-bringen*. Ist diese unbetont, bleibt das Verb in allen Formen zusammen, z. B. bei *be-, er-, ent-, vor-, ver- ...*
Die Eintracht verliert schon wieder.
Ist diese betont, wird sie im Satz abgetrennt, z. B. bei *ab-, an-, auf-, ein-, mit-, vor- ...*
Der Bus fährt gerade ab.

5 Verben können im **Aktiv** stehen, wodurch der „Täter“ betont wird:
Helmut wäscht sein Auto.
Sie können auch im **Passiv** stehen, wodurch das Geschehen betont wird:
Das Auto wird (von Helmut) gewaschen.

6 Verben bilden im Satz das Prädikat. Ohne Verben gibt es keinen vollständigen Satz.
Die Klasse schreibt eine Probearbeit.

7 Manche Verben verlangen eine Ergänzung:
- im Dativ: *Der Gestürzte dankt dem Helfer.*
- im Akkusativ: *Laura isst eine Pizza.*
- im Dativ und Akkusativ: *Elias schenkt seiner Freundin eine neue CD.*

Pronomen

1 **Personalpronomen** ersetzen Nomen: *ich, du, er/sie/es, wir, ihr, sie.*

2 **Reflexivpronomen** (*mich/mir, dich/dir, uns, euch, sich ...*) weisen auf das Subjekt zurück: *Ich freue mich.*

3 **Possessivpronomen** geben an, wem etwas gehört: *mein, dein, sein, ihr, unser, euer.*

4 **Relativpronomen** (*der, die, das*) leiten einen Relativsatz ein und beziehen sich auf ein Nomen im Hauptsatz.

5 **Demonstrativpronomen** weisen auf etwas zurück oder voraus: *diese/-r/-s, solche/-r/-s, jene/-r/-s, derjenige/diejenige/dasjenige ...*

6 **Indefinitpronomen** verallgemeinern: *jemand, etwas, nichts, man ...*

Konjunktiv II

1 Mit dem Konjunktiv II kann man ausdrücken, wenn etwas **nicht wirklich** eintreten wird: *Am Samstag muss ich arbeiten. Sonst käme ich zur Party.*

2 Man kann auch einen **Wunsch** ausdrücken: *Dieses Wetter! Wäre es doch etwas wärmer.* Der Wunsch wird oft verstärkt durch kleine Wörter wie: *doch, nur, bloß, endlich.*

3 Man kann mit dem Konjunktiv II eine **besonders höfliche Bitte** äußern: *Könnte ich bitte noch ein Brötchen bekommen?*

4 Man kann etwas **vermuten**: *Das Spiel zu gewinnen, dürfte schwierig werden.*

5 Man kann etwas **empfehlen**: *Diese Jacke würde ich nicht kaufen!*

6 Oder man kann über etwas **staunen**: *Ich hätte nicht mehr an den Sieg geglaubt.*

Die indirekte Rede

1 **Funktion:** Mit der **indirekten Rede** kann man wiedergeben, was jemand gesagt hat (direkte Rede). Die indirekte Rede gibt nicht die Meinung des Wiedergebenden wieder.

2 **Die indirekte Rede bilden:**
   a) Das Verb der direkten Rede wird in den **Konjunktiv I** gesetzt: *Der Sprecher sagte: „Sie kommt." → Der Sprecher sagte, sie komme.*
   b) Sind Indikativ Präsens und Konjunktiv I gleich (z. B. bei kommen in der 3. Person Plural), verwendet man den Konjunktiv II: *Der Sprecher sagte, sie kämen.*
   c) Sind Indikativ Präteritum und **Konjunktiv II** gleich (z. B. bei schreiben → schrieben), verwendet man die würde-Form: *Der Sprecher sagte, sie würden schreiben.*

3 **Beachte:** Pronomen ändern sich in der indirekten Rede, wenn sie in der **Ich-/Wir-Form** stehen: *ich → er/sie; wir → sie.*
Der Freund sagte: „Ich komme gerne."
Der Freund sagte, er komme gerne.

4 Im **Mündlichen** verwendet man meist den **Indikativ** oder die **würde-Form**:
Der Freund sagte, er kommt gerne.
Der Freund sagte, er würde gerne kommen.

Adjektive

1 Mit Adjektiven kannst du **genau beschreiben**. Du findest das Adjektiv mit der Frage „Wie?".
Beispiel: *Er ist mutig. Wie ist er? Mutig.*

2 Mit Adjektiven kannst du auch **vergleichen**. Dazu kann man viele Adjektive **steigern**.
   a) Grundstufe (Positiv): *Ali springt weit.*
   b) Vergleichsstufe (Komparativ): *Lena springt weiter.*
   c) Höchststufe (Superlativ): *Maja springt am weitesten.*

3 Etwas ist **gleich**: *Elias ist so flott wie Ben.*
Unterschiede: *Mike ist jünger als Lea.*

4 Viele Adjektive enden auf *-lich, -isch, -sam, -ig, -los, -bar: wunderbar, königlich, grausam.*

Sätze mit Proben untersuchen

1 Mit der **Umstellprobe** kannst du Satzglieder ermitteln und eigene Texte flüssig gestalten:
Sascha/trainiert/jeden Montag/in der Halle.
Jeden Montag/trainiert/Sascha/in der Halle.
In der Halle/trainiert/Sascha/jeden Montag.
Die Umstellprobe kann dir außerdem dabei helfen, abwechslungsreich zu schreiben, weil das Satzglied am Anfang eines Satzes besonders betont wird.

2 Mit der **Weglassprobe** (nicht zwingend benötigte Satzglieder werden weggelassen) kannst du Subjekt und Prädikat ermitteln:
Laura liest ~~im Herbst am Abend, wenn es draußen dunkel wird, gerne ein Buch~~.
→ Laura liest. = Subjekt und Prädikat.

3 Mit der **Ersatzprobe** kannst du treffendere Ausdrücke finden oder Wiederholungen in eigenen Texten vermeiden:
Alina schaut heute einen Film an. Alina freut sich schon auf den Film. → Alina schaut heute einen Film an. Sie freut sich schon darauf.

4 Mit der **Erweiterungsprobe** kannst du eigene Texte anschaulicher gestalten:
Theresa geht ins Kino. → Theresa geht heute Abend, weil ein toller Film läuft, ins nahe gelegene Kino.

Subjekt und Prädikat

1 **Subjekt** und **Prädikat** bilden einen vollständigen Satz: *Der Zug fährt ab.*

2 *Pünktlich kommen alle Schüler in die Klasse.*
   a) Das **Prädikat** wird mit Verben gebildet und richtet sich nach dem Subjekt.
   alle Schüler = 3. Person Plural → *kommen*
   b) Das Prädikat steht im Aussagesatz an 2. Stelle.
   c) Du kannst es erfragen: *Was tun die Schüler*?
   d) Das **Subjekt** gibt an, wer oder was etwas tut. Du kannst es mit dem **Prädikat** erfragen: *Wer oder was kommt*? → *alle Schüler*.

Objekte

1 Objekte ergänzen Verben, die nicht alleine stehen können (z. B. schenken, leihen, geben). Sie geben dem Satz zusätzliche Informationen.

2 Das Dativobjekt erfragst du mit „*Wem?*“.
Ben schreibt → *Wem?* → seinem Freund Leo.

3 Das **Akkusativobjekt** erfragst du mit „Wen oder was?“.
Klara nimmt → *Wen/Was?* → ein Erdbeereis.

4 Manche Verben verlangen beide Objekte:
Ben schenkt → *Wem?* → seiner Freundin Klara → *Wen oder was?* → ein Erdbeereis.

Subjektsätze und Objektsätze

1 **Subjekte** und **Objekte** kann man durch Nebensätze ersetzen. Sie werden vom Hauptsatz immer durch ein Komma getrennt.

2 Erfrage **Subjektsätze** mit „Wer oder was?“
Der Sieger steht noch nicht fest.
Wer gewinnt, steht noch nicht fest.
Wer steht noch nicht fest? → Wer gewinnt.

3 Erfrage **Objektsätze** mit „Wessen?“, „Wem?“ oder „Wen oder was?“.
Ich notiere nur *das Wichtige*.
Ich notiere nur, *was wichtig ist*.

4 Subjekt- und Objektsätze beginnen mit **Konjunktionen** (dass, ob) oder mit **Fragepronomen** (wer, wessen, wem, wen, wie).

Attribute

1 Attribute (Beifügungen) erläutern oder beschreiben Nomen genauer.

2 Attribute können **links** vom Nomen stehen: *das neue Fahrrad* (Adjektive), *das glänzende Fahrrad* (Partizipien).

3 Attribute können **rechts** vom Nomen stehen: *das Rad meiner Freundin* (Genitiv), *das Rad am Zaun* (mit Präposition).

4 Adverbien können ebenfalls als Attribut gebraucht werden. *Siehst du das Fahrrad dort?*

Sätze miteinander verknüpfen

Sätze kann man miteinander verbinden.

1 Eine **Satzreihe** entsteht, wenn man zwei Hauptsätze verknüpft: Der Herbst bringt kühles Wetter, *aber* wir spielen noch im Freien.
Konjunktionen: *aber, und, denn, doch, oder.*

2 Verknüpft man einen Hauptsatz mit einem Nebensatz, entsteht ein **Satzgefüge**:
Wir spielen noch im Freien, *obwohl* der Herbst schon kühles Wetter bringt.
Konjunktionen: *da, als, weil, bis, damit, dass, indem, nachdem, obwohl, sodass, solange ...*

3 Viele Nebensätze beginnen mit „*dass*“:
Er sagte, dass er pünktlich sei.

4 **Relativsätze** werden mit einem Relativpronomen (*der, die, das, welcher, welche, welches*) eingeleitet. Sie beziehen sich auf ein Nomen und heißen deshalb auch Attributsätze:
Das neue Kino wird heute eröffnet. → *Das Kino, **das** neu erbaut ist, wird heute eröffnet.*

5 **Appositionen** beziehen sich auch auf ein Nomen, haben aber kein Prädikat: *Die neuen Sneakers, schicke Schuhe, gefallen mir.*

Sprachvarietäten

Je nach Gesprächspartner/-in oder Absicht verwenden wir unterschiedliche Sprachmuster, die **Sprachvarietäten**.

1 Die **Standard-** oder **Hochsprache** wird im öffentlichen Sprachgebrauch und in der Schriftsprache verwendet: Sie gebraucht korrekte Grammatik und einen gewählten Wortschatz.

2 Die **Umgangssprache** wird vor allem mündlich und privat genutzt oder in den neuen Medien.

3 **Dialekte** werden fast nur mündlich genutzt und unterscheiden sich stark je nach Region.

4 **Fachsprachen** gebrauchen einen speziellen Fachwortschatz für präzise Aussagen.

5 **Jugendsprachen** wandeln sich schnell. Sie werden von jungen Sprechern/-innen genutzt.

Richtig schreiben

Rechtschreibstrategien

→ Seite 232

Groß- und Kleinschreibung

Seite 236: Großschreibung
- Satzanfänge und Weiteres
- Nomen
- weitere Wortarten
- Höflichkeitsanrede

Seite 237: Großschreibung
- Zahlen
- Eigennamen
- geografische Bezeichnungen
- Tageszeiten nach Adverbien
- Straßennamen

Seite 238: Kleinschreibung
- Kleinschreibung ist der Normalfall
- Besonderheit im Prädikat
- die Endung -s
- feste Begriffe
- Wendungen
- Bezug auf ein Nomen

Seite 239: Groß oder klein?
- Sprachen und Farben
- geografische Bezeichnungen auf -isch
- Superlativ
- unbestimmte Zahlwörter
- bestimmte Ausdrücke

Getrennt- und Zusammenschreibung

Seite 240: Verben
- Verb + Verb oder andere Wortarten
- Adjektiv + Verb
- kleine Wörter + Verb

Seite 241: Weitere Verbindungen
- Nomen + Partizip
- Verbindung von Verben + bestimmten Wörter wie *heimfahren, teilnehmen*
- Verbindungen von *selbst* + Verb/Partizip
- Verbindungen von *-ander* + Verb/Partizip
- Verbindungen mit *irgend-*

Seite 242: Weitere Verbindungen
- Verben mit abtrennbaren Vorsilben
- Verben mit nicht abtrennbaren Vorsilben
- Verbindungen von Wörtern wie *wenig* mit *zu*
- sowohl Zusammen- als auch Getrenntschreibung bei Wörtern wie *nachdem – nach dem*
- untrennbare Zusammensetzungen wie *frohlocken*

Kommasetzung

Seite 243: Schwerpunkt Satzverknüpfungen
- Komma bei Aufzählungen
- Komma bei Satzreihen
- Komma bei Satzgefügen
- Komma bei Relativsätzen

Seite 244: Weitere Fälle im Satz
- Komma bei Nebensätzen mit *dass*
- Komma bei Appositionen
- Komma bei Infinitivgruppen

Seite 245: Weitere Fälle im Satz und in komplexen Sätzen
- Komma bei Partizipgruppen
- Komma in komplexen Satzverknüpfungen

Unregelmäßige Verben

Infinitiv	Präteritum	Perfekt
befehlen	befahl	hat befohlen
beginnen	begann	hat begonnen
beißen	biss	hat gebissen
biegen	bog	hat gebogen
bitten	bat	hat gebeten
blasen	blies	hat geblasen
bleiben	blieb	ist geblieben
brechen	brach	ist gebrochen
bringen	brachte	hat gebracht
denken	dachte	hat gedacht
erschrecken	erschrak	ist erschrocken
essen	aß	hat gegessen
fahren	fuhr	ist gefahren
fallen	fiel	ist gefallen
fangen	fing	hat gefangen
finden	fand	hat gefunden
fliegen	flog	ist geflogen
fließen	floss	ist geflossen
fressen	fraß	hat gefressen
frieren	fror	hat gefroren
geben	gab	hat gegeben
gehen	ging	ist gegangen
gelingen	gelang	ist gelungen
geschehen	geschah	ist geschehen
gewinnen	gewann	hat gewonnen
gießen	goss	hat gegossen
greifen	griff	hat gegriffen
haben	hatte	hat gehabt
halten	hielt	hat gehalten
hängen	hing	hat gehangen
heben	hob	hat gehoben
heißen	hieß	hat geheißen
helfen	half	hat geholfen
kennen	kannte	hat gekannt
klingen	klang	hat geklungen
kommen	kam	ist gekommen
können	konnte	hat gekonnt
laden	lud	hat geladen
lassen	ließ	hat gelassen
laufen	lief	ist gelaufen
leihen	lieh	hat geliehen
lesen	las	hat gelesen
liegen	lag	hat gelegen
nehmen	nahm	hat genommen
raten	riet	hat geraten
reißen	riss	hat gerissen

Infinitiv	Präteritum	Perfekt
reiten	ritt	ist geritten
rennen	rannte	ist gerannt
riechen	roch	hat gerochen
rufen	rief	hat gerufen
scheinen	schien	hat geschienen
schieben	schob	hat geschoben
schießen	schoss	hat geschossen
schlafen	schlief	hat geschlafen
schlagen	schlug	hat geschlagen
schleichen	schlich	ist geschlichen
schließen	schloss	hat geschlossen
schneiden	schnitt	hat geschnitten
schreiben	schrieb	hat geschrieben
schreien	schrie	hat geschrien
schweigen	schwieg	hat geschwiegen
schwimmen	schwamm	ist geschwommen
schwören	schwor	hat geschworen
sehen	sah	hat gesehen
sein	war	ist gewesen
singen	sang	hat gesungen
sinken	sank	ist gesunken
sitzen	saß	hat gesessen
sprechen	sprach	hat gesprochen
springen	sprang	ist gesprungen
stehen	stand	hat gestanden
stehlen	stahl	hat gestohlen
steigen	stieg	ist gestiegen
sterben	starb	ist gestorben
streichen	strich	hat gestrichen
streiten	stritt	hat gestritten
tragen	trug	hat getragen
treffen	traf	hat getroffen
treten	trat	hat getreten
trinken	trank	hat getrunken
vergessen	vergaß	hat vergessen
verlieren	verlor	hat verloren
verzeihen	verzieh	hat verziehen
wachsen	wuchs	ist gewachsen
waschen	wusch	hat gewaschen
werden	wurde	ist geworden
werfen	warf	hat geworfen
wissen	wusste	hat gewusst
ziehen	zog	hat gezogen
zwingen	zwang	hat gezwungen

Textsortenverzeichnis

Lieder

Nicht lineare Texte (Schaubilder, Tabellen, Karten)

Sachtexte

Theaterstücke

Zeitungsartikel

Stichwortverzeichnis

Fett gedruckte Ziffern verweisen auf eine *Lernbox*.

Textquellen

11 Anne Steinwart: Als hätten wir eine Ewigkeit Zeit. Aus: wer hat schon flügel. Hg. v. dies. München: Mosaik Verlag 1984. S. 16–17.

12 „Von der ewigen Illusion, dass Geld glücklich macht. Glücksforscher: Der Einfluss von materiellem Reichtum auf menschliches Wohlbefinden und Ausgeglichenheit ist sehr gering" von Arno Stoffels, veröffentlicht in den Nürnberger Nachrichten am 15.10.2018 S. 3.

20 Paul Watzlawick: Menschliche Kommunikation. Formen, Störungen, Paradoxien. Bern/Stuttgart/Wien: Hans Huber 1974.

23 Haus am See: Baigorry, Pierre / Conen, David. Fixx & Foxy Publ. Pierre Krajewski bei BMG Rights Management GmbH Hanseatic Musikverlag GmbH & Co. KG, Hamburg BMG Rights Management GmbH, Berlin

27 🔊 Jens Bernewitz: Geräusch 1. Aus: Noah Tonstudios, Hannover.

27 🔊 Jens Bernewitz: Geräusch 2. Aus: Noah Tonstudios, Hannover.

29 🔊 Timur Vermes: Er ist wieder da (Hörbuch). Gelesen von Christoph Maria Herbst, Copyright © 2012 by Bastei Lübbe AG, Köln.

29 Cornelia Fiedler: „Ein medialer Wiedergänger". Aus: Süddeutsche Zeitung, 09.01.2013 (https://www.sueddeutsche.de/kultur/bestseller-roman-er-ist-wieder-da-ha-ha-hitler-1.1568685-2) (Zugriff: 12.11.2021).

29 Rezension: Er ist wieder da von Timur Vermes. Aus: Baranzini Fotografie und Texte GmbH, Aarau, Schweiz (https://literaturhandbuch.de/rezension-er-ist-wieder-da-von-timur-vermes/) (Zugriff: 12.11.2021).

30–32 🔊 Lukas Grasberger: Der Zuschauer-Effekt – Warum wir oft gaffen, aber nicht helfen. Aus: Bayerischer Rundfunk, 18.02.2021, © BR 2021/Lukas Grasberger; in Lizenz der Brmedia Service GmbH (https://www.br.de/mediathek/podcast/radiowissen/der-zuschauer-effekt-warum-wiroft-gaffen-aber-nicht-helfen/1818547) (Zugriff: 06.04.2021).

32 Bertolt Brecht: Leben des Galilei. 80. Aufl., Berlin: edition suhrkamp 2019. S. 113–114.

34–35 🔊 So nachhaltig ist Secondhand-Kleidung. Aus: Südwestrundfunk, Stuttgart, 07.01.2021 (https://www.swr.de/swr1/rp/artikel-secondhand-100.html) (Zugriff: 06.05.2021).

36 Torsten Wolff: Mit Worten spielt man nicht. Aus: Würde ist ein Konjunktiv. Helmstedt: Blaulicht-Verlag 2012. S. 29–30.

44 [Island] Kristina Hillemann & Gerald Rogier: Allgemein. Aus: eisexpeditionen.de, Hamburg (https://www.eisexpeditionen.de/blog/island-mystisches-land-aus-feuer-und-eis/) (Zugriff: 18.01.2022).

48 Christopher Pier: Islands Gletscher. Das ewige Eis. Aus: IslandReisen.info ehf., Gardabaer, Island (https://www.islandreisen.info/de/island-infos/island-lexikon/island-gletscher) (Zugriff: 20.10.2021).

51 *Klappentext zu* Tom Limes: Voll verkackt ist halb gewonnen. Würzburg: Arena 2019.

55 Tom Limes: Voll verkackt ist halb gewonnen. Würzburg: Arena 2019. S. 91–92.

58 Joseph Joubert. Aus: © 2022 Zitate-Fibel (https://zitate-fibel.de/zitate/joseph-joubert-nicht-sieg-sollte-der-sinn-der-diskussion-sein-sondern-gewinn) (Zugriff: 08.07.2022).

70 Irena Lauxen: Eileens Tag. (Originalbeitrag)

73 Sascha Karberg, Florian Schumann, Tilmann Warnecke & Marie Rövekamp: Sind Smartphones und Tablets für Kinder schädlich? Aus: Tagesspiegel, 30.10.2019 (https://www.tagesspiegel.de/politik/digitales-leben-sind-smartphones-und-tablets-fuer-kinder-schaedlich/25172782.html) (Zugriff: 22.09.2021).

74 dpa: Instagram & Co: Wenn der Sog sozialer Medien süchtig macht. Aus: Fit for fun – Focus, 10.12.2019, ©dpa (https://www.fitforfun.de/news/social-media-sucht-so-gefaehrlich-koennen-soziale-netzwerke-sein-398671.html) (Zugriff: 11.08.2021)

76 Gesetz über Urheberrecht und verwandte Schutzrechte (Urheberrechtsgesetz). Aus: Bundesamt für Justiz, Bonn, 23.06.2021 (https://www.gesetze-im-internet.de/urhg/BJNR012730965.html#BJNR012730965BJNG000101377) (Zugriff: 11.08.2021).

77 Philipp Otto: Urheber- und Persönlichkeitsrechte in Sozialen Netzwerken. Aus: Landesanstalt für Medien NRW, Düsseldorf (https://www.klicksafe.de/themen/rechtsfragen-im-netz/irights/urheber-und-persoenlichkeitsrechte-in-sozialen-netzwerken/) (Zugriff: 11.08.2021).

78 Recht am eigenen Bild: Können Kinder über Veröffentlichungen entscheiden? Aus: VFR Verlag für Rechtsjournalismus GmbH, Berlin, 16.09.2021 (https://www.urheberrecht.de/recht-am-eigenen-bild-kinder/) (Zugriff: 15.11.2021).

79 [Straftaten im Internet] Cybermobbing. Aus: Polizeiliche Kriminalprävention der Länder und des Bundes, Stuttgart (https://www.polizeifürdich.de/deine-themen/handy-smartphone-internet/cybermobbing.html) (Zugriff: 11.08.2021).

79 Strafgesetzbuch (StGB). Aus: Strafgesetzbuch (StGB), 12.08.2021, Bundesamt für Justiz, Bonn (https://www.gesetze-im-internet.de/stgb/BJNR001270871.html) (Zugriff: 26.10.2021).

80 Philipp Otto: Fake News. Aus: Landesanstalt für Medien NRW, Düsseldorf (https://www.klicksafe.de/themen/problematische-inhalte/fake-news/) (Zugriff: 12.08.2021).

85 Wo kommt unsere Kleidung her? Aus: Deutsches Kinderhilfswerk e.V., Berlin, 07.06.2018 (https://www.kindersache.de/bereiche/wissen/natur-und-mensch/wo-kommt-unsere-kleidung-her) (Zugriff: 17.08.2021).

87 red/epd: Deutsche produzieren 38 Kilogramm Plastikmüll pro Kopf. Aus: Stuttgarter Nachrichten, 06.06.2019 (https://www.stuttgarter-nachrichten.de/inhalt.plastikatlas-2019-deutsche-produzieren-38-kilogramm-plastikmuell-pro-kopf.47ff3241-8944-4426-b943-edfe636daeef.html) (Zugriff: 17.08.2021).

88–89 Griechenland. Feuer verwüstet Flüchtlingslager Moria. Aus: Norddeutscher Rundfunk, Hamburg, 09.09.2020 (https://www.tagesschau.de/ausland/brand-moria-105.html) (Zugriff: 19.08.2021).

90 Flüchtlingselend in Europa. Betroffenheit reicht nicht. Aus: SPIEGEL.de, Maximilian Popp, 24.12.2020 https://www.spiegel.de/ausland/fluechtlingselend-auf-lesbos-betroffenheit-reicht-nicht-a-52008104-604b-43b0-8ab9-360050557233 (Zugriff: 18.08.2021).

92–93 Diese Faktoren haben unseren Urlaub verändert. Aus: Stern, 04.10.2019, © spot on news (https://www.stern.de/kultur/reiseverhalten--diese-faktoren-haben-unseren-urlaub-veraendert-8938624.html) (Zugriff: 18.08.2021).

94 Heinrich Heine: Lore-Ley (1824). Aus: Aus: Projekt Gutenberg (https://www.projekt-gutenberg.org/heine/gedichte/chap237.html) (Zugriff: 08.07.2022).

95 Bertolt Brecht: An meine Landsleute. Hg. v. Egmont Hesse, Berlin. Aus: (http://www.planetlyrik.de/wolfgang-werth-zu-bertolt-brechts-gedicht-an-meine-landsleute/2020/09/) (Zugriff: 06.09.2021).

95 Ernst Jandl: schtzngrmm. Aus: Literaturbrücke Berlin e. V., Berlin (lyrikline.org/de/gedichte/schtzngrmm-1230) (Zugriff: 06.09.2021).

95 Louise Glück: Mirror Image. Aus: The Poetry Foundation, Chicago, 26.02.2016 (https://www.poetryfoundation.org/poetrymagazine/articles/70312/on-ghosts-and-the-overplus) (Zugriff: 10.09.2021).

95 Ingeborg Bachmann: Reklame. Aus: Werke. Erster Band. Hg. v. dies. 2. Aufl., München: Piper 1982. S. 114.

95 Joseph von Eichendorff: Das zerbrochene Ringlein. Aus: Projekt Gutenberg (projekt-gutenberg.org/eichndrf/gedichte/chap160.html) (Zugriff: 10.09.2021).

96 Norbert Göttler: Mitbringsel. Aus: Vastehst me. Bairische Gedichte aus 40 Jahren. Hg. v. Eva Bauernfeind, Hubert Ettl & Kristina Pöschl. Illustrationen von Johannes Haslsteiner. Viechtach: Edition Lichtung 2014. S. 99.

96 Josef Fendl: Dahojm. Aus: Vastehst me. Bairische Gedichte aus 40 Jahren. Hg. v. Eva Bauernfeind, Hubert Ettl & Kristina Pöschl. Illustrationen von Johannes Haslsteiner.

Viechtach: Edition Lichtung 2014. S. 166.

97 Harald Grill: familienspaziergang. Aus: Vastehst me. Bairische Gedichte aus 40 Jahren. Hg. v. Eva Bauernfeind, Hubert Ettl & Kristina Pöschl. Illustrationen von Johannes Haslsteiner. Viechtach: Edition Lichtung 2014. S. 107.

97 Albert Mühldorfer: Las amol heid was sei. Aus: Vastehst me. Bairische Gedichte aus 40 Jahren. Hg. v. Eva Bauernfeind, Hubert Ettl & Kristina Pöschl. Illustrationen von Johannes Haslsteiner. Viechtach: Edition Lichtung 2014. S. 45.

98 Hannes Fuchs: Wie ein Auto entsteht. Aus: Klartext 10. Sprach-Lesebuch Deutsch. Differenzierende Ausgabe. Braunschweig: Westermann Bildungsmedien 2019. S. 190.

100 Theodor Storm: Lied des Harfenmädchens. Aus: Motivgleiche Gedichte. Hg. v. Andreas Siekmann. Stuttgart: Reclam 1998. S. 28–29.

100 Rose Ausländer: Nachtzauber. Aus: Motivgleiche Gedichte. Hg. v. Andreas Siekmann. Stuttgart: Reclam 1998. S. 83–84.

101 Johann Wolfgang von Goethe: Willkommen und Abschied. Aus: Deutsche Lyrik, 2001 (https://www.deutschelyrik.de/willkommen-und-abschied.540.html) (Zugriff: 06.09.2021).

102 Joseph von Eichendorff: Das Kind ruht aus vom Spielen. Aus: Projekt Gutenberg (https://www.projekt-gutenberg.org/engelke/gedichte/chap008.html) (Zugriff: 10.09.2021).

102 Bertolt Brecht: Was ein Kind gesagt bekommt. Aus: Motivgleiche Gedichte. Hg. v. Andreas Siekmann. Stuttgart: Reclam 1998. S. 17.

103 Eduard Mörike: Selbstgeständnis. Aus: Motivgleiche Gedichte. Hg. v. Andreas Siekmann. Stuttgart: Reclam 1998. S. 16.

104 Gerrit Engelke: Die Fabrik. Aus: Projekt Gutenberg (https://www.projekt-gutenberg.org/engelke/gedichte/chap008.html) (Zugriff: 10.09.2021).

106–108 Katja Reider: Wahnsinnstyp oder Während sie schläft. Aus: Ich schenk dir eine Geschichte 2006 – Geschichten von Reisen. Hg. v. Stiftung Lesen u. a. München: Omnibus 2006. S. 42–47.

110–111 Wolfgang Borchert: Das Brot. Aus: „Draußen vor der Tür“ und andere Werke. Hg. v. Axel Dunker. Ditzingen: Reclam 2018. S. 155–157.

112–115 🔊 Dunkles Kapitel: Richarz, Maxim / Herre, Max. Premium Blend Music Productions GmbH / Budde Music Publishing GmbH
Hanseatic Musikverlag GmbH & Co. KG, Hamburg
Nesola Edition / Arabella Musikverlag GmbH, Berlin

116–117 Walter Helmut Fritz: Umwege. Aus: Walter Helmut Fritz. Romane, Prosa. Zweiter Band. Hg. v. Matthias Kußmann. Hamburg: Hoffmann und Campe 2009. S. 368-370.

118 *Klappentext zu* Juli Zeh: Über Menschen. München: Luchterhand Literaturverlag 2021.

120 Gerhard Langer: Inhaltszusammenfassung von Juli Zehs „Über Menschen“. (Originalbeitrag)

120 Jörg Magenau: Mein Freund, der Nazi. Aus: Süddeutsche Zeitung, 23.03.2021 (https://www.sueddeutsche.de/kultur/juli-zeh-ueber-menschen-rezension-1.5241933) (Zugriff: 23.08.2021).

120 Nadine Kreuzahler: Einer der ersten echten Corona-Romane. Aus: Rundfunk Berlin-Brandenburg (rbb), Berlin, 22.03.2021 (https://www.rbb24.de/kultur/beitrag/2021/03/berlin-brandenburg-julia-zeh-roman-ueber-menschen-buchkritik.html) (Zugriff: 23.08.2021).

120 Jutta Duhm-Heitzmann: Juli Zeh – Über Menschen. Aus: Westdeutscher Rundfunk Köln, 21.03.2021 (https://www1.wdr.de/kultur/buecher/zeh-ueber-menschen-100.html) (Zugriff: 23.08.2021).

121–123, 125 Juli Zeh: Über Menschen. 3. Aufl., München: Luchterhand Literaturverlag 2021. S. 42, 45–46, 105, 113–115, 117, 119, 134, 136, 263–265, 311, 358, 386, 393, 395.

126 [Interview mit Juli Zeh] Juli Zeh, Madlen Reimer & Elsa Antolín: Zehn Fragen an Juli Zeh zu »Über Menschen«. Aus: Luchterhand Literaturverlag, München, 02.2021 (https://www.penguinrandomhouse.de/Zehn-Fragen-an-Juli-Zeh-zu-UEber-Menschen/aid88049.rhd) (Zugriff: 25.08.2021).

127 Boy Bjerg: Auerhaus. 9. Aufl., Berlin: Blumenbar Verlag 2020, S. 7.

127 Björn Stephan: Nur vom Weltraum aus ist die Erde blau. Köln: Kiepenheuer und Witsch 2021. S. 9.

127 Benedict Wells: Hard Land. Zürich: Diogenes 2021. S. 11.

129 Heinricht Böll & Herbert Hoven: „In Leserbriefen wird sensibler reagiert“. Ein Gespräch mit Herbert Hoven. Aus: Literatur und Lernen. Zur berufsmäßigen Aneignung von Literatur. Hg. v. Herbert Hoven. Darmstadt: Luchterhand 1985. S. 160.

130 Pressestimmen. Aus: © dtv Verlagsgesellschaft mbH & Co. KG, München (https://www.dtv.de/buch/meredith-russo-als-ich-amanda-wurde-43233/) (Zugriff: 12.08.2021).

131 [Text A] *Klappentext zu* Ferdinand von Schirach: Terror. Ein Theaterstück und eine Rede. München: btb 2016.

131 [Text B] *Klappentext zu* Nic Stone: Dear Martin. Aus dem Englischen von Karsten Singelmann. Reinbek bei Hamburg: Rowohlt Taschenbuch 2018.

131 [Text C] *Klappentext zu* Meredith Russo: Als ich Amanda wurde. Aus dem Englischen von Barbara Lehnerer. München: © dtv Verlagsgesellschaft mbH & Co. KG, München 2017.

131 [Text D] *Klappentext zu* Penny Joelsen: Ein kleines Wunder würde reichen. Aus dem Englischen von Andrea Fischer. Frankfurt a. M.: Fischer FJB 2018.

131 [Text E] *Klappentext zu* Sid Jacobson & Ernie Colón: Das Leben von Anne Frank – eine Biografie. Aus dem Englischen von Kai Wilksen. Hamburg: Carlsen 2018.

134–135 Meredith Russo: Als ich Amanda wurde. Aus dem Englischen von Barbara Lehnerer. München: © dtv Verlagsgesellschaft mbH & Co. KG, München 2017.

136–137 Nic Stone: Dear Martin. Aus dem Englischen von Karsten Singelmann. 2. Aufl., Reinbek bei Hamburg: Rowohlt Taschenbuch 2018. S. 15–18.

138 Penny Joelsen: Ein kleines Wunder würde reichen. Aus dem Englischen von Andrea Fischer. Frankfurt a. M.: Fischer FJB 2018. S. 7–9.

140–141 Sid Jacobson & Ernie Colón: Das Leben von Anne Frank - eine Biografie. Aus dem Englischen von Kai Wilksen. Hamburg: Carlsen 2018. S. 75–80.

142–143 Ferdinand von Schirach: Terror. Ein Theaterstück und eine Rede. München: btb 2016. S. 16–20.

147 *Vorwort zu* Anne Frank: Anne Frank Gesamtausgabe. Hg. v. Anne Frank Fonds, Basel. Aus dem Niederländischen von Mirjam Pressler. Frankfurt a. M.: S. Fischer 2013. S. 11–12.

149, 152 Ari Folman & David Polonsky: Das Tagebuch der Anne Frank. Graphic Novel. Aus dem Niederländischen und Englischen von Mirjam Pressler, Ulrike Wasel & Klaus Timmermann. Frankfurt a. M.: S. Fischer 2020. S. 23, 125.

151 Anne Frank: Anne Frank – Tagebuch. Aus dem Niederländischen von Mirjam Pressler. 21. Aufl., Frankfurt a. M.: Fischer Taschenbuch 2000. S. 243–249.

158 [Perspektivische Verzerrungen] Marc-Uwe Kling: Die Känguru-Chroniken. Berlin: Ullstein 2017. S. 66.

159 [Tütensuppen-Totalitarismus] Marc-Uwe Kling: Die Känguru-Chroniken. Berlin: Ullstein 2017. S. 17.

160 Marie Luise Kaschnitz: Das letzte Buch. Aus: Marie Luise Kaschnitz. Gesammelte Werke. Dritter Band. Hg. v. Christian Büttrich & Norbert Miller. Frankfurt a. M.: Insel Verlag 1982. S. 408.

163–164 Sylvia Plath: Ein Tag im Juni. Aus: Zungen aus Stein. Aus dem Amerikanischen von Julia Bachstein & Susanne Levin. Frankfurt a. M.: Frankfurter Verlagsanstalt 2012. S. 7–12.

166 Irena Lauxen: Das Freiwillige Soziale Jahr. (Originalbeitrag)

168 Wie viel dürfen Jugendliche im Nebenjob arbeiten? Aus: Deutscher Sparkassen- und Giroverband e. V., Berlin (https://www.geldundhaushalt.de/finanzwissen/wie-viel-duerfen-jugendliche-im-nebenjob-arbeiten/) (Zugriff: 04.05.2022).

170 dpa: Eltern, Handy, Kind – Die verhängnisvolle Affäre mit dem Smartphone. Aus: Augsburger Allgemeine, 14.05.2020, ©dpa (https://www.augsburger-allgemeine.de/panorama/Medienkonsum-Aufklaerung-gefordert-Handy-Konsum-von-Eltern-schadet-Babys-id57386626.html) (Zugriff: 11.08.2021).

172–173 Kurt Tucholsky: Frauen sind eitel. Männer? Nie –! Aus: Projekt Gutenberg (https://www.projekt-gutenberg.org/tucholsk/ganzande/chap085.html) (Zugriff: 13.09.2021).

174–175 Wolfgang Borchert: Die Kirschen. Aus: Wolfgang Borchert. Das Gesamtwerk. Hg. v. Michael Töteberg. 3. Aufl., Reinbek bei Hamburg: Rowohlt 2019. S. 342–343.

177 Günter Eich: Inventur. Hg. v. Fritz Stavenhagen, Neuwied. Aus: Gesprochene Deutsche Lyrik, 2011 (https://www.deutschelyrik.de/inventur.html) (Zugriff: 22.10.2021).

188 Kira Tolk: Traumberuf Fashion-Blogger? Vor- und Nachteile im Leben eines Influencers. Aus: Shoppisticated GbR, Hamburg (https://www.shoppisticated.com/traumberuf-blogger-vor-und-nachteile-im-leben-eines-influencers.html) (Zugriff: 09.09.2021).

190 Auto oder Miete? Junge Menschen vor der Qual der Wahl. Aus: centideo e. V. Förderverein für Jugendprojekte in München und Oberbayern, Miesbach, 09.11.2020 (https://m80-magazin.de/auto-oder-miete/) (Zugriff: 19.08.2021).

212–213 2022 Mittelschule M10. Original-Prüfungsaufgaben mit Lösungen. Bayern. Deutsch 10. Klasse. 18. Aufl., München: STARK Verlag 2021. S. 2016-1, 2017-1, 2018-1, 2018-2, 2019-1, 2019-2, 2020-1, 2020-2.

215 Christian Sartorius: Einfach tierisch. Aus: Fürther Nachrichten, 30./31.01.2021. S. 3.

216 Wolfgang Borchert: Nachts schlafen die Ratten doch. Aus: Wolfgang Borchert. Das Gesamtwerk. Hg. v. Michael Töteberg. Hamburg: Rowohlt Taschenbuch Verlag 2009. S. 255.

217 Eugène Ionesco: Die Nashörner. Aus: Eugène Ionesco Werke. Zweiter Band. Hg. v. François Bondy & Irène Kuhn. Aus dem Französischen von Claus Bremer & Hans Rudolf Stauffacher. München: C. Bertelsmann 1985. S. 217–218.

217 Juli Zeh: Unterleuten. 7. Aufl., München: btb Verlag in der Verlagsgruppe Random House 2017. S. 244.

218 Herrmann Hesse: Der Steppenwolf. 63. Aufl., Berlin: Suhrkamp Taschenbuch 2019. S. 33.

218 Julya Rabinowich: Hinter Glas. München: Carl Hanser Verlag 2019. S. 104.

219 Volker Kutscher: Der nasse Fisch. Köln: Kiepenheuer & Witsch 2018. S. 179.

220 Wilhelm Busch: Eine Nachtgeschichte. Aus: Wilhelm Busch. Werke. Historisch-kritische Gesamtausgabe, Bde. I-IV, Band 1, Hamburg: Europäischer Buchklub 1959. S. 15–16. Zitiert aus: http://www.zeno.org/Literatur/M/Busch,+Wilhelm/Vermischtes/Fliegende+Bl%C3%A4tter+und+M%C3%BCnchner+Bilderbogen+1859+-+1864/Eine+Nachtgeschichte (Zugriff: 21.10.2021).

221 James Krüss: Das Feuer. Aus: Der wohltemperierte Leier-

kasten. Gütersloh: Sigbert Mohn Verlag 1961. S. 34.
221 August Heinrich Hoffmann von Fallersleben: Ja, Du bist mein! Aus: © 2021 Hoffmann von Fallersleben, 07.08.1849 (https://www.von-fallersleben.de/ja-du-bist-mein/) (Zugriff: 21.10.2021).
221 Joseph von Eichendorff: Die blaue Blume. Aus: Gesprochene Deutsche Lyrik, 2015 (https://www.deutschelyrik.de/die-blaue-blume.html) (Zugriff: 21.10.2021).
222 Zusammenfassung der Shell Jugendstudie. Aus: Shell Deutschland GmbH, Hamburg, 2019, S. 21 (https://www.shell.de/about-us/shell-youth-study/_jcr_content/par/toptasks.stream/1570708341213/4a002dff58a7a9540cb9e83ee0a37a0ed8a0fd55/shell-youth-study-summary-2019-de.pdf) (Zugriff: 21.10.2021).
229 Harald Schwiewagner: Fachbegriffe verwenden. (Originalbeitrag)
230 Gerhard Langer: Ein Wunderbuch. (Originalbeitrag)
230 Grundgesetz für die Bundesrepublik Deutschland, 29.09.2020. Aus: https://www.gesetze-im-internet.de/gg/BJNR000010949.html (Zugriff: 22.11.2021).
233 Gerhard Langer: Das Haus der Geschichte. (Originalbeitrag)
235 Gerhard Langer: Können wir noch das Miteinander? (Originalbeitrag)
246 Gerhard Langer: Klima und Eisbären. (Originalbeitrag)
248 Gerhard Langer: Corona und Sprache. (Originalbeitrag)
250 Was ist Barock? Aus: BFW GbR, Ebringen (https://www.kinderzeitmaschine.de/neuzeit/absolutismus/lucys-wissensbox/musik-und-malerei/was-ist-barock/) (Zugriff: 16.08.2021).
254 ISB: Muster für Prüfung ab 2023. Aus: Aufgaben 1 (Musterprüfung). Mittlerer Schulabschluss (Mittelschule) Deutsch Muster. mebis Prüfungsarchiv. Hg. v. Bayerisches Staatsministerium für Unterricht und Kultus. S. 2.
255 Martina Frietsch: Globaler Wandel. Aus: Westdeutscher Rundfunk Köln, 28.11.2019 (https://www.planet-wissen.de/natur/umwelt/globaler_wandel/index.html) (Zugriff: 10.09.2021).
256, 258 ISB: Muster für Prüfung ab 2023. Aus: Aufgaben 1 und 2 (Musterprüfung). Mittlerer Schulabschluss (Mittelschule) Deutsch Muster. mebis Prüfungsarchiv. Hg. v. Bayerisches Staatsministerium für Unterricht und Kultus. S. 5, 6 & 12.
257 Hilde Philippi: Die Erde spricht !!!!! Aus: myheimat.de, hg. v. Sibylle Haak, 25.03.2011 (https://www.myheimat.de/gablingen/gedanken/die-erde-spricht-d1634029.html) (Zugriff: 10.09.2021).
269 🔈 Impfstoffe – Wie sie wirken und wovor sie schützen. Aus: Verband Forschender Arzneimittelhersteller e. V., Berlin, 23.06.2021 (https://www.vfa.de/de/arzneimittelforschung/impfen/impfstoffe) (Zugriff: 10.09.2021).
273 🔈 Michael Kläsgen & Benedikt Müller: Deutsche essen 31 Kilo Süßigkeiten im Jahr. Aus: Süddeutsche Zeitung, 28.01.2020 (https://www.sueddeutsche.de/wirtschaft/suessigkeiten-kilo-jahr-deutschland-1.4774888) (Zugriff: 12.08.2021).
278 Hermann-Josef Schüren: Auf dem Kriegspfad. Aus: Rührmichnichtan. Verweigerungsgeschichten. Reinbek bei Hamburg: Rowohlt 1988. S. 24.
280–281 Sibylle Berg: Nacht. Aus: Das Unerfreuliche zuerst. Herrengeschichten. Köln: Kiepenheuer & Witsch 2001. S. 115–116.
282–283 [Plastination/Körperwelten] Thomas Kamp & Inka Reichert: Plastination. Aus: Westdeutscher Rundfunk Köln, 08.08.2018 (https://www.planet-wissen.de/technik/werkstoffe/kunststoff/pwieplastinationanatomischepraeparatefuerdieewigkeit100.html) (Zugriff: 29.09.2021).
284–285 [Challenges und virale Phänomene/Risiken von Challenges] Stefanie Rack & Fabian Sauer: Selfies, Sexting, Selbstdarstellung. Aus: klicksafe (Ludwigshafen) und Handysektor (Stuttgart), 03.2020, 3. Aufl., S. 12 (https://www.klicksafe.de/fileadmin/media/documents/pdf/klicksafe_Materialien/Lehrer_Always_On/KMA10_Selfies_Sexting_Selbstdarstellung_Mobile_Medien_3.pdf) (Zugriff: 09.09.2021).
287 [Zitat 1] Friedrich Schiller: Wilhelm Tell. Stuttgart: Reclam 1975. S. 15.
287 [Zitat 2] Buddha. Aus: https://zitatezumnachdenken.com/buddha/133 (Zugriff: 09.09.2021).
287 [Zitat 3] Joe Biden: VICTORY SPEECH AS PREPARED FOR DELIVERY BY PRESIDENT-ELECT JOE BIDEN IN WILMINGTON, DELAWARE. Aus: Biden for President Legal Department, Washington DC (https://joebiden.com/2020/11/07/victory-speech/) (Zugriff: 09.09.2021).
287 [Zitat 4] Greta Thunberg. Hg. v. Jakub Orisek, Rottweil (https://nachhaltig4future.de/ich-habe-gelernt-dass-man-nie-zu-klein-dafuer-ist-einen-unterschied-zu-machen-greta-thunberg/) (Zugriff: 09.09.2021).
287 [Zitat 5] Louise Glück: Nostos. Best Poems Encyclopedia, 02.05.2015 (https://www.best-poems.net/louise_gluck/nostos.html) (Zugriff: 09.09.2021).
287 [Zitat 6] Maximilien Robespierre. Aus: https://www.readimo.com/de/quotes/zitate-von-maximilien-de-robespierre#14 (Zugriff: 08.07.2022).
287 [Zitat 7] Sigmund Freud. Zitiert aus: psychoanalyse.com, © 2021. Aus: https://www.psychoanalyse.com/12-zitate/zitate-s-freud (Zugriff: 09.09.2021).
291 Format der Bewerbung. Aus: Lebenslauf Designs, Berlin (https://lebenslaufdesigns.de/bewerbung-format) (Zugriff: 10.09.2021).

Abbildungen

|ADAC Technik Zentrum, Landsberg am Lech: 185.1. |akg-images GmbH, Berlin: 229.2, 287.7; da Cunha, Jérôme / © Bayerische Schlösserverwaltung 250.3; Fototeca Gilardi 95.1. |Alamy Stock Photo, Abingdon/Oxfordshire: LAMB 38.6; Shaun Davey 283.1; SOPA Images Limited 91.1; White House Photo 287.2. |Alamy Stock Photo (RMB), Abingdon/Oxfordshire: Adeus, Buhai 154.1; bilwissedition Ltd. & Co. KG 287.5; incamerastock 250.1; Misirligul, Ahmet 155.4; Mopic 127.4; Pfeiffer, Tom 44.1; Prostock-studio 156.1. |Alf, Renate, Weimar: 117.1. |APA-PictureDesk GmbH, Wien: Rauch, Friedrich 20.3. |Arena Verlag GmbH, Würzburg: 51.1, 51.3; © Dorina Köbele-Milas (28) 51.2. |Aufbau Verlage GmbH & Co. KG, Berlin: 2015. Bov Bjerg. Auerhaus. Roman. Cover nach einer Vorlage von © ZERO Werbeagentur, München 127.3. |Baaske Cartoons, Müllheim: Freimut Wössner 277.3; Plaßmann, Thomas 277.1; Plaßmann, Thomas/Young Data 277.2. |Bastei Lübbe AG, Köln: Cover zu: Timur Vermes, Er ist wieder da (Hörbuch), gelesen von Christoph Maria Herbst 29.2. |Berghahn, Matthias, Bielefeld: 228.1. |Bitkom, Berlin: 71.1. |bpk-Bildagentur, Berlin: 287.6. |Bulls Pressedienst GmbH, Frankfurt am Main: © Ruthe/Distr. Bulls. 276.1. |Carlsen Verlag GmbH, München: Jacobson, Sid / Colon, Ernie: Das Leben von Anne Frank. Eine Biografie © Carlsen Verlag GmbH, Hamburg 2010 132.4; Sid Jacobson/Ernie Colon, Das Leben von Anne Frank © Carlsen Verlag GmbH, Hamburg 2018 140.1, 140.2, 141.1, 141.2. |CosmosDirekt, Saarbrücken: 180.2. |DAK-Gesundheit, Hamburg: 274.2. |Diogenes Verlag AG, Zürich: Benedict Wells: Hard Lands, Zürich, Diogenes Verlag AG, 2021. Covermotiv: Gemälde von Wilfrid Moizan ›Landing‹, oil on canvas 90 x 90cm, 2014. Copyright © Wilfrid Moizan 127.2. |Evelyn Neuss Illustration, Hannover: 11.2, 12.1, 14.1, 15.1, 15.2, 46.1, 46.2, 46.3, 49.1, 49.2, 50.1, 55.1, 94.1, 103.1, 104.1, 105.1, 134.1, 135.2, 137.1, 139.1, 143.1, 274.3, 274.4, 274.5, 274.6, 299.1, 299.2, 299.3, 299.4. |Feigenbutz, Peter, Radolfzell: 243.1. |Feldhaus, Hans-Jürgen, Münster: 78.1, 78.2, 78.3, 172.1. |fotolia.com, New York: AndreasJ 250.4; Barbara Pheby 159.4; Goinyk Volodymyr 43.3; Luftbildfotograf 201.1; Marcito 230.2; nmann77 87.1; pixelfreund 212.1; Rido 72.2; Robert Kneschke 287.4; v. poth 57.1; zdshooter 95.2. |Getty Images, München: Adam Berry 114.2; Fine Art Images / Heritage Images 147.1. |Getty Images (RF), München: Ben Pipe Photography Titel, 83.2. |Interfoto, München: Friedrich, Brigitte 129.3. |iStockphoto.com, Calgary: 4.4, 5.4, 266.1; 4x6 68.4; caracterdesign 10.2; courtneyk 161.1; dangrytsku 68.2; deepblue4you 38.5; delihayat 38.3; E+/Potemkin, Alex 74.1; franz12 96.1; G., Valeriy 76.1; Halfpoint 161.2; Igor Sinkov 10.3; JazzIRT 159.2; JohnnyGreig 97.1; JoKMedia 273.1; kali9 84.1; lena5 35.1; macniak 10.1; martin-dm 234.3; Milenko Bokan 11.1; Mixmike 234.2; monstArrr_ 38.1, 38.4, 38.8; Nazzu 81.1; northlightimages 208.1; Paul Dudikov 8.3, 9.3; Pheelings Media 180.1; querbeet 280.1; SolStock 96.2, 166.1; t_kimura 154.2; tampatra 255.1; ViewApart 82.3; Xurzon 236.1. |Jungkunz, Susann, Fürth: 44.2, 47.2. |Kalch, Franziska, Gornau: 27.2. |LIO Design GmbH, Braunschweig: LAYOUTELEMENT 3.1, 3.2, 3.3, 3.4, 4.1, 4.2, 4.3, 5.1, 5.2, 5.3, 6.1, 6.2, 6.3, 7.1, 8.1, 8.2, 9.1, 9.2, 16.1, 18.1, 19.1, 20.1, 21.1, 27.1, 28.1, 29.1, 30.1, 31.1, 32.1, 33.1, 43.1, 47.1, 48.1, 52.1, 66.1, 67.1, 69.1, 111.1, 112.1, 113.1, 114.1, 115.1, 127.1, 129.1, 177.1, 178.1, 179.1, 192.1, 193.1, 194.1, 195.1, 196.1, 197.1, 214.1, 215.1, 239.1, 268.1, 269.1, 270.1, 274.1, 275.1, 284.1, 285.1, 286.1, 287.1, 288.1, 289.1, 290.1, 291.1, 292.1, 293.1, 333.1. |Luchterhand Literaturverlag, München: 118.1. |Microsoft Deutschland GmbH, München: nachgebaut durch Hans-Jürgen Feldhaus 289.2, 289.3, 289.5, 289.6. |Mithoff, Stephanie, Ahorn: 20.2, 21.2, 21.3, 21.4, 41.1, 47.3, 61.1, 64.1, 65.1, 67.2, 72.1, 80.1, 82.1, 82.2, 83.1, 120.1, 125.1, 130.1, 181.1, 182.1, 190.1, 203.1, 204.1, 205.1, 209.1, 229.1, 231.1, 241.1, 244.1, 251.1, 259.2, 261.1, 267.1, 270.2, 288.2. |Penguin Random House Verlagsgruppe GmbH, München: Ferdinand von Schirach: „Terror" 132.5. |Picture-Alliance GmbH, Frankfurt a.M.: abaca 287.3; Andreas Tamme 30.2; ANE 88.1; Christoph Soeder 58.1, 112.2; Deutsche Fotothek/Erich Andres/dpa-Zentralbild/ZB 179.2; dpa-Infografik 86.1; dpa-infografik GmbH 256.1; Erwin Elsner 126.1; Westend61 196.2. |Rowohlt Verlag GmbH, Hamburg: Nic Stone: Dear Martin. Aus dem Amerikanischen von Karsten Singelmann, 3. Aufl. Rowohlt Taschenbuch 2018 132.2. |Ruthe, Oda, Braunschweig: 22.2. |S. Fischer Verlag GmbH, Frankfurt/Main: Anne Frank, Tagebuch 146.4; Das Tagebuch der Anne Frank. Graphic Diary. Umgesetzt von Ari Folman und David Polonsky, S. 23/125, Fischer-Verlag 2017. © 2017 by Anne Frank Fonds, Basel. Abdruck/Nutzung mit Genehmigung der Liepman AG, Zürich 149.1, 152.1; Das Tagebuch der Anne Frank: Graphic Diary, Fischer Verlag: 2017 (978-3103972535) Umgesetzt von Ari Folman und David Polonsky (Illustrationen) 146.2; Penny Joelson: Ein kleines Wunder würde reichen 132.3. |Schwarzstein, Yaroslav, Hannover: 106.1, 110.1, 133.1, 174.1, 177.2, 177.3, 177.4, 218.1, 219.1, 220.1, 221.2. |Shutterstock.com, New York: 155.2; beats1 272.1; Chid87 68.5; khyzhniak, illia 154.3; Monster Ztudio 81.2; Oeian, Liv 287.9; sek_suwat 265.1; titoOnz 226.1; unguryanu 284.2; WAYHOME studio 72.3, 290.2, 290.3. |Shutterstock.com (RM), New York: OMER MESSINGER/EPA-EFE 158.2. |stock.adobe.com, Dublin: 100.1, 135.1, 196.3, 199.1, 216.1, 245.1, 245.2; 22Imagesstudio 34.1; 4Max 113.2; A_Bruno 37.1; aaabbc 214.2; adragan 13.1; Alex T. 206.1; Antonioguillem 24.3; Art_Photo 264.1; auremar 157.1, 268.3; aussieanouk 246.1; Aytunc Oylum 23.1; azure 175.1; blattwerkstatt 211.1; blende11.photo 248.1; Blickfang/Fischer, Rolf 250.2; bongkarn 238.1; BullRun 285.2; Coloures-Pic 183.1; contrastwerkstatt 66.2; DC Studio 33.3; deagreez 235.1; DigiClack 156.2, 156.3, 156.4, 156.5, 156.6; DimaBerlin 178.2; DisobeyArt 68.6; doucefleur 281.1; Dragos Condrea 33.2; Drobot Dean 40.3; efks 305.1; Elnur 192.2; Fiedels 22.1; fizkes 268.2; fotomek 187.1; Fotos 593 43.2; Gelpi 197.2; GiorgioMorara 221.1; grafikplusfoto 62.1; grandfailure 101.1; grthirteen 234.1; Halfpoint 178.3, 198.1; Ievgen Chabanov 24.2; insta_photos 252.1; Jacob Lund 188.1; joan corominas 286.2; Johner Images 271.1; Kanareva, Raisa 72.4; Karina Baumgart 289.4; karunyapas 99.1; kebox 247.1; kmit 67.3, 162.2; Kneschke, Robert 202.1; KopoPhoto 252.2; Krakenimages.com 38.7, 223.2; Kzenon 184.1; l-pics 129.2; lamaip 311.1; LIGHTFIELD STUDIOS 26.3; Lisa F. Young 24.1; Ljupco Smokovski 60.1; magele-picture 187.2; Marius Venter 195.2; master1305 68.3, 97.2; Matias 210.1, 210.2, 210.3, 210.4, 210.5, 210.6; MH 79.1; Microstocker.Pro 9.4; MK-Photo 63.1; Monkey Business 58.2, 262.1; MyMicrostock/Stocksy 68.1; Nataliya Hora 98.1; Nicole Lienemann 269.2; Nomad_Soul 23.2; oasis15 31.2; olly 23.3; overcrew 115.2; philipus 155.1; pipapur 38.2; Pixel-Shot 40.1, 162.1, 240.1; pressmaster 26.1; Prostock-studio 155.3, 268.4; Rawpixel.com 224.1; Rostislav Sedlacek 10.4; Schwier, Christian 58.3; sianstock 287.8; silverkblack 293.2; snyGGG 59.1; strichfiguren.de 124.1; Syda Productions 73.1, 230.1; theartofphoto 40.2; Urupong 75.1; Wayhome Studio 223.1; wildworx 259.1; xyz+ 257.1; Yaar 26.4; Yakobchuk Olena 26.2; Yingyaipumi 207.1; Zerwann, Boris 169.1; zolotons 102.1. |Straeter, Gerhard, Essen (Heidhausen): 39.1, 39.2, 39.3, 39.4. |Süddeutsche Zeitung - Photo, München: ap/dpa/picture alliance 146.1. |Thies, Tobias, Hamburg: 16.2, 19.2, 59.2, 59.3, 59.4, 144.1, 153.1, 158.4, 159.1, 159.3, 159.5, 159.6, 215.2, 279.1. |toonpool.com, Berlin, Castrop-Rauxel: Pfohlmann 227.1. |Trummer, Reinhard, Konstanz: 257.2. |Ullstein Buchverlage GmbH, Berlin: Cover zu Marc-Uwe Kling: Die Känguru-Chroniken / Umschlaggestaltung: HildenDesign, München 158.1, 158.3. |Universal Pictures Germany GmbH, Hamburg: Das Tagebuch der Anne Frank (DVD) 146.3; Das Tagebuch der Anne Frank. Szenenbild 153.2, 153.3. |vivida bkk, Villingen-Schwenningen: aus: Studie Gesunde Schönheit 11.04.2018 173.1. |© dtv Verlagsgesellschaft mbH & Co. KG, München: © 2016 Alloy Entertainment. Titel der amerikanischen Originalausgabe: ›If I was your girl‹, 2016 erschienen bei Flatiron Books, New York. Produced by Alloy Entertainment. Published by arrangement with Rights People, London. © für die deutschsprachige Ausgabe: 2017 dtv Verlagsgesellschaft mbH & Co. KG, München 132.1.